DANS L'INFINITÉ DES DÉSERTS

William Atkins

DANS L'INFINITÉ DES DÉSERTS

Voyages aux quatre coins du monde

Traduit de l'anglais par Nathalie Cunnington

Albin Michel

Ce livre est publié
sous la direction de Francis Geffard

Édition originale anglaise parue sous le titre :
THE IMMEASURABLE WORLD
Publiée par Faber & Faber Limited

Sommaire

« Voilà six jours qu'il ne paraît plus, ni lui, ni le bidet, ni la rondache, ni la lance, ni les armes. [...] Je gagerais ma tête, et c'est aussi vrai que je suis née pour mourir, que ces maudits livres de chevalerie [...] lui ont tourné l'esprit. Je me souviens maintenant de lui avoir entendu dire bien des fois, se parlant à lui-même, qu'il voulait se faire chevalier errant, et s'en aller par le monde chercher les aventures. Que Satan et Barabbas emportent tous ces livres, qui ont ainsi gâté le plus délicat entendement qui fût dans toute la Manche ! »

Cervantès, *Don Quichotte*, livre I, chapitre 5,
traduit par Louis Viardot (BNF, 1836)

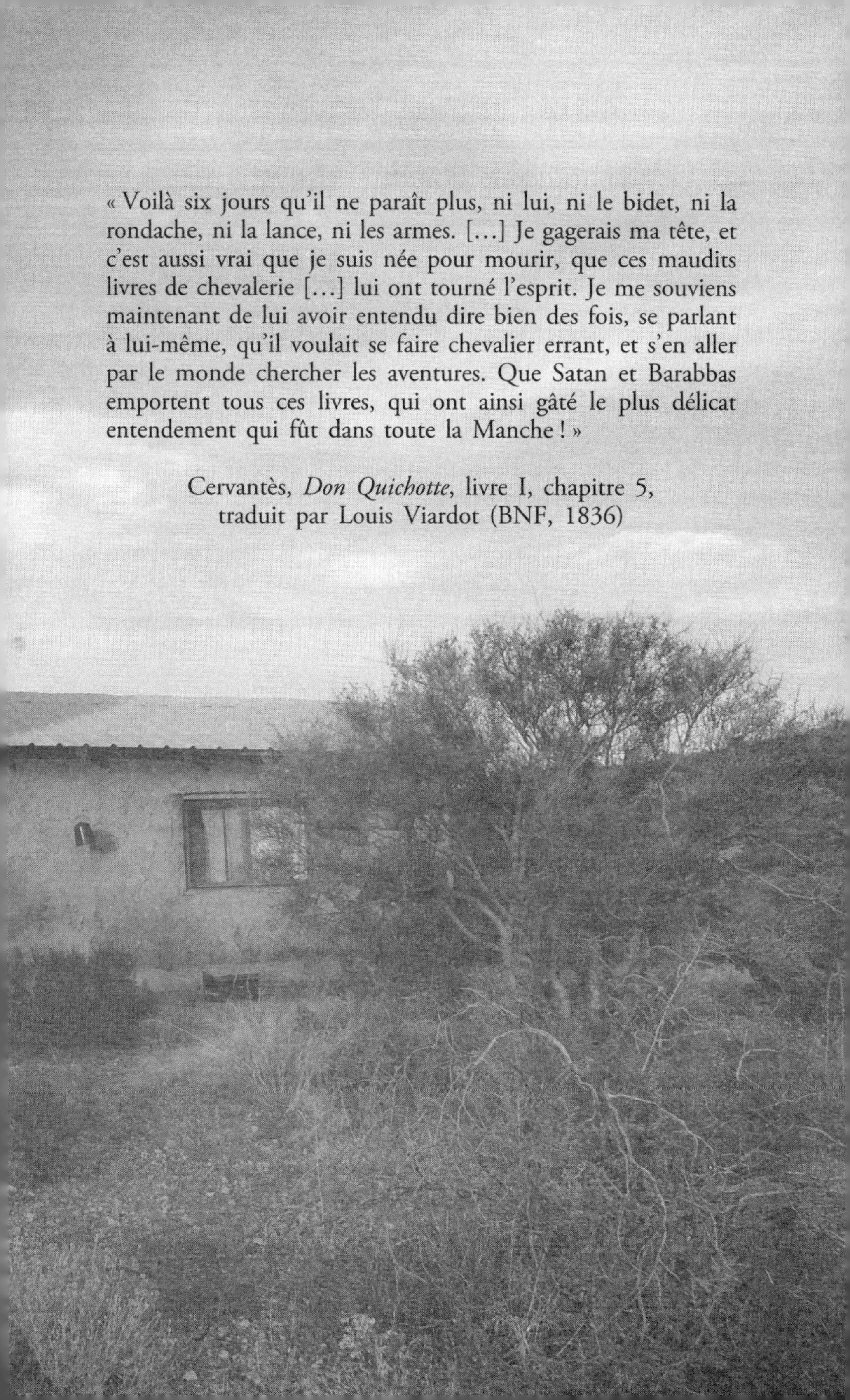

Prologue

C'était la nuit de la lune de sang. Cette expression fut inventée par les millénaristes de la *Bible Belt* américaine, ces États du Sud pratiquant un protestantisme rigoureux, convaincus que ce phénomène – une éclipse de lune au moment où notre satellite se trouve dans son périgée et prend une couleur rousse – annonçait la fin du monde. « Le soleil se changera en ténèbres, et la lune en sang, avant l'arrivée de l'Éternel, de ce jour grand et terrible » (Joël, 4:3). Ce soir-là, je me trouvais par pur hasard à l'endroit du monde offrant l'une des meilleures vues de l'éclipse. Je me réjouissais à l'idée de voir une lune écarlate. Naïvement peut-être, si bien que lorsqu'elle apparut, plus rose pâle que sanglante, je fus déçu – tout autant qu'on puisse l'être devant le spectacle de la pleine lune.

Le temps que je verse de l'eau chaude sur mes nouilles déshydratées et remplisse de vin ma demi-timbale quotidienne, elle passa du rose-gris à sa blancheur habituelle, comme un doigt pressé contre une vitre. Désormais tout, des cactus et buissons à ma cabane en ballots de paille, projetait une ombre aux contours nets. Je me fis alors la réflexion que la principale caractéristique d'une nuit dans le désert, ce n'est pas l'obscurité mais cette lumière lunaire.

La cabane où je me suis installé se situe sur une crête surplombant la rivière San Pedro à soixante kilomètres à l'est de Tucson, dans l'Arizona. Elle est composée d'une pièce de trois mètres sur cinq, avec une porte ouvrant sur le nord-est. Les trois autres murs sont chacun percé d'une fenêtre équipée d'une moustiquaire. J'aime laisser entrer la brise du soir, mais pendant la journée je ferme pour me protéger de la chaleur. À l'intérieur, les murs sont grossièrement recouverts d'un enduit craquelé. Sur le sol en terre battue, deux tapis en grande partie rongés par les souris. Le mobilier : un placard pour les ustensiles de cuisine, un petit lit métallique pliant, un matelas, une table et deux chaises en pin, une malle en bois ancienne cerclée de fer contenant des couvertures mexicaines, des piles, une trousse de secours et des dizaines de bougies. La table a des allures d'autel, avec cette lampe-tempête et cette bouteille de Cabernet Merlot à bouchon à vis (8,99 dollars chez Trader Joe's) posées dessus.

Par les fenêtres (quatre en tout, avec celle de la porte), je peux voir des pentes couvertes de proposis, paloverde, créosotiers, ocotillos et saguaros, ces cactus typiques de la région – ceux des films de cow-boys. Leurs silhouettes géantes en forme de chandeliers brisent les lignes des collines et servent de repères. Le plus grand de la région se dresse juste à côté de la cabane. Par la fenêtre donnant sur le sud-ouest, on aperçoit les monts Rincon, précédés des petits Rincon, puis la vallée de San Pedro et les quelques habitations de la communauté de Cascabel, distante de dix kilomètres. Le soleil se lève derrière moi : une lame lumineuse dévale des pics lointains, descend les flancs des montagnes, puis envahit la plaine alluviale en avançant tel un fleuve de lave jusqu'à ce que la limite entre lumière et ombre s'approche de la petite habitation. Alors les rayons du soleil caressent mes cheveux, mon ombre s'allonge à mes pieds, et la chaleur s'abat.

Tous les matins, j'accroche un sandow au bout d'une poutre et y suspends une marmite d'eau. À dix-huit heures, elle est déjà suffisamment chaude pour la douche. De l'autre côté de la cabane, plus ombragé, se trouve le bidon de deux cents litres d'où je tire toute mon eau. Il est posé sur des pierres et protégé du soleil grâce à un écran de bois de saguaro monté sur un cadre métallique.

La ligne des collines sépare deux cours d'eau (à sec, sauf après un orage), l'un large et peu profond, l'autre profond et étroit – c'est ce que l'on appelle un « arroyo ». Au nord-est, à mi-pente et à environ trente mètres de ma porte, se trouve une structure en bois dans laquelle sont insérés deux panneaux carrés identiques, peints en rouge d'un côté et en blanc de l'autre. Chaque soir après la douche – bien qu'il m'arrive parfois d'oublier de le faire –, j'emprunte le sentier marqué par des pierres qui mène à cette structure, sors les panneaux de leur logement, les retourne et les remets en place. Et chaque matin – quand il n'oublie pas –, mon ami Daniel prend ses jumelles et se poste sur une hauteur surplombant sa maison près de la vallée de San Pedro. Si les panneaux ne changent pas de couleur un ou deux jours de suite, il vient s'assurer que tout va bien.

Il y a quelques bouquins dans la cabane : une histoire naturelle du désert de Sonora et un livre sur les animaux dangereux de la région, dont la lecture vous mène naturellement à la conclusion que toutes ces bestioles guettent la moindre occasion pour vous piquer, vous mordre, vous déchiqueter ou vous réduire en cendres. Ma propre contribution à cette bibliothèque est un exemplaire en format poche de l'ouvrage de John C. Van Dyke, *Le Désert**, où l'auteur décrit le voyage qu'il entreprit en solitaire dans cet endroit, le désert de Sonora, en 1898 selon un itinéraire largement imprécis. Van Dyke était un historien de l'art accompli, certes, mais si vous désirez le suivre, cela sera à vos risques et périls. Voyez un peu ce qu'il ose affirmer au sujet de la nourriture et de l'eau : « N'importe quel athlète ou Indien vous dira qu'on voyage mieux sans. Elles sont utiles à la fin de l'expédition, mais pas au début. » Il juge par ailleurs les serpents à sonnette « bien mous ». Tue des loups gris en Californie, région où cette espèce est pourtant totalement absente, et fait l'éloge des fleurs mauves du saguaro – lesquelles sont blanches. Prévenu par quelques bienveillants spécialistes de la présence de certaines erreurs dans son livre, Van Dyke reconnut bien volontiers s'être trompé et promit de rétablir la vérité dans les prochaines éditions de l'ouvrage – *Le Désert* a eu une longue vie –, mais à ma connaissance il ne fit jamais rien dans ce sens. Dans le manuscrit de son autobiographie, une courte note énonce on ne peut plus clairement son objectif : « Décrire le désert selon un point de vue esthétique et non pas scientifique ».

J'ai renoncé à dormir à l'intérieur. Une fois douché, je sors le lit et l'installe sur l'espace dégagé devant la porte. Ainsi, je ne suis plus dérangé par les lézards qui courent sur le toit – ou plus exactement par le bruit qu'ils font et qui se mêle à tout le raffut nocturne du désert. Je soulève les pieds du lit et place sous chacun d'eux un

* Toutes les références bibliographiques sont à retrouver en fin d'ouvrage, classées par chapitre.

récipient – bol, soucoupe, casserole – contenant de l'eau, l'idée étant de dissuader punaises ou scorpions de venir me tenir compagnie. J'approche les deux chaises du lit, l'une à la tête et l'autre au pied, puis pose des lanternes dessus ainsi que deux rangées de six bougies de part et d'autre du lit. Au matin, le creux autour de leur mèche est noir d'insectes. À l'intérieur de ce périmètre éclairé, je dors comme je n'ai pas dormi depuis plusieurs mois, ce qui ne veut pas dire d'un sommeil profond. Je me réveille la nuit au son du chant des cigales et du hurlement des coyotes, avec l'impression qu'une tranquillité moelleuse pèse sur mon corps telle une couette. Peut-être la paix des mourants.

En général, l'après-midi, quand la chaleur grimpe jusqu'à atteindre celle d'un four en préchauffage et finit par se stabiliser à une température où il est impossible de faire quoi que ce soit à part s'installer à l'ombre de la cabane enveloppé dans un foulard humide, j'essaie de me souvenir des paroles de la chanson :

Un chevrier là-haut loin du monde…
Une petite fille en manteau de laine…

Mes après-midi sont largement occupés par cette tâche : me remémorer les paroles. Et jour après jour, une par une, elles me reviennent. Pourtant, la dernière fois que j'ai entendu cette chanson, c'était il y a un an sur un portable Samsung à l'écran fendu, en lisière du Pire Désert au Monde, le Taklamakan, tandis que plus au nord se déroulait un massacre, celui des Ouïghours.

1

La bibliothèque du désert

Le Quart Vide, Oman

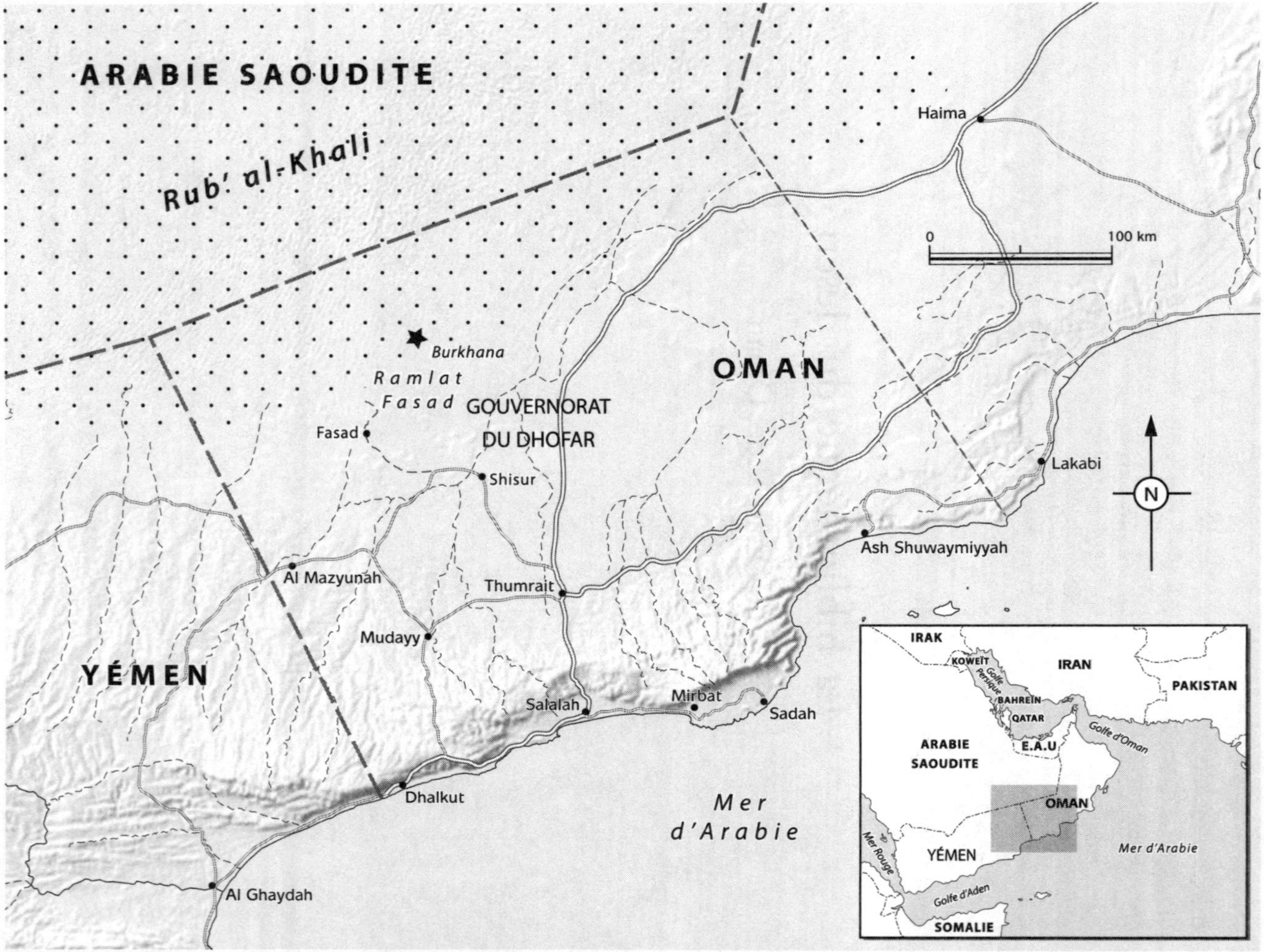
ARABIE SAOUDITE
Rub' al-Khali
Haima
0
100 km
Burkhana
Ramlat
Fasad
GOUVERNORAT
DU DHOFAR
OMAN
Fasad
Shisur
Lakabi
N
Ash Shuwaymiyyah
Al Mazyunah
Thumrait
Mudayy
YÉMEN
Salalah
Mirbat
Sadah
Dhalkut
Mer
d'Arabie
Al Ghaydah
IRAK
KOWEÏT
Golfe Persique
IRAN
PAKISTAN
BAHREÏN
QATAR
ARABIE
SAOUDITE
E.A.U
Golfe d'Oman
OMAN
YÉMEN
Mer Rouge
Mer d'Arabie
Golfe d'Aden
SOMALIE

J'ai l'impression que c'était il y a une éternité. La femme avec laquelle je vivais depuis quatre ans venait d'accepter un poste à l'étranger. Je ne partirais pas avec elle. L'été précédent, prétextant des recherches à faire, j'avais passé une semaine au sein d'une communauté de moines cisterciens aux limites du Dartmoor, dans le sud-ouest de l'Angleterre, assistant à chacun des offices de l'abbaye – mâtines à cinq heures quarante-cinq, laudes une heure plus tard, messe à huit heures, vêpres à dix-huit heures, complies à vingt et une heures – et prenant mes repas sous les voûtes du réfectoire. Au fil des jours, les offices se confondaient dans mon esprit. Assis sur le rebord de la grande fenêtre de ma chambre, je regardais dehors de temps à autre pour suivre le vol en spirale des hirondelles au-dessus des toits du cloître. À la sonnerie de la cloche, je posais mon livre, descendais seul le long escalier en pierre et attendais dans la chapelle que les douze moines arrivent un par un et prennent place le long des murs. Debout derrière eux, j'écoutais leur plain-chant.

C'est dans la bibliothèque du monastère que j'ai pris conscience du lien unissant le monachisme occidental et le désert. Je rapportais dans ma petite chambre une pile d'ouvrages et lisais entre deux offices. J'ai ainsi appris l'existence des Pères du désert, ces solitaires de la Haute-Égypte des IIIe et IVe siècles qui suivirent l'exemple de saint Antoine le Grand. Antoine naquit là-bas en l'an 251 de notre ère dans une famille chrétienne aisée. Un jour, à l'âge de dix-neuf ans, après la mort de ses parents, il entendit en passant devant une église ces versets de Matthieu (19:21) : « Si tu veux être parfait, va, vends ce que tu possèdes, donne-le aux pauvres. » Obéissant à cette injonction, il plaça sa plus jeune sœur dans un couvent. Abandonner ce que l'on possède, éloigner de soi ceux que l'on aime : tels sont les premiers actes d'un moine, mais ils pourraient tout aussi bien être ceux d'une personne en deuil.

Il y a deux types de représentation artistique de saint Antoine – « l'Étoile du désert » –, chacune illustrant une scène centrale de sa vie : dans la première catégorie, on le voit déjà très âgé qui rend visite à Paul, mourant, après avoir parcouru à pied cinquante kilomètres depuis sa grotte jusqu'à l'autre versant de la montagne Galala. Cette scène, Velázquez la dépeint dans son tableau *Saint Antoine abbé et saint Paul premier ermite* : le saint agonisant, la barbe plus blanche que celle de son compagnon, est assis sur un rocher, les mains jointes en prière, sous le regard intimidé d'Antoine. Volant juste au-dessus de leurs têtes, un corbeau s'approche avec dans son bec un pain rond.

L'oiseau apparaît dans chaque représentation des deux saints, sa seule présence suffisant à les identifier. L'autre catégorie de représentation de saint Antoine renvoie à une période plus tumultueuse de sa vie. Elle se rencontre plus fréquemment, en raison des possibilités qu'elle offre à l'imagination. On y voit le

jeune Antoine quitter sa maison et se retirer seul dans le désert – sauf qu'il ne s'agit pas d'un désert au sens strict du terme, mais simplement d'un endroit situé en dehors de l'enceinte du village. Là, il subit les tentations du Diable : souvenirs du confort de son ancienne vie, de sa sœur qu'il a abandonnée, promesses d'argent, de gloire, et surtout « esprit de fornication ». Sur le panneau central du triptyque peint par Jérôme Bosch autour de 1500 s'amasse une armée de figures grotesques. Sur celui de gauche, le saint est emporté par un escadron de diablotins volants tandis qu'à droite il lit, assis, sans un regard pour la nymphe nue à moitié dissimulée dans le creux d'un vieil arbre.

Par la suite, il s'enfonce davantage dans le désert, s'aventure dans le territoire du Diable, tel un éclaireur ouvrant la voie pour une invasion. À Pispir, près de la rive orientale du Nil, il s'installe dans un fort abandonné. D'après Athanase, lorsque ses amis lui rendent visite et lui apportent du pain, ils entendent des bruits de lutte et des cris venant de l'intérieur : « Éloigne-toi de ce qui nous appartient ! Que viens-tu faire dans le désert ? » Mais lorsque Antoine émerge, il n'est « ni gras, comme le serait un homme qui ne se dépense pas, ni maigre comme quand on jeûne ou qu'on se débat avec les démons – non, il était simplement le même ». Antoine est désormais une figure iconique qui doit repousser les approches aussi bien de ses disciples que des démons. Alors il s'enfonce dans le désert, jusqu'à l'endroit où il passera le reste de sa vie : le pied de la montagne Galala al-Qibliya (versant sud).

Cette façon d'avancer pas à pas vers un état d'oubli, depuis la féconde plaine alluviale du Nil jusqu'à ces contrées intérieures arides, est devenue un modèle pour ceux qui désirent renoncer à la société. Si l'on en croit Athanase, les monastères étaient « remplis de chœurs divins qui récitaient des psaumes, étudiaient, jeûnaient, priaient, tressaillaient d'allégresse dans l'espoir des biens futurs, s'aimaient les uns les autres et vivaient dans une parfaite concorde* ».

Ce sont ces communautés qui par la suite inspireront

* *Vie de saint Antoine*, par saint Athanase, traduit littéralement du grec par Charles de Rémondange, Mâcon, 1874. (*Toutes les notes sont de la traductrice.*)

les fondateurs des monastères bénédictins et cisterciens en Europe.

J'ai commencé à me constituer une véritable bibliothèque de livres sur le désert, écrits principalement par des voyageurs du XIXe siècle et du début du XXe. Je les ai tous lus, sans jamais me soucier d'ordre ou de cohérence, et encore moins de critères géographiques. Une sorte d'impatience me possédait, comme si je devais trouver dans leurs pages le code pour désactiver une bombe. Il m'arrivait de penser au Deutéronome : « Il l'a trouvé dans une contrée déserte, dans une solitude aux effroyables hurlements*. »

T. E. Lawrence – Lawrence d'Arabie – était cité si fréquemment dans ces ouvrages que j'aurais pu me passer de son témoignage sur la révolte arabe, *Les Sept Piliers de la sagesse*. Quant à ses camarades arabisants – Charles Doughty, Harry St John Philby, Wilfred Thesiger, et surtout Bertram Thomas –, ils se sont ajoutés à ma collection. J'étais incapable de rester concentré très longtemps sur un seul livre, une seule voix. J'étais en cela atteint d'un syndrome très moderne. Je me réveillais dans mon lit ou sur le canapé, entouré d'une demi-douzaine de vieux bouquins – tous laissés ouverts à la page où j'avais abandonné ma lecture ou carrément piqué du nez, tous prêts pour un nouveau round. Miteux, peu commodes, pas toujours sympathiques : on faisait mieux comme compagnons de lit. Même chez les femmes ayant pris la plume, la métaphore de la conquête sexuelle était quasi omniprésente : à chaque fois, le désert féminisé se retrouvait dévoilé, exposé,

* Le Deutéronome, 32:10, traduit par Louis Ségond.

vaincu et enfin pénétré. Mes draps étaient couverts de miettes de colle à relier.

Ainsi, j'en suis venu à voir ces témoignages comme un seul et même récit : les déserts du monde envisagés comme une unité. L'approche n'était pas nouvelle.

J'ai trouvé dans la traduction en anglais que l'explorateur Richard Burton a faite des contes des *Mille et Une Nuits* une note de bas de page indiquant que le « Quart Vide » s'appelle en arabe le « Rub' al-Kharab », ce qui, d'après lui, renvoie au « Rub' al-Khali », ou Grand Désert d'Arabie. Dans la tradition orale, explique Burton, « il s'oppose au "Rub' al-Maskun", le quart peuplé du monde, le reste étant occupé par l'océan ». Dans son livre *Travels in Arabia Deserta*, publié en 1888 et écrit dans un style très Ancien Testament, Charles Doughty explique que, selon la tradition arabe, « Dieu partagea deux quarts [du monde] entre les enfants d'Adam, donna le troisième à Yajûj et Majûj (Gog et Magog), et on donna à la quatrième partie le nom de Rub' al-Khali, le Quart Vide ».

Je devais sans cesse me rappeler que le « désert » était plus qu'une métaphore. Pour les géographes, ce terme désigne simplement des endroits où les précipitations annuelles ne dépassent pas deux cent cinquante millimètres. L'humidité, qu'elle soit produite par la pluie, le brouillard ou la rosée, y est inférieure à l'évapotranspiration potentielle (la perte d'eau par évaporation ou transpiration des plantes). Un index d'aridité permet de définir quatre catégories de régions arides : hyperarides, arides, semiarides et subhumides. Ces régions représentent plus de quarante pour cent de la surface terrestre. Un voyage idéal dans le désert doit vous faire passer du subhumide à l'hyperaride – depuis la vallée du Nil jusqu'à la « Montagne intérieure », comme les Pères du désert appelaient la montagne Galala –, et c'est cette trajectoire centripète qui m'intéressait. Les explorateurs français qui sillonnèrent le Sahara au XIXe siècle cherchaient ce qu'ils appelaient le « désert absolu* ». Dans le *Vitae Patrum*, ce corpus de paroles et de biographies des Pères du désert publié au XVIIe siècle, on apprend la signification de *paneremos*, mot grec désignant à la fois un lieu où toute vie est absente, le point où l'identité du désert se voit affirmée dans toute sa pureté, et l'endroit le plus éloigné de la périphérie. Les explorateurs polaires utilisent un autre terme : « Pôle d'inaccessibilité maximale ». Cela m'est alors apparu comme le but ultime de tout voyageur du désert : le point où coexistent absolu et infini.

Selon les premiers explorateurs du Quart Vide, les Bédouins de la région n'avaient jamais vraiment entendu parler du « Rub' al-Khali ». Bertram Thomas, le premier étranger à traverser le désert, relève qu'« ils n'utilisent pas le terme, pas plus qu'ils n'en comprennent le sens littéral ». Lorsque Wilfred Thesiger mentionna le Rub' al-Khali à ses guides, ceux-ci se demandèrent de quoi il parlait : « Que veut-il ? Dieu seul le sait. » Pour eux, le désert, c'était *Al Rimal* – « les Sables ».

Le Quart Vide est une dépression grande comme la France qui occupe un tiers de la péninsule Arabique, entre les hauts plateaux du Qatar et d'Oman au nord et à l'est, et les montagnes du Yémen et du gouvernorat du Dhofar à l'ouest et au sud. Depuis deux millions d'années, deux vents puissants agitent cette immensité sableuse dans le sens des aiguilles d'une montre : le shamal, qui déferle

* En français dans le texte.

depuis l'Irak, et le kharif, un vent de mousson venu du sud-ouest qui arrose le Dhofar.

David Hogarth écrivait en 1904 que le Rub' al-Khali « n'a pas encore été exploré par un étranger, et rien ne permet de dire avec certitude qu'un indigène ait jamais réussi à atteindre son centre. Partout en Arabie, son nom inspire l'effroi ». Si le Quart Vide n'était en réalité pas tout à fait ce territoire vierge que Hogarth et ses camarades arabisants imaginaient, deux siècles de présence européenne en Arabie firent de lui l'archétype du désert absolu, et le défi par excellence. Dix-neuf ans après la conquête du pôle Sud par Amundsen et Scott, Bertram Thomas pouvait encore écrire à propos du Quart Vide qu'il était « la dernière grande *terra incognita* ». Richard Burton quant à lui, qui avait sillonné la péninsule Arabique au siècle précédent, se contenta de dire que sa conquête « ridiculisait les aventuriers modernes ».

Une demi-douzaine d'expéditions se lancent chaque année sur les traces de Thesiger, suivant tout ou partie de son périple dans l'est du Quart Vide, depuis Salalah jusqu'aux Émirats et au Qatar. Des trois grands explorateurs britanniques ayant parcouru ce désert – Bertram Thomas et Harry St John Philby dans les années 1930, puis Wilfred Thesiger dans les années 1940 –, c'est de ce dernier que s'inspirent les voyageurs des temps modernes, préférant toujours suivre l'itinéraire de sa première traversée en 1946, le long des limites est de la région, plutôt que celui du délicat périple vers l'ouest qu'il entreprit l'année suivante. On ajoutera que des trois Thesiger est la figure la plus romantique et la plus critiquée (mais aussi l'écrivain le plus talentueux). Sa seconde traversée le mena, comme celles de Philby et Thomas, au cœur de cette Arabie saoudite interdite d'accès, dont le territoire renferme pas moins de quatre-vingts pour cent du Quart Vide. Si vous n'êtes pas saoudien et souhaitez traverser le Rub' al-Khali, vous mettrez probablement vos pas dans ceux de Thesiger.

Wilfred Thesiger naquit en 1910 en Éthiopie, à Addis-Abeba, où son père occupait la fonction de ministre plénipotentiaire de la Grande-Bretagne. Son enfance africaine et les années passées dans le Sahara au cours de la Seconde Guerre mondiale lui donnèrent le goût des contrées arides. Publié en 1959 plus de dix ans après ses traversées, *Le Désert des déserts* est empreint d'une nostalgie pour un mode de vie – le nomadisme ascétique des Bédouins – condamné selon l'auteur à disparaître suite à la découverte de pétrole dans les étendues arides de la péninsule Arabique. « Ces gens sont trop bons pour survivre à notre époque utilitariste. » Sa conviction que les Bédouins étaient fondamentalement nobles faisait écho non seulement au romantisme européen du XIXe siècle, mais aussi aux idées d'Ibn Khaldoun, historien arabe du XIVe siècle, qui affirmait que « les peuples du désert sont plus proches de la bonté que les peuples sédentaires, car ils [...] sont restés à l'écart des habitudes qui ont infecté le cœur des paysans ».

« Il est étrange de constater comment le désert me satisfait et m'apaise, écrivit Thesiger à sa mère. Impossible d'expliquer ce que l'on y trouve à des personnes auxquelles ces sentiments sont étrangers, car, en effet, pour la plupart, le désert n'est qu'une immensité sauvage. »

Or, en dépit des apparences, le désert n'est pas immunisé contre le cours du temps. Rares sont les voyageurs qui peuvent se résoudre à terminer leur récit sans se lamenter de l'intrusion des modes de transport mécaniques dans cet espace inviolable. Ou pire encore, celle d'autres personnes.

Un soir de janvier, je suis allé assister à une conférence de la Royal Geographical Society à Londres. Deux ans auparavant, l'intervenant avait traversé le Quart Vide à dos de chameau* en compagnie de deux Bédouins émiratis, partant de Salalah, dans l'émirat d'Oman, et rejoignant Abu Dhabi en quarante jours. Telle était la raison de sa présence ici. Son projet s'intitulait « Dans les pas de Thesiger ». Son premier souci, raconta-t-il, avait été celui de l'*authenticité* : son équipe et lui prévoyaient de n'emporter que ce que l'explorateur lui-même avait pris comme équipement, et de s'habiller comme lui, à la bédouine. Pourtant, sous pression des autorités (et des sponsors), il avait bien fallu accepter d'être suivi par des 4×4 d'assistance où s'entassaient un photographe, un caméraman, un preneur de son, des GPS et des postes de radio, du matériel médical et, bien sûr, de la nourriture et de l'eau. Et si jamais l'aventurier tombait de sa monture, on l'emmènerait directement à l'hôpital le plus proche. Plus besoin désormais de redouter les attaques des bandits, ces « redoutables puritains de l'islam » comme Bertram Thomas les appelait, pour qui l'assassinat d'un chrétien était un titre de gloire.

Ce dernier classait les tribus hostiles des Sables en « deux catégories : celles avec lesquelles votre propre tribu n'est pas en conflit, et celles avec lesquelles elle l'est. Les deux veulent s'emparer de vos chameaux et de vos armes, mais les secondes en veulent aussi à votre vie ». Cette époque-là est révolue. Le Bédouin a été affranchi, d'une

* À noter que nous faisons ici le choix d'utiliser le terme « chameau » pour désigner à la fois le chameau de Bactriane (deux bosses) et le dromadaire d'Arabie (une bosse). En anglais, le terme est le même : *camel*.

certaine manière. Pour en revenir à l'expédition de notre explorateur moderne, ses membres durent subir une autre avanie : les Omanais des confins du désert se précipitèrent pour assister au passage de leur procession, allant jusqu'à leur offrir nourriture et eau et à organiser chaque soir des banquets en leur honneur, si bien que nos explorateurs se retrouvèrent privés de l'expérience austère qu'avaient vécue Thesiger et ses prédécesseurs. Bref, dans ce genre de voyage, vous pouvez tout aussi bien prendre du poids qu'en perdre, et les traces de pas sont aussi nombreuses dans les Sables orientaux que sur la plage d'une station balnéaire populaire.

Difficile d'être un pionnier désormais. Le monde a été parcouru de fond en comble. Ne restent plus que les aventuriers, cette nouvelle race de fanatiques : des types à la dentition impressionnante, sans une once de graisse, en quête non pas de connaissance ni de territoire à explorer mais de nouveauté, de souffrance gérée, d'« expérience » comme ils disent, avec force matériel et sponsors – le K2 en kayak, l'Amazone en vélo, le pôle Nord en échasses. Et puis il y a ceux qui cherchent les traces des explorateurs de l'époque héroïque.

Cela dit, ce genre d'expédition peut être source de quelques enseignements pour le PDG en herbe. « Pour ces gars-là, l'équipe compte davantage que l'individu », déclara le conférencier. Il parlait des Bédouins. Il avait préparé son expédition « comme quelqu'un qui veut réussir en affaires ». Une question dans le public, on fait circuler le micro : que pense-t-il des rumeurs à propos « du mode de vie, disons peu orthodoxe, de Thesiger » ? (Impossible d'ignorer cette façon tendre qu'a Thesiger de décrire Salim bin Kabina, son guide « à la beauté troublante ».) Le conférencier se raidit brièvement, puis recouvre son sang-froid. « Vous voulez mon avis personnel ? Je suis convaincu qu'ils étaient simplement très amis. »

Quinze ans avant les explorations de Thesiger, Harry St John Philby écrivait à sa femme Dora : « Pour moi, il n'y a rien d'autre qui compte en dehors du Rub' al-Khali, et mon esprit ne s'apaisera qu'une fois toute cette histoire terminée. Lieu maudit ! » Cette « sale obsession, ajoutait-il, m'a fait perdre les meilleures années de ma vie. »

Devenu fonctionnaire du Foreign Office une fois son diplôme de l'université de Cambridge en poche, Philby avait été le supérieur hiérarchique de Bertram Thomas à l'Office britannique des affaires politiques en Irak, où les deux hommes avaient été engagés en 1917 après la conquête de Bagdad. Philby était obsédé par le Quart Vide depuis ses premiers séjours en territoire arabe, tout d'abord en tant qu'agent des Douanes, puis comme conseiller auprès du ministre de l'Intérieur. En 1924, il devint le représentant politique du Royaume-Uni auprès d'Ibn Saoud, fondateur de l'Arabie saoudite. Cette relation allait s'avérer cruciale pour ses expéditions à venir, car seule une autorisation royale pouvait garantir un accès au Quart Vide en toute sécurité.

Il lui fallait à tout prix être le premier. « Cette ambition, écrivit-il, m'a fait tout sacrifier – la sécurité d'une carrière plus ordinaire et le reste. »

Il dut toutefois attendre décembre 1930 pour qu'Ibn Saoud veuille bien examiner sa requête, lorsque celui-ci finit par comprendre que le succès d'une telle expédition entreprise sous son patronage légitimerait ses visées territoriales sur le désert. En effet, avec ses énormes gisements de pétrole, le Quart Vide n'allait pas tarder à jouer un rôle essentiel dans l'enrichissement de la nation saoudienne.

L'explorateur fut donc enfin convoqué au palais du roi à Ryad : « Nous enverrons Philby dans le Quart Vide. »

Hélas, Philby vit son départ compromis par cette plaie qui s'abat souvent sur les aventuriers : les conflits tribaux. Ainsi qu'il l'écrivit plus tard : « Tout le monde pensait qu'un retard d'un an n'était pas très grave, tout le monde, sauf moi. » Car il avait appris que le jeune Bertram Thomas, autrefois sous ses ordres, préparait sa propre expédition depuis le sud de la péninsule Arabique.

La biographie de Thomas avant son entrée dans l'armée est pour le moins sommaire : né en 1892, il se porta volontaire à vingt-deux ans et fut envoyé dans les Flandres, où il servit deux années durant avant d'être expédié avec son régiment tout d'abord en Inde, puis à Bagdad. En poste à Al-Shatrah, en Irak, il prit l'habitude d'offrir des petits concerts de piano aux cheiks locaux, dont le morceau préféré, si l'on en croit Gertrude Bell, qui l'y rencontra, était la sonate dite « pathétique » de Beethoven.

En 1922, fort de sa réputation de négociateur capable de gagner la confiance des chefs tribaux irakiens, il fut nommé conseiller financier – *wazir* – du sultan d'Oman, le gouvernement britannique ayant conditionné le rachat des dettes du sultan à cette nomination. Oman n'était peut-être pas une colonie, mais étant donné sa proximité stratégique avec les détroits du golfe Persique et ses fort prometteurs gisements de pétrole, le sultanat ne pouvait pas – ne devait pas – échapper à l'influence britannique. Thomas ne se montra toutefois guère efficace dans sa fonction de conseiller financier. Quelque chose le préoccupait, et ce n'était pas son piano.

À peine arrivé, il avait commencé à définir un itinéraire pour traverser le Quart Vide, profitant de ses permissions annuelles pour effectuer de longues reconnaissances aux confins du désert. Enfin, le soir du 4 octobre 1930, il quitta Mascate à bord d'un pétrolier britannique qui devait le laisser sur la côte sud de la péninsule Arabique, à proximité de ce qui était alors un petit village de pêcheurs : Salalah. On apprend dans son récit de voyage, *Arabia Felix* (non traduit en français), qu'il « refusa de se risquer à demander la permission », sachant qu'elle lui serait sans aucun doute refusée aussi bien par le sultan que par ses propres supérieurs hiérarchiques.

Six semaines plus tard, une délégation de la tribu Rashidi, avec laquelle Thomas avait pris contact, surgit du désert, prête à l'accompagner dans sa traversée des Sables. Au même moment, c'est du moins ce que raconte l'explorateur, apparut au large une canonnière chargée de lui remettre une convocation du sultan. Thomas devait rejoindre son poste sur-le-champ. Sa décision fut aussitôt prise : renvoyer la canonnière à Mascate tandis que lui-même « joindrait son sort à ceux de ces beaux voyous [...] et plongerait avec eux dans les profondeurs de ce désert inconnu ». À Mascate, la hiérarchie britannique en fut réduite à enrager en silence.

Bertram Thomas est un personnage difficile à cerner. Il fut le premier étranger à traverser le Quart Vide, mais son nom, contrairement à celui de ses successeurs Philby et Thesiger, reste largement inconnu. On ne dispose d'aucune biographie. Best-seller dès sa parution, *Arabia Felix*, un livre bien meilleur que l'indigeste « Quart Vide » de Philby (*The Empty Quarter*, non traduit en français), est resté longtemps épuisé. En 1945, soit quatorze ans après sa traversée, Thomas fut nommé directeur de l'école d'Études arabisantes de l'armée britannique qui venait d'ouvrir dans les montagnes au nord de Beyrouth. Un an plus tard, il démissionna pour prendre un poste à la Shell Company en tant que directeur des opérations dans le Golfe, avec pour mission de surveiller les mouvements des compagnies pétrolières rivales et « les visées de certains dirigeants arabes sur des concessions pétrolières ». En 1950, il écrivait à un ami depuis sa base du Caire : « Le tabac et l'alcool sont bon marché, mais il faut que je me modère dans ce domaine. » Cinq ans plus tard, Bertram Thomas mourait, alcoolique et obèse, à l'âge de cinquante-sept ans. Son histoire m'a rappelé celle de Buzz Aldrin, sa dépression, son alcoolisme, la façon dont sa vie se retrouva tout à la fois magnifiée et rabaissée par son aventure lunaire.

Si je n'avais nullement l'intention de suivre bêtement les traces de Thomas, je voulais être dans ce désert où il avait tant peiné, et tenter d'imaginer l'empreinte des lieux sur un homme qui s'y est livré corps et âme. Et bien sûr il y avait aussi le nom même de l'endroit.

Lorsqu'ils se retrouvaient à la lisière d'une région marécageuse, le Dartmoor mettons, qui n'avait pas encore été colonisée ou cultivée, les premiers topographes anglais indiquaient *desert* ou *desart* dans leurs rapports. De l'adjectif latin *desertus*, participe passé du verbe *deserere* : abandonner.

À l'époque, ce qui caractérisait ce genre d'endroit, ce n'était pas l'absence d'eau mais celle de peuplement humain. Au-delà de ce constat, il s'agissait de lieux « abandonnés » au sens premier du terme. Le « désert inaccessible » de Shakespeare dans *Comme il vous plaira* n'est pas aride – il s'agit d'une forêt ; et lorsque Noel

Thomas Carrington*, dans son poème « Dartmoor », qualifie la lande de « désert silencieux », il n'utilise pas l'expression au sens métaphorique. Je possédais un livre du naturaliste français Arthur Mangin, *Le Désert et le monde sauvage* (1866), dans lequel l'auteur se propose de décrire toutes les régions « où la nature a conservé son caractère inviolable », ce qui inclut aussi bien les steppes russes, les « prairies, pampas et llanos » du Nouveau Monde et les régions polaires que les Pyrénées, et même le Dartmoor.

Les Européens n'avaient aucune idée de ce qu'étaient les déserts secs avant de les explorer. Il suffit de regarder leurs représentations de saint Antoine. Certes, la végétation faisait partie des éléments entrant forcément dans la composition d'un paysage peint. Mais même pour le plus visionnaire des peintres, celui qui avait étudié de près l'hagiographie d'Athanase, le dénuement extrême du désert égyptien était tout aussi inimaginable que la surface de la Lune. Rares sont les tableaux de ce genre où ne figure pas un arbre, et nombreux sont ceux où l'on voit l'abbé assis bien sagement au cœur d'un paysage aussi luxuriant que les Apennins au printemps. Dans *La Tentation de saint Antoine*, peint autour de 1560 par un élève de Bruegel l'Ancien, il est montré sur le flanc d'une colline verdoyante qui surplombe un fleuve – peut-être le Rhin. Et dans le tableau du même nom réalisé par un élève de Jérôme Bosch, l'ermite du désert est assis sur l'herbe, à l'ombre de ce qui ressemble à un frêne, avec à ses pieds un petit cours d'eau paresseux, tandis qu'au loin le clocher d'une église surgit au-dessus de la cime des arbres.

---

* Noel Thomas Carrington (1777-1830) : poète anglais dont l'œuvre évoque les paysages du Devon, sa région natale.

Une sorte de Paradis, mais à la hollandaise. Ainsi le désert était-il européen, jusqu'à ce que les Européens commencent à le conquérir. C'est à cette époque seulement que le terme prit un sens plus étroit, plus « asséchant ».

Felix Fabri, un frère dominicain venu d'Allemagne, fit deux pèlerinages en Terre sainte, en 1480 et en 1483. Pour qui voudrait établir un portrait culturel, religieux et psychologique du désert, ses écrits offrent, cinq siècles plus tard, un modèle convaincant. J'ai parcouru rapidement les trois volumes du récit qu'il fit de son voyage, et j'y ai trouvé sa version du périple entrepris à pied par saint Antoine pour aller voir saint Paul agonisant, ainsi qu'une description de sa propre arrivée à la lisière du « désert du Péché », qui s'étend entre le mont Sinaï et la mer Rouge.

« Les textes saints parlent à de nombreuses reprises de ce désert, de ce qu'il est *et de ce qu'on n'y trouve pas.* » (C'est moi qui souligne.) Pour Fabri, la région mérite le nom de désert à vingt conditions, pas une de moins :

> Tout d'abord, cette contrée s'appelle le désert parce qu'elle semble vidée par Dieu, comme s'Il l'avait utilisée pour améliorer et embellir le reste du monde [...] Deuxièmement, cette contrée est qualifiée de lieu solitaire, parce que personne ne la désire [...] Troisièmement, cette contrée est qualifiée d'isolée parce qu'elle est retirée et que pas un homme ne la fréquente. Elle est isolée parce qu'aucun des pays qui la bordent ne souhaite entretenir une quelconque relation ou une quelconque ressemblance avec cette terre...

Fabri poursuit en nous expliquant que le désert est « l'image de la mort », que « rien n'y pousse », qu'on n'y trouve pas d'eau, pas de chemin, qu'il n'y a que du sel, des scorpions, des *dipsades* (une espèce de serpent dont la morsure provoque une soif épouvantable), des vers, des dragons, des faunes et des satyres ; qu'il s'agit – et saint Antoine le savait bien – d'un lieu de tentations démoniaques « où l'on peut acquérir un grand mérite » et où « furent donnés les lois et commandements divins ». Mais c'est également « un lieu de bienfaits providentiels et de réconfort divin », une retraite hors du monde.

Enfin – *vingtièmement* –, c'est un lieu de dévotion et de contemplation, tel qu'on le lit dans les Évangiles : « En un lieu aride et sec où il n'y a pas d'eau, je Te cherche dans Ta Sainteté. »

Nous y voilà. La zone hyperaride dans toute sa splendeur : isolée, impie, solitaire, mortelle, nue, sans eau, sans piste, infranchissable, infestée, maudite, abandonnée – et pourtant un lieu de révélation, de contemplation, un refuge. Au milieu de toutes ces horreurs, la paix – une paix *magnifiée* par ces mêmes horreurs.

Aux yeux de Fabri, le fait d'avoir foulé ses plaines de gravier et dormi sous ses étoiles ne fait pas pour autant du désert du Péché un lieu moins symbolique. Il s'agit du désert tel que l'ont connu le Christ, Moïse et saint Antoine. Bien entendu, le moine s'inspire dans ses descriptions de son propre voyage, mais son appréhension des lieux est davantage influencée par la symbolique religieuse, et surtout par le récit que saint Jérôme fait de la vie de saint Paul, avec les montagnes calcaires du désert arabique d'Égypte où grouillent « faunes, satyres et incubes ».

Pour Fabri, mais aussi pour les milliers de fidèles qui l'ont suivi, effectuer un pèlerinage en Terre sainte, c'est ouvrir un livre plutôt qu'une carte. Même pour le visiteur du XXIe siècle équipé d'un téléphone portable et d'une bouteille d'Évian, le désert s'appréhende à travers le même filtre biblique. « J'étais comme Moïse », écrivit Philby, le même homme qui intitula son autobiographie *Forty Years in the Wilderness* – « Quarante ans dans le désert » (paru en 1937 et non traduit en français).

Lorsqu'arrive l'hiver, j'ai donné la plupart de mes affaires. Mon appartement londonien se retrouve vide, en dehors du lit – du lit, de quelques photos, et des livres. J'en avais donné des centaines à Oxfam, mais j'avais conservé ceux sur le désert – une bibliothèque d'une vingtaine d'ouvrages, que je pourrais facilement caser dans une petite valise à roulettes. J'ai passé une semaine à rassembler l'équipement dont j'aurais besoin, ou plutôt dont je pensais avoir besoin. J'ai ainsi acheté un « système d'hydratation », un CamelBak comme on l'appelle – c'est-à-dire une vessie en plastique bleu à glisser dans votre sac à dos, équipée d'un robinet au bout d'un cathéter que vous faites passer par-dessus votre épaule pour pouvoir téter en marchant. Je me suis également procuré des lunettes de soleil et deux chapeaux bon marché, ainsi qu'un foulard en coton et trois chemises beiges – « modèle baroudeur » d'après l'étiquette. Puis soixante sachets de poudre de réhydratation parfum cassis et une demi-douzaine de tubes de crème solaire indice 50 format familial (je suis roux), que je comptais transvaser dans des vaporisateurs de poche.

Dans les premiers jours de mes préparatifs, je suis tombé sur un document historique intéressant. Écrit par un Américain du nom de W. J. McGee, « Desert Thirst as Disease » (« Pathologie de la soif dans le désert ») est paru en 1906 dans l'*Interstate Medical Journal*. Il s'agit d'une étude unique sur les différents stades de la déshydratation et de l'insolation, d'autant plus alarmante qu'elle est scientifiquement dépassée.

Médecin et géographe, McGee plante le décor : il a installé son campement dans la partie sud-ouest de l'Arizona, près des montagnes Tinajas Atlas sur le Camino del Diablo, l'une des plus vieilles routes de migration du désert de Sonora qui comptent parmi les plus redoutées. « Il n'y a pratiquement pas un kilomètre de la Route 200 entre Santo Domingo et Yuma, écrit-il, qui ne soit ponctuée par un ou plusieurs tas de pierres formant une croix. » Les événements qu'il décrit ensuite se déroulèrent en août 1905. Ils mettent en scène un prospecteur du nom de Pablo Valencia (« l'un des Mexicains les mieux bâtis que je connaisse, quoique un peu encombré par une sensibilité aiguë »). Accompagné de son Sancho Pança, l'inconstant, impulsif et peu fiable Jesus Rios, Valencia passe par le campement de McGee. Les deux hommes comptent rejoindre une mine d'or abandonnée qu'ils ont l'intention de s'approprier et d'exploiter.

Le 15 août, jour du départ, McGee voit revenir Rios avec leurs deux chevaux. Il a prévu de retrouver Valencia le lendemain après avoir pris des réserves d'eau supplémentaires. Pour McGee, c'est un arrangement « de pauvres jobards, voire de vrais barjos ». Rios quitte le campement tôt le lendemain matin, pour finalement réapparaître bien plus tard épuisé et déshydraté, ayant échoué à retrouver Valencia à l'endroit convenu. On demande à un guide local de suivre « la piste que ce vieux Jesus a eu le malheur de choisir », mais lui aussi revient seul au campement.

Quatre nuits passent. Cela fait huit jours que Valencia est dans le désert, avec de l'eau pour seulement vingt-quatre heures. Il ne fait aucun doute qu'il est mort. Le 23 août, McGee est réveillé par ce qu'il identifie comme le mugissement d'un taureau, « un vrai cri de défi, à vous percer les oreilles ». Ses compagnons et lui finissent par trouver, un peu à l'écart du camp, immobile sous un sidéroxylon – dont le bois très dur est appelé « bois de fer » –, « ce qui reste de Pablo » :

> Pablo était complètement nu ; de forts et musclés, ses jambes et ses bras étaient devenus tout ratatinés et maigres ; ses côtes ressortaient comme celles d'un cheval affamé ; son ventre, normalement généreux, se creusait au point de toucher presque sa colonne vertébrale ; ses lèvres avaient disparu, comme amputées, ne

laissant plus voir que des bords de chair noircie ; ses dents et ses gencives dépassaient, comme celles d'un animal écorché, sauf que la chair était noire et ratatinée comme de la viande de bœuf séchée ; son nez avait rétréci de moitié ; l'intérieur de ses narines était noir ; ses yeux nous fixaient sans un battement de paupières, et sa peau s'était contractée au point qu'on voyait la conjonctive, elle-même aussi noire que les gencives ; son visage était noir comme celui d'un homme de couleur, et son corps d'un gris tout à la fois violacé et cendré, avec de grosses taches et stries livides ; ses mollets et ses pieds, ainsi que ses avant-bras et ses mains, étaient écorchés et lacérés par les épines et les arêtes des cailloux, et pourtant même les blessures les plus récentes étaient dépourvues de la moindre trace de sang ou de sérum, comme des rayures faites sur du cuir ; ses articulations et ses os pointaient tels ceux d'un grand malade décharné, et la façon dont la peau y était accrochée rappelait ces morceaux de cuir séché qu'on utilise pour réparer une roue cassée.

Du gothique version désert. C'est comme si Pablo avait été possédé par l'esprit des lieux ou réduit au pur calcul de tous ses variants. Surtout, il reste de cette description l'impression d'un être organique devenant minéral – ainsi opère le désert, avant de vous éparpiller. Pablo est à moitié mort, à moitié aveugle, et voici un dernier détail épouvantable : « sa langue, ratatinée jusqu'à n'être plus qu'un appendice tégumentaire noir ».

McGee l'arrose de la tête aux pieds. « Tout d'abord il pèle, puis sa peau absorbe l'eau avec avidité, comme une éponge complètement sèche. » Voilà Pablo-cuir-séché transformé en éponge. En fait, Valencia sort de son état de momie vivante avec une rapidité remarquable : en moins d'une heure, le voilà capable de boire, et deux heures plus tard il a réussi à avaler une « petite fricassée de volaille avec du riz et des morceaux de bacon ». Tout ce qu'il lui fallait, c'était de l'eau.

Dans les jours qui suivent, il récupère suffisamment pour pouvoir raconter son supplice. Parti à pied, il s'est rendu compte qu'il était perdu et à bout de forces. Rapidement, sa gourde s'est retrouvée vide. « Il soulagea un peu sa soif – à la manière de tous les Mexicains et de la plupart des Américains dans des situations semblables – grâce à son urine, s'en remplissant la bouche et s'en faisant des gargarismes. »

Le 17 août, soit deux jours après avoir quitté le campement, il s'allongea dans un arroyo et se débarrassa de ses chaussures et de son pantalon. Cette idée de retirer ses vêtements est fréquente chez ceux qui agonisent dans le désert – un geste instinctif mais mortel, puisque les vêtements sont souvent la seule chose qui vous protège du soleil. Le lendemain, il mâchonna quelques branches de paloverde et mangea des araignées. Il commença à croire que Rios l'avait délibérément abandonné (qui sait, peut-être avait-il raison) afin de garder la mine pour lui seul. C'est cette idée qui le « poussa à continuer pour lui faire la peau, à ce traître ».

Le 19 août, il croisa la piste de l'Old Yuma, dont il savait qu'elle le ramènerait au camp, mais il « tomba vite sous l'effet de la chaleur et passa toute la journée allongé dans un arroyo ». Le soir, alors qu'il marchait péniblement le long de la vieille piste, il aperçut un coyote qui le suivait à une distance respectable. L'urine qu'il transportait dans sa gourde était à ce stade-là devenue *mucho mala*, « très mauvaise ».

Le 21 août, cinq jours après que Valencia eut bu sa

dernière goutte d'eau, les vautours qui le guettaient depuis quarante-huit heures « s'approchaient presque à portée de main ». Le lendemain, constatant qu'il n'urinait plus, « il sentit que son dernier recours avait disparu ». Le lendemain soir, McGee était tiré du sommeil par ses hurlements. Le mort était vivant, ou plutôt le vivant n'était pas entièrement mort.

T. E. Lawrence pensait que la « soif » était une « maladie évolutive » – une mort qui n'est « pas lente [...] mais très douloureuse ». McGee définit quant à lui cinq stades de ce qu'il appelle également la *soif* : « la sécheresse normale », « le dérangement fonctionnel », « la phase bouche cotonneuse », « la phase langue ratatinée » et « le stade dégénérescence structurelle », suivis par la « phase ultime » – la mort. Ce qui correspond plus ou moins aux trois stades par lesquels les secouristes décrivent aujourd'hui la déshydratation et le coup de chaleur : *bénigne* (bouche sèche, respiration rapide), *modérée* (perte de dilatation de la peau, orbites creusées, irritabilité) ou *extrême* (extrémités froides, pouls ou tension non perceptible).

Valencia avait eu de la chance. Quand il eut suffisamment récupéré, on l'emmena en chariot à Yuma, où il « passa pratiquement toute la journée du 31 août à dévorer des pastèques, méthodiquement et tranquillement ».

Deux jours avant mon vol pour Oman, obsédé par des visions du désert, j'ai pris le train pour aller visiter le département des Études asiatiques et du Moyen-Orient de Cambridge. Là, tandis que la pluie tambourinait sur les vitres, on m'a apporté les documents du fonds Bertram Thomas que j'avais demandé à consulter. C'était la carte de sa traversée qui m'intéressait. Collée sur des planches fines, elle était tellement abîmée et friable qu'il m'a fallu mille précautions pour la déplier sans la déchirer davantage. Visiblement Bertram l'avait tracée d'après ses relevés, puis corrigée plus tard. Des éléments douteux ou mal dessinés avaient été barrés au crayon, et d'autres ajoutés. Le Rub' al-Khali lui-même, généralement représenté comme un espace vide, était recouvert de dessins et de légendes – les cours des rivières asséchées (les wadis), les formations et les plaines dunaires, avec çà et là des taches qui ressemblaient à du café.

Dans une note de bas de page d'*Arabia Felix*, Bertram Thomas dresse la liste des particularités géographiques que son groupe et lui rencontrèrent sur leur route remontant du sud au nord : des « dunes hautes et rouges », « une région de sables rouges d'une certaine hauteur, au relief moins accidenté, avec des collines en forme de fer à cheval », « des lignes parallèles de crêtes blanches séparées par des vallées transversales rouges », « une alternance de steppe, de plaine salée et de collines rouges ». Une ligne plus foncée et soigneusement tracée au crayon barre la carte de bas en haut, depuis la plaine côtière de Salalah jusqu'au nord-ouest. Elle croise les montagnes Qara et le point d'eau de Shisur, traverse deux régions de dunes, Ramlat Fasad et Ramlat Mitan, puis oblique brièvement vers l'ouest avant de suivre les quelques points d'eau qui mènent, trois cents kilomètres plus loin, jusqu'au golfe Persique.

Dans la collection se trouvaient également les registres de l'explorateur : des tableaux avec des colonnes pour la date, l'heure, la direction, la vitesse et les points de repère – sur cinq à six pages se succèdent des centaines d'entrées tirées des notes qu'il prenait pendant le voyage, avec le trajet précis de son équipe, heure par heure. Au moment où l'expédition pénètre les Sables, les toponymes disparaissent, remplacés par de simples descriptions – « sables blancs », « chaîne de dunes », « dunes et bassin », « plaine salée », « plaine blanche » – qui se répètent à l'envi, jusqu'au retour des toponymes à mesure qu'on se rapproche du Golfe.

Une semaine plus tard, je me trouve à Ramlat Fasad en compagnie d'un certain Nigel. Nous nous tenons face à face, tellement près que je peux sentir son souffle sur mes yeux. Il est en train de m'expliquer qu'il vit à Northampton. Qu'il n'a pas eu une vie facile mais que, même si on lui en donnait l'occasion, jamais il ne l'échangerait contre une autre.

Nous avons laissé les plaines de gravier derrière nous, et foulons un sol d'argile craquelée recouvert d'une fine couche de sable rouge. Entre nous et les hautes dunes roses à l'horizon n'ont poussé que deux atriplex, morts depuis longtemps. Le visage tartiné de crème solaire indice 50+, Nigel porte une casquette équipée d'une saharienne dont il a noué les deux pans sous son menton. Il est en train de me raconter que le proviseur « était plus un politicien qu'un éducateur », et que c'est lui qui, cinq ans auparavant, a manœuvré pour obtenir que Nigel soit renvoyé du lycée où il travaillait. Se sont ensuivis une dépression, un divorce, l'éloignement d'un fils. Il a fini par s'installer trois cents kilomètres plus au nord, où il est aujourd'hui facteur. Tandis qu'il poursuit son récit, mes yeux suivent jusqu'au sommet d'une colline les traces du 4×4 qui nous a laissés là. Le sable a rougi, jusqu'à prendre la même couleur que l'intérieur d'une bouche. La terre est écarlate.

Nigel m'explique qu'à l'approche de la retraite, il a commencé à chercher les défis pas trop risqués : tout d'abord une course de cent soixante kilomètres le long des South Downs, ces falaises calcaires de la côte sud de l'Angleterre, puis, dans le Sahara, le Marathon des Sables – six marathons en six jours. Plus récemment, il a réussi après deux échecs à terminer le Yukon Arctic Ultra, qui consiste à tirer un traîneau sur six cent quatre-vingt-dix kilomètres en solo dans le territoire canadien du même nom.

Et maintenant, il se retrouve sur le dos d'un chameau en Arabic, avec son guide pour seule compagnie. Cette fois-ci, me dit-il, il ne s'agit pas de distance. Jeune homme, il a regardé le film de David Lean, *Lawrence d'Arabie*, et lu le livre de Thesiger, *Le Désert des déserts*. Enfin, à soixante ans et des poussières, il les a rejoints, ces hommes. Quand il se souviendra plus tard de sa vie, ou même quand il reprendra le travail dans une semaine, il pourra se refaire le récit de ce qu'il a accompli.

Tout en écoutant Nigel, je commence à comprendre que je vais mourir si Hassan, notre guide, ne revient pas. Jamais auparavant je n'ai ressenti avec autant d'acuité le fait que ma vie dépende de quelqu'un d'autre. Comme si on m'avait fait boire un poison dont lui seul aurait l'antidote. Bon Dieu, mais où est-il passé ?

Je suis arrivé deux jours plus tôt à Salalah, ville de la côte sud. À mon arrivée, Hassan m'attendait à la maison d'hôtes du bord de mer où j'avais réservé une chambre. « Il y a un petit problème, m'a-t-il annoncé de but en blanc, mais d'abord détendez-vous, et ensuite on parlera. » Je lui ai demandé quel était le problème. Je n'avais pas besoin de me détendre, merci bien. Le problème ? Il avait trop à faire pour m'emmener dans le désert. *Je vois*, ai-je dit.

Tout allait s'arranger, il avait un cousin. Son cousin connaissait bien le désert, sauf que le problème – le deuxième problème –, c'était qu'il ne parlait pas anglais. Je me suis rebiffé. Le vol m'avait fatigué. Alors j'ai sorti cette expression qu'on utilise lorsqu'on contacte un service après-vente pour se plaindre : *Je ne suis pas satisfait.* Je l'ai dite et répétée. Hassan a répondu qu'il allait réfléchir pour trouver une solution. Une heure plus tard, il l'avait trouvée : finalement, il m'emmènerait lui-même dans le désert. J'étais soulagé, mais notre relation était dégradée. J'avais joué l'Anglais monolingue qui sait ce qu'il veut et lui le Bédouin suppliant. Nous étions de retour en 1914.

Pour revenir à cet après-midi, cela faisait deux heures qu'Hassan et moi suivions les traces du chameau de Nigel et du Land Cruiser qui l'accompagne, conduit par le fils d'Hassan, Mohammed. Quand nous les avons enfin rejoints, Nigel était épuisé. Hassan nous a menés à l'endroit où nous devions installer notre bivouac, à dix minutes de là. Puis il a fait demi-tour pour aller aider Mohammed à ramener le chameau. Je les imagine parlant de leurs clients anglais.

Nous les attendons depuis quoi, vingt minutes ? Une heure ? Nigel, qui a retrouvé son énergie, ne semble pas le moins du monde soucieux. Le regard fixé sur l'horizon, je tends l'oreille, guettant un bruit de moteur tandis que Nigel continue à parler.

Il y a dans *Les Mille et Une Nuits* un conte qui s'intitule « Marouf le Savetier ». Prétendant détenir une fortune qu'il n'a pas, Marouf est dénoncé au roi par ses créanciers furieux. Dans la traduction anglaise de Richard Burton, publiée à la fin du XIXe siècle, le vizir du roi décide d'exiler Marouf et, pour ce faire, convoque un djinn, en d'autres termes un démon, auquel il ordonne de « prendre ce scélérat et de l'abandonner dans le plus désolé des déserts, où il ne trouvera ni nourriture ni eau, afin qu'il meure de faim, misérable et oublié de tous ».

Saisissant le savetier, le djinn lui dit : « Je vais te laisser dans le Quart Vide », et c'est là, « dans cet endroit horrible », que Marouf est abandonné.

L'idée me vient que si le désert est une sorte de paradis – il suffit de le regarder –, y être abandonné pour mourir reviendrait à confirmer l'idée de Virgile selon laquelle l'Enfer est un désert. « Je ne suis pas inquiet, dit enfin Nigel en scrutant les sables aveuglants. Je me demande simplement s'ils n'auraient pas des problèmes avec Soran. » Soran, c'est le chameau.

La veille, Hassan et moi avons quitté Salalah, ses dattiers et ses pelouses, pour les montagnes de Qara. Sur le globe terrestre on distingue deux zones qui ressemblent de loin à deux arcs hachurés de couleur jaune-brun s'étirant pratiquement en continu, sauf au niveau des océans, situés respectivement à trente degrés au nord et au sud de l'équateur. La Terre, comme on le sait, ne tourne pas droit mais inclinée sur son axe à 23,5 degrés. Le principal facteur expliquant la fluctuation des températures à la surface de la planète, ce n'est pas la distance parcourue par les rayons du Soleil avant d'atteindre la surface du globe, mais plutôt leur angle (la différence entre un coup oblique et une frappe directe). Quand la Terre tourne autour du Soleil, ce sont les tropiques au nord et au sud de l'équateur qui se retrouvent exposés à la chaleur la plus intense – d'où ces deux bandes d'aridité. Mais la formation d'un désert est également un processus local. L'air chaud qui monte de la zone équatoriale s'assèche sous l'effet des hautes pressions à mesure qu'il descend vers les tropiques. Les vents marins le rafraîchissent, réduisant sa capacité à conserver l'humidité et empêchant la formation de nuages sur les pourtours occidentaux des continents, ce qui contribue à la création de déserts côtiers tels l'Atacama au Chili et le désert du Namib en Afrique. Cet effet se retrouve amplifié, dans l'hémisphère Sud, par l'influence des gyres océaniques tournant dans le sens inverse des aiguilles d'une montre, qui apportent de l'eau froide vers les côtes occidentales des continents. Pendant ce temps-là, les vents arrivant de l'est apportent de l'humidité, s'il y en a, sur les terres desséchées. Ajoutons que du simple fait de l'éloignement et de l'immensité de nombreux déserts – ceux d'Australie ou d'Asie centrale, par exemple –, la vapeur provenant de la mer ne peut tout bonnement pas les atteindre. Ainsi, l'aridité s'explique en partie par l'isolement. La topographie contribue également à la formation des déserts. Les zones arides de Chine – les déserts de Gobi et du Taklamakan – sont entourées de montagnes. À Oman, il existe deux bandes de terres fertiles : le couloir arable de Batinah, qui s'étend vers le nord-ouest à partir de Mascate, et, au sud, la plaine côtière du Dhofar, où est située Salalah. Lorsque l'air se heurte à une chaîne de montagnes comme le Jabal al Qara, il se refroidit en montant et forme des nuages qui absorbent l'humidité. Dans le Quart Vide, la moyenne des précipitations annuelles est de cinq millimètres.

À mesure que nous avancions vers le nord, les montagnes de calcaire ont laissé place à une pente douce qui s'étirait sur une centaine de kilomètres jusqu'à la limite des Sables. L'héritage de la mousson – arbres, herbe, taillis, tout desséchés qu'ils sont – se fractionnait en une série de paysages blafards dénués de toute végétation en dehors de buissons et arbres à encens noirs et maigrichons.

Nous avons pénétré le *nejd*, un paysage de caillasse karstique découpé par de larges wadis à sec depuis plusieurs générations, et ponctué de collines calcaires couleur ciment. Du sable rose s'était accumulé le long de la route côté est, poussé par les vents de la nuit précédente. Du *nedj* nous sommes passés à l'*hamadad*, le désert de pierre semi-aride. Tout le long de la route gisaient de vieux pneus. Dans mille ans, ils y seront toujours. Deux fauteuils étaient posés l'un à côté de l'autre à cent mètres de la route et dix kilomètres du carrefour le plus proche. Puis aux rochers alluvionnaires ont succédé de gros cailloux ; aux cailloux des nodules de basalte plus petits, posés en rangées sur le sable comme après le passage d'une herse. Suspendu à une centaine de mètres au-dessus de nous, un dirigeable de reconnaissance de couleur pâle se détachait sur le ciel bleu électrique.

Hassan m'a expliqué qu'il est issu d'une tribu montagnarde. Il a une petite cinquantaine d'années, une barbe noire soigneusement taillée et un regard droit et calculateur que dans mon esprit j'associe aussi bien aux artistes qu'aux militaires. Il juge rapidement d'une situation, et sent très vite le danger. J'ai remarqué dans le coffre du Land Cruiser un énorme gourdin en bois. En revanche il n'y a pas d'arme à feu. Il porte un keffieh* blanc et une dishdasha** blanche également, avec des traces de doigts graisseux sur le devant. Il a aux pieds des sandales en caoutchouc noir en bout de course. À la fin des années 1960, pendant la rébellion du Dhofar contre le sultan d'Oman, il a suivi une formation de secouriste dans une école montée par les insurgés de l'autre côté de la frontière, dans ce qui s'appelait à l'époque la Répu-

---

* Coiffure traditionnelle des Bédouins, constituée d'un morceau de tissu plié et maintenu sur la tête par un cordon.

** Tunique longue et traditionnellement blanche pour se protéger de la chaleur.

blique démocratique populaire du Yémen. Quand tous ses amis ont été tués, pour reprendre ses termes, et que la rébellion s'est retrouvée noyautée par les Soviétiques et les Chinois, il a accepté l'amnistie proposée par le nouveau sultan (lequel avait destitué son propre père) et s'est réfugié à Salalah. Il y habite toujours. Mais les montagnes, les plaines et le désert restent son pays, celui de ses aïeux, même si les Bédouins nomades n'existent pratiquement plus.

Impossible pour lui de se perdre dans les Sables. Là, il devient un autre homme, une figure d'autorité rassurante. Plus nous nous éloignions de la plaine côtière et nous rapprochions du désert, plus les tensions entre nous s'évanouissaient. J'aurais tout aussi bien pu être un chameau. Il me dirigeait, je le suivais.

Il se trouve que son père a rencontré Bertram Thomas à la fin des années 1920, lorsque Thumrait – la ville au-dessus de laquelle flottait le dirigeable – n'était rien de plus qu'un point d'eau. « L'Anglais est fou », se disaient les Bédouins : on l'avait vu marcher sous le soleil de midi, s'arrêtant à intervalles réguliers pour ériger une petite pile de cailloux (il faisait le levé topographique du site). Apportez-lui un cadavre de souris, de serpent ou d'aigle et il vous payera en or : « L'Anglais est fou. » Et il ne s'intéressait pas qu'aux cadavres d'animaux.

Dernière ville avant le désert, Thumrait sert d'escale aux poids lourds et marchands de chameaux sur la route du Qatar. Y règne un air d'abandon en même temps que d'agitation. Tout y est recouvert d'une fine couche de poussière rouge. On y sent l'éphémère et l'urgent. Les chats rampent sous les voitures en miaulant. Des bâtiments inachevés tombent en ruine à côté d'un garage Shell flambant neuf et les grands palmiers plantés le long de la route paraissent morts. Devant la boulangerie al-Khayam sont alignés ce jour-là trois pick-up, chacun chargé à l'arrière d'un chameau noir silencieux couché sous un filet.

Base de l'armée de l'air du sultanat d'Oman, Thumrait a servi de centre logistique à l'US Army pendant les guerres d'Irak et d'Afghanistan. Désignant du doigt le dirigeable, les hommes à la boulangerie ont demandé à Hassan ce que c'était. Si l'on suit le câble d'amarrage, on arrive au terrain de la base américaine situé en périphérie de la ville, leur a expliqué mon guide – un ballon-radar surveillant le Yémen à l'ouest. (Les frappes de drones américaines contre des militants islamistes au Yémen ont déjà commencé. Quelques mois plus tard, des centaines de civils seront tués lors du renversement du gouvernement à Sanaa.)

La route entre la ville et le désert a été utilisée par les militants yéménites, si bien que nous avons été bloqués à deux reprises par des barrages. À chaque fois, l'inévitable policier en uniforme bleu, forcément bien en chair et sûr de lui, a vérifié nos papiers tandis que son collègue soldat se tenait derrière lui, solidement campé sur ses pieds, le fusil plaqué contre la poitrine. De part et d'autre du check-point, à l'avant et à l'arrière, on distinguait des abris bas recouverts de filets de camouflage et des automitrailleuses de marque Jeep sur lesquelles trônaient des adolescents au regard vigilant.

Très vite, ces derniers signes de présence humaine se sont évanouis. Le paysage s'est aplati. Tout au loin, on pouvait apercevoir de petites collines sombres aux allures de terrils. Une heure plus tard, nous étions dans le *serer*, une région de plaines balayées par les vents, au sol de gravier gris-blanc, avec ici et là des chameaux noirs qui vont toujours par paire. Posés sur la ligne d'horizon à vingt kilomètres de là se dressaient quatre énormes silos à toit conique, hauts de vingt mètres environ. « Des élevages de poulets », m'a expliqué Hassan. Évidemment : des températures maximales de cinquante-quatre degrés, des vents pouvant atteindre les cent quarante kilomètres-heure, cinq millimètres de pluie par an… Mais il était bien là, l'A'Saffa, « le troisième élevage de poulets au monde par la taille ! ». Une entreprise qui n'est toutefois pas sans risque. En 1980, au cours d'une vague de chaleur dans l'Oklahoma, le système d'air conditionné d'un élevage est tombé en panne et un demi-million de poules périrent en quelques minutes à peine.

Une zone verte est apparue derrière la brume de chaleur : des champs de luzerne, arrosés par le point d'eau de Shisur. Des rampes d'irrigation de la largeur d'un champ font le va-et-vient jour et nuit. Là où leurs travées s'arrêtent, le vert disparaît. Tête nue malgré la chaleur démentielle, des ouvriers pakistanais marchaient le long de la route comme des auto-stoppeurs, sauf qu'ils ne nous ont pas fait signe de nous arrêter. Ils ont pour tâche de surveiller les appareils d'irrigation – un travail digne d'une équipe de soins intensifs. Une journée sans arrosage, m'a dit Hassan, et la récolte serait perdue. Il a ajouté quelque chose que je n'ai pas compris tout de suite : « C'est comme les Africaines qui utilisent des crèmes pour s'éclaircir la peau. Mais ça reste des Africaines. Le désert, ça reste le désert. »

Sur ce, il a quitté la route, sans raison apparente, pour suivre des traces de pneus entrelacées. À croire que ce vert n'avait été que le fruit de mon imagination, je me suis retrouvé au milieu d'une étendue de sable pâle et fin s'étirant jusqu'à l'horizon. Tout le reste avait été réduit en poussière. Nous roulions à cent kilomètres-heure, mais à soixante ou cent vingt l'impression aurait été la même. La seule façon d'estimer la vitesse, en dehors du cadran, c'est la force gravitationnelle et les vibrations. Il n'y avait rien d'autre à voir par les fenêtres que la plaine : aucun arbre, et du gravier, sauf exception. Le paysage s'est peu à peu vidé. De temps à autre, notre Land Cruiser bringuebalant a traversé à toute allure un terrain parsemé de cailloux ressemblant à des œufs noircis. Des tourbillons de poussière s'élevaient au loin. Le temps de cligner une fois des yeux, et ils avaient disparu. La brume de chaleur donnait l'impression que la ligne d'horizon s'envolait comme une feuille dans un courant d'air. Quatre-vingts kilomètres de plaine de gravier, d'une aridité encore plus implacable que le cœur du Quart Vide. Au moins, dans les Sables, Bertram Thomas et son escorte avaient découvert quelques points d'eau ; ici, on peut passer des journées entières à voyager à dos de chameau sans rien trouver, même pas une malheureuse feuille d'atriplex, et aucun abri de taille suffisante pour protéger ne serait-ce qu'un ver de terre.

À mesure que nous quittions les montagnes, le sol suivait un processus discret, presque imperceptible, de tamisage, passant de l'état de masse compacte, rugueuse et dure à celui d'amas de particules lisses et douces.

Cette atomisation, ce sont les forces du désert à l'ouvrage. La roche se dilate sous l'effet de la chaleur et se contracte lorsqu'elle est exposée au froid. Répétées pendant des centaines de milliers de jours et de nuits, ces forces opposées commencent à entamer son intégrité. Des fractures, tout d'abord minuscules, apparaissent et s'élargissent. Dans les déserts d'altitude, le gel pénètre ces fissures et les ouvre. Le sel sous forme liquide s'infiltre et les agrandit en se cristallisant. Alors la roche se fendille, s'effrite, se désagrège en morceaux que dispersent le vent et l'eau (le peu qu'il y en a). Ainsi les montagnes deviennent-elles des blocs, les blocs des rochers, les rochers des cailloux, puis vient le gravier, les gravillons, le sable – et enfin la poussière. Lorsqu'il apparaît pour la première fois, le Rub' al-Khali, véritable mer de sable, est tout aussi facile à reconnaître que la *Skyline* de Manhattan.

Les dunes s'élevaient au-dessus de la plaine, visibles à vingt kilomètres à la ronde. Après des heures passées dans le gris couleur cendre de cette argile craquelée, on avait l'impression d'aborder une nouvelle réalité, une réalité qui paraissait, de loin, superbe et prometteuse, comme un monde de rêves. Je me suis dit que nous étions arrivés à l'endroit parfait pour un check-point, une vraie frontière. Le soulagement d'Hassan était perceptible.

Des dunes en croissant grandes comme des baleines mordaient sur la plaine, tels des poissons-éclaireurs envoyés à l'avant d'un énorme banc dont on entendait les cris. Hassan est descendu du véhicule, s'est accroupi dans le sable fin et a vidé l'équivalent d'une minute d'air de chacun des pneus pour que le Land Cruiser avance mieux.

Dans ses écrits sur le Quart Vide, qui datent de 1888, Charles Doughty affirmait qu'il « n'avait jamais trouvé un seul Arabe qui ait quoi que ce soit à rapporter, ne serait-ce qu'une rumeur, à propos de ce redoutable pays ». Lui qui avait passé plusieurs années à explorer la péninsule Arabique n'en atteignit jamais les limites. Quand Richard Burton suggéra à ses guides bédouins de pénétrer dans le désert, ils le jugèrent « fou », et il finit par renoncer au projet. Dans *Arabia Felix*, il raconte que ses « compagnons se mirent à hurler, tout excités, *ar raml ! ar raml !* en agitant leurs cannes vers la droite, où un ruban jaune bordait la ligne d'horizon au loin ».

Entre deux récits de ses prouesses, Bertram Thomas

porte un regard anthropologique sur ses compagnons – leur nourriture, leur dialecte, leurs rituels de circoncision et de mariage, leurs ablutions religieuses et leurs pratiques sexuelles. S'il a recours au latin pour évoquer « le lit conjugal » dans une note de bas de page, il reconnaît sans ambages quelques pages plus loin avoir allégé une tombe bédouine de son squelette afin de ramener en cachette le crâne en Angleterre pour le faire analyser. Il s'est équipé d'« instruments pour mesurer le périmètre crânien, de telles données étant essentielles pour les anthropologues ».

En se réinstallant au volant, Hassan a dénoué et retiré son keffieh. Je me suis rendu compte qu'il était chauve, avec un crâne aussi luisant et plat qu'une tête de club de golf. Pourquoi cela m'a tant surpris, je l'ignore.

Nous sommes entrés dans le désert de dunes, et presque instantanément il est devenu impossible de dire dans quelle direction se trouvait la plaine d'où nous venions. Quand on est perdu dans un labyrinthe, on n'arrive pas à distinguer la périphérie du centre. Cela m'a rappelé que l'un des mots en arabe pour dire « désert » est synonyme de « labyrinthe ». Pendant deux heures, Hassan s'est enfoncé dans les Sables à la recherche de son fils Mohammed et de mon compatriote, passant d'un sommet de dune à un autre, roulant sur une piste invisible à mes yeux.

Les premières dunes étaient de taille modeste, comme en bord de mer, mais au fil des kilomètres elles se sont faites de plus en plus impressionnantes. L'expérience ne ressemblait à rien de ce que j'avais vécu, en dehors de la navigation en pleine mer. Comme si Hassan pilotait un skiff sur les flots agités d'un détroit, notre passage d'une dune à l'autre suivait une cadence bien réglée : identification d'un passage, accélération dans des rugissements de moteur, puis sensation momentanée d'un entre-deux sur la crête effilée par le vent avant la plongée soudaine. Je me suis peu à peu senti sonné, d'abord à cause du rythme, puis à cause du minimalisme des lieux. Ça ne s'arrêtait pas : le sable, l'horizon, et puis juste le ciel. Le désert tel que pourrait se l'imaginer un aveugle.

Une heure plus tard, au centre d'une arène gypseuse, nous avons trouvé le Land Cruiser avec Soran, le chameau, couché juste à côté, et, recroquevillés à l'ombre du véhicule, Mohammed et Nigel, l'autre Anglais, avec lesquels nous allions rester quelques jours. Nigel ne correspondait pas à mes attentes. Je pensais qu'il aurait plus ou moins mon âge. Il est pâle, et pas spécialement grand. La première chose qu'il m'a dite, c'est son propre nom, comme si on se saluait lors d'une soirée chic. Il y a chez lui une intensité juvénile qui aurait peut-être paru moins incongrue dans un décor bien *british*.

Corpulent, toujours actif : difficile de croire que Mohammed est le fils d'Hassan. Il garde sous le siège de son véhicule une épée de cérémonie qu'il sort de temps à autre de son fourreau pour la projeter comme une lance en direction d'une dune, après s'être assuré qu'on le regarde.

Une fois nous autres Anglais déposés à l'endroit où nous allons passer la nuit, distant de quelques kilomètres, Hassan est retourné aider Mohammed à faire avancer Soran. C'est là que je me retrouve en tête à tête avec Nigel et que j'apprends ce qui lui est arrivé. Quand enfin Hassan, Mohammed et Soran nous rejoignent, nous établissons notre camp à l'abri d'un cercle de dunes basses.

Soran aime tellement Mohammed que le simple fait d'entendre le bruit de son Land Cruiser provoque chez lui des gémissements de plaisir. Quand la température commence à baisser, j'escalade pieds nus le sommet d'une grande dune toute proche. Cela me prend vingt minutes.

Le sable sous mes pieds perd de sa chaleur, comme abandonné par la vie. Il est plus froid sous la surface, tel un étang. Je veux me convaincre de notre isolement radical. Au sommet, haut de peut-être trente mètres, le désert qui s'étend devant moi n'a pas de limites. Ses couleurs changent à mesure que le soleil baisse à l'horizon. Mais son immensité n'est pas du genre « sublime » au point de provoquer un évanouissement. On ne se sent pas humilié par ses dimensions, parce qu'on n'a aucune idée du rapport de proportions avec lui.

Mes yeux suivent une ligne d'empreintes longeant les dunes – les miennes. Trente mètres plus bas, le soleil s'est déjà couché pour mes compagnons de voyage, et j'aperçois sur fond de sable assombri le feu qu'ils ont allumé. Les frontières de la nuit sont repoussées.

Une fois entravé, Soran devient docile. La vision nocturne des chameaux est remarquable, m'explique Mohammed. « Si ton chameau regarde lentement de gauche à droite, c'est un renard. S'il s'arrête de mâchonner et regarde fixement la nuit, c'est qu'il y a un problème. » Il y a cinq couleurs chez les chameaux d'Arabie : blanc (« couleur crème », comme dit Thomas), rouge (« couleur gazelle »), noir (« brun-noir »), jaune (« entre crème et gazelle ») et vert (« couleur fumée de feu de bois »). Soran est un jaune, avec une sorte de crinière sombre et touffue le long de la colonne vertébrale, plus petit que les spécimens tout noirs qui errent le long de la route de Thumrait. Il arbore un sourire de patience béate et fait l'objet de moult manifestations de tendresse de la part d'Hassan et Mohammed – une tendresse née du respect, et même de l'amour, qu'ils lui portent. Jamais ils ne l'invectiveraient ou le battraient, pas plus qu'ils ne le feraient avec un vénérable aïeul. Une fois choisi l'emplacement du camp, on remplit de sable une musette en plastique et on y attache Soran en lui laissant du mou. Pendant des heures il piétine sur place, déplaçant ses antérieurs de droite à gauche et de gauche à droite. Toutes les fois où je me réveille au cours de la nuit, j'entends ce bruit discret, celui d'un vieux monsieur qui balaie devant sa porte.

Nigel a l'air commotionné. Il reste assis en silence dans le noir à quelques mètres du feu. Je décide d'aller lui parler. Son visage est encore tartiné de crème solaire. Il lève les yeux, m'éblouissant avec sa lampe frontale. « Vous avez déjà eu une expérience spirituelle ? » me demande-t-il le plus sérieusement du monde. C'est donc cela qu'il attend ? La main en visière au-dessus de mes yeux, je réponds : « Pas encore. » Avec le recul, je me dis que je n'aurais pas dû être aussi cynique.

Ce qu'on recherche avant tout quand on installe un campement dans le désert, en dehors d'être abrité du soleil, c'est d'être protégé du vent. La plupart des dunes du Rub' al-Khali se seraient accumulées il y a environ un million d'années, au Quaternaire tardif, quand des vents encore plus puissants que ceux d'aujourd'hui ont vanné le sable de wadis situés à l'intérieur de la péninsule et dans les régions du golfe Persique. Le vent reste une présence forte : il forme et déforme les dunes avec une constance, du moins le jour, similaire à celle du soleil. L'astre réchauffe les sables, l'air frais monte et doit être remplacé. D'où le vent, mentionné dans tous les livres. Hérodote raconte l'histoire d'une armée libyenne envoyée dans le désert pour soumettre le seigneur du vent, laquelle disparut intégralement « dans un nuage rouge de sable tourbillonnant ». Dans un fort dévasté au nord de la Syrie, T.E. Lawrence et ses compagnons bédouins burent « à grandes goulées le vent du désert vide et sans remous ». Bertram Thomas fait quant à lui le récit d'un groupe d'hommes de la tribu de Mahra qui, partis à la poursuite d'une bande de voleurs de chameaux dans une région inconnue du désert, se sont rendu compte que le vent avait effacé les traces qu'ils suivaient. « Six mois plus tard, quelques-uns de mes Rashidis découvrirent les sept squelettes et les ossements de leurs chameaux. »

Le désert est mobile. Son moteur, c'est le vent, le vent qui modèle les dunes. Voyager dans le Quart Vide, c'est découvrir leurs formes dans leurs variations infinies. Le type le plus fréquent de dunes, c'est l'*uruq* (« veine », en arabe), un ensemble de chaînes de dunes parallèles qui peuvent faire plusieurs dizaines de kilomètres de long, et la *barchan* (« corne »), en forme de croissant, avec un sommet incliné dans le sens du vent dominant. Mais les déserts, même les grands ergs ou les mers de sable du Sahara, sont rarement composés exclusivement de sable. Au sud du Quart Vide, on n'a pas affaire à un désert de sable genre plage infinie, mais plutôt à un complexe composé de multiples arènes. Le sable, c'est du quartz – une roche plus friable deviendrait poussière et serait emportée par les vents. Autour d'un grain de sable s'agrège une fine couche d'oxyde de fer, ce qui explique ce rouge caractéristique des dunes de la péninsule Arabique. Bertram Thomas suggère que « Dhofar » signifie « Pays rouge ». C'est dans les creux que ce rouge est le plus visible, ainsi qu'aux endroits où le sable est plus fin. Mais il suffit de creuser un peu et le sable a alors une teinte gris-vert froide.

Entre les dunes on trouve les *shuquq*, ou « couloirs interdunaires », des plaines de gravier brun et de gypse blanc de forme allongée. Si les dunes forment des barrières que l'homme, soit en voiture soit à dos de chameau, s'épuiserait à franchir, ces plaines, elles, sont les autoroutes du désert. C'est en fouillant sur leurs pourtours que les archéologues ont découvert des os de buffles d'eau, des carapaces de mollusques d'eau douce et des dents d'hippopotames. En effet, il y a quelque vingt-cinq mille ans, des lacs se trouvaient à la place de ces plaines. L'Arabie tout comme le Sahara étaient verdoyants. Puis, lors d'un nouveau réchauffement de la planète, l'eau s'est évaporée. La végétation est morte, et le désert revenu. Aujourd'hui, même de loin ces plaines ressemblent à des lacs – on peut en longer le rivage ou passer entre des îlots de marne déposés par les eaux. Dans ces accumulations rocheuses, véritables dédales de plus d'un mètre de hauteur pour certaines, vivent des renards. Deux fois j'en surprends un – noir sur fond de gypse blanc – plongeant dans son terrier.

Ainsi le voyageur du Quart Vide passe-t-il d'un lac desséché à un autre, franchit des cols entre deux dunes. Même s'il ne meurt pas de soif, il lui est facile de croire, quand après avoir péniblement escaladé les barrières de sable il aperçoit la plaine suivante, ses ondulations, ses reflets bleutés et sa surface chatoyante sous l'effet de la brume de chaleur, qu'il a sous les yeux une immense étendue d'eau. Ce n'est pas un mirage, ni même une illusion, mais simplement l'effet de la ressemblance. Dans ces moments-là, l'aridité du désert s'impose cruellement à votre esprit.

Le lendemain, peu après l'aube, deux corbeaux viennent m'inspecter tandis que je marche seul à la limite entre sable et plaine de gypse. Mon attention se focalise sur eux, comme elle l'aurait fait avec n'importe quelle créature vivante ou mouvante. Quel bonheur de les voir ! Leur robe sombre rafraîchit mon œil engourdi. Cette vivacité, cette familiarité… D'où sortent-ils ? J'ai simplement levé la tête et ils sont apparus, décrivant des cercles sur fond de ciel bleu, s'échangeant un croassement désinvolte toutes les trente secondes. La curiosité est mutuelle. Mais si je suis simplement content de leur venue, leur curiosité à eux n'a rien de gratuit.

Dans les récits des explorateurs, les corbeaux apparaissent toujours par deux. Harry St John Philby, qui connaissait ces régions mieux que n'importe quel autre étranger, décrit chacun des corbeaux qu'il rencontre – ceux qui viennent voir son campement, ou bien ceux qu'il croise avec son groupe de Bédouins. Dans une oasis il en trouve un blessé dont il fait sa mascotte et qu'il baptise Suwaiyid, le diminutif en arabe de *suwid*, « noir ». Lorsque l'un des membres de son escorte tire sur une femelle nichant, « le mâle intervient bravement avec des croassements de colère et de détresse pour protéger sa compagne blessée ». Les corbeaux ponctuent également la traversée qu'a faite Bertram Thomas un an avant lui. « J'ai tué un individu intéressant avec une collerette de plumes blanches. Un Bédouin a demandé le cœur d'un autre individu au plumage purement noir, qu'il suggérait de manger en entier parce qu'il posséderait certaines vertus. »

Difficile pour moi de considérer ces corbeaux comme un mauvais présage. Je m'arrête, lève le visage vers eux en retenant mon souffle. Les battements de leurs ailes sont audibles – je peux presque en sentir le mouvement. Ils font une ou deux voltes en l'air avant de se poser côte à côte à vingt mètres de moi pour picorer le sable sans grande conviction. Les pattes écartées, bien calés sur leur arrière-train, ils me regardent, leurs plumes lustrées brillant au soleil. Les ombres qu'ils projettent sur le sable sont aussi noires qu'eux.

Au début, je n'avais pas l'intention de mettre mes pas dans ceux de Thomas. Pourtant, je me retrouve là, entre Ramlat Fasad et Ramlat Mitan, comme lui dans « un pays de dunes hautes et rouges » avec « des étendues de sable plates ou légèrement ondulées ponctuées de collines rouges ». La croûte de gypse qui recouvre le sol n'absorbera que plus tard la chaleur du soleil. La température n'a pas encore fait lever le vent, mais le ciel est déjà d'un bleu intense. À l'horizon, les dunes sont d'un gris-mauve très pur, et les plus proches se colorent à mesure que s'élève le soleil.

Je continue à marcher jusqu'à ce qu'il fasse trop chaud. Au bout de deux ou trois kilomètres, je tombe sur Hassan garé en haut d'une dune, qui surveille ma progression, à moitié endormi avec les pieds sur le tableau de bord. Je risque peut-être de m'égarer, mais lui ne me perdra pas, c'est certain. Sur le sable près de sa portière il y a des pelures d'orange, et tout près de là, les deux marques qu'il a faites en s'agenouillant pour prier. Nous passons quelques minutes assis à discuter, je me désaltère, puis il reprend le volant et je suis ses traces pendant plusieurs kilomètres.

Le désert n'est pas simplement vaste : on note une forme d'intimité dans sa subtile homogénéité et sa décomposition en granules – la bouche fraîche d'un tunnel creusé par un rongeur, l'arc qu'a inscrit une brindille déplacée par le vent, le dôme de lumière du feu de camp. Mohammed, Nigel et Soran bivouaquent ailleurs cette nuit-là. À la lueur de sa lampe torche, Hassan aplanit avec le tranchant de la main un coin de sable près de notre feu, tire du tas de braises un petit bâton blanchi, et se met à dessiner.

L'obscurité venue, le vent tombe. Le matin, on trouve partout dans le camp les traces des créatures qui sont passées pendant qu'on dormait – renards, lièvres, souris, scorpions. « Les sables, écrivit Thomas, sont un journal intime qui n'a rien d'intime [...] Aucun oiseau qui ne se pose, aucune bête sauvage ou insecte qui ne passe sans laisser une trace de son histoire. »

Parfois, Hassan s'arrête de dessiner, plante le bâtonnet droit dans le sable et efface avec le doigt une ligne qui ne lui plaît pas, ou bien agrandit la toile pour faire de la place à l'image qui se déploie.

Il dessine les animaux, les uns après les autres : hyène, renard, oryx, lièvre, léopard. Souris, chat, homme, chameau. L'échelle et le support interdisent les détails subtils. Un frisson circule entre Hassan et moi quand ses traits rapidement esquissés prennent une forme familière. Le genre de dessin réalisé par celui qui a une expérience concrète de son sujet.

Il les représente toujours en mouvement, ces animaux des montagnes, des gravières, des plaines et des dunes. Il lui faut cinq, parfois jusqu'à huit minutes pour fignoler les quelques traits essentiels : le dos arqué de la hyène, l'angle de sa tête, son sourire de bête repue. Le long cou du chameau, la protubérance de sa lèvre inférieure, la longueur de sa queue par rapport à ses membres postérieurs. Si la courbure de la corne de l'oryx ne correspond pas à ce qu'Hassan sait être juste, le pouce vient tout effacer, le doigt lisse le sable et la ligne est redessinée. Et là, brusquement, apparaît l'animal, bien vivant.

Hassan me demande d'écrire le nom correspondant dans le sable. « Chameau », mettons. Hassan trace le mot en anglais et en dessous son équivalent en arabe, الجمل, avec les mêmes mouvements gracieux de la main qu'il a en dessinant. J'essaie de copier les caractères arabes, mais à peine tracé mon point diacritique disparaît. Nous regardons ensemble d'un air expert le dessin et les trois versions du nom de l'animal, puis dans un grand geste Hassan lisse la surface du sable, le petit bâton s'agite à nouveau et une nouvelle créature surgit du néant.

Il me montre ensuite sur l'écran de son portable, fenêtre lumineuse dans la nuit immobile, un film de quarante minutes que Mohammed lui a téléchargé. Il s'agit d'images d'archives de la fin des années 1960 tournées dans la région du Dhofar quelques jours avant la rébellion de tribus bédouines contre le sultan d'Oman – des femmes trayant les chèvres, de jeunes garçons dans les champs, penchés en avant avec un fusil accroché dans leur dos, des lignes de soldats brandissant joyeusement leur AK47, un Strikemaster (un avion de chasse britannique) frôlant l'horizon, puis un panache de fumée sombre s'élevant de derrière un affleurement de roche calcaire. Et accompagnant ces images, un vieil enregistrement rayé du chant de marche des rebelles – un son abominable, en vérité, dans ce désert silencieux.

Ses fonctions de *wazir* avaient permis à Bertram Thomas de noter dès la fin des années 1920 que le sultan d'Oman, Saïd ibn Taïmour, « traitait le Dhofar comme son domaine royal ». Lorsque la rébellion commença quarante ans plus tard, cette région montagneuse à quelque mille kilomètres du palais du sultan à Mascate dépendait toujours d'Oman. Avant de me rendre dans la région, je ne connaissais pas grand-chose de ce conflit et du rôle joué par la Grande-Bretagne. Cela avait commencé par un soulèvement des tribus des montagnes et du désert contre ibn Taïmour. Le conservatisme du sultan vieillissant avait maintenu Oman dans un état de pauvreté archaïque, tandis que le peuple, privé d'hôpitaux et d'écoles, voyait les États voisins du Golfe prospérer grâce à des revenus pétroliers croissants. L'insurrection commença en 1964 lorsque, partant d'Arabie saoudite, Mussalim ibn Nafl, le chef du Front de libération du Dhofar, traversa le Quart Vide, accompagné de trente partisans. Dans une déclaration faite en juin 1965, le mouvement associait le sultan aux « hordes de la force d'occupation impérialiste britannique ». Le premier acte de la rébellion – l'attaque à la mitraillette d'un groupe d'employés d'une compagnie pétrolière faisant le relevé topographique du désert du Dhofar – était surtout symbolique. Puis en 1967, le retrait en ordre dispersé des Britanniques abandonnant leur colonie d'Aden, dans ce que l'on appelle aujourd'hui le Yémen du Sud, combiné à la guerre des Six Jours entre Arabes et Israéliens, fit monter les nationalismes arabes dans le sud de l'Arabie. L'influence de la nouvelle République démocratique populaire du Yémen du Sud, qui jouxte le Dhofar à l'ouest, et de ses soutiens soviétiques et chinois provoqua un schisme à l'intérieur de ce qu'il restait du Front de libération du Dhofar. Alors le mouvement, changeant de nom, devint le Front populaire de libération des territoires occupés du golfe Persique. On envoya les combattants se former aux techniques de guérilla en Chine et en Irak. À l'époque, me raconte Hassan, « chaque Omanais voulait avoir une arme. Une Kalachnikov. S'il rejoignait les communistes, on lui en donnait une. S'il rejoignait l'armée, on lui en donnait une. Il voulait une arme. Son idéologie, c'était ça. » C'est à ces hommes qu'Hassan prodigua les premiers soins.

La production pétrolière d'Oman passa de quatre-vingt-huit millions de barils en 1967 à environ cent vingt millions deux ans plus tard. Ces chiffres, les Britanniques les connaissaient. En 1970, lorsque le sultan accorda les droits d'exploitation des puits de pétrole du Dhofar à une entreprise américaine, sa chute devint inéluctable. Pratiquement impotent, il restait confiné dans son palais de Salalah. En 1971, son fils Qabus ibn Saïd le renversa lors d'un coup d'État pacifique. « Ma première mesure, promit alors le nouveau sultan de vingt-neuf ans à son peuple, sera l'abolition immédiate de tout ce qui restreint inutilement vos vies et vos activités. »

Qabus ibn Saïd était un réformateur qui avait étudié en Angleterre, tout d'abord à Eaton puis à Sandhurst, l'école de formation des officiers. Certains ex-rebelles comme Hassan se virent proposer une amnistie et de l'argent pour rentrer au pays. Les forces armées du sultan furent renforcées. La rébellion se fit alors de plus en plus brutale : attaques d'installations pétrolières, exécutions à la mitraillette de conducteurs travaillant pour les compagnies pétrolières, minage de la route de Thumrait et bombardement de la base de l'armée de l'air du sultanat à Salalah. Les chefs tribaux qui refusaient d'aider ou de protéger les rebelles furent précipités du haut d'une falaise et des « contre-révolutionnaires » exécutés sommairement. Il fallut attendre 1975, moment où les Britanniques comprirent le danger stratégique que représentait le communisme dans la région, pour voir débarquer au Dhofar officiers et mercenaires anglais. La rébellion fut finalement matée en décembre de cette année-là, et ses combattants survivants furent « réhabilités » ou bien retournèrent dans le désert. Ami du prince Philip, Qabus le réformateur demeure aujourd'hui une figure populaire que personne n'oserait critiquer en public. Accrochée au mur de tous les cafés, restaurants et pensions de famille de Salalah, son image souriante et redoutablement bienveillante vous observe. « On n'aurait pas pu rêver meilleur sultan », commente Hassan.

Puis les Américains trouvèrent du pétrole dans le Dhofar. Vingt-neuf puits furent forés. Sauf que la production diminua rapidement et s'avéra impropre à une exploitation commerciale. Ainsi, après avoir dépensé cinquante millions de dollars, les Américains durent se résigner à plier bagage. Restent aujourd'hui quelques prospecteurs venus d'Oman ou d'ailleurs qui continuent à explorer les zones désertiques du Dhofar. Les traces de leurs recherches sont toujours visibles.

Je vois à la lueur du feu que la barbe d'Hassan est ourlée de poils blancs, comme si la couleur fuyait les bords. Je pense au corbeau de Bertram et à sa collerette de plumes blanches. Nous buvons dans des gobelets en carton du thé au gingembre sucré adouci avec du lait de cardamome. Nous mangeons des dattes arrachées à leur grappe luisante. Hassan recommence à dessiner. Toujours, entre deux animaux, une femme apparaît. La première fois, Hassan rit comme si elle était venue sans être invitée ; nous rions tous les deux. La pointe du bâtonnet qui dessine sur le sable est brusquement devenue le centre du désert. Avec la même femme à chaque fois – bouche large, yeux grands ouverts, sourcils épais, taille bien prise et hanches rondes. Les gestes d'Hassan ralentissent. Je n'écris plus le nom sous le dessin. Quand celui-ci est terminé, nous admirons la femme un instant, puis un mouvement rapide de la main efface tout. Plusieurs autres dessins d'animaux – hérisson, corbeau – et elle réapparaît, prenant corps ligne après ligne. Finalement, Hassan pose le bâtonnet et abandonne sa position en tailleur pour s'allonger sur le côté en prenant appui sur un coude. Et nous observons le feu. Je jette un noyau de datte dans les flammes. Hassan se penche silencieusement pour le sortir du feu et le balance derrière nous dans la nuit. On ne gâche pas une promesse de vie.

Cela fait déjà deux jours que je suis dans les Sables. Il a été convenu de retrouver aujourd'hui Nigel et Mohammed, sans oublier Soran, au point d'eau de Burkhana, à cinquante kilomètres de la frontière saoudienne, non loin de notre bivouac. Au bout d'une heure de marche, je repère quelque chose à environ cinq cents mètres : un panneau indicateur triangulaire attaché à un poteau couché par le vent, qui indique un virage à gauche. La présence de cet objet à cinquante kilomètres du premier élevage de chameaux a un petit côté cocasse. Il a été installé là il y a trente ans par les prospecteurs qui ont tracé la route traversant la plaine. Le panneau a jauni sur les bords, mais il n'est pas recouvert de sable – comme si quelqu'un l'avait posé la veille. Dans ces plaines, le sable, balayé par le vent, forme çà et là de petits tas, tandis que le gravier lourd, les pierres, les branches, les pneus éclatés, les canettes, bouteilles d'eau, bidons d'essence ou autres objets restent à l'endroit où on les a abandonnés. Leur caractère permanent est tel qu'en ramasser un – un morceau de bois mort dont on compte faire un bâton de marche, mettons, ou une pierre rouge façonnée par le vent – semble presque un sacrilège, un acte de vandalisme. Quelques semaines plus tard, de retour à Londres dans mon appartement vide, je trouverai dans la poche de mon pantalon des grains de sable effilés d'un blanc pur, tout ce qu'il reste de la côte d'une gazelle, comme si une fois prélevée dans le désert, celle-ci ne pouvait plus exister. Comme un rêve dont ne demeure que le souvenir.

Je suis la direction indiquée par le panneau puis m'arrête au bout d'une heure, m'assois en tailleur et pèle une orange. L'acidité de son arôme suffit à me faire tourner la tête. La veille, lors de mon exploration des dunes autour de notre bivouac, j'ai entendu un bruit qui est devenu de plus en plus fort. Là où le silence avait régné, un arbuste mort fouetté par un coup de vent isolé laissait échapper un gémissement assourdissant. Nous étions loin du « vent fluide, vide, pur » évoqué par Lawrence. L'arbuste, un atriplex devenu noir des années plus tôt, se comportait telle une bête piégée. Comme dans un accès de fureur, il avait, sous l'effet du vent, projeté ses épines à plusieurs mètres de distance.

Même quand le vent tombe, percevoir le silence requiert un effort – en premier lieu il faut étouffer son moi, c'est-à-dire renoncer à tous ces petits gestes impatients, ces réflexes de déglutition, ces mouvements de la langue et des lèvres, faire taire les narines et les tripes gargouillantes. Cesser de respirer. C'est plus facile la nuit, lorsque le vent se tait. Chaque fois que je me réveille, la pleine lune est tellement brillante qu'elle éblouit les étoiles. Alors, allongé dans mon duvet, je retiens mon souffle et guette le « silence » : un bourdonnement aigu accompagné en sourdine d'un bruit de liquide, comme s'il y avait de l'eau qui coulait dans un pipeline enfoui plusieurs mètres sous terre.

J'aperçois un gros véhicule gris à deux kilomètres de moi. Je me lève, l'observe, mais il ne semble pas approcher. L'un des avantages de ces plaines, c'est que leur uniformité abolit le passage du temps : ce pneu hors d'usage qu'on a repéré à trente mètres de nous, il nous faudra une demi-heure pour l'atteindre. Plus tôt dans la journée, j'ai ramassé un caillou noirâtre et l'ai jeté le plus loin possible. Il m'a suffi de quelques pas pour le retrouver. « Au fil des heures et des jours, écrivit Thesiger, nous avancions, et rien ne changeait ; le désert et le ciel vide se touchaient toujours à la même distance devant nous. L'espace et le temps avaient fusionné. »

Je reprends ma marche. Dix minutes plus tard, je suis suffisamment près du véhicule pour constater qu'il ne fait pas de bruit, et d'ailleurs qu'il n'a pas bougé depuis sans doute plusieurs années. Il s'agit d'un camion-citerne posé de guingois au beau milieu de la piste, les deux roues arrière manquantes, la peinture partant en lambeaux, la citerne siphonnée ou évaporée. Quand je retrouverai Hassan, il m'expliquera que ce camion est là depuis l'arrivée des compagnies pétrolières trente ans plus tôt. La cabine semble pourtant avoir été abandonnée la veille, si on oublie le pare-brise enfoncé. Moi qui me croyais à des kilomètres des pistes touristiques, voilà que je déchiffre sur la tôle des graffitis laissés par des voyageurs venus de Suède, d'Allemagne et du Qatar. « We love Oman », a écrit un visiteur suisse. Ces gens ont donc emporté un feutre dans le désert ? Au cas où ?

Je m'installe derrière le volant et regarde à travers l'encadrement du pare-brise la piste menant au village de Fasad, distant de cinquante kilomètres. L'immobilité du désert vous aveugle, et il m'est difficile de trouver un meilleur terme pour décrire cette sensation : au crépuscule, lorsqu'on se tient au sommet d'une colline, la complète *immobilité*. Pourtant, on comprend très vite que le désert, de même qu'il n'est pas silencieux, n'est pas immobile, tant s'en faut. En tant que force qui modèle le relief, le vent a cette capacité qui manque à l'eau : celle de pouvoir monter vers les hauteurs. Au sommet d'une dune, un écheveau d'embruns tourbillonnants se fait aspirer vers le ciel ; sur une crête, une centaine de mini-cyclones alignés dansent le shimmy ; une nappe de sable glisse par-dessus une arête comme une bobine de papier s'enroulant dans la presse.

Le désert se remodèle lui-même. Après un petit somme dans un lieu exposé au vent, on se réveille avec un contrefort de sable bien calé contre le flanc. À l'abri d'une brindille, aussi petite soit-elle, s'accumulera une bosse de sable. C'est ainsi que naissent toutes les dunes, même géantes. La nuit, y compris quand il n'y a pas un souffle d'air, on perçoit à la lumière de la lampe torche la poussière qui flotte, portée par le vent. Le désert avance, subtilement.

À deux ou trois kilomètres de moi, au pied d'une dune de trente mètres de haut, je distingue un abri sommaire constitué de montants en bois cloués et d'un toit en contreplaqué. Burkhana, le point d'eau. Les quelques taches de vert me paraissent luxuriantes. Attaché au 4×4 de Mohammed, Soran a le nez dans sa musette. Allongés sur un tapis sous l'abri, Hassan et son fils mangent. Du toit ne restent que deux plaques. Les autres, emportées par le vent, sont éparpillées par terre sur des centaines de mètres. À quelque distance de l'abri, une silhouette fait des va-et-vient en plein soleil. Où est donc passé son chapeau de baroudeur ? Nigel lève la main en me voyant et pousse un rugissement. Il est ravi, trop enthousiaste pour trouver le repos. Je m'approche. Une odeur de soufre assaille mes narines.

Bertram Thomas avait constaté, à sa grande déception, qu'il était impossible de dissimuler « l'infâme goût saumâtre » des points d'eau « en la mélangeant avec de la soupe déshydratée ». À son arrivée en décembre 1930, Burkhana n'existait pas. Puis, il y a trente ans, des chercheurs de pétrole débarquèrent en convoi avec leurs derricks, guidés depuis Salalah par ces absurdes panneaux routiers. À quatre kilomètres de profondeur, ils tombèrent sur un gisement. Sauf qu'il ne s'agissait pas de ce pétrole brut bien lourd qu'on découvrirait dans les années 1970 mais d'eau chaude sulfureuse, impropre à la consommation humaine. Aujourd'hui, trois tubages de puits artésiens crèvent la surface du désert, avec à côté un réservoir en béton de dix mètres carrés qui déborde toujours, inondant l'herbe spongieuse tout autour. Il n'existe pas d'eau, si polluée soit-elle, qu'un chameau assoiffé ne boira pas, m'explique Hassan. Soran s'est déjà désaltéré. Il y a des oiseaux, des traquets du désert et des pies-grièches méridionales. Comme dans la majorité des « oasis », les gens se servent de Burkhana comme d'une décharge. Impossible de dire l'âge des objets qui y sont entassés – bouteilles, barils, tuyaux métalliques, cylindres de ciment, musettes en plastique, lambeaux de pneus, et un deuxième panneau abandonné par les foreurs. La sécheresse du désert empêche le métal de se corroder. Cette sécheresse est un élément de son caractère intemporel. L'abri pourrait tout aussi bien avoir été construit l'année dernière par les éleveurs de chameaux du coin qu'il y a trente ans par les foreurs. Ces crottes de chameau datent peut-être de cette nuit, ou bien de l'été précédent. Les tubages d'acier rouge enrobés d'une coque d'incrustations minérales font un mètre de long et sont tous entourés d'un grillage. Arrosées par l'eau qui goutte des tuyaux, les plantes poussant à l'intérieur de ces cages prospèrent, protégées de l'appétit des chameaux.

Nous nous sommes assis à l'ombre pour manger le ragoût de la veille, réchauffé sur un réchaud à gaz. Nigel, avec son visage livide, m'inquiète. Il paraît épuisé. Il a soixante-six ans et vient de parcourir vingt-cinq kilomètres à dos de chameau. Il boit vite, une bouteille après l'autre. Puis il se lève, sort son appareil photo de son étui et prend une dizaine de clichés des dunes. Avant de se rasseoir. Un vrai cavalier du désert, dit Mohammed en lui donnant une tape amicale sur l'épaule. Nigel se refuse à tirer gloire de ce compliment. Pourtant, il a vécu un rêve d'enfant. Il a, me semble-t-il, des raisons de se réjouir : il a réussi à survivre aux épreuves traversées par Lawrence et Thesiger, gagnant de ce fait le droit de se sentir de la même espèce qu'eux.

Le soulagement d'être arrivé au dernier jour de son voyage dans le désert fait visiblement ressurgir chez lui certaines émotions jusque-là contenues. Il s'est mis à parler – comme il mourait d'envie de le faire depuis notre rencontre, je crois. Pendant que nous mangeons, il me parle de son renvoi de l'établissement où il enseignait, de ce principal – « plus un politicien qu'un éducateur » (de nouveau la même phrase) –, et de ses difficultés à accepter l'obligation d'admettre des filles dans ses cours – il croit fermement que les deux sexes ne doivent pas se côtoyer au collège et au lycée. À mesure qu'il parle, sa colère monte.

Hassan s'est levé. Il observe au loin, à l'autre bout de la plaine, un nuage de poussière – un véhicule tout bringuebalant qui avance à quatre-vingts kilomètres-heure –, puis glisse quelque chose à Mohammed, et pendant une minute nous restons plantés là à regarder le pick-up approcher. Enfin celui-ci s'arrête en dérapant à côté de

Soran, soulevant derrière lui un nuage de poussière qui se dépose sur le sable.

À l'arrière du pick-up se trouvent un jerrican en plastique noir, des sacs de fourrage et un filet. Deux hommes descendent en faisant claquer les portières. Ils ont l'air fatigués, affamés. Il s'agit d'éleveurs de chameaux qui roulent sans interruption depuis deux jours. Quinze de leurs bêtes se sont échappées. Non, nous n'avons rien vu. Hassan et son fils commencent à discuter avec eux et les deux hommes s'assoient à côté de Mohammed sur un morceau de contreplaqué qui traîne à quelques mètres de l'abri. Hassan leur sert à manger, et Mohammed et lui restent avec eux pendant le repas. Après quelques instants de silence, Nigel reprend le fil de notre discussion. Cette interruption ne l'a en rien apaisé.

Je n'ai pas affaire, comme je le croyais au début, à une simple resucée de ce sentiment de frustration qu'il a, je le devine, exprimé à l'époque devant sa femme et ses collègues, mais d'une nouvelle explosion. Il crie. Tenant à la main un petit pain plat à moitié grignoté, je le regarde s'agiter comme un cycliste qui a perdu le contrôle de son vélo en pleine descente. « Bien sûr que c'est une idée complètement stupide ! Bien sûr ! Ils s'attendaient à quoi ? Les garçons étaient parfaitement heureux ! Avec eux, vous saviez à quoi vous en tenir ! Mais les filles ! Merde ! Tout ce... bagage émotionnel ! »

Les éleveurs de chameaux, ainsi qu'Hassan et Mohammed, s'arrêtent de manger et nous regardent, duo de touristes au visage écarlate qui se disputent avec hargne dans un mètre carré d'ombre. Pas moyen de calmer Nigel. Je me lève pour aller soulager ma vessie. Il me regarde un moment, puis crie dans ma direction : « Tout bousillé ! Le système ! Bon Dieu ! »

Parmi les archives de Cambridge, j'ai trouvé une série de télégrammes reçus par Bertram Thomas à Bahreïn, où il séjourna tout de suite après sa traversée du Rub' al-Khali en mars 1932. « Le roi a appris votre exploit avec beaucoup d'intérêt et vous félicite chaleureusement », lui écrit le secrétaire privé de George V. Puis David Hogarth, mentor de Thomas, depuis l'Égypte : « Félicitations pour votre voyage. » De la part de ses amis Mr et Mrs How installés à Édimbourg : « Seul un homme exceptionnel peut accomplir cela. » Suivi d'un message de Curtis Brown, agent littéraire : « Proposition ferme achat droits langue anglaise histoire de votre voyage. » Et enfin, envoyé depuis la Mecque : « Félicitations. Philby. »

Mais dans une lettre à sa femme, Dora, Harry St John Philby n'avait aucune raison de se montrer diplomate (ce n'était pas dans sa nature) : « Ce maudit Thomas [...] J'ai fait le serment solennel de ne pas rentrer tant que je n'aurai pas traversé le R.K. deux fois ! Sans laisser une seule miette aux futurs explorateurs. » Sur quoi il s'enferma dans sa chambre pendant une semaine.

En 1928, Philby affirmait que « la grande paix de l'islam l'avait lentement mais sûrement conquis ». La même année, il écrivit au roi, ibn Séoud, pour lui demander la permission de se convertir. D'après son amie Hope Gill, « il n'essayait même pas de faire croire que sa conversion était d'ordre spirituel », mais, pour reprendre les termes de sa biographe Elizabeth Monroe, « devenir musulman lui parut le seul moyen d'accomplir l'exploit dont il rêvait ». Enfin ibn Séoud accorda à Philby la permission d'embarquer. L'explorateur quitta donc le palais royal de Riyad et arriva à l'oasis d'al-Hufuf, au nord du Quart Vide, le 25 décembre 1931, quelque dix mois après la traversée de Thomas. Pour Philby, « la grande aventure avait commencé », et le 7 janvier 1932, lui et ses guides bédouins prirent la direction du sud, celle du Quart Vide.

À Naïfa, en plein cœur des Sables, ces derniers se rebellèrent. Leurs chameaux n'en pouvaient plus et rien ne garantissait qu'on trouverait de l'eau en allant vers le sud. Déjà, ils avaient dû abattre le petit de l'une de leurs chamelles pour en manger la viande. Ils refusaient d'aller plus loin. « L'Arabe, écrit Philby avec une pointe d'amertume, s'accroche désespérément à la vie, aussi misérable soit-elle [...] Impossible, et même hors de question de céder. » Le 5 mars, soit trois mois après leur départ, l'explorateur et ce qu'il lui restait de guides prirent la direction de l'ouest et arrivèrent enfin, neuf jours plus tard, à Sulayyil, sur la frontière occidentale du Quart Vide, où ils purent récupérer suffisamment pour poursuivre leur voyage jusqu'à La Mecque. « Je pense, écrivit Philby à sa femme une fois rentré en Angleterre après son pèlerinage, que pour moi l'exploration du désert, c'est fini pour de bon. »

Un an avant sa propre traversée, Bertram Thomas avait confié à l'envoyé britannique au Koweït qu'il avait « la ferme intention de devenir le premier homme à traverser le Quart Vide et à passer le restant de mes jours à vivre sur l'argent que ça me rapportera ». À la suite de son exploit, il fut de fait encensé par la presse de son pays, où il rentra en héros. Il se vit décerner la médaille d'or de la Royal Geographical Society et le titre de Commandeur de l'ordre de l'Empire britannique, écrivit des articles et donna des conférences aux États-Unis. Le *Times* annonça qu'il avait « accompli l'un des plus remarquables exploits géographiques des temps modernes ».

Malgré tout, alors que les traversées de Philby et Thesiger leur assuraient la gloire de façon durable, Bertram Thomas semble s'être enfoncé dans l'obscurité. Aujourd'hui encore, le premier Occidental à avoir réalisé l'exploit qui, pour Richard Burton, ridiculisait la notion même d'aventure – un exploit comparé à l'époque à ceux de Scott et Amundsen dans l'Antarctique – demeure un quasi-inconnu. Dans une photo de 1932 portant la légende « Mon Groupe », on le voit, figure centrale aux allures de moine vêtu de la tenue des Bédouins, blanc et gris clair, qui contraste avec les vêtements et les visages foncés de ses compagnons. Il agrippe des deux mains le crochet de son bâton de chamelier, et regarde l'objectif en plissant les yeux derrière ses lunettes à monture métallique. Un révérend ou un surveillant de pensionnat. Son visage n'exprime pas plus le soulagement que la satisfaction, contrairement à ceux de son escorte. À son arrivée à Doha, Thomas conclut son rapport par ces simples mots : « Le Rub' al-Khali a été traversé. »

Cette nuit, Nigel a mal. Il a l'intérieur des cuisses couvert de bleus après toutes ces heures à dos de chameau. Mais il se montre cordial, attentionné, et de temps à autre il se lève pour aller dire quelques mots tendres à Soran, lui caresser le museau et lui donner du pain. Comme si son explosion de colère sous le soleil éblouissant de l'après-midi n'avait jamais eu lieu. De mon côté j'ai la peau qui sent vaguement l'œuf pourri après ma baignade dans le réservoir de Burkhana. Je regarde Soran se tourner vers la plaine plongée dans l'obscurité. Si ton chameau cesse de mâchonner et regarde fixement la nuit, c'est qu'il y a un problème.

« Ce qu'il nous manque, écrivait Lawrence, c'est une nouvelle race de maîtres – contrôle des naissances pour tout le monde, afin de supprimer l'espèce humaine d'ici cinquante ans –, et alors le champ sera libre pour un mammifère plus *pur.* » Les italiques sont de lui. Le même Lawrence qui, dans le Sinaï, trouvait son corps « trop grossier pour être sensible à l'intensité de nos peines et de nos joies » et cherchait « l'abnégation, la renonciation, la retenue ». Thesiger reconnaît dans ses Mémoires que le sexe ne revêt « aucune importance » pour lui : « Le célibat de la vie dans le désert ne m'a pas dérangé. Une vie conjugale aurait certainement été un handicap majeur. »

Certes, il s'agit pour partie d'une forme démodée et confuse de répression des sens protestante, d'une variété spécifiquement anglaise. Méditant sur son séjour au Nouveau-Mexique qui l'avait tant changé, l'autre Lawrence du désert, D. H., se souvenait de sa Grande-Bretagne natale comme d'« une île pas plus grande qu'une arrière-cour ». À ces voyageurs qui exploraient, suant, ruisselant, puant et rêvant, les régions hyperarides du Moyen-Orient, le désert offrait la promesse d'un asile – pour fuir tout à la fois cette Angleterre de petits jardins et leur propre corps avec sa maudite fécondité, ses exigences et son *im*pureté – en même temps qu'il consolait ceux auxquels avait été refusé le sentiment véritable d'un chez-soi à cause de la nature de leurs désirs intimes. M'est alors revenue en mémoire cette question posée par un petit malin dans le public de la Royal Geographical Society au sujet « du mode de vie, disons peu orthodoxe, de Thesiger ».

Pas étonnant qu'ils aient préféré le désert. Mieux valait passer des heures sur un chameau à des kilomètres du point d'eau le plus proche que de vivre cernés de toutes parts par des hommes confits dans l'encaustique et le tabac à priser.

Ayant échoué dans ses premières tentatives de séduction de saint Antoine, le Diable déploya « les armes dont il savait que tout homme les porte dans sa propre chair ; et en effet il se tient là en embuscade pour piéger les âmes des jeunes êtres ». Apparaissant sous les traits d'une femme, « le Malin projeta *des pensées sales* dans son esprit ». Les italiques sont d'Athanase.

Cette femme qu'Hassan avait dessinée dans le sable, qui était-elle ? Vous pouvez certes voyager pour échapper à vous-même, mais même dans le désert, même dans ces lieux où il n'y a pas grand-chose d'autre, vous vous retrouvez violemment renvoyé à vos pensées et à votre corps. Finalement, le silence n'offre aucune libération : je vivrai ici des nuits où je jure que ma libido – quel que soit le sens qu'on donne à ce mot – est *audible* (avec un bruit quelque part entre le grincement d'une vieille porte et les glouglous d'un tuyau qui refoule). Je vous le dis, il est bien là, le corps, présent comme jamais, avec tous ses besoins impérieux.

Je suis réveillé avant l'aube par les petits cris de Soran ; il est en train de dire bonjour à Mohammed, qui fait repartir le feu. Accroupi non loin de là, Hassan perce un trou dans le bouchon d'une bouteille d'eau avec la pointe de son canif. Je l'ai déjà vu procéder de la sorte : cela lui permet de faire ses ablutions avec une petite giclée d'eau. Il va s'installer derrière une dune, puis revient quelques minutes plus tard. Il tend alors la bouteille à Mohammed, qui va s'installer derrière une autre dune. Enfin, père et fils vont faire la prière du matin ensemble, un peu à l'écart pour ne pas réveiller leurs invités.

Les déterministes nous disent que « le désert est monothéiste » (Ernest Renan), que les peuples vivant dans un royaume privé de tout en dehors d'une terre sans trace humaine et d'un ciel sans nuages vont forcément concevoir une théologie tout aussi monolithique et impitoyable. Muhammad est un prophète de pays aride, tout autant que Jésus et Moïse.

Au cours d'un voyage dans l'Ouest américain, John Steinbeck remarquait que « ce grand concept d'unicité et d'ordre majestueux semble être à chaque fois né dans le désert ». David Hogarth, le mentor de Bertram Thomas, se disait que « l'Arabe doit, en partie du moins, aux conditions climatiques uniques dans lesquelles il vit cette intelligence simple et puissante qui a conçu un Dieu suffisamment simple et puissant pour convaincre des myriades d'autres peuples ».

Dans un essai sur « L'Influence du désert sur l'islam des premiers temps » (1924), le théologien William Harman Norton soutient que « l'environnement vide offre peu de matière à une pensée raisonnée. Surchargés d'émotion, les Sémites des terres arides se sont donc tournés vers la méditation et la contemplation du surnaturel ». Il ajoute, pour expliciter la position d'Ernest Renan : « De même que la richesse et la variété des paysages pittoresques d'Inde et de Grèce ont amené les Aryens à concevoir une galerie de dieux riche et variée, la simplicité nue, la monotonie infinie, l'uniformité stérile du désert ont encouragé les Sémites à concevoir un dieu unique. »

Je distingue avec difficulté les paroles des prières de nos guides, sauf *Allah Akbar*, que répète Hassan, mais au moment où ils se prosternent face au soleil étincelant, la scène me paraît tout à fait adaptée aux lieux, comme si le désert lui-même était l'objet de leur vénération.

Plus tard, une fois le soleil levé, les corbeaux réapparaissent. Je me rends compte qu'ils continuent à mener leur vie quand on ne les voit pas : ils étaient en train de faire quelque chose quand ils ont été attirés vers notre campement. Serait-ce parce qu'ils ont vu notre feu ? Et que faisaient-ils ? Que feront-ils après notre départ ? Je les observe avec les jumelles de Mohammed, puis je repense aux corbeaux décrits par Thesiger, Philby et Thomas. Ben Kabina, le guide de Thesiger, s'écria en voyant un oiseau solitaire : « Corbeau, pars chercher ton frère ! », et lui expliqua qu'« un corbeau solitaire est un mauvais présage ». Quant à Mohammed, il trouve impressionnant et réjouissant le fait qu'ils restent fidèles toute leur vie. Ces oiseaux nous rappellent que le désert est un écosystème, que des animaux y vivent comme ils le peuvent. Le désert n'est pas qu'un mausolée ou un musée.

Au moment où nous faisons demi-tour pour regagner les plaines et la route de Salalah, je regrette que nous n'ayons pas pris la direction opposée, celle du nord, qui nous amènerait vers le cœur du Quart Vide. Thesiger écrit que celui qui a visité le désert une fois « gardera en lui le désir vif de revenir ». Pourtant, impossible de penser à lui, à ses prédécesseurs et aux brutalités dont ils furent les agents sans déceler en eux quelque chose de déplaisant, de l'ordre de la perversité. Abnégation, renonciation, contrôle de soi. Ce que j'ai fini par ressentir pour ces hommes ressemble à un respect mêlé de crainte, mais certainement pas à de la compassion. Vouloir prouver sa propre valeur en affrontant le désert, délaisser les palmiers et papayers de la plaine côtière, c'est comme trahir une vie riche de promesses. Il est facile de confondre fuite et quête. Malgré la beauté irréelle du désert, y passer comme ils l'ont fait des mois entiers pratiquement en aveugle, ce n'est pas simplement se précipiter dans les gouffres de l'oubli, c'est aussi se séparer de tout, se désagréger jusqu'à ce qu'il ne reste plus rien. En d'autres termes, aspirer à devenir sable.

2

Le champ du tonnerre

Le Grand Désert de Victoria, Australie

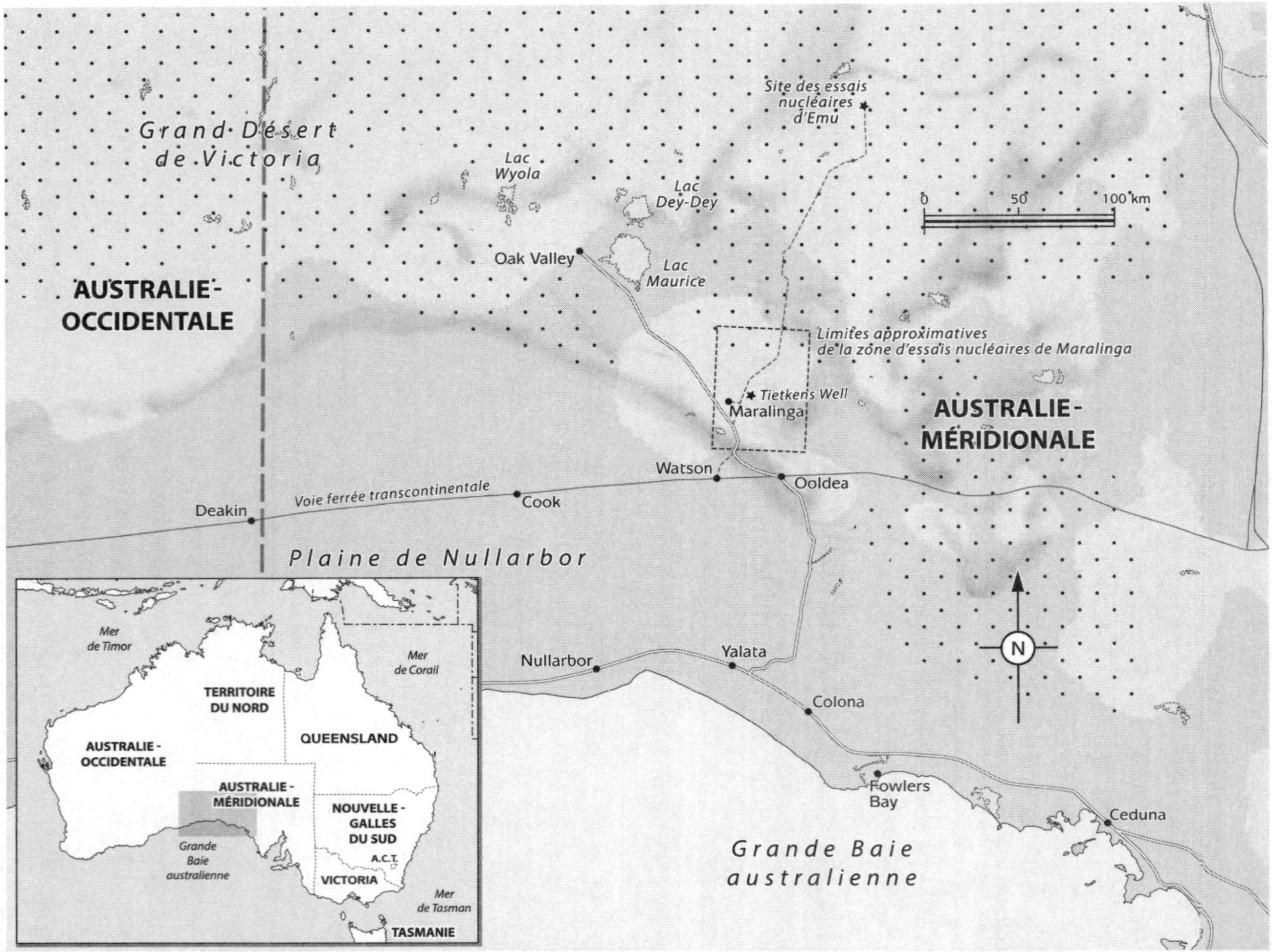

Grand Désert de Victoria
AUSTRALIE-OCCIDENTALE
Lac Wyola
Lac Dey-Dey
Lac Maurice
Oak Valley
Site des essais nucléaires d'Emu
0
50
100 km
Limites approximatives de la zone d'essais nucléaires de Maralinga
Tietkens Well
Maralinga
AUSTRALIE-MÉRIDIONALE
Watson
Ooldea
Voie ferrée transcontinentale
Deakin
Cook
Plaine de Nullarbor
N
Nullarbor
Yalata
Colona
Fowlers Bay
Ceduna
Grande Baie australienne
Mer de Timor
Mer de Corail
TERRITOIRE DU NORD
QUEENSLAND
AUSTRALIE-OCCIDENTALE
AUSTRALIE-MÉRIDIONALE
NOUVELLE-GALLES DU SUD
A.C.T.
VICTORIA
Grande Baie australienne
Mer de Tasman
TASMANIE

Au début du Ve siècle, John Cassian, le père fondateur du monachisme occidental, qui avait passé des années en Égypte dans le Wadi el Natroun, évoquait cette affection appelée *acédie*, que l'on peut selon lui « décrire comme une fatigue ou perturbation du cœur. Elle ressemble à l'abattement et afflige surtout les solitaires, ennemie persistante et odieuse de ceux qui vivent dans le désert ».

Dans les mois qui suivirent mon retour d'Oman, j'ai plongé dans une forme modérée de dépression. Le mot *acédie*, ce qu'il suggère d'acidité, de corrosion et de dissolution, m'a plu. Impossible de désigner précisément la cause de mon état : c'était comme un virus contre lequel je n'avais pas d'immunité naturelle. Plus étrange et plus inquiétant encore, j'ai commencé à souffrir d'acouphènes, puis d'une surdité partielle qui affectait tantôt mon oreille gauche, tantôt la droite. Je suis d'abord allé voir mon médecin traitant, puis un spécialiste, mais même les tests les plus poussés ont conclu que je n'avais aucun problème d'audition. Ne me considérant pas comme un hypocondriaque, je me suis demandé s'il ne s'agissait pas là d'une réaction au gigantesque silence du désert.

J'ai compris alors que je n'avais pas envie d'être à Londres, dans cet appartement nu, avec ses odeurs et ses photos. Mais il ne s'agissait pas uniquement de ce que Thesiger appelle « le besoin de retour », l'appel du désert au solitaire. Le désert avait fait naître en moi un questionnement, qui est le même que celui du marin : sans témoin, comment se comporter ? Dans le secret de l'imagination, jusqu'à quels extrêmes, jusqu'à quels « Pôles d'inaccessibilité » l'esprit peut-il s'aventurer ? J'avais constaté que j'étais attiré par l'absence de toute loi dans le désert, non seulement parce que les normes n'y ont pas cours, mais aussi parce qu'en l'absence de règles ou de jugement, le mot « bien » lui-même est détaché de son sens habituel. La liberté n'est pas l'apanage des hommes vertueux. Et c'est pour tenter de répondre à ces questions que j'ai pris un billet d'avion pour l'Australie.

Déserts du Nevada, du Kazakhstan, de Chine, d'Inde, du Sahara : des centaines de bombes nucléaires y ont été testées, dans les airs et sous terre. La première explosa en 1945 sur un site dont le nom de code était Trinity, dans le désert de Jornada del Muerto, au Nouveau-Mexique. Un orage éclata peu après, et des dizaines de crapauds du désert émergèrent alors de leurs trous, emplissant l'air de leurs chants.

Lorsque le gouvernement britannique décida en 1947 de développer sa propre « capacité », il parut naturel aux planificateurs de chercher un terrain d'essai aux États-Unis. Mais en 1946, moins d'un an après l'essai de Trinity et les bombardements d'Hiroshima et Nagasaki, le Congrès américain vota le *McMahon Act*, qui interdisait le partage d'informations en matière d'énergie nucléaire même avec les pays amis. William Penney, qui dirigeait le projet nucléaire britannique, avait porté son choix sur des sites dans le Nevada ou le Pacifique, sauf que désormais il était impossible d'accéder à l'expertise des Américains ainsi qu'à leur vaste territoire. Bien sûr, aucune région sur le sol britannique ne se prêtait à des essais nucléaires. Et il existe peu d'endroits au monde offrant tout à la fois un environnement adapté – plat, étendu, vide de toute population, isolé, sûr, sec – et une oreille attentive aux demandes britanniques. Penney fit un vol de reconnaissance au Canada et finit par se rendre à l'évidence que, à moins d'un revirement dans la politique des États-Unis, il n'existait qu'un seul lieu pleinement satisfaisant. « Si les Australiens ne sont pas disposés à nous laisser faire nos essais sur leur territoire, je ne vois pas où nous pourrions aller. »

Il n'avait nulle crainte à avoir. Le 3 octobre 1952, la Grande-Bretagne fit exploser une bombe nucléaire à bord d'un navire de guerre, le *Plym*, non loin des îles Montebello, au large des côtes nord-ouest de l'Australie. Robert Menzies, le Premier ministre australien, approuva les essais sans consulter son cabinet, et encore moins ses compatriotes, et assura Churchill en 1953 que « la Grande-Bretagne n'avait pas davantage de raison de douter de la coopération de l'Australie à l'avenir qu'elle n'en avait eu par le passé ». L'année suivante, deux essais terrestres eurent lieu dans un endroit qu'on appelle Emu Field, dans le Grand Désert de Victoria, à quelque quatre cents kilomètres au nord de la côte sud. Entre septembre 1956 et octobre 1957, sept autres bombes nucléaires furent testées au sud du premier site, à Maralinga.

Après les essais d'Emu Field, Howard Beale, ministre de l'Équipement, s'adressa aux Australiens en ces termes : « Ce projet constitue un exemple parfait de coopération à grande échelle au sein du Commonwealth. L'Angleterre a la bombe et le savoir-faire ; nous avons les espaces ouverts, de solides compétences techniques, et la volonté ferme d'aider la Mère-patrie. Nos deux pays aideront à construire le monde libre et à faire des progrès historiques en matière de domestication des forces de la nature. »

J'ai passé dix jours à Adélaïde, dont une grande partie à la bibliothèque de la Royal Geographical Society of South Australia, pour m'acclimater et préparer mon voyage dans le désert. Au bout de quelques jours, oppressé par le caractère ordonné de la ville, j'ai pris l'habitude, entre deux séances de lecture, d'aller marcher vers les collines ou jusqu'à la mer. Un matin, alors que je randonnais à Mount Lofty, j'ai rencontré Céline, une Française originaire de Perpignan, qui m'a ramené en voiture à Adélaïde. Elle avait le port de tête gracile d'une danseuse, et ses rares sourires m'ont révélé deux inquiétantes rangées de petites dents bien pointues couleur porcelaine. Elle portait en permanence ses lunettes de soleil. Nous nous sommes vus quatre fois, mais je n'ai jamais aperçu ses yeux et je suis donc incapable de dire de quelle couleur ils sont. Rouges, peut-être.

Elle se retrouvait coincée ici, m'a-t-elle raconté, parce que le père de son enfant, un Australien dont elle était séparée, refusait de quitter son pays natal. Elle qui était à moitié algérienne s'offusquait du racisme assumé de nombreuses femmes au foyer d'Adélaïde, même les plus à gauche. Des femmes que son métier de masseuse l'amenait à fréquenter. Elle rêvait de rentrer à Perpignan, dont la gare, m'a-t-elle appris, avait été désignée comme le centre du monde par Salvador Dalí. D'où vient donc ce besoin qu'ont les hommes de planter une aiguille dans le centre ?

Une aiguille… ou un drapeau. Dans son tableau *La Tentation de saint Antoine* (1946), le peintre espagnol offre une vision plus austère que celle de Bosch : sur une playa blanche, saint Antoine, nu et agenouillé, brandit une croix devant une procession d'éléphants menée par un cheval blanc ; toutes ces créatures sont juchées sur d'affreuses et interminables pattes d'araignée, et sur l'un des éléphants trône une sculpturale femme nue pointant ses seins comme si c'était des obus. L'esprit de fornication.

L'après-midi, je faisais généralement une petite promenade ou me baignais dans la mer froide, puis le soir j'allais boire du vin bon marché avec Céline (parfois, elle amenait son fils, Greg, âgé de cinq ans). Et le lendemain matin, je retournais à la bibliothèque de la Geographical Society me plonger, moi et ma gueule de bois, dans les écrits des pionniers blancs de l'Australie.

Depuis sa fondation, c'est ici, sur le pourtour du pays, que se regroupe la population. L'« intérieur rouge » – le désert – reste encore aujourd'hui un territoire étranger occupé par un peuple étranger. Il y a le bush – qui fait partie de l'Australie, de l'idée que le pays se fait de lui-même, celle d'une nation de courageux pionniers –, et puis il y a le désert. Qui n'a rien à voir avec le bush ou ce qu'on appelle l'*outback*. Le désert, personne ne l'aime ni ne lui accorde la moindre valeur. Non, vraiment, le désert, ce n'est pas l'Australie.

« Prenez un homme et demandez-lui d'étaler sur son bureau une carte de l'Australie, puis d'observer tout cet espace vide, lança l'explorateur Charles Sturt lors d'une conférence organisée à Adélaïde en 1840. Ne se dirait-il pas qu'être le premier à en atteindre le centre constituerait un exploit des plus admirables ? » En l'absence de sommet à escalader ou de source d'eau à découvrir, l'explorateur du désert se fixera pour but premier d'arriver au centre – de « traverser le cœur de ce pays », pour reprendre les termes de David Hogarth – et de poursuivre ensuite de l'autre côté. Les premiers explorateurs de l'Australie pensaient que ce centre mystérieux serait une oasis de verdure et d'abondance. Sturt et d'autres se mirent ainsi en route à la recherche d'une mer intérieure. Ni carte ni description, et pas davantage de nom : pour les héritiers des Lumières, les déserts de ce nouveau continent constituaient une insulte à la fierté nationale. Ce « vide atroce », ainsi que le qualifiait l'*Argus*, le quotidien de Melbourne, « regardait l'Angleterre d'un air de regret et de désapprobation » selon un journaliste des années 1820. Et dès 1778, Joseph Banks, le botaniste du capitaine Cook, déclarait : « Impossible d'imaginer qu'une île aussi vaste que l'Europe tout entière ne contienne pas de rivières suffisamment larges pour permettre à un bateau de gagner l'intérieur du pays. »

D'où provenaient de telles certitudes ? D'une analogie avec l'abondance de fleuves et de lacs en Europe ? Rares étaient pourtant les éléments indiquant la présence d'une quelconque étendue d'eau au centre de l'Australie. En réalité, toutes ces illusions ne relevaient pas d'un excès d'imagination, mais plutôt de son contraire – à savoir d'une incapacité à concevoir un vide, l'existence de terres intérieures impossibles à cultiver étant incompatible avec l'idée de la Providence divine ou de l'équilibre inhérent à la nature. Le géologue britannique de la fin du XVIIIe siècle James Hutton, par ailleurs esprit brillant, affirmait qu'il n'y avait que deux régions réellement arides sur la planète, « la Basse-Égypte et un couloir étroit le long de la côte péruvienne ».

Quand il découvrit la rivière Darling en 1828, Charles

Sturt y vit la confirmation qu'existait bel et bien une mer immense au cœur du continent. « Tout tend, je crois, à prouver qu'il y a une grande étendue d'eau », écrivit-il. Les oiseaux qu'il avait vus survoler Adélaïde en direction du nord finirent de le convaincre, car « des oiseaux qui aiment les vallées luxuriantes n'iraient pas dans le désert ». En 1844, à l'âge de quarante-neuf ans, l'explorateur quitta Adélaïde pour son ultime mission. On déclara pour l'occasion un jour férié, et la foule emplit les rues afin d'assister à son départ et à celui de ses compagnons. Il était tellement convaincu de l'existence d'une mer intérieure qu'il emporta une baleinière. Mais l'expédition manqua le centre géographique du continent d'un degré, c'est-à-dire de quelque deux cent quarante kilomètres, et peina à trouver suffisamment d'eau pour maintenir les chameaux en vie. Alors d'ici à faire flotter une embarcation… Il fallut toutefois attendre 1848 pour que Stuart concède que sa conviction de découvrir une mer intérieure avait peut-être été « nourrie par l'espoir que tel serait le cas ». Lorsque son ancien topographe, un Écossais du nom de John McDouall Stuart, atteignit enfin le centre géographique en 1859, il planta sur un promontoire un drapeau britannique en soie – « l'emblème de la liberté civile et religieuse », selon ses propres termes –, exprimant le souhait « qu'il soit un signe pour les indigènes que l'aube nouvelle de la liberté, de la civilisation et du christianisme les éclairerait bientôt ».

De fait ils seraient « éclairés », de manière catastrophique. Quiconque apercevait ce drapeau aurait pu y voir, à tout le moins, un présage. J'ai souvent pensé à Stuart et à ses hommes entourant ce morceau de tissu cloué sur un poteau et criant « *God Save the Queen* » la gorge sèche, au beau milieu de ce « vide » impie.

Il fallut attendre seize ans pour qu'Ernest Giles accomplisse la traversée du continent d'est en ouest. C'était sa seconde tentative, la première s'étant soldée par ce qu'il appelait lui-même « un magnifique échec » et la mort de l'un des membres de l'expédition. Cette fois-ci, il partit de Port Augusta, près d'Adélaïde, et prit la direction de l'ouest et de la plaine de Nullarbor. Sept mois après leur départ, le Britannique et son équipée atteignirent la ville côtière de Perth, située dans le sud-ouest du pays. Pendant la première étape, les explorateurs firent un détour par le nord, s'éloignant de la région calcaire de la plaine de Nullarbor pour gagner une vaste étendue de sable que Giles baptisa le Grand Désert de Victoria, choix discutable pour honorer sa souveraine. « Ce qui régnait là, c'était l'étrange, hideuse et démoniaque beauté de la stérilité absolue », commenta-t-il. Et de déclarer à ses compagnons : « Nous nous trouvons maintenant dans le pire désert qui soit, mais cela doit nous rendre encore plus fiers de l'avoir conquis. »

À la suite de l'arrivée triomphale de Giles et de son équipe à Perth en novembre 1875, William Henry Tietkens, son commandant en second lors de ses deux expéditions, alla chercher en Angleterre le soutien d'un couple fortuné, Mr et Mrs Leisler, pour monter une expédition dans le but d'ouvrir à l'élevage les territoires situés au nord d'Ooldea. Il connaissait les lieux. Quand il regagna l'Australie quatre ans plus tard, il retrouva ses propres traces.

À la limite d'une plaine de terre rouge à six cents kilomètres au nord-ouest d'Adélaïde et à deux cents kilomètres de la mer, une clôture de chantier entoure un petit monticule au centre duquel un puits s'enfonce profondément dans le calcaire. L'intérieur est toujours garni des planches grises utilisées à l'époque du forage il y a de cela cent cinquante ans. La clôture sert à empêcher les chameaux de tomber dedans (ces animaux ont quelques cases en moins). Nous sommes à Tietkens Well, un puits creusé dans le but de permettre l'élevage de moutons dans cette région aride. J'ai lu à la bibliothèque d'Adélaïde le journal qu'a tenu Tietkens au cours de l'année 1879. Là où Giles écrit avec le savoir-faire de celui qui fut « un avide lecteur des récits de voyages et de découvertes », le rapport de son commandant en second est pour le moins laconique (vingt pages environ), brutal et direct, comme s'il cherchait juste à se libérer d'un poids. Le désert y est présenté au mieux comme un ennemi, et il n'est jamais beau. Il n'a pas grand-chose à vous enseigner. Tietkens avait choisi pour son puits un endroit à soixante kilomètres au nord d'Ooldea, une région « de collines de calcaire riche et ouverte ». « Je ne comprends pas, ajoutait-il, pourquoi on appelle cette région le Désert. » Peut-être trouvait-il vraiment la région fertile (elle l'était certainement plus qu'aujourd'hui), ou peut-être exagérait-il pour rassurer ses bienfaiteurs.

Laissant creuser ses deux ouvriers puisatiers, Tietkens partit en exploration vers l'ouest. À son retour quelques jours plus tard, il « dut subir les mensonges et grommellements des deux gibiers de potence, scélérats parmi les scélérats ». Les hommes avaient atteint une couche de sable à douze mètres de profondeur et les parois du puits ne tenaient pas. Déshydratés, épuisés, dégoûtés de la viande de cheval, ils refusaient de creuser davantage. « Face à de telles charognes, on se retient à grand-peine de dégainer son pistolet », nota leur employeur. Finalement, écœuré, il les renvoya – « infâmes boulets » – et retourna à Fowlers Bay pour leur trouver des remplaçants.

Le 22 octobre, il était de retour et surveillait le forage d'un nouveau puits non loin du premier. Avec l'approche de l'été, les conditions de travail devinrent insupportables, même pour Tietkens, pourtant habitué à la violence du désert. À peine quelques semaines plus tard, en novembre, l'« ophtalmie » – sans doute le trachome, une infection inflammatoire dont souffrent encore aujourd'hui certains habitants du désert australien – l'avait rendu pratiquement aveugle. « Toute exagération est impossible quand il s'agit de décrire les souffrances que nous infligent les mouches », écrit-il le 21 novembre (les mouches, une autre plaie dont l'Australie ne s'est pas complètement débarrassée). Deux jours plus tard, ses yeux « brûlaient de façon très douloureuse, et les mouches venaient [lui] manger les mains ». Des mains couvertes de plaies. « Je croyais que le soleil ne se coucherait jamais après cette journée d'horreur et de douleur […] La nuit comme la mort sont une bénédiction, et l'ENFER lui-même l'objet de nos ferventes prières. »

Il n'était pourtant pas au bout de ses peines. Le lendemain, le campement fut attaqué par un groupe d'Aborigènes menés par un certain Wantem, que Tietkens avait employé pour transporter son courrier entre le campement et Fowlers Bay :

> Je dégainai mon pistolet en un instant et fis feu […] Visant le facteur, je tirai à une distance d'environ 150 mètres et il tomba […] Les cris des femmes, les malédictions des hommes montèrent dans les aigus ; autour de nous tout fut plongé dans la fumée, avec des nuages énormes et noirs comme la poix indiquant

les endroits d'où ils envoyaient des signaux [...] Si ces gens-là nous attaquent de nuit, je ne donne pas cher de notre peau, car la nuit, impossible pour moi de garder les yeux ouverts.

Mais il n'y eut pas de seconde attaque, et les nuages noirs se dispersèrent.

À la mi-décembre, les hommes de Tietkens avaient creusé jusqu'à vingt-cinq mètres sans trouver d'eau. Creusez encore, leur dit-il. Et le 26 décembre 1879, une fois atteints les trente-huit mètres, le puits commença enfin à se remplir. Le Britannique fit remonter de l'eau à la surface : elle était nauséabonde – à cause du sel, comme souvent dans le désert – mais pas au point que le bétail refuse de la boire. Triomphant, Tietkens rentra à Fowlers Bay. Là où depuis les premiers jours de la Création ne poussait rien en dehors de l'acacia brachybotria, du mulga – ce mot aborigène désignant la végétation semi-aride propre à l'Australie – et des spinifex, on verrait bientôt des élevages de moutons, des mines, des villes, des églises !

Lorsqu'il revint quelques mois plus tard avec vingt-cinq moutons, ce fut pour constater que les parois en bois s'étaient effondrées et que du sable blanc et fin comblait le puits. Il était irrécupérable, mais William Tietkens ne se découragea pas. En janvier, ses hommes se remirent donc au travail non loin de là. Au bout de dix-huit mètres, leurs pioches frappèrent une couche de granit impénétrable.

Ce fut, le reconnut Tietkens, « le moment le plus amer de toute ma vie ». Un sentiment sans doute partagé par ses ouvriers. Il rentra à Adélaïde, la mission à laquelle il avait consacré deux ans s'avérant un échec complet.

La plaine dans laquelle ses ouvriers et lui ont tant peiné – baptisée Tietkens Plain en hommage à leur entreprise ratée – reste inhabitée à ce jour, bien qu'on puisse y apercevoir de temps à autre quelques chameaux, descendant sans doute de ceux de l'explorateur, eux-mêmes descendant des troupeaux importés d'Inde ou d'Afghanistan par les Britanniques. La différence, c'est que la région, affreusement vierge à l'époque de Tietkens, du moins à ses yeux, est aujourd'hui balafrée et jonchée de détritus – vieux câbles noirs, blocs en béton pour amarrer les ballons dirigeables, zones d'enfouissement géantes, aires de stationnement, fondations de tours de guet, et des centaines de kilomètres de route. Un endroit saccagé dont le silence n'est pas tant celui d'un lieu tranquille que d'un champ de bataille juste après le massacre.

Je prends le petit-déjeuner avec Céline et Greg, puis je me mets en route, direction l'ouest. Une grande partie de l'Australie-Méridionale repose sur une série de bassins aux proportions monumentales créés par l'affaissement du continent et l'ouverture de lignes de faille il y a de cela des millions d'années. Le Grand Désert de Victoria, qui se trouve à cheval sur la frontière entre l'Australie-Méridionale et l'Australie-Occidentale, fait partie de l'Officer Basin, formé il y a huit cents millions à trois cent cinquante millions d'années. Au sud, tout le long de cette vaste côte qu'on appelle la Grande Baie australienne, s'étend la plaine de Nullarbor, un croissant calcaire sans aucune variation d'altitude ou presque, qui couvre quelque deux cent cinquante mille kilomètres carrés. Sur ce plateau autrefois immergé ne pousse, comme le nom l'indique, pratiquement aucun arbre. Les dunes viennent grignoter sa limite nord, et ce sont elles tout particulièrement qui caractérisent la région que je vais découvrir. La plaine est comme une membrane entre deux doigts

– du moins c'est ainsi que je la visualise. Je passe la nuit dans la ville portuaire de Ceduna, au sud-ouest, à trois cents kilomètres d'Adélaïde. Le vieux poste militaire de Maralinga, où j'ai prévu de me rendre dès le lendemain, est situé à environ trois cents kilomètres au nord-ouest, au cœur des dunes.

À Ceduna on trouve un parking équipé de prises électriques pour camping-cars, plusieurs magasins associatifs et un unique hôtel avec un bar-restaurant à moquette bariolée que les habitants appellent « le pub ». De jour comme de nuit, une foule de jeunes sportifs – joueurs de hockey ou de football australien – en survêtement aux couleurs de leur équipe s'y réunissent pour manger des huîtres et beugler de concert. « Les seuls qui boivent de la bière d'Australie-Occidentale, dit l'un d'eux à son camarade, c'est ceux qui ont la peau foncée. »

Il pleut dehors. Il pleuvra tout le temps de mon séjour à Ceduna. Le gris de la pluie se mêlant au gris de la mer. Quand je regarde par ma fenêtre au crépuscule, je vois ici et là dans la rue des Aborigènes indigents venus se procurer de l'alcool, qui ne cherchent même pas à se protéger de la pluie. Une jeune fille toute maigre d'une douzaine d'années se tient pieds nus sous une gouttière qui fuit. Elle lève la tête vers mon balcon.

Ce soir-là, quand je retire mes bottes, une pluie de sable se déverse sur le lit de ma chambre d'hôtel. Pas le sable rouge d'Australie, mais celui, fin et gris-rose, d'Oman.

Le lendemain matin, je marche sous le crachin jusqu'aux bureaux de Maralinga Tjarutja Inc. en périphérie de la ville, où je dois retrouver Roger, qui a une livraison à faire à Oak Valley, un village aborigène situé à quatre cents kilomètres au nord-ouest d'ici, et qui a accepté de m'emmener. Oak Valley n'est pas loin de Maralinga. La société pour laquelle travaille Roger gère les affaires des propriétaires terriens de Maralinga, et c'est par ce biais que j'ai obtenu de pouvoir accéder à la zone.

Je quitte Ceduna sans regrets. La pluie s'arrête au bout de quelques kilomètres de route, mais le ciel reste chargé. La cabine du pick-up est tout juste assez grande pour quelqu'un d'aussi corpulent que mon chauffeur, et il nous faudra la journée entière pour atteindre Oak Valley. Roger pourrait faire le trajet les yeux fermés. Il est revêche, a des opinions bien arrêtées et se montre très terre à terre, mais une fois qu'il a compris à qui il a affaire avec moi, il se montre plus communicatif. Métis, il a été un grand sportif dans sa jeunesse et a un cousin qui est joueur professionnel dans un club de foot australien. Il me raconte qu'il y a quelques jours, Adam Goodes, célèbre footballeur aborigène qui joue défenseur dans l'équipe des Sydney Swans et a essuyé durant toute sa carrière les huées de spectateurs racistes, a fini par craquer et a fait mine, en poussant un cri de guerre traditionnel, de lancer une sagaie vers les supporters de l'équipe adverse. Réaction des journalistes, médusés : D'où peut donc provenir une telle agression ?

Roger parle des « tradis » avec méfiance ; il les craint. « Il y a des tradis à Yalata, me dit-il. Qui te transpercent le corps avec une lance si tu ne respectes pas leur loi. Il y a un tas d'endroits où je n'ai pas le droit d'aller. Des trucs culturels. Des sites sacrés. Faut être un initié pour pouvoir s'y rendre. » Les plus importants de ces endroits sont les lits d'argile ; c'est là que les « affaires d'hommes » – les activités cérémoniales masculines – se déroulent et qu'est ramassée l'ocre utilisée pour les peintures corporelles.

Nous traversons des forêts d'eucalyptus avant d'entrer

dans l'immensité grise de la plaine de Nullarbor. Rien n'y pousse en dehors de l'acacia brachybotria, de l'atriplex et de la tecticornia – une sorte de salicorne –, qui forment une mer grise sur mille cinq cents kilomètres à l'ouest. Le ciel est encombré de nuages beiges dont les grappes rappellent celles des buissons. Nous ne croisons qu'un seul animal, un bâtard mi-dingo mi-chien qui a franchi la clôture érigée sur toute la longueur de l'Australie-Méridionale. Il est d'un jaune tendant vers le marron et il boite. Peut-être quelqu'un lui a-t-il tiré dessus. La clôture empêche d'entrer, mais également de sortir. L'animal cherche-t-il à retourner d'où il vient ?

Nous quittons la route de Nullarbor et continuons vers le nord. Acacias et atriplex cèdent la place à une étendue sableuse, le Grand Désert de Victoria. À un endroit nommé Ooldea d'après les panneaux que j'aperçois, la piste traverse la voie ferrée transcontinentale, qui parcourt le sud du pays d'est en ouest. Dans les années 1920, les missionnaires y établirent une gare. Le « soûlard », c'est-à-dire la source, qui se trouve non loin de là était autrefois un site sacré où se réunissaient les Anangu. (Ce terme, qui signifie « peuple », fait référence aux locuteurs de plusieurs langues et dialectes d'Australie-Occidentale et Méridionale, dont le pitjantjatjara, le dialecte parlé par ceux qui habitent maintenant à Yalata et Oak Valley.)

Par le passé, Ooldea était un lieu de paix où des tribus rivales séjournaient ensemble en toute harmonie. Pour les besoins de la ligne de chemin de fer, qui date de 1912, on a procédé à un forage et construit une usine de condensation. Le puits produisait quotidiennement quarante-cinq mille litres d'eau, et l'usine, qui servait à purifier cette eau, était alimentée en énergie par des chênes noirs qu'on abattait dans les collines environnantes. Dès 1930, l'eau a commencé à manquer à Ooldea. La région, autrefois riche et désormais complètement dénudée, devint un bassin vide où ne restaient que la poussière et les mouches. La mission poursuivit ses activités jusqu'en 1952, date à laquelle elle fut abandonnée et ses résidents relogés dans un ancien centre d'élevage de moutons à cent quarante kilomètres au sud, en lisière de la plaine de Nullarbor : Yalata. Les Anangu se virent interdits d'accès à la région dans laquelle ils nomadisaient depuis au moins quarante mille ans. L'homme blanc y avait à faire.

Ce qui fait toute la richesse de l'intérieur du pays, c'est son sol. Sa couleur est tellement intense qu'elle déteint sur tout – vos mains, vos cheveux – et que pendant des semaines vous voyez absolument tout en rouge, comme si on vous avait injecté une solution de carmin dans le cortex cérébral. Lorsque les Aborigènes furent contraints de quitter Ooldea et le désert alentour pour s'installer sur une plaine calcaire qu'ils ne connaissaient pas, qui ne leur parlait pas, et que l'homme blanc appelait « Nullarbor », ce fut une immense douleur pour eux. *Pana tjilpi*, « la Terre grise » : c'est ainsi qu'ils la surnommèrent. « Nous nous sentions si seuls loin d'Ooldea », témoigna un vieil homme en 1985 devant la Commission royale enquêtant sur les conséquences des essais nucléaires. « Nous étions tristes pour tous ces endroits auxquels nous étions liés, et nous étions inquiets parce qu'ils avaient été ruinés [...] On nous a dit que nous ne pourrions pas y retourner. »

Ooldea est devenu un endroit entièrement inhabité. Une fois les essais nucléaires lancés en 1958, tout retour devint impossible. Encore aujourd'hui, les Anangu ne pénètrent la zone que brièvement, et avec réticence. Il a fallu attendre les années 1980, longtemps après l'explosion de la dernière bombe, pour que certains anciens de la communauté de Yalata établissent, près d'un ensemble de lits d'argile, un petit avant-poste qu'on appelle Oak Valley – pas une mission, mais un village géré par et pour les propriétaires de la terre.

J'avais fait un détour par Yalata juste avant de me rendre à Ceduna. L'endroit, situé à deux ou trois kilomètres au nord de Nullarbor, est un damier de préfabriqués au milieu des eucalyptus. L'une des caractéristiques de cet arbre, c'est qu'il perd de longs lambeaux d'écorce. À Yalata, ces lambeaux pendent aux branches, bercés par la brise. On dirait de la peau. L'une des routes avait été bloquée avec de gros rochers, et sur un mur s'étalait l'inscription « *Domestic violence ! Wiya !* » Le commissariat à l'entrée de la ville avait des allures de check-point comme on pouvait en voir en Irlande du Nord, barricadé derrière un solide grillage coiffé de fil barbelé. Il semblait vide. Quatre femmes étaient assises sur un muret devant le centre social. En me voyant, elles se sont mises à rire et à agiter les mains. Un enfant a crié quelque chose en langue pitjantjatjara. Un jeune homme barbu vêtu d'une tunique criarde attendait devant la porte ; je ne parle pas pitjantjatjara et lui ne parlait pas anglais, mais visiblement la personne que j'étais censé retrouver ici, l'une des administratrices locales du foyer, n'était pas là. Un meurtre avait été commis et elle devait en gérer les répercussions.

En 1936, la United Aborigines Mission (UAM) établit une base à Ooldea. Elle y maintiendra sa présence jusqu'en 1952. Un dépôt de rations alimentaires fut créé, afin de fournir une source régulière d'approvisionnement aux tribus du désert. Il y avait l'école, l'église, le foyer pour enfants. Garçons et filles y mangeaient trois repas par jour, et le samedi ils prenaient un bain chaud et recevaient des vêtements de rechange : bretelles et cravate bleue pour les garçons, et un nœud rose à mettre dans les cheveux pour les filles. On apprenait aux premiers à tirer de l'eau à la pompe, à couper du bois et à mener des chevaux, et aux secondes à coudre, à repasser et à faire du crochet. Un baptême de masse fut organisé en 1944 : « Il ne fut pas facile pour eux de franchir ce pas, nota à l'époque le secrétaire de la UAM, de renoncer aux pratiques de leurs ancêtres et d'abandonner leurs superstitions barbares pour suivre Jésus. » Ce même secrétaire, remarquant que certains des anciens paraissaient « intransigeants et amers », se demandait si ce n'était pas parce qu'« un grand nombre de jeunes garçons avaient déclaré qu'ils ne deviendraient pas hommes selon les vieilles coutumes tribales ».

Oak Valley se situe à cent kilomètres au nord d'Ooldea. La route de terre battue, ruban rouge écarlate tranchant sur le vert chatoyant des eucalyptus, joue aux montagnes russes sur les dunes. Couché sur son volant, Roger mâche son chewing-gum en fixant la piste ondulée devant lui. « Tu veux savoir c'que j'pense ? J'pense que si ça continue comme ça, d'ici dix ans on s'retrouve avec un Premier ministre assassiné. »

C'est une exagération – l'exagération du désespoir. De l'autre côté de la voie ferrée il y a un panneau rouge, blanc et noir : WARNING : NO ALCOHOL / NO DRUGS on the Maralinga Tjarutja Lands – « Attention : drogue et alcool interdits sur les Terres de Maralinga Tjarutja ».

« Ça fait cinquante mille ans qu'on vit ici. » Sans doute plus en fait. « Et vous, vous êtes ici depuis combien de temps ? » Il veut parler des Blancs, et il n'est en rien impoli. « Deux cent cinquante ans ? Ça fait pas très longtemps qu'il est en Australie, Dieu. »

C'est vrai, mais regardons autour de nous. Sur l'horizon,

surgissant par-dessus les dunes à l'est, une montagne pâle – les rebuts de la mine de sable d'Iluka, la plus grande source de zircon au monde. Chaque jour, quinze camions de cent tonnes quittent la mine pour le port de Thevenard, que nous avons aperçu ce matin à Ceduna de l'autre côté de la baie. Tous ces précieux minéraux qui dorment dans le sol aborigène.

Il y a quelques années, me raconte Roger, une compagnie pétrolière française a payé pour avoir le droit de prospecter à Maralinga. Pendant des mois, les pistes ont été bloquées par les semi-remorques qui transportaient les derricks à une allure d'escargot. Shorty, un ami anangu de Roger, a été employé par l'entreprise pour leur ouvrir l'accès au bush. Le contremaître, qui ne savait pas grand-chose du pays, lui demandait de faire passer la niveleuse sur telle ou telle dune, et si Shorty lui répondait que la pente était trop raide, il insistait. Alors Shorty, qui en avait marre de conduire une niveleuse qui s'enlisait tout le temps, a fini par trouver une solution. Quand l'autre lui demandait d'avancer sur un terrain impraticable, il fronçait les sourcils, faisait non de la tête et disait : « Terre sacrée. » Et le contremaître, ignorant ce qui était sacré et ce qui ne l'était pas, en était réduit à retourner à ses cartes pour tenter de trouver un autre itinéraire.

Nous poursuivons en direction d'Oak Valley. Sur le bas-côté, les feuilles mortes luisent comme du verre brisé. Le reflet du soleil étincelle à l'horizon. Une voiture s'approche en faisant un bond par-dessus la dune. « Voilà mon pote, le petit Lancey », dit Roger en levant un doigt du volant pour désigner la Polo aux quatre portes défoncées. « En cinq ans, il est venu à bout d'à peu près vingt bagnoles. » Les voitures d'Oak Valley ne sont pas faites pour l'*outback*. Tout le long de la piste, il y a des dizaines de véhicules abandonnés dans les broussailles – voitures et camions des années 1960 et 1970 et de toutes celles qui suivirent sur lesquels toutes les pièces potentiellement utiles ont depuis longtemps été récupérées.

Sur l'accotement j'aperçois un capot blanc maintenu à la verticale par des poteaux, troué de partout par des balles, avec l'inscription LIFT 'EM FOOT barbouillée en bleu – « Levez le pied ». Nous approchons d'Oak Valley. Sur deux kilomètres, la terre grise et nue a été ravagée par un incendie l'été précédent. « Les gosses, ça s'emmerde vite », m'explique Roger. À cent mètres de la route, des corbeaux et un vautour décrivent des cercles dans les airs. Deux dingos se tiennent près d'un chameau abattu. La scène est illuminée par un faisceau de rayons de soleil.

À Oak Valley, nous sommes accueillis sur le seuil du magasin par Pam, Roger le mécanicien (un autre Roger) et quatre chiens attentifs. Nous déchargeons les provisions, et Roger le chauffeur dépose la pompe à essence attachée à l'arrière du pick-up. L'infirmière de la maison de retraite, une Anangu d'une cinquantaine d'années, vient récupérer quelques cartons de médicaments. Elle est accompagnée d'une fillette de deux ans qui porte une couche et s'accroche au cou de l'un des chiens pour se faire traîner. La petite crie « Baby ! Baby ! » Son genou saigne mais elle est trop excitée pour le remarquer.

« Tu veux voir des chameaux ? me demande Roger le mécanicien.

– Avec plaisir.

– Super. Je t'y emmène ce soir. »

Pam, une autre des employés blancs d'Oak Valley, est potière. Elle s'occupe de la galerie d'art aborigène à Ceduna. Son mari a participé à l'opération de nettoyage à Maralinga dans les années 1990, me raconte-t-elle. Elle donne des cours de dessin à Oak Valley, ce qui implique de faire trois cents kilomètres aller-retour une fois par semaine, et de dormir là-bas dans l'un des préfabriqués réservés au personnel qu'on a installés sur des terrains clôturés à l'écart du village principal. Elle est musclée et sèche, genre garçon manqué, avec des cheveux gris coupés court et un sourire nerveux et prudent. « Je vais vous montrer l'atelier d'art », me dit-elle.

La population d'Oak Valley varie d'une semaine à l'autre, avec une moyenne d'environ quatre-vingts habitants, mais aujourd'hui les lieux ont été désertés. Roger et moi avons croisé trois voitures qui roulaient en sens inverse, en plus de celle de Lancey, avec dans chacune six ou sept passagers entassés les uns sur les autres. Des funérailles, m'explique Pam. Le meurtre de Yalata. Une jeune fille a été poignardée, et son compagnon arrêté. Je repense au graffiti *Domestic Violence ! Wiya !* « Il y a deux termes pitjantjatjara que même les Blancs connaissent, me dit Pam : *wiya*, qui veut dire "non", et *mamu*, qui signifie "diable". » Un mot que je réentendrai plus tard.

L'atelier est installé dans un bâtiment en tôle ondulée. À l'intérieur je découvre, assis à une grande table, Archie, un Anangu d'une trentaine d'années qui porte un jean déchiré – visiblement le seul résident à ne pas s'être rendu aux funérailles. Je me demande bien pourquoi. « Vous peignez quoi ? » je lui demande. Il continue à travailler sans lever la tête. À côté de lui, dans un couvercle de boîte de café, sont disposées des larves de papillon frites. Il peint des fleurs, pointillés noirs sur fond rouge. Des Swainsona formosa – des pois du désert – peut-être. Il parle un peu anglais, d'après Pam, mais refuse de me dire un mot. Je n'insiste pas. Je ne suis pas son invité.

Les œuvres réalisées à l'atelier sont vendues dans une galerie à Ceduna et constituent l'une des rares sources de revenus d'Oak Valley. Les touristes de passage – les *grey nomads** aisés qui viennent avec leurs énormes camping-cars – sont prêts à payer le prix fort pour ce qu'ils croient être authentique. Après tout, en dehors de l'enseignement, de la médecine et de l'entretien du village, il n'y a presque pas d'emplois, et ceux-ci sont en général occupés par des Blancs.

Oak Valley date de l'époque où la plupart des terres réquisitionnées par les Britanniques – quelque soixante-seize mille kilomètres carrés – furent restituées aux Anangu en 1984, suite aux travaux de la Commission royale sur les essais nucléaires et leurs conséquences. Dans les années 1970, les Britanniques procédèrent à un nettoyage superficiel des zones contaminées, mais il fallut attendre le milieu des années 1990 pour que des indemnités soient versées aux propriétaires aborigènes en compensation de la perte et de la destruction de leurs terres, et qu'un sérieux investissement soit engagé pour la décontamination des sites. Même aujourd'hui, il est fortement déconseillé de camper ou de cuisiner dans cette zone.

Les indemnités octroyées par les Britanniques ont en partie financé les équipements d'Oak Valley : école, gymnase et cour de récréation, maison de retraite, centrale électrique et atelier artistique. Comme Yalata et d'autres

* « Nomades gris », expression australienne popularisée par un documentaire diffusé en 1997 et désignant des retraités qui entreprennent de longs périples en camping-car ou mobile home dans leur propre pays.

villages anangu, Oak Valley dépend toujours des aides versées par le gouvernement. En novembre 2014, le gouverneur de l'État voisin d'Australie-Occidentale annonça un plan visant à fermer cent cinquante des deux cent soixante-treize communautés aborigènes reculées. Par ces temps économiquement difficiles, on ne pouvait plus demander au contribuable de payer pour de telles structures qui ne rapportent rien. Tony Abbott, le Premier ministre, soutint la décision. « Ce que nous ne pouvons pas faire, c'est subventionner éternellement des choix de vie. » Cette façon de voir les choses rencontre toujours un certain soutien. La propriétaire de la pension où j'ai séjourné à Adélaïde, une quadragénaire d'une courtoisie et d'une grâce extrêmes, m'a dit un soir sur le ton de la confidence : « Ils veulent nous faire cracher tout notre fric, jusqu'au dernier *penny*, pour se venger de ce qu'on leur a fait. »

Pam me conduit jusqu'à la maison d'hôtes d'Oak Valley, un préfabriqué de trois pièces sur pilotis, installé en périphérie du village. Sur la porte de la chambre, un autocollant : l'image composite d'une « steel guitar » avec, en surimpression, une dune de sable rouge qui se fond avec une cascade, comme si ces visions se reflétaient sur la guitare. Par-dessus cette image chargée est inscrite une citation biblique. Je ne sais pas comment l'interpréter et que conclure de sa présence ici : « Voici, je vais faire une chose nouvelle, sur le point d'arriver ; ne la connaîtrez-vous pas ? Je mettrai un chemin dans le désert. Et des fleuves dans la solitude. » (Ésaïe, 43:19.)

Ce soir, nous faisons cuire des steaks dans le jardin derrière la maison que Pam occupe quand elle est ici. Comme elle doit retourner à Ceduna dès le lendemain, elle propose de me déposer à Maralinga. Je n'ai vu aucun Aborigène depuis ma rencontre avec Archie l'après-midi même ; ils ne rentreront pas de Ceduna avant deux ou trois jours, d'après Pam. Les choses vont mal. À Yalata, ça va mal depuis toujours, mais même dans un village isolé comme Oak Valley, où les aînés sont arrivés dans les années 1980 précisément pour échapper à l'influence des grandes villes, les addictions à l'alcool et à l'essence qu'on sniffe sont un gros problème. Juste au moment où Pam m'explique ça, on entend un bruit métallique en provenance du magasin. « Merde ! Y a quelqu'un sur le toit ! » dit-elle. Nous tendons l'oreille. En effet, ça ressemble à des bruits de pas sur du métal.

Pam brandit sa torche électrique vers le magasin, distant de cinquante mètres. Le bruit cesse, puis reprend, sans qu'on puisse déceler le moindre mouvement. Roger, l'homme chargé d'entretenir les locaux – le Roger blanc –, a lui aussi entendu le bruit depuis sa maison de l'autre côté de la voie. Il se glisse au volant de son pick-up et vient se garer en face de la clôture de Pam. « On va aller jeter un coup d'œil, me lance-t-il en baissant sa vitre. Ces petits cons. Ensuite, on ira voir les chameaux. »

J'abandonne Pam à ses steaks, escalade la clôture et grimpe dans le pick-up. Roger et moi passons une minute à faire le tour du magasin, sans voir personne. De toute façon, Roger est plus intéressé par les chameaux. « Je leur ai déjà dit : "Ce magasin, c'est le vôtre, les gars. Vous voulez le piller ? C'est votre problème. Mais ceux que vous volez, c'est vous-mêmes. Personne d'autre." »

Roger est gros, avec un visage rond et une petite barbe grise. Il a tendance à commencer chaque phrase comme s'il allait avouer une petite faiblesse, comme souvent les gens en Australie-Méridionale : « Ah, vois-tu, Will… »

Nous sortons du village, passons devant la centrale électrique, la décharge, le château d'eau et le cimetière perché sur sa colline, roulant à travers le bush plongé dans la nuit – « noir comme les tripes d'un chien ».

« En général, ils traînent près de la route », m'explique Roger. Nous roulons vitres ouvertes pendant une demiheure en nous enfonçant dans la fraîcheur du désert. Je regarde derrière nous. Deux chiens nous courent après, rougis par les feux arrière du pick-up. Brusquement Roger s'anime, veut que je l'interroge, que je lui donne l'occasion de partager son amour pour l'endroit où il vit. « Jamais je ne me suis senti autant en sécurité qu'ici, lâche-t-il. Personne ne cherche à faire du mal aux autres. »

Contrairement à Pam, il vit dans le village à l'année, et son fils y est scolarisé. J'ai vu une photo de classe à la pension de famille, et il n'est pas difficile de savoir lequel de ces enfants est celui de Roger – le seul à ne pas être torse nu, le seul Blanc. « Il a perdu du poids depuis. Ça l'a transformé de venir à Oak Valley. Tu ne peux pas savoir à quel point ça lui a donné confiance en lui. Il se faisait harceler dans son ancienne école. Notre crainte désormais, c'est que ce soit lui le harceleur ! »

En ce moment, ni son fils ni sa femme ne sont ici, me dit-il. Ils sont à Ceduna. Je ne sais pas trop s'il s'agit d'un arrangement permanent. « Tu vois, il y en a pour qui c'est trop. Ils ont besoin de faire une pause. »

Nous roulons plus longtemps que je ne l'aurais souhaité, deux heures au moins. À notre retour à Oak Valley, je suis frigorifié. Le feu de Pam s'est éteint et elle est allée se coucher. Nous n'avons vu qu'un chameau, un vieux mâle qui s'éloignait de la route d'un pas chaloupé. Malgré sa déception, Roger se refusait à laisser tomber. Alors il a continué à rouler. « Encore une minute, et on rentre. » On a dû parcourir une bonne centaine de kilomètres. « Généralement, y en a tellement qu'on ne peut pas avancer. »

Il adore les chameaux, il adore le désert et tous ces vieux Aborigènes. Au moment où je descends du pick-up, il me dit : « La vérité c'est que je serais prêt pour un rite d'initiation dès demain, s'ils étaient d'accord. »

« Je suis sûre que Nobsy te plaira, me dit Pam dans la voiture le lendemain matin. C'est un personnage typique de l'*outback* ». Nobsy, de son vrai nom Robin, c'est le gardien de Maralinga, mais je n'entendrai jamais personne utiliser ce nom en sa présence. Les chiens courent après notre véhicule, essayant bêtement de mordre nos pneus. À la sortie du village, nous croisons une voiture qui revient des funérailles. Il est là, ce fameux « choix de vie » : vivre sans travail dans une poussière aveuglante, sur une terre polluée pour l'éternité, à des centaines de kilomètres du village le plus proche, et ne pas avoir peur de parcourir régulièrement cette distance à sept dans une voiture – pas un Land Cruiser climatisé comme le nôtre, mais une vieille Polo ou une Golf qui n'a plus de vitres depuis longtemps – avec un enfant assoupi sur vos genoux.

« Je serais prêt pour un rite d'initiation dès demain », m'a confié Roger la veille. Mais jamais ils n'accepteront, et Roger le sait. Même s'il aime la liberté qu'offre le désert, certains rituels lui sont à jamais interdits, car il est blanc. Nous ne sommes finalement que des invités ici, ou bien des intrus. Les Blancs comprennent la terre à peine mieux que Tietkens quand il arriva il y a cent cinquante ans avec ses rêves, ses moutons et son pistolet. Jamais elle ne leur appartiendra, et ils en ont conscience. Là réside le pouvoir que l'Australie blanche se refuse à accepter, le pouvoir que conservent le peuple de Yalata et Oak Valley et les autres communautés démunies.

En 1953, un groupe de topographes de l'armée britannique remit un rapport au centre de recherches atomiques d'Aldermaston : « Au-delà des limites septentrionales de la plaine de Nullarbor, le pays devient plus attrayant, avec des collines basses couvertes d'une végétation dense de mulga et de mallee*. » Avant d'ajouter : « Dans ce pays, il est facile de se perdre. »

À l'approche de Maralinga, la route grimpe jusqu'à une butte bien plus haute que toutes les collines que nous avons traversées – on l'appelle la chaîne d'Ooldea. À sa formation il y a trente-cinq millions d'années, c'était un ensemble de dunes côtières, et la plaine de Nullarbor se trouvait sous les flots. L'embranchement vers le camp est goudronné, contrairement à la piste principale ou aux routes qu'on voit à Oak Valley ou Yalata, et encore parfaitement lisse après quarante ans d'existence. « Vous autres les Anglais, vous vous êtes assurés que tout était d'une qualité irréprochable », commente Pam. C'est là qu'enfin, j'avise le panneau : « Cette région contient des objets remontant à l'époque des essais nucléaires, dont certains sont légèrement radioactifs. »

Un grillage cadenassé bloque la route. À côté se dresse un cylindre de béton large d'un mètre et haut de deux mètres cinquante – une section de conduite d'eau dans laquelle on a aménagé une porte. Il est peint en bleu avec, au-dessus de la porte, l'inscription THE TARDIS – la machine à remonter le temps, comme dans la série britannique

* Terme aborigène désignant tout arbre à troncs multiples n'excédant pas dix mètres de hauteur.

Doctor Who. À l'intérieur se trouve un téléphone à cadran des années 1970, qui visiblement marche toujours. Mais nul besoin de l'utiliser : nous sommes attendus. Quelques minutes plus tard, un pick-up approche en rugissant. Pam et moi nous disons au revoir. « Salue Nobsy de ma part », me lance-t-elle.

Le poste militaire abandonné est maintenant dominé par l'hôpital, un long bâtiment dont le mur ouest se transforme chaque soir en écran orange vif avec la lumière du couchant. C'est dans l'hôpital que Robin (« Nobsy ») le gardien vit avec sa femme Della, issue d'une famille anangu. Robin est blanc. Âgé d'une bonne soixantaine d'années, il a longtemps été pêcheur de requins au large de Ceduna avant d'abandonner le métier, sur l'insistance de Della. Au « pub » de Ceduna, on m'a raconté qu'il y avait de grands requins blancs dans la baie : « Mais faut pas que ça t'empêche de nager. » Robin est trapu, bien campé sur ses jambes écartées et légèrement fléchies – on dirait un bélier. Le soleil a donné à sa peau une couleur bronze cuivré tellement foncée qu'on peine à distinguer ses tatouages. Il porte une barbe hirsute gris clair qui lui couvre le menton et vient converger avec les poils qu'il a sur la poitrine. Sa bouche a une sorte de mobilité espiègle, mais ses yeux restent immobiles et attentifs. Quand il a fini de rire de quelque chose, son visage redevient impassible d'un seul coup.

Dans les jours qui suivent, j'ai parfois l'impression qu'il a hâte d'être débarrassé de moi. Il y a chez lui une férocité contenue, comme si sous ce visage bonhomme frémissait toute une existence passée à côtoyer la violence. Il a pendant longtemps évidé des poissons, sait conduire une niveleuse et tuer un chameau – il faut tirer dans le conduit auditif. Depuis qu'il a abandonné la pêche, il a d'abord travaillé pour la communauté d'Oak Valley, puis a été embauché il y a cinq ans comme gardien de Maralinga et des sites des essais nucléaires.

En 1953, les Britanniques se mirent en quête d'un « terrain d'essai permanent » en Australie. Ledit terrain devait se situer à un minimum de cent soixante kilomètres de toute habitation, tout en étant suffisamment proche du réseau routier et ferré ; il fallait en outre une piste d'atterrissage à proximité, de bonnes réserves d'eau et un climat tolérable avec très peu de précipitations, afin d'éviter la contamination des nappes phréatiques. X300, nom de code initial du site choisi, se trouve sur une plaine encerclée de dunes, Tietkens Plain, et fait trente kilomètres d'est en ouest et vingt-cinq du nord au sud. Maralinga était le terme désignant le village construit pour la zone des essais mais il renvoyait également, de manière informelle, à X300.

Il me faut un certain temps pour me repérer. C'est au sommet du château d'eau qu'on a la meilleure vue, m'indique Robin. Dix mètres de haut, qu'on atteint par une échelle rouillée. De là, on perçoit l'isolement du site : à vingt kilomètres au nord, le vert cède graduellement la place au rouge éteint de Tietkens Plain. Au sud, par-delà la voie ferrée que Roger et moi avons traversée la veille, le vert est brusquement remplacé par le bleu-gris de la plaine de Nullarbor, qui s'étend jusqu'à la mer. À l'époque, le plus urgent pour les Britanniques était de procéder à une explosion « à l'air libre » à l'aide d'un ballon dirigeable, afin de tester Blue Danube, leur première arme nucléaire opérationnelle. Red Beard, une autre bombe plus petite et plus récente, conçue pour une utilisation sur le champ de bataille, devait également être testée. Enfin, le plan initial prévoyait de faire un dernier essai pour étudier l'effet d'une explosion atomique au niveau du sol. En réalité, ce n'était là qu'un début : au total, les Britanniques procédèrent à sept explosions nucléaires, puis à six cents essais de bombes conventionnelles.

En décembre 1954, les ingénieurs australiens et britanniques commencèrent non seulement à construire la base et la piste d'atterrissage, mais également à préparer les sites des essais et à mettre sur pied les laboratoires de terrain à Tietkens Plain, trente kilomètres plus loin. Ils poursuivirent leurs travaux tout l'été, en pleine fournaise.

À la limite est du terrain, je distingue depuis le sommet du château d'eau une plateforme à gradins de dix mètres de large, comme une sorte d'estrade pour le Sénat romain. Sur un panneau est écrit « Pit 68U ». En haut des marches ne reste qu'un rectangle rempli de gravats : il ne s'agit pas d'une fosse d'enfouissement de déchets radioactifs, mais de la piscine de la base. Le panneau est là pour indiquer la présence d'amiante. Le plongeoir a disparu mais les échelles sont toujours là, à moitié enfouies dans les gravats. Cette piscine était le centre de la base, surtout pendant ces mois d'été abrutissants qui précédaient la réalisation des essais. Le nageur qui venait se reposer, les bras appuyés sur le rebord de la piscine, et admirer à cinquante kilomètres de lui des collines ondulantes d'eucalyptus et d'acacias pouvait s'imaginer en permission.

À côté du bassin se trouve une vieille fontaine en stuc autrefois utilisée pour filtrer l'eau lourde en minéraux, qui ne coule plus depuis longtemps. Juste à côté, il y a un fauteuil en plastique dans lequel je prends vite l'habitude de m'installer pour lire, les pieds posés sur le rebord de la fontaine. Non loin de là, je note la présence de deux ou trois courts de tennis. Les montants du filet et la chaise de l'arbitre sont toujours là, mais les lignes ont disparu. Çà et là des atriplex crèvent le revêtement ondulé et craquelé. Au début, j'ai cru que le vrombissement discret que j'entendais par intermittence était produit par des avions, mais j'ai fini par comprendre que c'est juste le bruit du vent secouant les branches sèches du mallee. Ce vrombissement n'est pas très fort, mais il y a en lui comme une énorme énergie comprimée, l'énergie d'une foule attendant l'orateur.

Lorsque Maralinga fut abandonné en 1974, la population de Yalata fut autorisée à récupérer quelques installations. Aujourd'hui, on en retrouve un peu partout en Australie-Méridionale : lors d'une halte dans un camping près de Port Lincoln, j'ai vu des toilettes qui provenaient de l'ancien site ; la salle de basket de Ceduna servait autrefois de réserve à Maralinga ; et l'atelier de poterie de Pam, ainsi qu'elle me l'a confié, est un ancien dortoir de l'armée britannique. Il ne reste donc plus aucun bâtiment ici, mais depuis le château d'eau on peut encore distinguer le tracé des « rues » de la base : London Road, Ottawa Street, Perth Road, Cardiff Road. Au loin, entre la base et le portail avec son « Tardis », se trouve la piste d'atterrissage, une étendue de ciment suffisamment grande pour accueillir une navette spatiale, et qui est toujours entretenue et éclairée la nuit. Au pied du château d'eau se dresse le mémorial, avec son mât sans drapeau et ses pierres blanches disposées en forme de croix. Quant à l'église, elle n'est plus là, disparue en même temps que le cinéma, l'épicerie générale, le bureau de poste, les casernes et les laboratoires. Je distingue le petit patio à côté de l'hôpital où vivent Robin et Della, avec ses plantes en pot et une pancarte où Robin a écrit : FORT MARALINGA.

La grand-mère de Della est née dans la région peuplée de spinifex au sud de Maralinga (le terme « spinifex » désigne les différentes variétés d'herbes piquantes qui poussent par touffes épaisses et abondent dans les déserts australiens) et a passé son enfance à la mission d'Ooldea. C'est là qu'elle rencontra le grand-père de Della, de passage depuis sa région natale au nord de Maralinga. Della m'a paru petite quand je l'ai vue pour la première fois, mais plus tard je comprendrai que c'est juste parce que sa timidité est de celles qui font paraître les gens plus menus qu'ils ne le sont. Robin parle souvent à sa place, ou bien amende ses paroles – « Ce que tu veux dire, Della, c'est que… » ; « Et si tu lui parlais de… ? » ; «Non, Della, tu ne te souviens pas… ? » –, mû (du moins en partie) par un besoin instinctif de la protéger.

Après leur mariage, les grands-parents de Della s'installèrent à Ceduna, au bord de la mer, où son grand-père – elle me l'apprend avec une certaine fierté – fut le premier homme de couleur autorisé dans cette ville à acheter de l'alcool et à pouvoir aller au pub. Pourtant, on ne peut pas vraiment dire que la famille fut bien reçue par la majorité blanche de la ville. Souvent, les « tribaux », ainsi que Della les appelle, parcouraient à pied deux cent quarante kilomètres depuis Ooldea pour débarquer chez ses grands-parents à cinquante ou plus, sans prévenir, et camper autour de leur maison.

La municipalité fit à son grand-père une proposition : qu'il abandonne sa maison et choisisse un terrain n'importe où à la périphérie de la ville, lequel lui appartiendrait sans contrepartie, avec un bail renouvelable de quatre-vingt-dix-neuf ans. Il choisit un terrain de soixante hectares dominant la plage, avec une source d'eau fraîche. Aujourd'hui, il vaut des millions, et la famille élargie de

Della, qui compte vingt foyers, en a fait son domaine. Robin y a construit une maison, baptisée Duckponds – « La Mare aux canards » –, où Della et lui séjournent quand ils retournent sur la côte, une fois par semaine environ. Souvent, leur petite-fille Tori vient à Maralinga avec son compagnon, Bobby, et leurs jeunes enfants. Tori a une dent manquante qui lui donne un certain charme, et un sourcil levé en permanence. Tous les soirs, elle m'apporte un repas de viande et pommes de terre préparé avec amour, mais systématiquement froid. Je n'ai pas le cœur de lui demander de le réchauffer. Elle appelle Robin « Pappy » et tous deux s'adorent. Elle et sa famille viennent ici pour échapper à des influences néfastes. Les gens d'Oak Valley espéraient de la même façon que l'isolement de leur village protégerait les jeunes.

Robin porte parfois une chemise à carreaux ou un sweat à capuche, mais le plus souvent il est juste en tricot de corps. Il est coiffé d'une casquette de base-ball de la Royal Australian Air Force et fume des cigarettes roulées qu'il finit en cinq ou six bouffées. Le Log Cabin, c'est du bon tabac, celui que consomment les Aborigènes, alors on peut s'en procurer dans n'importe quel magasin du village. Robin a une mémoire prodigieuse et un grand talent d'imitation. Quand vous lui dites quelque chose qu'il ignorait, il se penche vers vous et dit : « C'est vrai ? Eh ben, ça m'en bouche un coin ! » Il est né à Port Lincoln, sur la côte au sud de Ceduna, et arbore sur son biceps gauche un tatouage à peine lisible : « Port Lincoln Outcast » – *outcast*, c'est-à-dire paria.

Après des années de pêche au requin, Robin a travaillé sur les thoniers de Ceduna. Puis dans les années 1970, il a été employé par la ligne transcontinentale, qui l'a affecté à la voie de garage de Watson, la principale gare desservant Maralinga. Il a aidé à démanteler la base, et dans les années 1980, lorsque les gens de Yalata sont venus s'installer à Oak Valley, il est devenu leur chauffeur-livreur, boulot dont Roger a hérité (j'apprends à l'occasion que ce dernier est son neveu). À l'âge de quatorze ans, Robin travaillait sur les bateaux tous les jours jusqu'à minuit, puis mangeait avec ses camarades. Cinquante ans plus tard, l'habitude lui est restée. Quand nous campons dans le désert, il mange pour s'aider à dormir, continuant à engloutir son repas des heures après que j'ai fini le mien, avant de se glisser dans son sac de couchage et de s'endormir illico. C'est avant tout un homme de la mer, puis un homme du désert, et avec Della ils se partagent encore entre les deux, entre Duckponds et Maralinga. Même l'hiver, lorsque la chaleur à Maralinga est tolérable, ils se rendent en voiture à Ceduna une fois par semaine – pour aller manger au pub, voir les enfants, pêcher en mer. Pourtant, ils se rendent toujours assez vite compte tous les deux qu'ils ont hâte de rentrer.

William Penney, le scientifique britannique responsable des essais nucléaires dans les années 1950, décrivit en son temps la région comme « doucement vallonnée et couverte de petits atriplex avec par endroits des taillis de mulga qui rappellent les collines de l'Angleterre ». Si jamais les scientifiques et les militaires britanniques s'imaginèrent qu'ils trouveraient à Maralinga un petit coin tranquille et bucolique, ils furent déçus. Tietkens avait utilisé le terme de *downs* (ou *downland*, collines anglaises), comme l'avait fait St John Philby pour décrire les dunes du Quart Vide (tout juste huit ans auparavant, mais on dirait un autre siècle), comme si toute campagne vallonnée, aussi sèche soit-elle, n'était qu'une version bucolique de la Mère-patrie. Comme d'habitude, le pionnier tente à tout prix de réconcilier son vocabulaire avec l'inconnu. Décrivant les premiers colons se retrouvant dans l'Ouest américain, Mary Austin notait ainsi que le paysage ne pouvait tout simplement « pas être évoqué avec le vocabulaire d'une île plate et verte de la mer du Nord ». Les mêmes limitations poussèrent les peintres de la Renaissance à représenter le désert hyperaride de saint Antoine comme une région de petits monticules mouchetés de verdure.

Le lendemain, je vais me promener vers l'ancien champ de tir avant le dîner. L'endroit se situe à deux ou trois kilomètres en suivant une piste ponctuée d'empreintes de chameaux et bordée d'eucalyptus. Chacun des arbres règne sur son propre domaine, si bien que leurs branches ne se touchent presque pas. Sous leur ombre, de grands spinifex blancs poussent en cercles ou en croissants (les herbes du centre étant les premières à se dessécher). À l'intérieur de ces « nids », blanches elles aussi, des coquilles d'escargots vides dont les occupants s'étaient peut-être réfugiés ici pour mourir ou se sont fait dévorer. Ce que je garderai en mémoire, c'est cette simplicité-là, qui confère à cette terre un caractère primitif.

Il tombe chaque année à peu près deux cents millimètres de précipitations sur le Grand Désert de Victoria – on est largement au-dessus des cinq millimètres annuels du Quart Vide –, et l'évaporation est loin d'y être aussi intense. Pourtant, « désert » est bien le mot qui convient. Prédominance du monde minéral : voilà ce qui caractérise ces régions. Tout autant que la chaleur et l'aridité qui génèrent cette prédominance. Le rouge de la terre écrase le vert de la végétation.

La répétition, la même combinaison d'eucalyptus, de spinifex, de coquilles d'escargots et de sable, dans toutes les directions, génère une impression d'infini aussi puissante que celle qu'on peut éprouver sur une plaine monotone. Une fois suffisamment loin de la base pour ne pas être vu ni entendu, il me suffirait de m'enfoncer de dix pas dans les broussailles et de tourner sur moi-même en fermant les yeux comme à colin-maillard pour me perdre, avec très peu de chances, ignorant comme je suis, de retrouver le chemin de la base au milieu de ces milliers de kilomètres carrés parfaitement identiques (eucalyptus, spinifex, coquilles d'escargots). De quoi me rappeler que pour les hommes basés ici dans les années 1950 et 1960, le camp était une île, et les pistes le desservant des pontons d'où il aurait été suicidaire de descendre.

Sur le champ de tir, les accotements de sable sont jonchés de balles et d'éclats de verre brun. Les lieux ont servi de terrain d'entraînement aux militaires qui surveillaient la zone pendant la Guerre froide. L'isolement de Maralinga était un avantage aussi bien sur le plan de la sécurité que sur celui de la confidentialité. Il aurait été impossible de clôturer une zone aussi vaste, mais le désert constitue en lui-même une barrière – la police des frontières américaine en sait quelque chose. Tout étranger blanc devait être considéré comme un espion russe, et les intrus abattus sans sommation.

Jouxtant le champ de tir se trouvent des latrines en bois et sans porte datant des années 1950, au sol couvert d'un épais lit de feuilles. Je prends sans y penser une photo, une de plus parmi les milliers que je regarderai à peine. Quand je raconte à Robin où je suis allé, il me demande :

« Tu t'es pas approché des W.-C., au moins ?

– Pourquoi tu me demandes ça ?

– Je voulais te prévenir, je dis toujours à nos petits-enfants : “Les gosses, n'allez pas près des W.-C. : le *king brown*, c'est là qu'il vit, et un *king brown*, ça tue à coup sûr." »

Et en effet, sur la photo, on distingue lové au milieu des feuilles *Pseudechis australis*, le serpent de la mulga. Voilà qui m'en bouche un coin.

Le lendemain matin, Robin veut m'emmener à l'endroit où on a trouvé la famille Milpuddie en 1956. Il me montre deux photos accrochées sur le mur du couloir de l'hôpital : un nuage en forme de champignon, noirci par la terre brûlée qu'il soulève, et une vue aérienne du cratère. Des clichés de l'essai nucléaire Marcoo et de ses conséquences. Il a aussi une histoire à me raconter à propos du « brouillard noir », le nuage de retombées radioactives créé par le premier essai terrestre, Totem 1, en 1953.

Ce fut principalement le témoignage fourni par un Anangu, Yami Lester, âgé de dix ans en 1953, qui conduisit à la mise en place d'une commission d'enquête royale. Il se rappelait avoir entendu un jour, tôt le matin, un énorme craquement et un grondement venus du sud-ouest, et plusieurs autres bruits de ce genre ; c'est plus tard dans la matinée, ou bien le lendemain, il n'en était pas sûr, que lui et d'autres personnes virent le nuage. Pas un nuage champignon s'élevant docilement dans le ciel, mais plutôt une vague noire déferlant depuis l'horizon. De toute évidence, cette vague allait tout engloutir sur son passage : les gens étaient terrifiés. Les hommes agitèrent leurs lances vers elle, et les femmes creusèrent des trous dans la terre pour tenter d'y cacher les enfants. « Ils se sont dit que c'était *mamu* », expliqua Lester aux membres de la commission.

Au moment où nous sortons de l'hôpital, un chiot

déboule dans le couloir suivi du petit garçon de Tori, qui rampe derrière lui avec ses beaux cheveux longs, noirs et parsemés de mèches blondes comme souvent chez les enfants anangu. Robin les reconduit dans la pièce avant d'ouvrir la porte au bout du couloir. La lumière matinale entre à flots, et avec elle tous les bruits du bush.

L'opération Buffalo, qui se déroula sur Tietkens Plain entre le 27 septembre et le 9 octobre 1956, comprenait l'explosion de quatre bombes : One Tree, Marcoo, Kite et Breakaway. L'année suivante il y eut une deuxième série, l'opération Antler, également pendant les mois de septembre et d'octobre, plus frais, avec trois bombes : Tadje, Biak et enfin la dernière, et la plus puissante de toutes sur le continent australien, Taranaki. One Tree (avec une puissance de quinze kilotonnes équivalente à celle de la bombe d'Hiroshima, c'est-à-dire quinze fois mille tonnes de TNT), Breakaway (dix kilotonnes), Tadje (une kilotonne) et Biak (six kilotonnes) furent déclenchées du haut de structures métalliques, et Marcoo (une kilotonne et demie) au niveau du sol. Les Britanniques utilisèrent un bombardier pour Kite (trois kilotonnes) et un ballon captif pour Taranaki (vingt-cinq kilotonnes). Quant aux essais thermonucléaires britanniques et américains réalisés dans l'océan Pacifique et le Nevada, ils étaient mesurés non pas en kilotonnes mais en mégatonnes – une mégatonne correspondant à un million de tonnes de TNT. En 1954, les Américains testèrent au-dessus de l'atoll de Bikini une bombe d'une puissance de quinze mégatonnes. Côté soviétique, ce fut la bombe Tsar, testée en 1961 au Kazakhstan, dans la steppe non loin d'Almaty. La bombe la plus puissante jamais utilisée, avec cinquante mégatonnes – l'équivalent de deux mille Taranaki.

Les « essais mineurs », désignés sous le nom de code Vixen, se déroulèrent entre 1957 et 1963. Avec des noms « rigolos », souvent à double sens : Kittens (« chatons », mais aussi *to have kittens* : « piquer une crise »), Rats (« rats », mais aussi « zut ! »), Vixen (« renarde », ou « mégère »), ou encore Tims (de Tim Tam, marque de biscuits chocolatés australiens). Ces essais avaient pour but d'évaluer les réactions d'une bombe nucléaire en cas d'accident – une catastrophe aérienne, par exemple, ou bien une explosion dans un dépôt militaire. Même s'ils n'entraînaient pas une réaction nucléaire, ils avaient pour effet de disperser des fragments de plutonium et de métal contaminé sur des centaines d'hectares. En fait, ce sont ces essais qui provoquèrent la contamination la plus grave. On ne sait toujours pas précisément dans quelles proportions ces déchets ont été retirés ou enterrés. Mais j'ai fait mes petites recherches : seize milligrammes de poussière de plutonium dans vos poumons, et en l'espace d'un mois vous êtes mort.

En 1967, à la suite de la fermeture officielle du site de Maralinga, les Britanniques lancèrent une opération de nettoyage qu'ils baptisèrent « opération Brumby » (encore un nom rigolo, désignant un cheval sauvage en Australie). Celle-ci se déroula à Taranaki en deux phases : d'abord le labourage et le nivelage de la zone d'essai afin de disperser et de recouvrir les morceaux de plutonium, puis l'enfouissement du plutonium et autres déchets dans dix-neuf fosses. En 1985, le représentant du gouvernement britannique, espérant éviter le coût d'une décontamination supplémentaire, déclara devant la Commission royale : « La connaissance scientifique n'est pas suffisamment avancée, et elle l'était encore moins à l'époque, pour permettre une décontamination complète d'une zone dans laquelle ont été effectués des essais nucléaires. » Sauf que la Commission royale jugea l'opération Brumby totalement inadéquate, et même purement symbolique. Il fallut attendre 1999 pour que les Britanniques acceptent de procéder à un second nettoyage du site, en ayant recours à la technique de « vitrification in situ », qui consiste à chauffer le sol pour qu'il atteigne des températures telles qu'il se transforme en verre, ce qui, en principe, permet de capturer les agents polluants.

Il me faut une heure pour arriver à Taranaki. Nous nous arrêtons à Tietkens Well pour que Robin puisse fumer, et faisons tomber des cailloux dans la bouche noire du puits, histoire de rendre hommage aux ouvriers de Tietkens harcelés par les mouches. Nous passons ensuite devant deux hangars ouverts, qui servirent à l'époque d'aires de stockage et de décontamination du matériel utilisé pour la vitrification en 1999. Ils sont vides désormais, et la pluie fait luire leurs sols en béton. Pendant la série d'essais Vixen, du plutonium fut mis en contact avec des explosifs à l'intérieur de gros caissons en acier. En 1967, on jeta ces caissons, ainsi que les dalles de béton sur lesquelles ils étaient posés, dans des fosses rebouchées avec du béton. Ce sont ces mêmes fosses qu'on vitrifia en 1999 afin que le poison contenu n'en sorte pas. À côté de la plus grande, un panneau : WARNING : BURIED RADIOACTIVE MATERIALS – « Attention : matériaux radioactifs enfouis ». Figurent également deux symboles, celui du nucléaire, à trois branches, et le pictogramme d'une tente et d'un feu de camp barrés, sous lequel sont écrits les mots *Ngura wiya*. Camping interdit.

Au centre du site, à une centaine de mètres de la fosse, je tombe sur une pyramide tronquée d'environ un mètre trente de hauteur. Il s'agit d'un mémorial érigé ici en 1979, en même temps que huit autres, amenés par camion et installés avec des grues sur chacun des neuf sites d'essais. Sur une face de la pyramide, une inscription gravée dans le béton indique : « Une bombe atomique britannique a été testée ici le 9 octobre 1957. » Sur la face juste à côté : « Attention, sur quelques centaines de mètres autour de ce point, les niveaux de radioactivité pourraient dépasser le seuil de sécurité pour une occupation permanente du site. » J'escalade la couche de gravats calcaires recouvrant la fosse la plus grande. Depuis son sommet plat, qui surplombe le sol de cinq mètres et fait la taille d'un terrain de football, je me tourne et regarde la plaine. Assis sur le hayon de son utilitaire, Robin est en train de se rouler une nouvelle cigarette. Puis-je me fier à ses paroles rassurantes sur la sécurité du site ? Il reste des zones – Tims, Kittens – dangereuses. Qui peut dire où se situent leurs limites ?

« Tu penses que je vivrais ici si c'était pas sans danger ? me rétorque-t-il.

– Robin, rappelle-moi, c'est bien des requins que tu pêchais ? »

Derrière lui s'étend la terre tourmentée, prolongée par une bande de mulga et, encore plus loin, au nord, une mer ondoyante de collines rouges jusqu'à l'horizon et le « centre mort » de l'Australie.

Les Anangu comprirent qu'aucune transmutation ne permettrait d'effacer ce qui avait été fait. La terre était ruinée, et il n'y avait aucun moyen d'y remédier, pas plus que de faire sauter un squelette de kangourou. En 1969, longtemps après le dernier essai, le secrétaire du comité sécurité de Maralinga rassurait l'un des responsables scientifiques en ces termes : « La base est loin de toute zone habitée, personne ne s'y rendra, alors pourquoi s'inquiéter ? » Il parlait pour tous les étrangers se retrouvant face au désert des Aborigènes. Elle était là, la liberté morale que le désert permettait, celle qui nous est offerte dans nos rêves, celle qui nous permet de commettre des atrocités.

Pour les Anangu, il y a les Ancêtres, puis les plantes et les animaux. Enfin il y a la terre, la terre qui constitue le lien entre le physique et le spirituel, le temporel et l'éternel, la terre créée dans ses moindres détails par les Ancêtres. Impossible d'envisager ces trois éléments – les Ancêtres, les organismes et les minéraux – comme des entités séparées.

Les Anangu entretiennent avec la terre une relation d'ordre religieux. Par exemple, vous ne dégagez pas un point d'eau pour maintenir une source d'approvisionnement, mais parce que c'est votre obligation envers les Ancêtres. Votre obligation légale. Pas de mythe fondateur avec aliénation de l'état de nature chez les Anangu, pas de chute originelle, car la distinction n'existe pas : il n'y a pas de nature dont vous puissiez être aliéné. Le désert n'est pas un lieu d'exil ou d'expiation. Il n'est pas le lieu où vous prouvez votre valeur ni celui où vous vous réfugiez. Il n'est pas le royaume des tentations démoniaques comme pour saint Antoine, et surtout il n'est pas le « vide atroce » des pionniers.

Les monothéismes du désert lèvent les yeux vers le ciel à la recherche d'une forme de divinité. Les Anangu savent que c'est la terre – le sol sous leurs pieds – qui abrite l'esprit créatif. Pour eux, détruire la terre, ce n'est pas de la spoliation, un « déplacement » ou du vol. C'est un délitage de la trame qui les constitue. « La terre, m'a expliqué Roger le chauffeur-livreur, c'est comme leurs enfants. »

Essayons d'exprimer la chose en termes chrétiens. Détruire la terre, ce n'est pas du même ordre que brûler une église ou même une cathédrale. Ce n'est pas une insulte que l'on peut racheter ou venger, car il est impossible de reconstruire. Prenez un texte sacré, retirez-en la colonne vertébrale : la foi elle-même – cette chose mystérieuse qui fortifie ou console – s'en trouve diminuée. Ou bien prenez le corps, le corps incrédule : qu'une main s'y introduise et en retire un organe, mettons la vésicule biliaire, puis le brandisse sous vos yeux et le jette au feu.

Tout en réfléchissant à ces questions, je repense à la phrase du secrétaire du comité sécurité : « La base est loin de toute zone habitée, personne ne s'y rendra, alors pourquoi s'inquiéter ? », et je me souviens de la fillette à Ceduna – ça m'arrive de temps à autre – qui se tenait pieds nus sous la pluie ruisselant d'une gouttière, immobile et le regard fixe.

Pour Tietkens, le désert était *terra nullius* : une terre que personne ne possédait, n'occupait, n'exploitait. Un affront au capital et à Dieu. L'Australie se donnait à tous, alors tous avaient le devoir de la prendre, tout simplement. *Terra nullius* était plus qu'une doctrine. À partir de 1827, ce fut une loi. Après tout, avec qui l'homme blanc était-il censé signer des traités ? Un homme de couleur qui nomadisait pouvait-il « posséder » une couche d'argile ou une montagne ? Le dingo possède-t-il la plaine qu'il traverse à la recherche d'une proie ? Le kangourou possède-t-il le point d'eau près duquel il s'arrête pour boire ?

Un siècle et demi après que Tietkens fora ses puits, William Penney, le directeur du projet nucléaire britannique, reçut de la part du gouvernement australien l'assurance que même si la zone avait été un temps traversée par des tribus en chemin depuis ou vers Ooldea, elle n'était désormais fréquentée que par « un ou deux vieux Noirs, et ce, en de rares occasions ».

Le terme « Maralinga » peut se traduire de deux façons. Quand les Britanniques baptisèrent le site, leur idée fut de choisir un mot venant du garik, dialecte indigène du Territoire du Nord, qui signifie quelque chose comme « champ de tonnerre ». Parfait pour les grands événements à venir. Or le site se trouve loin de cette région. Pour les peuples qui le parcouraient pieds nus depuis soixante mille ans et parlaient le pitjantjatjara, un dialecte du Sud, ces milliers de dunes et de plaines d'atriplex avaient chacune un nom différent. Pour eux, « Maralinga » signifiait autre chose : « Tout là-haut, qui regarde en bas ».

Robin m'a montré une photo aérienne des sites de Breakaway et Biak, à environ trois kilomètres à l'est de Taranaki. On dirait un huit, avec deux cercles qui se chevauchent légèrement comme dans un diagramme de Venn. Quand j'étais adolescent, dans les années 1990, alors que l'éventualité d'une guerre nucléaire semblait s'éloigner, je passais des heures plongé dans des livres décrivant les stratégies développées par les Russes au cours des précédentes et bienheureuses décennies, et je m'intéressais tout particulièrement à une carte du pays où je vivais. Ou plutôt à deux cartes. Sur la première, la Grande-Bretagne était parsemée de disques rouges. Les plus gros étaient centrés sur des villes stratégiquement importantes – Londres, Liverpool, Birmingham, Newcastle, Portsmouth, etc. Des disques plus petits signalaient des villes moyennes, et d'autres encore plus petits se superposaient à ceux des grandes villes, si bien que la carte était recouverte de tout un maillage.

Ce qui me frappait le plus, pourtant, et qu'aujourd'hui je trouve vraiment repoussant, ce n'était pas les descriptions que je lisais sur les conséquences des bombes lâchées sur le Japon – habitants et animaux « pétrifiés dans une attitude de souffrance indescriptible », selon le récit de Marcel Junod sur Hiroshima –, mais plutôt la seconde carte. Celle-ci présentait la phase finale d'une attaque projetée. Sur la première il y avait des zones blanches épargnées par les explosions, des triangles concaves situés dans les espaces entre les disques. Ces zones seraient bien sûr les cibles de la seconde phase. De plus petites armes nucléaires – des Marcoo – seraient lancées pour oblitérer toute vie, toute infrastructure qui aurait échappé à la phase initiale. Créant un autre type de désert. Et je savais, même si le livre n'en parlait pas, que ces disques rouges couvraient l'Amérique, la France, l'Allemagne et toute l'Europe, et bien sûr l'Union soviétique ; et qu'en vertu de plans soigneusement élaborés, le monde entier deviendrait rouge, pas le rouge du sang, mais celui de l'Enfer.

Sur la route qui doit nous conduire au site de Marcoo, nous dépassons un groupe de six chamelles marchant face au vent. Pour Robin, il est important d'abattre les animaux malades ou âgés. « Tu zigouilles une de ces bêtes, dit-il, et la carcasse reste là à pourrir. À l'intérieur des zones des essais, les dingos n'y touchent pas, les aigles non plus. J'sais pas pourquoi, mais on dirait qu'ils savent. Regarde… » Il désigne les plaines rouge-gris autour de nous. « Les spinifex poussent jusqu'à douze centimètres, puis ils meurent. »

De fait, dans un périmètre de huit cents mètres autour de la pyramide tronquée qui marque le site des essais Biak, à un kilomètre de Marcoo, pas un seul buisson ne dépasse le genou. Il n'y a que la ligne de mulga gris et bas qui s'amasse autour de la zone stérile. L'hiver, Robin voit à Maralinga des centaines de perruches qui se perchent sur les arbres pendant leur migration vers le nord. Mais ici, dans la zone des essais, on n'en voit jamais. Elles contournent les lieux comme un ruisseau contourne un rocher. Et Robin de répéter : « On dirait qu'elles savent. » Le site ne présente aucun danger, insiste-t-il pourtant. « Pas de soucis pour ça. » Mais je me demande ce que les animaux « savent ». Qui a dit au dingo de ne pas toucher au chameau fraîchement tué ? Qui a dit aux oiseaux venus du nord de faire un détour par l'est ou par l'ouest ?

À Biak, le sol scintille comme un lac qui commence à geler et crisse sous mes pas. Au bout de dix minutes, je regarde derrière moi. Robin fume, debout à côté de la pyramide. La matière qui recouvre le sol s'appelle la trinitite, baptisée ainsi parce qu'elle est apparue pour la première fois au Nouveau-Mexique à Trinity, le site des essais nucléaires américains. Ce minéral de couleur verte qui ressemble à du verre est le résultat de la vitrification du sable sous l'effet de la chaleur dégagée par les bombes ; il suffit de se baisser pour en ramasser. Sa couleur rappelle celle du bois pourri ou la teinte acidulée du vert-de-gris. Quant à sa consistance, elle fait penser à celle des pierres volcaniques, et sa surface luisante à celle d'un dessert au caramel ou d'une poterie restée trop longtemps au four. Certains morceaux grands comme ma paume ont conservé l'aspect de pâte visqueuse qu'ils avaient au moment de la fusion du sable dans les heures suivant l'explosion. J'en prends une poignée, ils sont gros comme des billes, et les glisse dans la poche de mon sac. Puis nous retournons à la camionnette et faisons route vers le nord jusqu'à Marcoo. Les chameaux nous suivent du regard. De tous les animaux de la région, me dit Robin, ce sont les seuls à ne pas éviter les zones où ont eu lieu les explosions. Serait-ce parce qu'il ne s'agit pas d'une espèce indigène ?

Pas de trinitite à Marcoo : le cratère a été comblé. Impossible de deviner qu'il y avait là un trou de cinquante mètres de diamètre sur une profondeur de treize mètres. Contrairement aux autres bombes, celle-ci avait été posée dans un creux au moment de l'explosion. Ce cratère, c'est son œuvre. Peut-être les Britanniques ont-ils mélangé la terre contaminée à de la terre saine au moment de combler le cratère, toujours est-il que je vois ici des traces de vie végétale, et même une fleur, une minuscule pâquerette du désert, blanche avec un soupçon de mauve et un cœur jaune. Juste à côté d'elle il y a un nid de fourmis, trou circulaire creusé dans le sable comme si un doigt s'y était enfoncé. Sur le pourtour s'élève un rempart d'un demi-centimètre. Des feuilles d'acacia toutes fines, pas plus grosses que des rognures d'ongle, se sont accumulées tout autour sous l'effet des inondations. Ce rempart, c'est la digue construite par les fourmis pour se protéger des grosses averses. Je suis frappé, comme je l'ai souvent été dans des déserts plus verdoyants, par la présence de ces vies anonymes autour de moi – cette fleur, ces fourmis, ce chameau, ce spinifex, ce corbeau. Complètement anonymes. À une centaine de mètres, je distingue un modeste petit acacia, qui ne fait guère plus d'un mètre, semblable aux innombrables spécimens de son espèce qui l'entourent, et j'imagine tous les autres acacias, chênes noirs et eucalyptus, sans parler de toutes ces fourmis qui vivent au fond du désert, loin de toute piste, et qui ne seront jamais vus par un être humain. Ne me demandez pas pourquoi l'idée me paraît incroyable : il ne s'agit pas d'anthropomorphisme – rien de « solitaire » chez eux qui puisse parler à mon cœur frémissant. Non, c'est juste un choc pour moi de songer que même dans ces lieux ravagés, la vie continue comme si l'humanité n'avait jamais existé. Plus tard, l'idée me choquera moins.

L'essai Marcoo se déroula le 4 octobre 1956 en fin d'après-midi, sous le regard d'un groupe de parlementaires australiens. Selon William Penney, ces derniers furent « enchantés de leur visite, et se montrèrent très bien disposés ». Juste après, il y eut « des coups de tonnerre et une forte pluie » – ces deux cents millimètres de pluie annuels ont tendance à tomber d'un seul coup, ce que les fourmis savent très bien – et Penney ajouta dans son rapport : « Voir l'Ecclésiaste, chapitre 1, verset 6. » (« Le vent se dirige vers le midi, tourne vers le nord ; puis il tourne encore et reprend les mêmes circuits. ») Quoi de plus naturel que de se tourner vers les textes sacrés quand l'Enfer s'ouvre sous vos yeux…

Sur place, en plus de l'habituelle pyramide tronquée marquant l'emplacement précis de l'explosion, je découvre un obélisque en ciment aux allures de plot antiterroriste commémorant le travail des hommes qui ont comblé le cratère au cours de l'opération de nettoyage Brumby en 1967. À son sommet, telles des pierres posées sur une borne, se trouve une collection de fragments rouillés – des morceaux non identifiés, tordus, vrillés, déformés. À Yalata les gens racontent qu'on a enterré à plusieurs mètres de profondeur des jeeps, bulldozers et machines à laver – tous brûlants. Le magot empoisonné de l'homme blanc. Je revois les photos sur le mur de l'hôpital : le nuage en forme de champignon, noirci par la terre brûlée que l'explosion a soulevée, comme un panache de gaz vicié s'élevant d'un lac aux eaux stagnantes. Et l'autre photo, celle du cratère avec ses parois vertigineuses et son lit d'argile craquelée où l'eau s'est accumulée.

Nous faisons plusieurs fois le tour du site. Robin me raconte l'histoire suivante :

« Huit mois après l'explosion, les scientifiques sont

venus faire des expériences ici et ont vu de la fumée. Ils se sont approchés. C'était une famille aborigène qui campait au bord du cratère. En fait, ils étaient même descendus au fond pour y faire cuire des lapins et les manger à l'abri du vent. »

Il s'agissait des Milpuddie – Edie, Charlie, et leurs enfants Henry et Rosie –, dont il est question dans le rapport de la Commission royale que j'ai pu consulter. Originaires d'Ernabella, à quatre cents kilomètres plus au nord, ils s'étaient mis en route un an plus tôt pour aller vendre des peaux de dingo à Ooldea. Ils ignoraient que la mission était fermée depuis cinq ans et que les résidents avaient été déplacés à Yalata. Lorsque les membres de la Commission royale se rendirent à Maralinga vingt-cinq ans plus tard, Edie, dont la famille s'était installée à Yalata, leur livra son témoignage par l'intermédiaire d'un interprète : « Nous étions à un point d'eau qui s'appelle Unguntju, et alors s'est produit une explosion et c'était comme si la terre bougeait. » Il s'agissait probablement de l'un des essais de la première série à Emu Field. Cette histoire, Robin la connaît bien : Edie est la tante de Della. Mais sa version à lui diffère sensiblement de l'officielle. Par exemple, il y est question non pas de trois, mais de vingt chiens :

« Les scientifiques ont appelé le commandant de la base à Maralinga, qui leur a dit : "Je veux que vous abattiez les chiens, parce qu'on ne peut pas les décontaminer. Prenez la famille et passez-les tous sous la douche jusqu'à ce qu'ils soient redescendus en dessous du niveau de radiation dangereux, puis vous les embarquez dans le camion direction Yalata."

« C'était ça l'idée, poursuit Robin. S'ils trouvaient des gens, ils les emmenaient directement à Yalata, deux cents kilomètres plus loin sur la plaine de Nullarbor, même si ces gens venaient du nord. Le problème, c'est qu'abattre un chien devant un Aborigène, ça n'est vraiment pas la chose à faire. Parce que ces chiens, ils les traitent comme ils traitent les enfants. Littéralement. Ils dorment avec eux, chassent avec eux, se réchauffent à côté d'eux. Un jour, j'ai vu une chienne morte avec six chiots près d'elle, et plusieurs vieilles femmes se sont approchées pour voir – peut-être que la chienne avait été écrasée par une voiture – alors que les chiots cherchaient à téter leur mère. Elles ont attrapé toute la portée et sont allées frapper chez les jeunes femmes du village, et quand il y en avait une qui avait un bébé au sein, elles lui filaient deux chiots, et hop, la maman en mettait un à téter.

« Les scientifiques ont donc douché le couple et ses deux enfants, pour de vrai. Seulement voilà, ils se retrouvaient nus, ces Aborigènes, alors que les scientifiques étaient habillés tout en blanc avec un grand masque respiratoire. Et ils frottaient la femme et l'homme, même leurs parties intimes, pour retirer toute trace de contamination. Ça a dû être un choc pour eux. Peut-être qu'ils n'avaient jamais vu un homme blanc de leur vie. Et en voilà un tout en blanc avec un gros nez – le masque, quoi – qui les touche. C'est sûr, ils ont dû se dire que c'était le Diable, le *mamu*, qui les lavait. »

En entrant dans le bac de douche, Edie fut soulagée de voir une autre femme noire. Sauf que lorsqu'elle s'adressa à elle, l'autre se contenta de la regarder sans répondre. Finalement, Edie comprit qu'elle s'était adressée à son propre reflet et qu'elle était seule.

« On les a laissés à Yalata, reprend Robin. Eh bien, deux semaines plus tard, cette brave Edie – une toute jeune femme à l'époque, la tante de mon épouse – a donné naissance à un bébé mort-né. Alors tout le monde a dit que c'était à cause des radiations. Sauf que les radiations à un niveau bas comme celui-ci, ça ne fait pas effet aussi vite. Moi, je dis que c'est le choc de voir leurs chiens abattus, et ensuite celui de se faire toucher par ces gens. Je pense que c'est ça qui l'a secouée et qui a tué le bébé. »

Il y a beaucoup d'incertitudes concernant l'état de santé des Milpuddie, de leurs enfants et petits-enfants, autant que sur le nombre de chiens. Robin affirme que les effets des radiations ont été transmis à la génération suivante, qu'ils n'ont pas affecté le noyau familial. Le rapport de la Commission royale indique que le troisième enfant d'Edie Milpuddie est mort d'une tumeur au cerveau à l'âge de deux ans, et que le quatrième est né prématuré. Quant aux deux enfants survivants, Rosie est devenue cardiaque à l'âge adulte et a elle-même perdu un enfant, tandis qu'Henry a eu la tuberculose et une pneumonie lorsqu'il était dans sa vingtaine, et a vu l'une de ses filles mourir d'un problème cardiaque.

« Ce bon vieux Charlie, le mari, il est mort d'une pneumonie en 1974, mais c'était indirectement lié à l'alcool – c'était devenu un vrai poivrot à Yalata, et un jour il s'est endormi sous la pluie complètement saoul, il est tombé malade et il est mort. »

Cette litanie macabre se poursuit, encore et encore. Il y a désormais des Milpuddie installés à Ceduna et Yalata. « Ça s'est transmis à la génération suivante. Mais indirectement… » Et Robin de désigner d'un geste du menton la terre sacrée, le magma qui mijote sous la surface, et je me souviens alors que pour le peuple auquel appartient sa femme, la terre, c'est le lieu où vivent les ancêtres, la source de toute création. « Indirectement, ça vient d'ici, sûr et certain. »

Robin est convaincu qu'il devait y avoir des dizaines

de familles aborigènes circulant dans la zone interdite pendant les essais. On avait chargé un membre de la « police indigène » travaillant seul, sans même une radio, de faire en sorte qu'aucun Aborigène ne se trouve sur le site – trente mille kilomètres carrés. Ce policier, c'était Walter MacDougall, et les gens d'Oak Valley et de Yalata se souviennent encore très bien de son nom aujourd'hui. Il avait passé son enfance dans des missions et travailla pratiquement toute sa vie avec des Aborigènes. Il était grand, pâle, et avait les cheveux roux. Les Anangu l'appelaient « frère ». En 1955, soit deux ans environ après les premiers essais à Emu Field, le policier accorda un entretien à un quotidien d'Adélaïde. « Chaque fois qu'un homme blanc trouve quelque chose de valeur sur des terres aborigènes, il en chasse les Autochtones, expliqua-t-il. Mon avis, c'est que ce qu'on fait subir à ces populations indigènes est contraire à l'esprit de la Charte des Nations unies. » Alan Butement, l'un des observateurs scientifiques nommés par le gouvernement australien, s'empressa d'envoyer une lettre au patron de MacDougall. Cet individu, y écrivait-il, « place les intérêts d'une poignée d'indigènes au-dessus de ceux du Commonwealth ».

Lors de son ultime déclaration devant la Commission royale chargée d'enquêter sur les essais, le représentant du gouvernement britannique déclara que les spécialistes n'avaient « trouvé aucune preuve que quiconque parmi la population aborigène avait souffert des essais nucléaires mineurs ». Et il est vrai que les défenseurs des populations autochtones de Maralinga n'avaient pas pu prouver de lien entre ces essais et les problèmes de santé des Milpuddie et d'autres Anangu. Pourtant, la commission déclara qu'il « serait totalement irresponsable de la part du gouvernement britannique de ne pas reconnaître qu'il relève de sa responsabilité de nettoyer les zones contaminées ». Le gouvernement suggéra que Londres verse trente-cinq millions de dollars australiens de compensation aux « propriétaires coutumiers ». Les Britanniques traînèrent des pieds, puis finirent par accepter de payer cette somme pour financer le nettoyage « définitif » du site de Maralinga. Dans les faits, les Anangu de Yalata et d'Oak Valley reçurent moins de la moitié de la somme convenue, qui d'ailleurs leur fut versée par le gouvernement australien.

La Commission royale avait été mise sur pied en réponse à l'inquiétude du public concernant l'héritage nucléaire de Maralinga et la sûreté du site, en grande partie rendu aux Anangu un an plus tôt dans le cadre de la nouvelle loi reconnaissant le système de propriété terrienne aborigène, le *Land Rights Act*. Un journal avait publié un rapport confidentiel évoquant des niveaux élevés de plutonium sur le site, et la télévision australienne avait diffusé l'interview d'un employé qui affirmait sur son lit de mort avoir vu les corps de quatre Aborigènes au bord du cratère, sans doute à Marcoo puisque c'était le seul cratère connu. Mais cette affirmation ne fut jamais vérifiée. Pendant cent quatre-vingt-huit jours, la commission interrogea trois cent onze témoins à Adélaïde, Londres et Maralinga. Ses conclusions : plusieurs essais avaient été effectués dans des conditions météorologiques dangereuses, y compris Marcoo, réalisé « dans des conditions violant l'impératif de procéder à un essai uniquement si aucune pluie n'était prévue ». Quant à l'affaire Milpuddie, « les personnes responsables de la sécurité semblaient tout aussi soucieuses d'éviter des révélations [...] sur leurs failles que sur l'état de santé de la famille Milpuddie ». L'opération Brumby, ce grand nettoyage entrepris juste avant la restitution du terrain par les Britanniques en 1967, avait été « préparée à la hâte pour se conformer à un calendrier politique ».

Il fallut attendre 2009 pour que les Anangu récupèrent enfin le reste de leurs terres. Le problème, c'est que désormais ils n'en voulaient plus. C'était *mamu*, m'explique Robin, et lorsqu'ils vont aujourd'hui sur le site de Maralinga – comme ils le font de temps à autre pour des réunions, ou pour assister comme l'an passé à la cérémonie marquant la restitution officielle des terres –, ils s'enferment toujours dans les caravanes réservées aux invités, n'en sortent pratiquement pas, et rentrent chez eux à Yalata ou à Oak Valley dès que possible. Il pourrait y avoir du boulot ici, poursuit Robin, mais les gens des tribus n'en veulent pas. À Yalata, même les enfants nés cinquante ans après les essais ont peur de cet endroit. Les Anangu sont un peuple capable de conserver un récit sans rien y changer pendant dix mille ans.

Nous reprenons notre route vers le nord, vers Emu Field, à travers cent cinquante kilomètres de dunes. Ici et là, entre les arbres, apparaît un attroupement de chameaux. Puis en fin de journée la végétation s'éclaircit et le relief s'aplanit. Devant nous, large de deux kilomètres, s'étend un disque de sol argileux, rouge comme une poterie dans un four : Emu Field. Le soleil, bas sur l'horizon, reste aveuglant. Nous établissons notre bivouac à l'abri d'une dune, empilant des branches mortes entre nos deux sacs pour faire un feu. Je m'éloigne quelques instants pour profiter des dernières minutes de lumière. L'air est d'une clarté incroyable, comme quand on sort la tête de la mer. J'ai l'impression de retrouver ma vision d'enfant. Cette clarté causée par l'absence de vapeur est l'une des caractéristiques des endroits arides. Les plaines d'argile sont des lacs éphémères, des bassins qui absorbent l'eau quand les précipitations sont suffisantes. Dans des environnements arides où l'évaporation est plus forte que les précipitations, ces bassins ne sont que brièvement recouverts d'une fine pellicule d'eau, et ce quelques jours seulement dans l'année. Le principal point commun de ces plaines argileuses et de leurs équivalents, les playas, c'est qu'elles sont plates, leur surface se retrouvant nivelée et renouvelée à chaque fois qu'il pleut.

Un corbeau vient me voir, tourne autour de moi, puis disparaît derrière les dunes qui nous entourent. Le sol craquelé de la plaine, dont l'altitude varie au maximum d'un centimètre sur ses cinq kilomètres carrés de superficie, forme des polygones irréguliers de la taille d'une main qui se détachent à la manière des lambeaux de l'écorce d'un eucalyptus. La fine couche de sel qui recouvre ces écailles les fait luire. J'ai l'impression de marcher sur une vieille peinture à l'huile, dont l'éclat renforce l'impression d'humidité. Parfois, le ciel qui s'y reflète donne au sol une couleur bleue – cruauté ultime pour l'explorateur à l'agonie. On dirait vraiment de l'eau, même de près, comme s'il restait là les traces du dernier déluge.

Je suis une piste, des traces laissées par un chameau quand la plaine était humide. Elles sont profondes, irrégulières, entourées de petits tas d'argile soulevés par les pattes de l'animal. Malgré les apparences, ces empreintes et cette argile sont aussi dures et résistantes que la terre cuite. La plaine tient son nom, Emu Field, d'un topographe de l'armée qui y trouva une empreinte d'émeu. L'autre plaine qui se trouve non loin de là fut baptisée Dingo Field pour la même raison.

Je me mets à genoux et baisse la tête vers le sol, brusquement conscient de l'immensité de cette étendue plate autour de moi. Quand je me redresse, le corbeau est là, avec son partenaire, croassant et virevoltant. Impossible de voir en eux un mauvais présage – comme je le ferais peut-être s'ils se posaient, mettons, sur le bastingage d'un bateau en pleine mer. Le noir riche et profond de leurs plumes n'a rien de morbide, au contraire. J'ajouterais que la présence d'autres êtres dotés de sensibilité me paraît digne d'être fêtée. Ils me plaisent beaucoup. Je marche durant quelques minutes vers le soleil, les yeux clos. Quand je les rouvre, les corbeaux ont disparu et le soleil a sombré sous la ligne d'horizon. L'air prend la teinte mauve de la nuit. L'endroit est magnifique, invariable, et ceux qui attendaient le nuage champignon en 1953 étaient sans doute tout aussi sensibles à sa beauté.

Nous nous réveillons avant l'aube. L'endroit où nous campons est un peu boisé – du mulga, quelques casuarinas à la silhouette élégante –, avec tout un tas d'oiseaux ressemblant à des colombes qui grincent des ailes quand ils s'envolent, et partout sur les branches je distingue les anneaux bien reconnaissables des nids de fourmis. Les espèces de fourmis se comptent par milliers en Australie. Hier, je suis allé chercher du bois pour le feu, et en revenant au bivouac j'en avais la main couverte. C'est ça, le désert australien : un gant de fourmis et un masque de mouches. J'aurais dû me montrer plus prudent. Il y a quelques semaines, on a découvert dans le Territoire du Nord le corps d'un homme gisant à côté de sa voiture embourbée. Il avait laissé un message : en allant ramasser des morceaux de bois à mettre sous ses roues pour sortir son véhicule du bourbier, il s'était fait mordre par un serpent.

Après le petit-déjeuner, nous grimpons au sommet de la dune qui borde la plaine argileuse et contemplons le paysage. La terre est passée de la couleur orange pétillant qu'elle avait hier soir à un mauve livide. À deux kilomètres de nous s'élève une colonne de poussière blanchie par le soleil du petit matin. Elle croise la route d'abord d'un, puis de deux petits tourbillons, et se fait emporter jusqu'à l'autre bout de la plaine. Des *willie-willie*, comme disent les Australiens. Dans le désert de Gobi, les gens croient qu'il s'agit de démons. Ces tourbillons sont causés par un groupe de chameaux, une vingtaine au moins, qui apparaissent soudain entre deux nuages de poussière, marchant tête basse.

Les deux bombes furent déclenchées à quinze kilomètres au sud-est de la plaine, laquelle servit simplement de piste d'atterrissage pour acheminer personnel et approvisionnement. Le nettoyage fut encore plus succinct que celui entrepris à Maralinga. La plaine argileuse à côté de la piste servit de dépotoir pour les déchets industriels, et plus loin sous un tumulus fut enfoui Dieu sait quoi. Sections de tuyaux de forage, chenille corrodée d'un tank, rouleau de fil d'acier, baguette en forme de S accrochée à une souche, des dizaines de bidons de kérosène rouillés, et un étau de mécanicien *Made in England*. Avec tous ces déchets, il est facile d'oublier dans quel isolement nous nous trouvons ici, à deux cents kilomètres de la ville la plus proche.

Nous mangeons un poulet entier avec les doigts, assis sur le pare-chocs arrière de la camionnette, puis nous poursuivons notre chemin jusqu'au premier site, Totem 1, où les Britanniques firent exploser une bombe de dix kilotonnes le 15 octobre 1953. Nous passons devant une dizaine de blocs de béton utilisés pour arrimer les avions de chasse Hurricane qu'on avait fait venir pour étudier l'impact de l'explosion sur eux. Les avions eux-mêmes, intacts mais irradiés, furent enterrés, ainsi que les jeeps, les tanks et les mannequins. Devant nous, une file sinueuse de chameaux traverse la piste et s'éloigne.

Quand ils préparèrent cet essai, les scientifiques savaient qu'il leur était impossible de déterminer précisément ce qui allait se produire – jusqu'où le champignon atomique s'élèverait, vers où il dériverait, et quelle serait la gravité des retombées éventuelles. Après tout, c'est la nature même d'un essai d'être réalisé avec une connaissance seulement partielle de ses implications. De plus, la Grande-Bretagne n'en était qu'à sa deuxième bombe atomique, et à son premier essai sur la terre ferme. Dans son rapport, la Commission royale conclut que Totem 1 « fut réalisé alors que soufflait un vent qui [...] ne pourrait que produire des niveaux inacceptables de retombées radioactives. D'ailleurs, les mesures prises après Totem 1 dans des régions habitées dépassaient les limites suggérées ». Critiquant la décision de procéder à l'essai à ce moment précis, la commission releva en particulier le fait qu'il « ne fut pas tenu compte de la présence de personnes à Wallatinna et Welbourn Hill, ni de la portée du vent à partir du site où s'est déroulé l'essai ». Ces stations se situent à cent quatre-vingt-quinze kilomètres au nord-ouest d'Emu Field, dans la partie septentrionale de l'Australie-Méridionale.

« Je me suis dit que c'était peut-être une tempête de poussière, déclara Yami Lester aux enquêteurs à propos du nuage noir, sauf que ça ne faisait pas de bruit, ça avançait entre les arbres et au-dessus. Ça déferlait et ça avançait en silence, c'est tout. » Ce silence implacable et lugubre, le silence d'un fleuve de lave : c'est cela qui frappa également les autres témoins, des gens du désert, blancs et indigènes mêlés, habitués aux phénomènes naturels de la région, qui savaient que les tempêtes de poussière ne s'approchaient pas en silence ou sans vent. En entendant l'explosion, le beau-père de Lester, que tout le monde appelle Kanytji, l'associa avec Wananpi, le serpent d'eau du Rêve, créateur et gardien des points d'eau. Le nuage, dit-il, « montait du sol et il était noir [...] Il y avait une sorte de pluie fine, comme de la rosée [...] Nous avions froid, nous tremblions ». Kanginy, un autre résident de Wallatinna, raconta que c'était « un peu comme le genre de fumée qui se dégage quand on brûle un pneu ».

Ellen Giles, de Welbourn Hill, se souvint d'une « chose immense, comme un nuage, tout en rouleaux ». Après le passage du nuage, « les orangers et les citronniers étaient recouverts de cette poussière. Une poussière huileuse. Elle recouvrait aussi les murs. On a essayé de nettoyer les arbres au tuyau d'arrosage, mais ils se sont ratatinés et sont morts ».

La peur saisit le campement de Lester : les gens vomissaient vert, chiaient vert. Ils furent pris de terribles maux de tête. *Puyu*, comme l'appelèrent les Anangu – le « brouillard noir ». On ignore le nombre exact de personnes qui perdirent la vie, mais le campement se déplaça au moins deux fois – c'est la coutume en cas de décès. Comme les autres enfants exposés au nuage, Yami Lester se retrouva incapable d'ouvrir les yeux. Il fallut lui faire tenir un bâton pour le guider. Sa vue se détériora au cours des années qui suivirent, et il perdit l'usage d'un œil, puis de l'autre.

Ernest Titterton, un scientifique australien présent lors de l'explosion de la toute première bombe nucléaire dans le désert du Nouveau-Mexique en 1945, avait participé à la conception du détonateur. Il n'est pas exclu que le poids de cette responsabilité lui ait tordu l'esprit. Dans une lettre écrite dans les années 1980, alors que le public australien commençait à entendre parler du nuage noir, il affirmait que « cette histoire est risible d'un point de vue physique, météorologique et médical ». Interviewé par une radio australienne, il ajouta que « si on commence à enquêter sur des nuages noirs, alors on s'aventure dans une zone où la mystique a la part belle ». Par mystique, je ne pense pas qu'il entendait mystère, mais plutôt quelque chose comme le surnaturel, l'allégorie, la magie ou bien – encore eût-il fallu qu'il connaisse le mot – le *mamu*.

La Commission royale, se refusant à ignorer les nombreux témoignages, jugea que ce nuage était davantage qu'une simple « mystique ». S'ils ne découvrirent aucune preuve attestant que les retombées avaient provoqué des problèmes de santé graves et durables, les membres de la commission concédèrent que « les vomissements des Aborigènes à Wallatinna pourraient être le résultat des radiations, ou bien une réaction psychogène à la peur, ou encore une combinaison des deux ». Qu'une « réaction psychogène », ou même « mystique », puisse être catastrophique, voilà qui dépassait l'entendement des autorités, tout autant que celui de Titterton.

À un kilomètre du site de Totem 1, Robin et moi nous tenons sur le promontoire d'où Penny, Titterton et les dignitaires qui les accompagnaient observèrent l'explosion. Les attaches en acier de la tour d'observation sont encore enfoncées dans le sol. Là, devant nous, de l'autre côté d'une étendue de terre de fer scintillante, le site de l'explosion. Nous finissons à pied. Je repère juste à côté un panneau jaune pratiquement illisible, avec un avertissement traduit en anglais ainsi qu'en italien, grec et polonais. Les rares arbres sont noirs, chétifs. Une masse d'acier tordu, c'est tout ce qu'il reste de la tour d'où a été lâchée la bombe.

« Je savais qu'un jour je tomberais sur des squelettes, me dit Robin. Un jour, MacDougall a trouvé dix-sept personnes arpentant West Street. Il leur a fait rebrousser chemin. » West Street était l'une des pistes de service sillonnant la zone d'essai de Maralinga. « Ça a été mentionné dans l'un de ses rapports. Ces gens se dirigeaient vers l'Australie-Occidentale. Eh bien, ils n'y sont jamais arrivés, pas plus qu'ils ne sont arrivés à Ooldea, où ils comptaient se rendre à l'origine. Ces gens, ils ont disparu de la surface du globe. Soit ils ont été pris dans une explosion qui les a vaporisés, soit ils ont été irradiés, ou alors ils sont tombés gravement malades avant de mourir quelque part dans le désert. »

Ce soir-là, en fouillant dans la poche de mon sac, je me coupe le doigt sur quelque chose – une coupure bien nette, propre, mordante. Je regarde le fond de ma poche à la lumière de ma lampe torche. Les petits bouts de trinitite que j'ai ramassés. Ma coupure ne saigne pas beaucoup.

Le lendemain à l'hôpital, Robin me fait visionner un DVD, une copie d'une publicité réalisée pour le compte du ministère de la Défense britannique dans les années 1960. Il voudrait créer un jour un musée dans l'une de ces baraques de caserne, avec entre autres un lance-fusée qui pour l'instant décore le patio, ainsi que d'autres objets ramassés sur les champs de tir. Le film ferait office d'introduction. Robin voudrait que des personnes de Yalata et d'Oak Valley, auxquelles la terre appartenait à l'origine, soient guides, afin de « raconter l'histoire des Anangu ». Mais la perspective d'avoir un emploi ne suffit pas à les persuader de venir ici. Ce n'est pas simplement que Tietkens Plain et Emu Field sont devenus des endroits dangereux et empreints de tristesse, ou qu'ils sont hantés (le *mamu* n'a rien à voir avec un fantôme). C'est plutôt que venir sur ces lieux relève de la nécrophilie. La terre est morte, et seuls les fous frayent avec les cadavres.

Sur l'écran, la terre est mise à mort au son tremblotant des cordes.

« Le groupe d'étude biologique prépare trente mannequins articulés », commente une voix guillerette avec un accent britannique tandis qu'on nous montre l'un d'entre eux en train d'être mis en place grâce à un câble accroché au sommet de son crâne, « qui vont être vêtus d'un uniforme, puis exposés aux premiers tirs à des distances allant jusqu'à mille huit cents mètres. » On voit alors un mannequin « debout dans une tranchée afin d'évaluer le niveau de protection », puis surveillant d'un regard viril les alentours depuis son poste. « D'autres encore seront exposés dans trois positions : debout, accroupi ou couché sur le ventre, certains face à l'explosion et d'autres tournés de côté. » Apparaît un mannequin à quatre pattes. « L'objectif, c'est de confirmer les prédictions théoriques sur la distance à partir de laquelle des hommes placés dans leur position seraient projetés sous l'effet de l'explosion. »

On nous montre ensuite le champignon atomique, le ciel quadrillé de panaches de fumée produits par les dizaines de fusées tirées pour rendre visible l'onde de choc. Puis des images de ses conséquences le lendemain. Ces images sont dignes de servir la cause d'une campagne antinucléaire : deux mannequins attachés debout à des poteaux, leur combinaison déchiquetée et les mains arrachées, avec seulement leur masque à gaz intact et bien en place ; puis une sorte de crucifix en acier avec en lieu et place du Christ un torse brûlé, et tout autour le sol jonché de morceaux de bras, de jambes, de têtes ; plus loin, une pile de plastique fondu et de vêtements noircis ; ensuite, une silhouette décapitée attachée à un poteau ; là, sur un demi-hectare, d'autres formes allongées. Et enfin, après toutes ces visions, le Diable, blanc de la tête aux pieds si ce n'est ce groin noir, qui avance prudemment dans cette zone de danger avec son compteur qui fait tic-tac.

3

Mauvais Sujets

Les déserts de Gobi et du Taklamakan, Chine

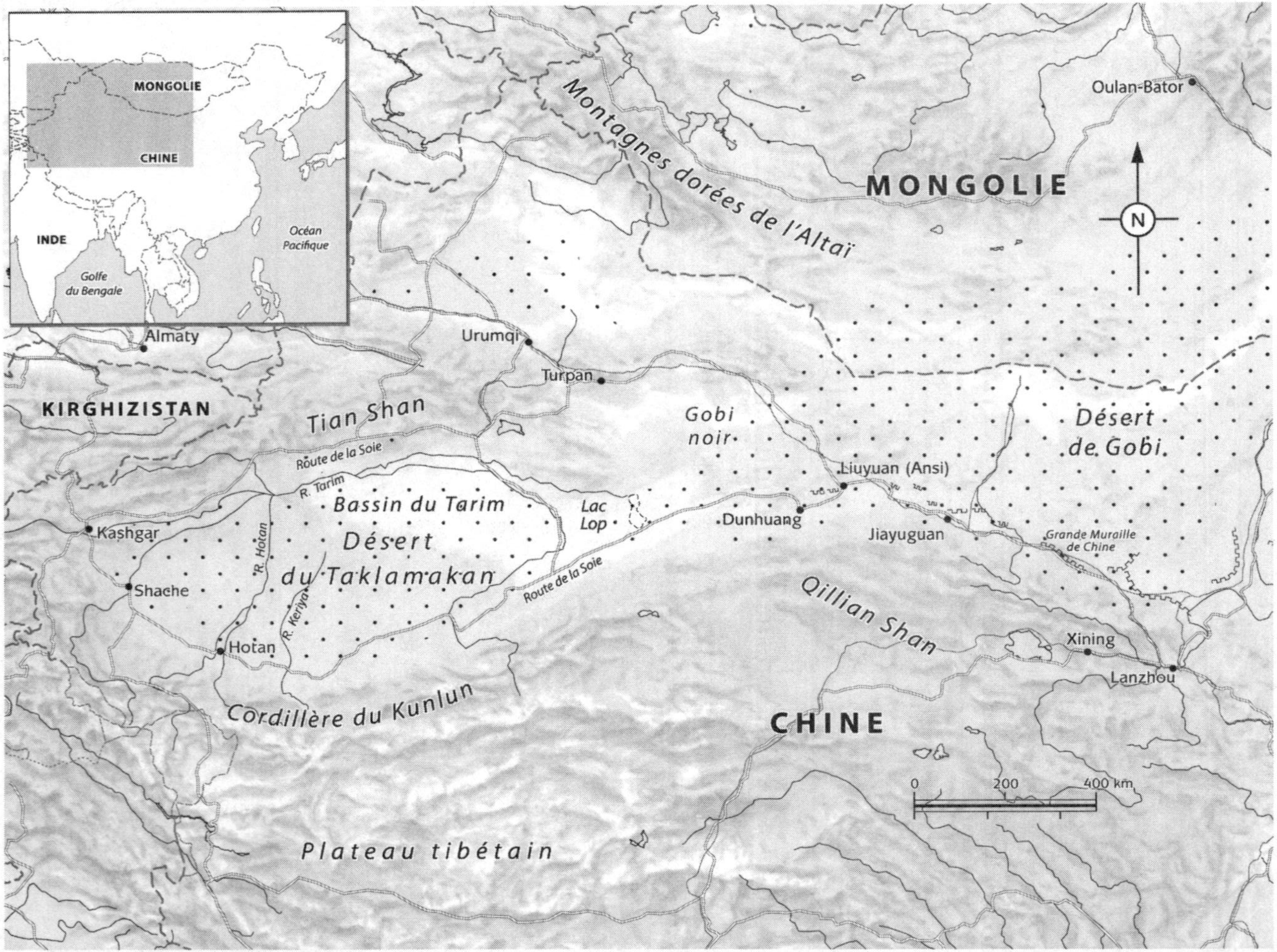
MONGOLIE
CHINE
INDE
Golfe du Bengale
Océan Pacifique
Oulan-Bator
Montagnes dorées de l'Altaï
MONGOLIE
N
Almaty
Urumqi
Turpan
KIRGHIZISTAN
Tian Shan
Gobi noir
Désert de Gobi
Route de la Soie
R. Tarim
Liuyuan (Ansi)
Bassin du Tarim
Lac Lop
Dunhuang
Jiayuguan
Grande Muraille de Chine
Kashgar
R. Hotan
Désert du Taklamakan
Shache
R. Keriya
Route de la Soie
Qillian Shan
Hotan
Xining
Lanzhou
Cordillère du Kunlun
CHINE
0
200
400 km
Plateau tibétain

Si le désert est un lieu où cacher les crimes des hommes, c'est également un abysse au fond duquel on peut jeter ceux qui nous inspirent honte, dégoût, ou crainte. J'avais profité de mon séjour en Australie pour lire des ouvrages sur l'annexion, dans les années 1750, des territoires situés au nord-ouest de la Chine par la dynastie Qing. Au cours de la période de règne des empereurs Qing, pratiquement ininterrompue jusqu'en 1911, des dizaines de milliers de criminels et de dissidents furent expédiés sur ces terres annexées. La menace d'être banni et réduit en esclavage dans un endroit aussi distant, inhospitalier et étranger pour celui qui avait grandi dans une région verdoyante du centre du pays avait quelque chose de dissuasif. Mais cette politique n'était pas seulement pénale : la Chine ne pouvait maintenir sa domination sur ce territoire-tampon vital qu'à travers une politique de colonisation et de redistribution des terres. La même stratégie fut adoptée par la Grande-Bretagne en Australie. Si les colons se faisaient prier, alors ils y étaient envoyés de force. La gravité du crime commis se traduisait en termes d'éloignement du lieu d'exil : « très proche » (à mille kilomètres du lieu de naissance du condamné), « vers une frontière proche » (mille six cents kilomètres), « vers une région insalubre » ou bien « vers la frontière la plus éloignée ». Insalubres et aussi éloignés que possible des centres de peuplement tout en restant sur le territoire chinois, les deux déserts du grand Ouest, le Gobi et le Taklamakan, furent réservés aux cas les plus graves. On distinguait deux catégories d'exilés. Tout d'abord les criminels ordinaires, qui auraient normalement été réduits en esclavage. Ce groupe comprenait également les familles de prisonniers exécutés pour meurtre, inceste ou trahison. Le second groupe, plus réduit, était formé d'officiels du gouvernement tombés en disgrâce ou de *weifei* – « mauvais sujets » – qui avaient dénoncé la corruption officielle ou s'étaient associés à des traîtres condamnés. Le jour de leur départ, ces malheureux étaient tatoués sur les deux tempes, comme un colis : leur délit sur la tempe droite, leur destination sur la tempe gauche. L'Ouest fut ainsi colonisé non seulement par des meurtriers, voleurs, violeurs, faussaires et membres de sectes, mais également par des bureaucrates, généraux ou eunuques, ainsi que par des *wenzi yu an*, des « cas littéraires ». Écrivant à sa femme en 1769, le lettré Ji Yuan décrivait son lieu d'exil comme un « monde différent ».

Alors que pour les Aborigènes australiens le désert est une mosaïque combinant à l'infini histoires et symboles, les déserts hyperarides de Chine figurent dans l'imaginaire populaire – même parmi les populations vivant à leur lisière – soit comme de simples interstices, soit comme un royaume redouté que l'on ne pénètre que contraint et forcé ou pour atteindre la prochaine oasis. L'une des premières traversées dont on ait une trace est celle effectuée par un moine bouddhiste nommé Xuanzang. Né en 602 de notre ère, il devint novice à l'âge de douze ans et se distingua très vite par son intelligence hors du commun.

À vingt-sept ans, las des querelles dogmatiques entre les moines, il décida de traverser les immenses déserts du nord-ouest du pays pour rallier l'Inde, berceau du bouddhisme, et y trouver des textes saints qui pourraient mettre un terme à ces désaccords. « De grands dangers et des difficultés inconnues l'attendaient », écrivit son biographe, un contemporain. « Il allait être cruellement mis à l'épreuve, mais il était prêt à partir. » Xuanzang reçut de la part d'une « vénérable barbe grise » l'avertissement que « les routes de l'ouest sont difficiles et mauvaises ; de larges rivières de sable s'étirent au loin ; farfadets malicieux et vents chauds sont impossibles à éviter quand ils arrivent ». Alors que le moine et son canasson cheminaient vers l'ouest, avec pour seuls repères des tas d'ossements et de crottin, ils se retrouvèrent face à une vaste étendue désertique où, toujours selon son biographe, « il n'y a pas d'oiseau dans le ciel, pas de bête au sol. Il n'y a ni eau ni herbe ». Xuanzang passa quatorze années à voyager et à étudier en Inde, au Népal et au Sri Lanka, avant de retraverser le Taklamakan en 645 de notre ère avec vingt-deux chevaux chargés de plus de sept cents textes sacrés bouddhistes.

À mon retour d'Australie je découvre la fenêtre de mon salon condamnée : j'ai été cambriolé, mais mes voisins n'ont pas réussi à me joindre. En remettant l'appartement en ordre, je me rends compte à quel point il est poussiéreux. Toutes les surfaces plates sont grises, et sous le lit, derrière les radiateurs et le long des plinthes, s'accumule une matière gris-bleu. Mon ordinateur portable a disparu, mais visiblement il n'y a pas de marché pour ma collection de vieux livres sur le désert.

Parmi les personnes inspirées par Xuanzang, mille trois cents ans après lui, figure Mildred Cable, une missionnaire britannique. Au milieu des ouvrages ayant échappé au cambriolage se trouve mon exemplaire de son livre le plus célèbre, *The Gobi Desert*, publié pour la première fois en 1942 (et non traduit en français), dans lequel elle écrivit : « La solitude absolue du moine pendant son voyage [...] fit naître chez lui une force et une endurance qui lui permirent de traverser toutes les épreuves, et les longues étapes silencieuses dans le désert lui enseignèrent les secrets de la méditation mieux que n'importe quelle règle monastique. »

Pour Mildred Cable, la révélation eut lieu à l'été 1893. Suivant un « instinct mystérieux », la jeune fille de quinze ans se rendit seule à une conférence donnée par un membre de la China Inland Mission. L'intervenant n'est pas identifié, mais visiblement il s'agissait d'une certaine Emily Wiltshire. Celle-ci, d'après les souvenirs de Mildred Cable, portait un col avec les mots *Jesus He shall save* brodés dessus. Plus tard, elle prit la timide jeune fille à part. « Je pense que le Seigneur a besoin de toi en Chine. » En 1860, soit trente-trois ans auparavant, à la suite de la seconde guerre de l'opium, des traités signés par Pékin avaient autorisé les missionnaires étrangers à prêcher et à construire des églises dans l'empire du Milieu. Cinq ans plus tard, un protestant du Yorkshire du nom de James Hudson Taylor fonda à Shanghai la China Inland Mission. La CIM, comme l'appelaient ses membres, se démarquerait : au lieu de se concentrer sur les villes côtières comme les autres organisations de missionnaires, elle s'établirait dans les régions reculées du pays, sur les terres des minorités éloignées du pouvoir impérial et de ses lois, à l'écart des influences chrétiennes : Mongolie intérieure, Tibet, Ningxia, Gansu, Xinjiang.

Une fois son objectif fixé, « qui excluait tout autant la facilité ou le plaisir que l'amusement et l'expression des sentiments personnels », Mildred commença sa préparation au centre de formation de la CIM à Londres, apprenant les « Principes et pratiques de la China Inland Mission », rebaptisés par les aspirants missionnaires « Document de servitude ». Les membres, y était-il écrit, devaient « être prêts à mener une vie de privation, de dur labeur, de solitude et de danger ; à être regardés de haut par leurs compatriotes et méprisés par les Chinois ; à vivre dans l'arrière-pays, loin du confort et des avantages de la société, loin de la protection dont ils jouissaient dans leur pays ».

Il semblerait que Mildred Cable avait prévu de partir avec son fiancé. Sauf que celui-ci manqua à sa promesse. Elle en parle dans ses écrits, mais uniquement de manière oblique, comme une absence. Y eut-il un ultimatum ? Le jeune homme renonça-t-il au travail lui-même ou au mariage ? « Par un beau matin du mois de mai, quand le lilas était en fleur », Mildred reçut « une lettre dont le contenu réduisit le soleil à la taille d'un farfadet ». Elle rompit les fiançailles et se promit de ne plus jamais faire confiance à quiconque. Mais elle partirait, ça oui. Le 25 septembre 1901, au lendemain de la révolte des Boxers, la malheureuse jeune femme prit donc le bateau pour la Chine. Un engagement pour elle, mais aussi une échappée, et ses années dans le désert allaient offrir à cette fuite un prolongement parfait.

Lorsque Mildred arriva à Huozhou, une ville de la province du Shanxi, à l'âge de vingt-deux ans, Evangeline French, qui en avait dix de plus, occupait son propre poste depuis neuf ans. En venant accueillir la nouvelle recrue elle s'étonna : « Qu'est-ce qui leur a pris d'envoyer une enfant aussi frêle dans cette région aussi dure ? » Le Gansu et le Xinjiang, régions où les deux femmes devaient se rendre, se trouvent à plusieurs milliers de kilomètres de là vers l'ouest. Il n'existe pas d'endroit sur terre plus éloigné de la mer.

Mais si la jeune fille en question paraissait frêle, c'était uniquement à cause de la fatigue du voyage et des années sombres qui avaient précédé. Car elle était dure comme l'acier, et quand on lit ses écrits on perçoit son refus de céder aux circonstances. Pour certains, et notamment pour les gentlemen de la Société biblique britannique de Shanghai, elle serait connue sous le nom de « Napoléon ».

Je commence à penser qu'il n'y a pas d'autre moyen de voyager qu'en suivant les traces des autres. Au début de l'automne, je réserve donc un vol pour Shanghai et, de là, je parcours en avion deux mille deux cent cinquante kilomètres jusqu'à Jiayuguan, ville située en lisière du désert de Gobi dans la province du Gansu. Je descends dans un hôtel essentiellement fréquenté par des hommes d'affaires. Le sol, les murs et le plafond de la chambre sont recouverts d'un stratifié blanc brillant, comme s'ils avaient été conçus pour être passés au jet entre deux clients. Mildred trouva Jiayuguan sinistre, cernée par le désert, et sa population soit plongée dans la léthargie sous l'effet des horreurs les attendant au-delà du mur d'enceinte, soit livrée à la violence. « Il n'y a rien à faire ici de toute la journée, en dehors de rester assis à écouter les hurlements du vent », lui expliquèrent les femmes. L'épouse du meunier, qu'il battait, se suicida en avalant une boîte d'allumettes. Et le fils du forgeron était « si débauché que son père prit un marteau et lui écrasa la tête dans son sommeil ».

Un siècle plus tard, l'atmosphère a changé. Il y a sous mes fenêtres un salon de beauté, dont les employées sortent en file indienne dans la rue chaque matin pour exécuter une chorégraphie parfaitement synchronisée sur de la pop stridente, avant de faire exploser des pétards et de disparaître dans la fumée.

Le corridor du Hexi, qui forme un couloir de mille deux cents kilomètres de long entre le plateau tibétain au sud et la partie mongole du désert de Gobi au nord, est la gorge de la Chine. Il suit une chaîne d'oasis en s'étirant vers l'ouest depuis la ville de Lanzhou, en passant par le Gansu, jusqu'à la frontière de cette province avec la région autonome du Xinjiang. C'est d'ailleurs au Gansu, la prétendue « Barrière de la vallée plaisante », dans une partie du corridor large de quinze kilomètres, que fut construite en 1372 la forteresse de Jiayuguan, peu après que la dynastie Ming repoussa les dernières armées de la dynastie Yuan vers le désert. En leur claquant la porte au nez.

La forteresse se trouve à l'extérieur de la ville moderne de Jiayuguan, dans la « zone touristique et culturelle de la Grande Muraille ». Ses murs clairs avec chemin de ronde sont surmontés de tours de guet coiffées de tuiles rouges. Il y a peu de touristes, et je suis le seul non chinois. Du haut des remparts, le regard embrasse le dispositif tout entier – la façon dont la citadelle protège le corridor contre le désert. C'est pour repousser les raids des nomades, ancêtres des Huns, que fut construite en 221 avant Jésus-Christ cette portion de la Grande Muraille. Au nord se dressent les montagnes Mazong, et au sud la chaîne des Qilian. Entre les deux, comme sertie à la manière d'un médaillon dans un collier, il y a la forteresse. Seule la dernière portion sud de la muraille est toujours debout. Il est possible de la suivre jusqu'à la rivière Badaï, au-delà de laquelle on aperçoit les monts Qilian à travers la poussière en suspens dans l'air. Celui qui veut quitter la Chine intérieure ou y entrer par l'ouest est obligé de passer par ce couloir.

La forteresse possède trois portes, explique Mildred Cable dans son livre : à l'est, la porte de la Lumière, que j'ai moi-même empruntée pour y pénétrer ; au sud, la porte de la Conciliation ; et enfin à l'ouest, la porte des Chagrins, prolongée par un pan incliné qui semble mener droit vers le ciel. C'était la porte des exilés, l'entrée du désert, et à l'époque de la jeune missionnaire on pouvait encore lire les adieux des bannis gravés sur les murs – des mots « inspirés par un chagrin trop profond pour être exprimé avec art et mesure, mais en même temps insupportable à moins d'être exprimé en mots ».

Émerger du sombre tunnel de la porte des Chagrins, long de quinze mètres et haut de cinq, et poser le pied sur le pan incliné, c'est passer d'un temple intime et paisible à un silence démesuré – de la fraîcheur à la touffeur, d'un air immobile au souffle du vent, de l'ombre à la lumière aveuglante. Un autre monde, la fin de la vie telle qu'on la connaissait. Je me tourne vers l'est pour regarder le tunnel dont je viens d'émerger, ouverture noire emplie des échos de pas inconnus, et la forteresse, avec ses murailles de dix mètres de haut, son chemin de ronde et ses tourelles. Puis je pivote vers l'ouest. L'ouest, c'est le désert de Gobi, une plaine sauvage couleur cendre, couverte de caillasse, de buissons de tamaris et d'acacias. Je pense au lac et aux saules pleureurs qui se trouvent à deux cents mètres à peine, de l'autre côté.

Devant moi, il y a des huttes en bois (une gargote, des boutiques d'artisans, des toilettes), une rangée de quads que les touristes peuvent faire rugir sur des circuits décorés de drapeaux, un stand où vous pouvez tirer dans le vide (vers l'ouest, forcément) avec un M16 monté sur un trépied, un cheval mécanique pour faire du rodéo et, couchés sur le sable, huit chameaux, bien vivants eux, qui attendent les visiteurs en somnolant, comme des petits ânes sur une plage anglaise. Leurs selles sont recouvertes de couvertures assorties en velours fleuri, et leurs yeux tranquillement clos donnent l'impression qu'ils sont en train d'écouter une nouvelle interprétation de leur morceau favori. « Un animal non domestiqué et sauvage », affirmait l'explorateur anglais William Palgrave. Les gens n'aiment pas le côté impérieux des chameaux – cette façon qu'ils ont de nous signifier leur refus de se laisser intimider ou humilier –, mais c'est précisément ce qui fait que moi je les aime beaucoup.

Le M16 est posé là sous son store, sans personne pour le surveiller. Personne non plus sur le cheval mécanique, les chameaux ou les quads. Les propriétaires font un somme, le chamelier sur un banc, avec un bras en travers du visage ; un autre est affalé sur les selles de deux quads. Une femme en survêtement jaune avec un foulard et un masque anti-pollution assorti est penchée sur un grand bac réfrigérant rempli de crèmes glacées. Quand elle l'ouvre, je constate qu'il ne contient que des sacs de glaçons. J'en achète un et, tout en le laissant se balancer au bout de mon bras, je prends la direction du désert.

L'explorateur Owen Lattimore, relatant en 1927 ses voyages en Mongolie intérieure, décrit succinctement le désert de Gobi, qui « s'étire d'est en ouest entre la Mongolie extérieure et la Mongolie intérieure, et dessine une pointe vers les limites du Taklamakan », couvrant la totalité de la région dont Mildred Cable avait la responsabilité, depuis Jiayuguan jusqu'à Urumqi, situé mille cinq cents kilomètres plus à l'ouest. « Gobi » n'est toutefois pas simplement un nom propre : les gens de la région l'utilisent aussi pour désigner ses plaines de sable et de gravier, radicalement différentes des dunes du Taklamakan ou des marécages salés du désert de Lob Nor. Impossible de savoir où commence un désert donné et où finit un autre, où le Gobi devient le Gobi noir, où le Gashun Gobi se transforme en désert de Kumtag et en marais salants du

Lob Nor, où se situe le seuil entre le Lob Nor – ancien lac asséché au siècle dernier – et le Taklamakan. Je n'ai pas plus tôt fixé la localisation de tel désert que j'apprends que non, le Gobi noir s'arrête ici, et le Gashun Gobi ne se trouve pas là mais cinq cents kilomètres plus au nord.

Derrière moi, de l'autre côté de la forteresse, se détache la silhouette des immeubles de Jiayuguan et ses fumées – charbon, ciment, fertilisants, matières brutes, le tout fourni, comme l'eau de l'ensemble de la région, par les montagnes alentour. On entend les cliquetis d'un train de marchandises distant de trois kilomètres. Un peu plus au sud, sous la dernière portion de la Grande Muraille, une route mène à la frontière avec le Xinjiang, doublée par plusieurs voies de chemin de fer : la vieille ligne qui rejoint Kashgar, mille kilomètres plus loin, et celle du train à grande vitesse qui n'est pas encore ouverte et permettra de transporter rapidement vers l'ouest les passagers aisés.

Partout des lambeaux de polythène à moitié enfouis dans le sol claquent au vent. Le lieu est une décharge, comme toujours aux confins du désert pour peu que l'endroit soit accessible et non surveillé. Je distingue une tombe chrétienne solitaire, avec sa pierre aux inscriptions effacées par le sable. Ici et là, des pierres noires ont été disposées de manière à esquisser des caractères chinois. Dans une contrée aussi volatile, rares sont les formes d'écriture pouvant prétendre à une réelle permanence. Mildred Cable raconte avoir laissé des messages sur les flancs des collines du désert de Gobi en utilisant la même méthode. Pour ma part, je ramasse quelques galets bruns et les dispose pour former une flèche pointant dans la direction d'où je viens. On n'est jamais trop prudent.

Sept kilomètres plus au sud, la muraille s'arrête. Elle reste impressionnante, insurmontable : des blocs de terre humidifiés, moulés, puis séchés, et tellement durs que certains restent intacts deux mille ans plus tard. Pourtant, de loin, la muraille ne paraît pas si ancienne. Elle ressemble aux digues de ciment construites pour protéger la terre des assauts de la mer, ou bien à des blockhaus, ou encore au mur séparant les Territoires occupés d'Israël. La forteresse était autrefois entourée de douves – *tiantian* – qui ne contenaient pas de l'eau mais du sable passé au râteau tous les jours afin d'identifier les empreintes des déserteurs. Malgré tout, d'après Mildred Cable, rien n'aurait pu inciter les soldats postés ici à pénétrer le désert s'étendant au-delà de la porte des Chagrins. « Des démons, ce sont eux qui habitent le Gobi. » La missionnaire admettait que l'endroit était désolé, « mais dans le silence et la solitude, Dieu est toujours là ».

À compter de leur rencontre en 1901 jusqu'à la mort de Mildred Cable en 1952, Eva French et elle ne se séparèrent pratiquement jamais. Née en Algérie, Evangeline French avait été élevée à Genève avec sa sœur cadette, Francesca. Si l'on en croit leur étrange autobiographie écrite à la troisième personne, « les amitiés personnelles étaient tenues en piètre estime dans la famille trop intellectuelle d'Evangeline, pour qui tout ce qui se rapprochait de la sentimentalité constituait un anathème ». Elle-même était turbulente, « véhémente » et « rebelle », « convaincue qu'il y avait dans le monde quelque chose de si fondamentalement mauvais que seule la révolution pourrait le corriger ». Lorsque la famille quitta Genève et sa vie politique intense pour s'installer en 1891 à Portsmouth, une ville ouvrière ennuyeuse, Eva et Francesca commencèrent à se morfondre. « Qu'une jeune femme ait des opinions marquées, qu'elle ait une vision révolutionnaire des choses et des façons de faire inusitées, voilà qui suffisait à lui attirer les soupçons. »

Sept ans plus tard, Eva, installée à Pingyao, dans la province du Shanxi, passa à côté d'un homme qui binait la terre sur le bas-côté. Il s'arrêta, se redressa fièrement et, du doigt, traça lentement une ligne au travers de sa gorge. La révolte des Boxers commença en 1898, dans le nord du pays. La devise des rebelles : « Soutenir les Qing, détruire les étrangers. » L'agitation se concentra dans le Shanxi, et à la fin de l'année 1900 on y dénombrait deux mille Chinois chrétiens assassinés, ainsi que plusieurs dizaines de missionnaires étrangers et leur famille qui avaient subi le même sort. Parmi les morts « taillés en pièces » se trouvait Emily Wiltshire, qui avait encouragé Mildred à rejoindre la CIM. Début juillet 1900, Eva se trouvait dans la ville de Jiexiu lorsque la mission fut attaquée par les Boxers aux cris de « Tuez-les ! Tuez les diables étrangers ! » Et quand, tout là-bas en Angleterre, la mère d'Eva ouvrit le journal, elle y lut le nom de sa fille dans la liste des victimes.

À l'époque où la famille vivait à Genève, si Eva grimpait dans un arbre, Francesca s'installait à son pied avec un livre. Plus tard, elle exprima son dédain pour « l'utilisation exagérée ou inexacte des mots ». Sa rigueur transparaît dans les écrits attribués à Mildred Cable et elle. Elle était parvenue à la conclusion que « l'expression de ses sentiments [risquait] de dissiper une force qui, conservée et contrôlée, peut suffire à accomplir de grandes choses ». Elle se donna donc pour tâche terrifiante de se dompter pour glorifier Dieu.

Pendant la longue absence de sa grande sœur, ce fut elle qui s'occupa de leur mère malade. Peu après l'annonce de la mort d'Eva, la famille reçut un télégramme : « Votre fille arrivée Hangchow [Hangzhou] saine et sauve. »

Eva avait survécu à l'attaque des Boxers. Elle rentra en Angleterre peu avant la mort de sa mère, accompagnée de son amie Mildred. Quand elles repartirent en Chine, Francesca se joignit à elles, formant ce que les gens du désert appelleraient bientôt le Trio : « Trois vénérables professeures de vertu pour le prix d'une. »

Dans *The Gobi Desert*, écrit avec cette dernière, il y a une photo de Mildred à son arrivée à Ansi (une ville qu'elle détestait) : elle se trouve dans une cour poussiéreuse, assise sur des balles de coton et entourée de chameaux éreintés. Elle paraît tout à fait à l'aise, comme un empereur sur son trône. Napoléon.

La route de la Soie : ce n'est pas un terme chinois, mais une expression créée par un géographe allemand du XIXe siècle, le baron Ferdinand von Richthofen. C'était de fait l'itinéraire qu'empruntait la soie, de l'est vers l'ouest, mais aussi quantité d'autres marchandises : papier, jade, ivoire, céramique, thé, médicaments, fourrures, textiles et métaux précieux. Il n'y avait pas non plus qu'une seule route, mais plutôt un réseau mouvant composé de centaines de pistes contournant le désert du Taklamakan et se frayant un chemin entre la Chine et la destination finale, tellement lointaine qu'elle en devenait presque inimaginable : Rome.

Début septembre 1931, Mildred, les sœurs French et leur petite escorte quittèrent leur base près de Jiayuguan en direction de l'oasis de Dunhuang, à l'extrême ouest du Gansu. « Le voyage prendra au moins deux mois, et après cela il nous est impossible de dire où nous mènera la Colonne de feu divin. » Les voyageurs de la route de la Soie profitaient de l'escale à Dunhuang pour s'occuper des derniers préparatifs afin de pouvoir affronter les périls qui les attendaient ; préparer son esprit était tout aussi vital que préparer sa caravane. La ville est blottie aux limites de l'oubli, à l'endroit où la partie sud de la route de la Soie croise le grand passage nord-sud entre la Mongolie et Lhassa. À l'époque, même pour le voyageur familier du désert, le périple vers l'ouest pouvait être sans retour. Dans les célèbres grottes de Mogao, les « grottes des Mille Bouddhas » à Dunhuang, on priait d'abord pour que les voyageurs soient protégés des dangers des terres désolées de l'Ouest puis, dans le cas où ils revenaient, pour remercier les dieux.

Je traverse en train la plaine couleur coquille d'œuf où j'ai marché la veille, la lisière est du Gobi. La forteresse et la Grande Muraille sont brièvement visibles au loin, ainsi que, suspendue au-dessus de la ligne d'horizon, la brume de pollution de Dunhuang. Quarante minutes plus tard, habitations et cultures ont complètement disparu. Les seules traces de la main de l'homme sont la ligne infinie des pylônes, qui brillent comme s'ils étaient neufs – humanoïdes accroupis, penchés, marchant –, et les infrastructures, à savoir les grillages, caniveaux et collines de terre déplacée il y a cinquante ans. Pour repousser le sable, on a bordé la ligne de murets de traverses, de blocs de béton et de peupliers du désert tout ratatinés. Plusieurs fois par an, il faut fermer la ligne pour dégager le sable qui s'est amoncelé. Une lutte perpétuelle dans un désert occupé.

Le Gobi n'est pas un désert de dunes, mais plutôt une vaste étendue plate tout juste interrompue par des collines basses, des bassins légèrement creux et des lits de rivières asséchées. Partout on voit l'action de l'eau, même aux endroits où elle ne coule plus depuis des décennies, voire des siècles. L'immensité ne s'arrête qu'à l'horizon, ou à l'endroit où la brume bloque le regard. Allongé sur ma couchette, j'écoute le battement des rails, comme un cœur en sourdine, et ce bruit seul m'indique que le train avance. Dehors, le paysage ne dit pratiquement rien. Toutes les vingt minutes environ, je me redresse pour regarder par la fenêtre de mon compartiment et par celle du couloir. J'ai l'impression de passer à côté de quelque chose. La vue ne change quasiment pas, identique des deux côtés du train. C'est comme me retrouver sur un tapis de course. La variation la plus infime – la teinte plus foncée ou plus claire de la surface du désert, un agglomérat de pylônes ou d'éoliennes, une usine de ciment abandonnée, une rivière à sec, un bassin de fleur de sel, quelques ossements éparpillés – suffit à capter mon attention. En dehors de ces moments, contempler le paysage plus de quelques minutes requiert un véritable effort, notamment parce que l'idée d'avoir à le traverser à pied suffit à vous épuiser. Quand elle découvrit le désert de Gobi, Mildred Cable se demanda si elle n'allait pas mourir – « non pas, comme certains, de soif ou de fatigue, mais d'ennui ».

Peu de témoins étrangers de la rébellion des Ouïghours de Hami en 1931 l'observèrent d'aussi près que Mildred Cable et les sœurs French. Le mouvement, qui gagna le nord-ouest de la Chine, faisait suite à la décision chinoise d'abolir le vieux khanat musulman de Hami après la mort du dernier khan. Laquelle entraîna un afflux de migrants han (le groupe ethnique le plus puissant en Chine) venus s'installer dans une ville du Xinjiang à majorité musulmane, tout près de la frontière avec la province du Gansu, à une centaine de kilomètres de Dunhuang. Le nouveau régime exempta les migrants d'impôts et leur distribua des terres auparavant cultivées par les Ouïghours, la plus importante minorité ethnique du Xinjiang. Dans le même temps, les Ouïghours s'aperçurent que leurs taxes sur les activités agricoles doublaient, et qu'ils recevaient en compensation pour leurs champs confisqués des terres non cultivées, non irriguées, aux marges du désert. Le mariage d'un percepteur des impôts han et d'une femme ouïghoure mit le feu aux poudres. Les jeunes mariés furent tués en pleine noce (« de façon horriblement féroce », d'après Mildred Cable) par une foule qui s'en prit ensuite à une centaine de familles du Gansu. Les têtes des victimes furent enterrées dans le sol fertile des champs réquisitionnés à leur bénéfice.

La rébellion se renforça et s'organisa grâce à deux ministres du khan décédé. L'un d'eux, Yolbas Khan, recruta le commandant d'une famille de seigneurs de la guerre du Gansu, un jeune homme d'à peine vingt ans qui, selon la missionnaire anglaise, « terrifia le nord-ouest de la province par la violence de ses méthodes de guerre ». Toujours d'après la missionnaire, il laissa trois mille corps pourrir dans les rues de Chenfan.

Grand Cheval, Foudre, le Bébé Général : les surnoms ne manquent jamais pour un seigneur de la guerre, mais celui-ci s'appelait Ma Zhongying. Mildred releva que « ses officiers lui obéissaient avec une dévotion qui confinait au culte », et ses agents « traînaient leurs oreilles partout et rapportaient à leur quartier général toute parole contestant sa domination ». C'est l'explorateur suédois Sven Hedin qui traduisit le nom de Ma en « Grand Cheval ». Il décrivit le général, pour lequel il éprouvait l'admiration de celui qui a un faible pour les tyrans en uniforme, comme un homme « beau, grand et mince, avec une belle silhouette ». Mais l'une des rares photos du général reproduites dans *The Gobi Desert* montre un jeune homme impassible et sûr de lui, bras croisés dans le dos, vêtu de l'uniforme – calot militaire, ceinturon en cuir – du Guomindang, le parti nationaliste chinois au pouvoir, qui regarde l'objectif avec une insolence de sale gosse, comme s'il voulait mettre le photographe au défi de le discréditer. « Élégant, parfumé et efféminé. » Tels sont les mots de Mildred. Elle ne manquait pas de raisons de le mépriser.

Tandis que les Ouïghours de Hami accueillaient l'armée rebelle à bras ouverts, les Chinois non musulmans, dont beaucoup étaient arrivés tout récemment, se réfugièrent dans l'ancienne ville fortifiée. Le siège dura un an et demi, dans des conditions sordides qui acquirent une dimension quasi mythique. Les Chinois mangèrent les chats et les chiens de la ville. Ils versèrent de l'huile bouillante sur leurs assiégeants. Seule la découverte d'un arsenal du XVIIIe siècle enfoui sous terre permit de soutenir le siège. Ma finit par se retirer et par attaquer la ville d'Urumqi. Ses hommes et lui durent affronter dans le désert des forces chinoises soutenues par des troupes de Russes blancs. Ma fut blessé – « par balle aux deux jambes », relate Mildred Cable, non sans satisfaction.

Au terminus à Ansi (le nom moderne de Liuyuan), je prends un minibus pour Dunhuang, à quatre-vingts kilomètres au sud. Il faut traverser une plaine où pousse le saxaoul, ce buisson gris-vert qui constitue souvent l'unique végétation du Gobi. À Ansi, la route de la Soie se divise, comme un cours d'eau rencontrant un gros rocher. La raison à cela ? Ce sont les dunes de sable du Taklamakan, un désert encore plus redouté que le Gobi. La variante la plus longue et la plus verte de la route de la Soie le contourne par le nord, en passant par les oasis de Hami, Kucha et Turpan, tandis que la variante sud, la plus courte et la plus périlleuse, traverse le désert du Lob, hanté par les djinns, puis la ville de Hotan, avant de rejoindre la branche nord à Kashgar située mille kilomètres plus loin. Pour les caravanes qui empruntent la branche sud, le dernier endroit où se reposer et se réapprovisionner avant le Lob et le Taklamakan (des semaines entières de plaines de sel, des mois de dunes), c'est Dunhuang. Mais pour Mildred Cable et les sœurs French, cette ville ne fut pas seulement une merveille du passé ou l'occasion de « diffuser la parole divine » : la ville devint leur sanctuaire, un havre tranquille et familier.

Lorsqu'elles y parvinrent après un voyage de deux mois, leur Trio découvrit une ville envahie par les réfugiés musulmans de Hami, qui « rapportaient des histoires atroces de massacres et de destructions ». Le Bébé Général et ses troupes avaient enfin été repoussés, et les soldats et résidents chinois s'étaient vengés sur les musulmans qui restaient. « Dunhuang est devenue une ville de mendiants, écrit Mildred. Le typhus commence à faire des ravages et les entrées des temples sont encombrées d'hommes et de femmes marmonnant des propos délirants. » Pendant ce temps, Ma, blessé (par balle aux deux jambes, comme on l'a vu) et évacué en litière, établit son nouveau quartier général dans la ville toute proche d'Ansi – la « cité de la Paix ». Peu après leur arrivée à Dunhuang, Mildred et les sœurs French, qui avaient reçu une formation médicale rudimentaire, furent convoquées pour venir le soigner. Un petit groupe de convertis vinrent leur dire au revoir au moment du départ en chantant « Je suis faible, mais Tu es puissant ».

Retour dans le désert. « Pendant la campagne, écrit Mildred Cable dans *A Desert Journal* (un livre parmi la vingtaine d'ouvrages qu'elle cosigna avec Evangeline et Francesca French), il y avait tellement de morts abandonnés sur les champs de bataille du Gobi qu'avec la chaleur la puanteur était insoutenable, et cet hiver les loups sévissent. » Au terme de quatre jours de voyage par des températures glaciales, elles arrivèrent à Ansi, où elles trouvèrent le général de fort bonne humeur et affichant ce que Mildred décrit comme « une sensualité souriante et cruelle ». Elle s'accorde toutefois une note de dérision : quand elle pansa les blessures de Ma, « sa voix lasse monta dans les aigus, car il avait peur que le désinfectant ne pique sa chair délicate ».

La route de Dunhuang traverse une région implacablement monotone, avec pour unique variation quelques îlots de grès. Les passagers à côté de moi ont tous sur leurs genoux un fourre-tout à fermeture éclair ou un sac à dos militaire, ou encore un baluchon solidement ficelé. Le minibus rebondit sur la route dans un bruit de ferraille assourdissant : impossible de tenir une conversation ou de dormir. De temps à autre, le copain du chauffeur dit quelques mots dans son portable, comme s'il tenait quelqu'un informé de notre progression. Son siège et celui du conducteur sont recouverts de housses Hello Kitty assorties.

Même cette route, l'artère principale desservant la célèbre ville de Dunhuang, s'effrite sur les bords, et elle est constellée de nids-de-poule déjà comblés plusieurs fois et de nouveaux trous si profonds que les automobilistes sont obligés de donner un coup de volant pour les éviter. Tels sont les effets du désert sur les infrastructures : la chaleur de la journée, le froid de la nuit, le vent, la neige, le sable – même les matériaux les plus résistants se retrouvent patiemment délités. Cet environnement, Mildred Cable et les sœurs French le parcoururent dans tous les sens, et elles virent pire encore. Ici au moins il reste un peu de végétation, des points d'eau, parfois de l'ombre. En poursuivant vers l'ouest, entre Ansi et la frontière avec le Xinjiang, on entre dans le Gobi noir tant redouté, où l'on peut passer cinq jours sans une goutte d'eau, une région méprisée même par Mildred, qui avait pourtant le génie de trouver du réconfort dans des lieux que d'autres considéraient sans espoir.

Le saxaoul laisse place à quelques rares alignements de peupliers, puis à des champs, de coton tout d'abord, puis de melons – célèbre production de la région, arrosés au goutte à goutte avec l'eau des nappes phréatiques et enveloppés délicatement dans des carrés de mousse pour être protégés du gel pendant la croissance. L'oasis remplace le désert, du moins c'est ce qu'il me semble. Il s'agit en réalité d'un faux espoir, rien qu'un îlot de verdure irriguée.

Aussi soudainement que l'oasis était apparue, le paysage de désert et de saxaoul, de croûte de sel et de gravier rose revient, aussi loin que porte le regard, identique des deux côtés de la route. Nous arrivons une heure plus tard et je découvre que Dunhuang, ville commerciale à l'activité incessante à l'époque de Mildred, est devenue un petit paradis rutilant de boutiques de créateurs et d'hôtels inabordables. Les rues sont passées au jet deux fois par jour pour retirer la poussière. En entrant dans ma chambre d'hôtel, je trouve sur mon oreiller un ours en peluche rose avec d'énormes yeux attendrissants.

N'espérez pas aujourd'hui pouvoir visiter les grottes des Mille Bouddhas en y allant le nez au vent. Elles se trouvent à l'intérieur d'un immense périmètre clôturé : impossible de les voir sans passer par l'énorme bâtiment monolithique récemment ouvert afin d'accueillir les visiteurs, et uniquement sur le créneau horaire correspondant à votre billet. En attendant, il ne vous reste qu'à patienter dans une zone qui ressemble à une église baptiste généreusement dotée, en fait un hall coiffé d'un dôme en verre teinté construit autour d'un axe, où vous pourrez acheter des foulards à motifs d'apsaras – les nymphes de la religion hindouiste – volantes.

Nous empruntons un autocar climatisé pour parcourir les treize kilomètres qui nous séparent des grottes. Le seul bruit qu'on perçoit est celui de l'air conditionné. J'ai l'impression de glisser sur de l'huile. Un voyage tellement facile, dans la fraîcheur et le confort, alors qu'il y a quelques dizaines d'années c'était une épreuve. Mildred Cable et les sœurs French – qui avaient toutes les trois plus de quarante-cinq ans – mirent pratiquement une journée entière pour atteindre ces grottes, parcourant

« quinze *miles* [vingt-cinq kilomètres] de stérilité absolue ». Mais comme l'écrit Mildred, « il était juste que quelques heures de silence et de solitude nous soient imposées, car passer sans transition d'une vie bruyante et agitée à ce reliquaire aurait été une insulte pour ces lieux ».

Vue depuis le parking des autocars, la falaise de roche jaune dans laquelle ont été creusées des dizaines de grottes – le « Précipice des immortels » – rappelle vaguement une colonie d'hirondelles, avec ses centaines de cavités sur quinze mètres de hauteur. Elle est coiffée d'un rebord de sable jaune, comme un chapeau de neige sur un mur. Il s'agit de toute évidence d'un sanctuaire. Des peupliers frémissent dans la brise au pied des grottes. Et partout dans la plaine alentour, les cônes érodés des stupas marquent les tombes des moines.

En l'an 366, un moine bouddhiste du nom de Yuezen arriva dans la région. Obéissant à « la vision d'un rayonnement doré qui avait la forme de mille Bouddhas », il creusa la roche tendre de la falaise, créant ainsi une grotte dans laquelle il s'installa pour méditer. Au fil de neuf dynasties, des centaines d'autres grottes furent creusées et consacrées. En 1899, soit mille cinq cents ans après l'arrivée de Yuezen, un moine taoïste itinérant fit étape à Dunhuang. Trouvant le site des grottes inoccupé et négligé, il en choisit une dans laquelle il élit domicile. Il était né dans la province du Hubei, à l'extrême est, et avait été soldat à Jiuquan. Il s'établit, dit-on, comme vendeur d'incantations taoïstes auprès de la population locale chinoise. Mildred Cable le rencontra plusieurs fois, et décela quelque chose de spécial en lui. « Il avait décidé de consacrer sa vie à l'entretien de ces monceaux de pierres », écrivit-elle. Il semble avoir passé une bonne partie de son temps à explorer les villages des environs afin de rassembler des fonds. Avec ces maigres revenus, il finança la rénovation de certaines des fresques et statues ainsi que le déblaiement des tonnes de sable amoncelé à l'entrée des grottes.

Sur les quelques photos que nous avons de lui – d'aucuns l'appellent Wang Yuanlu, d'autres Wang Tao-shih, tandis que les Occidentaux préfèrent en général « l'abbé Wang », alors que son nom taoïste était Fa Zhen –, on devine qu'il était minuscule, même en l'absence d'éléments de comparaison. Dans son regard, sa façon de se tenir, transparaissent son humour et sa patience. Pas du tout le naïf que l'on croit souvent. Ses manches lui arrivent aux genoux et il plisse toujours les yeux, comme s'il venait d'émerger d'un endroit plongé dans l'obscurité. On sait peu de choses sur lui – soldat, marchand de talismans, prêtre, gardien – et pourtant, il est l'une des personnalités les plus importantes dans l'histoire de ce site. Chinois et non-Chinois s'intéressent à lui, chacun selon son propre biais culturel : « une personne vraiment étrange, très timide et nerveuse, avec de temps à autre un air fourbe », « d'un caractère prudent et très méfiant », « timoré », « diligent », « un voleur ».

En 1900, tandis qu'il faisait déblayer l'une des grottes (celle que nos archéologues appellent « la Grotte 16 »), Wang remarqua une fissure dans le mur près de la sortie. En regardant de plus près, il découvrit l'entrée condamnée d'une salle. Celle-ci, comme il s'en aperçut en l'explorant, était remplie jusqu'au plafond de dizaines de milliers de documents anciens. Cette découverte transforma l'idée que l'on se faisait de l'histoire de la Chine, mais également le cours de la petite vie tranquille de Wang. Il se trouva bien vite courtisé et pressé par des voyageurs étrangers, puis vilipendé par ses compatriotes. Au terme d'une vie vouée à la préservation du lieu, il mourut – là encore, les sources d'information sont rares – dans la pauvreté et l'amertume.

On entre dans les grottes par un réseau de passerelles en bois arrimées à la falaise. Vous quittez le désert, vide, anonyme, et vous vous retrouvez avec au-dessus de votre tête des tonnes de sable et de gravier, tandis qu'à l'intérieur, dans la fraîcheur muette et mélancolique de ces cavités, se révèlent des scènes intimes que la lueur des torches rend encore plus secrètes, puis chatoie tout un système solaire en malachite, azurite, orpiment cinabre, oxyde de fer, feuille d'or, noir de fumée, kaolin, ocre et blanc de céruse. L'incroyable opulence des lieux demeure pratiquement intacte. Il n'y a pas un centimètre carré des parois et des voûtes de ces centaines de sanctuaires qui ne soit peint : scènes de la vie de Bouddha, devas, apsaras, yakshas et autres créatures divines, portraits des mécènes des grottes, niches et plateformes où s'entassent bouddhas et bodhisattvas en argile et stuc sculptés.

Abandonnant le guide qui m'a été imposé, je m'attarde dans la grotte du Bouddha couché. Un immense corps étendu surgit de l'obscurité. Le Bouddha au repos – quatorze mètres de la tête aux pieds, deux tonnes d'argile et de stuc sur un squelette en bois – respire tellement la légèreté que je l'imagine s'élever jusqu'au plafond. Derrière son immense corps, ses amis, minuscules par rapport à lui, me regardent par-dessus la courbe de son flanc – soixante-douze statues disposées en deux rangées, comme une foule se pressant contre une barrière, chacun exprimant à sa manière son désespoir : lèvres retroussées, mâchoires contractées, sourcils figés par le choc, narines frémissantes, mains serrées non pas tant en signe de piété que pour se réconforter. On dirait qu'ils se tiennent au bord d'une tombe – exactement comme ils se tiennent depuis la dynastie Tang il y a de cela mille deux cents ans.

Il s'appelle le Bouddha couché, mais son repos est celui de l'éternité, de la libération d'une morne existence, car elle représente le *Mahaparinirvana*, le Nirvana accompli. La mort de Bouddha. Son visage, contrairement à son corps, semble sans vie ; ses sourcils peints forment un M noir, ses lèvres sont crispées, ses yeux réduits à deux fentes à l'intérieur desquelles on aperçoit les pupilles noires – les yeux d'un chat endormi. Le rouge, le jaune, le vert et le bleu des vêtements des pleureurs, leurs lèvres roses et leurs joues rouges, la théâtralité de leurs gestes, l'autel : j'ai l'impression d'être arrivé à la fin d'une pièce de théâtre pleine de tumulte, alors que résonnent les dernières notes du chœur. Sur le mur derrière les statues, des vignettes blanc crème que l'oxydation a brunies racontent le déroulement de la procession en deux dimensions : le cercueil de Bouddha placé sur les épaules des porteurs et escorté par des rois, des prêtres et des bodhisattvas qui brandissent des bannières. Une atmosphère sombre et solennelle, mais aussi un joyeux cortège. Installé sur le cercueil, un coq chasse les mauvais esprits. Le dieu Indra arrache les dents sacrées de la bouche de Bouddha, comme s'il détachait de sa calandre le nom de marque d'une voiture.

Dehors, il fait si chaud qu'on se croirait dans un four. La lumière est aveuglante et comme glaciale. La brise fait murmurer les cimes des peupliers. L'absence soudaine d'ornements et de couleurs crée une sorte de bourdonnement dans mes oreilles. Les grottes – triomphe de l'humain – repoussent la monotonie du désert. Malgré tout, malgré les semaines passées dans le sable, le vent et le sel pour venir prier, malgré les chameaux et les compagnons agonisants qu'on abandonnait sur le chemin du retour, il y avait de la vie ici, de quoi se ressourcer.

Dans *Biggles in the Gobi** (1953), de William Earl Johns, le héros éponyme fait un atterrissage forcé dans le

* Roman appartenant à une série de livres pour la jeunesse qui mettent en scène les aventures d'un détective. Certains des volumes de la collection ont été publiés en français chez Claude Lefrancq, puis aux éditions Ananké.

désert communiste lors d'une tentative d'évacuation d'un groupe de missionnaires anglais. Pendant ce temps, deux de ses lieutenants, qui ont sauté en parachute afin de sécuriser un terrain d'atterrissage, se réfugient avec les missionnaires terrifiés dans les grottes des Mille Bouddhas. Aidés par une bande de nomades kirghizes, ils doivent repousser des soldats chinois dont le chef – le vil Ma Chang, « un petit homme à visage de grenouille » – semble avoir pour modèle le grand Ma Zhongying. Le romancier n'a pas visité les grottes en personne, mais il reconnaît dans un avant-propos devoir beaucoup à l'explorateur Marc Aurel Stein et son livre *Ruins of Desert Cathay*, paru en 1912. Ce dernier est une figure importante dans l'histoire moderne des grottes. Né à Budapest en 1862, il partit étudier en Angleterre, où il se fit naturaliser. Il avait un physique aussi sec et une énergie aussi insatiable que les chiens terriers dont il ne se séparait pratiquement jamais. Sa moustache devenait souvent dure comme du bois pendant les nuits glaciales du désert. Il était totalement dépourvu de la sentimentalité des explorateurs du monde arabe, ou du désir d'imiter les autochtones, bien au contraire : c'était le parfait gentleman européen, jusqu'au petit mouchoir glissé dans la poche de poitrine. Depuis son enfance, il avait trois héros, dont il suivit la trace jusqu'à sa mort : Alexandre le Grand, Marco Polo, et surtout Xuanzang.

À son arrivée à Dunhuang en 1907, il était âgé de quarante-cinq ans. Il avait prévu de visiter rapidement les grottes des Mille Bouddhas après avoir fouillé le site d'un prolongement jusque-là inconnu de la Grande Muraille. Mais au cours de son séjour en ville, il entendit parler de la découverte d'une gigantesque bibliothèque dans les grottes. Il parle de son arrivée au site, quand il vit la « multitude de cavités noires [...] piquetant la roche sombre par gradins irréguliers ». Une vision qui lui fit penser aux « images fantaisistes des habitations troglodytes des anachorètes telles que celles que je me rappelais avoir vues il y a de cela bien longtemps dans des tableaux des primitifs italiens ». Qui sait, peut-être pensait-il au portrait par le Maître de l'Observance de saint Antoine embrassant saint Paul. Pendant la période qu'il passa dans les grottes, d'autres éléments lui rappelleraient la vie des Pères du désert. Quand il quitta finalement le site pour revenir à Dunhuang, « l'oasis [lui] parut délicieusement verte et fraîche, et je me sentis comme un anachorète libéré de sa Thébaïde ».

Le lieu saint, remarqua-t-il, « était gardé par un moine taoïste » – Wang, qui, au moment de l'arrivée de Stein, était sur la route pour « un périple de mendiant » avec ses acolytes. À son retour, le religieux se montra méfiant. Dans *Ruins of Desert Cathay*, Stein pointe son « expression parfois fourbe » et ajoute : « [C'est] une personne avec laquelle il sera difficile de traiter ». Au début, la simple idée que l'Anglais puisse acheter l'un des ouvrages de la bibliothèque provoqua une « telle agitation » chez Wang que le sujet fut provisoirement abandonné. Ce qui finit par faire changer d'avis le moine, d'après Stein, fut le moment où l'explorateur évoqua son « saint patron », Xuanzang. « Très vite, j'acquis la certitude que le Tao-shih [...] était à sa façon à lui un admirateur aussi ardent [...] que je l'étais à ma façon à moi. » L'Anglais lui expliqua alors qu'il avait suivi les traces du pèlerin « depuis l'Inde pendant dix mille *li* en traversant des montagnes et des déserts inhospitaliers ». À la suite de quoi Wang l'emmena dans un temple moderne qu'il avait bâti au milieu des peupliers à l'ombre de la falaise : les murs étaient décorés de scènes du voyage de Xuanzang, et l'une d'elles représentait le moine au bord d'une rivière se préparant à faire traverser son cheval chargé de manuscrits – une référence, comprit Stein, aux livres et reliques sacrées que le saint patron avait rapportés d'Inde sur vingt-deux chevaux.

Cette nuit-là, Chiang, assistant et interprète de l'explorateur, débarqua dans sa tente avec des rouleaux écrits en chinois que Wang lui avait donnés en secret, « en les cachant sous son ample robe noire ». Le lendemain matin, l'assistant revint : il avait passé la nuit à traduire les rouleaux. Stein constata à sa grande stupéfaction que sur ces derniers étaient imprimés des sutras et des colophons indiquant qu'ils provenaient d'Inde et avaient été traduits par Xuanzang en personne, une coïncidence, pensa-t-il, dont Wang, « dans son ignorance, ne pouvait pas avoir la moindre idée ».

Au milieu des dizaines de milliers de manuscrits et rouleaux écrits ou imprimés non seulement en chinois mais également en tibétain, sanskrit, sogdien et ouïghour, Stein découvrit ce qui s'avérerait être le tout premier document imprimé du monde, le « Sutra du Diamant », datant de l'an 868, de même que de nombreuses bannières de temple et peintures sur soie datant de la dynastie Tang. « Nulle part, écrivit l'explorateur, ai-je pu trouver la moindre trace de moisissure. De fait, quel meilleur endroit pour préserver de telles reliques qu'une salle creusée dans la roche de ces collines stériles et isolée hermétiquement de toute humidité, à supposer qu'il puisse y en avoir dans l'atmosphère de cette vallée du désert ? »

Wang fut incité à permettre le transfert d'une sélection de manuscrits vers « un temple de savoir à Ta-Ying-Kuo (l'Angleterre)», en échange d'une « souscription conséquente » pour l'entretien des grottes. « Quand j'estimai la valeur archéologique de tout ce que je pouvais emporter pour cette somme, nota Stein en scellant l'accord avec le prêtre, je me dis que j'avais fait une affaire. »

Aujourd'hui, la grotte-bibliothèque est vide. D'autres antiquaires européens et américains sont venus après Stein, et ses trésors se sont retrouvés dispersés aux quatre coins du globe. Dire qu'il y a un siècle tous ces livres reposaient dans l'obscurité la plus complète, à l'insu du moine-gardien de Dunhuang lui-même… Dans l'avant-propos de *Biggles in the Gobi*, W.E. Johns écrit : « Un magazine américain a récemment insinué que Sir Aurel Stein aurait volé certains de ces livres. C'est faux. Il est vrai qu'il en a rapporté quelques-uns chez lui, car personne sur place n'était capable de les traduire […] Mais il a versé pour eux une somme d'argent suffisante pour que l'abbé développe l'oasis. » Une histoire chinoise de la peinture publiée à Pékin en 1961 raconte que le Sutra du Diamant « fut dérobé il y a plus de cinquante ans par l'Anglais Ssu-t'a-yin, provoquant des grincements de dents d'amertume et de haine ».

Mildred Cable rapporte pour sa part dans un de ses livres les paroles d'une femme qui avait rencontré Stein alors qu'il fouillait près de son village : « Il cherchait une chose, inlassablement, mais il ne l'a jamais trouvée. Je crois qu'il s'agissait d'os de dragon à broyer pour faire des médicaments. C'était un monsieur gentil, mais bizarre. Jamais il ne laissait personne le regarder manger. »

À l'écart des rues fraîches et proprettes du quartier touristique, Dunhuang commence à ressembler à l'oasis qu'elle est : palmiers et peupliers émergeant de la poussière, verdure aux allures provisoires. Vous prenez une rue et là, quelques kilomètres plus loin, aussi pâles que la lune en plein jour, apparaissent les dunes de Mingsha, qu'on appelle dans le coin « les montagnes ». À la lisière de la ville, j'escalade le flanc raide et glissant d'une butte haute de trente mètres. Je sais que cinq kilomètres plus à l'ouest se trouve l'oasis du Croissant de lune, un lac naturel entouré de dunes, « petit, en forme de croissant de lune, et bleu saphir », d'après Mildred Cable, qui y vit un site sacré.

Les dunes s'étendent sur environ vingt-cinq kilomètres à l'ouest du Gashun Gobi (le Gobi amer), puis c'est le désert du Lob et le lac asséché du Lob Nor, lieu des essais nucléaires chinois. Je marche au sommet de l'une d'elles, un pied de chaque côté. Des lézards orange de la taille d'un doigt filent derrière moi à la manière de poissons dans le sillage d'un bateau. Mes pas brouillent la netteté de la ligne de crête, donnant à celle-ci des allures de gâteau effrité. Le vent constant efface immédiatement mes empreintes. Par endroits, j'ai l'impression de marcher sur une surface dure comme du ciment, puis vient un changement infinitésimal d'inclinaison de la pente et je m'enfonce jusqu'aux chevilles. Je m'installe à califourchon sur une crête. Dans une légère dépression, quelques brins de paille tournoient dans le vent, puis une douzaine de follicules tourbillonnent à deux ou trois mètres au-dessus de ma tête ; soudain, une ombre : un papillon, jaune cadmium sur fond de ciel presque blanc. J'entends une sorte de déchirement, qui varie en volume et en hauteur. Au loin, à un kilomètre peut-être, une silhouette, un homme en noir grimpant le flanc d'une dune : je ne suis pas seul.

Enfin autorisées à rentrer à Dunhuang après avoir répondu à la convocation du Bébé Général, Mildred Cable et les sœurs French découvrirent que les hommes de Ma – dont elles venaient de soigner les camarades à

Ansi – avaient saccagé leur campement, volé leurs meilleures mules et pillé leur pharmacie. Se retrouvant sans abri au cœur de l'hiver, les trois femmes et leur petite escorte prirent la route de l'oasis du Croissant de lune.

« Tout autour de nous se succédaient les collines de sable, écrit la missionnaire, et pourtant, quand dans un dernier effort désespéré nous nous hissâmes au sommet de la dernière dune et regardâmes devant nous, nous vîmes le lac tout en bas, et sa beauté nous ravit. » À la magnificence du paysage venait s'ajouter le célèbre *lui-in* émis par les dunes avoisinantes. Une nuit, le Trio fut « réveillé par un bruit qui ressemblait à un roulement de tambour ». Le prêtre local rassura Mildred, qui craignait une attaque de brigands. « Ne vous inquiétez pas, mademoiselle. C'est seulement le tambour de nos dunes. Calmez votre cœur. » Le phénomène fut également relevé par Marco Polo, quand il traversa le Gobi sept cents ans avant elle. Le Vénitien attribua le phénomène aux « esprits du désert », qui « emplissent parfois, dit-on, l'air du son de toutes sortes d'instruments de musique, et aussi de roulements de tambour et du fracas des armes ». Wilfred Thesiger décrivit pour sa part un « bourdonnement faible et vibrant, qui augmente en volume jusqu'à donner l'impression qu'un avion vole juste au-dessus de nos têtes », et Mildred Cable nous rappelle que « les livres parlent aussi de sables chantants dans le désert d'Arabie, où Bertram Thomas et ses compagnons entendirent un bruit très fort, qui ressemblait d'après lui au son d'une sirène de bateau ». Le son continua pendant environ deux minutes, raconte Thomas, « et s'arrêta aussi brusquement qu'il avait commencé ». La cause reste inexpliquée, malgré les recherches des scientifiques. Un grain de sable peut être lisse ou rugueux, tassé ou émietté, en quartz ou en carbonate.

Mais le bruit ne s'entend que lorsqu'on touche à la surface de la dune – quand on se laisse glisser jusqu'en bas par exemple, comme les sœurs French – et dans les systèmes dunaires les plus secs. Pour ce qui est d'expliquer le phénomène, il y a deux écoles : les tenants de la première disent qu'il est produit par la vibration de l'air entre les grains de sable, et les partisans de la seconde par le frottement des grains de sable les uns contre les autres. Harry St John Philby découvrit qu'il pouvait « jouer » de la dune en utilisant une bouteille en verre : « J'enfonçai alors la bouteille profondément dans le sable doux et chantant, et au moment où je la retirai, j'entendis un extraordinaire bruit de succion, comme le son d'un trombone. »

Le bruit gagne en volume et devient plus aigu. Une ombre balaie la plaine de sable à mes pieds : ce n'est pas le *lui-in*, le « coup de tonnerre », mais un ULM. À son bourdonnement vient s'ajouter le rugissement de plusieurs buggies : le sable est strié de saletés crachées par leurs pots d'échappement. Juché sur la crête suivante, j'aperçois un défilé de cinquante chameaux longeant le pied des dunes. Une scène antique, si on oublie le haut-parleur sur une plateforme à côté du chemin, avec son câble qui serpente entre les buttes et sa pop chinoise, et les grandes bottes orange fluo des touristes à califourchon sur les chameaux – on peut les louer au guichet d'entrée pour ne pas avoir de sable dans ses chaussures.

Il me reste une heure avant le coucher du soleil. Je vire vers le sud, m'enfonce dans le désert. Un kilomètre plus loin, j'ai laissé le bruit derrière moi et n'entends plus que le ronronnement des ULM. Je finis par découvrir là-haut, au sommet de la dune que je suis en train d'escalader, le type en noir, assis face à l'horizon. Il chante tout seul. Chemise noire, costume noir, chaussures de ville noires.

Pas de bottes fluo. Il a une trentaine d'années, travaille comme ingénieur sur le champ de pétrole de Tuha dans le Xinjiang (le lendemain, je passerai par le gisement de Turpan-Hami sur la route d'Urumqi). Je lui demande s'il a déjà entendu le *lui-in*. « Il faut venir quand c'est tranquille, répond-il, et qu'il n'y a personne. Mais il y a toujours quelqu'un ! » Il éclate de rire. Nous sommes samedi. C'est sa petite promenade après le travail, son temps de paix. Le désert comme parc municipal. Je ne le retiens pas, mais chaque fois que nous nous apercevons au loin, chacun au sommet d'une dune différente, nous nous faisons un petit signe de la main.

Du haut des dunes je vois le lac trente mètres plus bas : une nappe d'eau en forme de rein, présidée par une pagode et des pavillons modernes. Même si le crépuscule approche, il y a encore des visiteurs au temple. Il n'est plus possible de séjourner ici comme Mildred Cable le fit il y a cent ans, mais l'immensité du paysage est telle que même cent cars de touristes à bottes fluo ne gâcheraient pas l'impression de tranquillité. La terrasse et l'eau sont séparées par une bande de roseaux et de saules du désert. En m'asseyant sur les marches au bord du lac, je prends conscience de bruits que je n'ai pas entendus depuis l'Angleterre : le pépiement des pinsons, le clapotis de l'eau, les cris des enfants. C'est ici que Mildred Cable a « commencé à comprendre qu'accepter une règle de vie stricte fait partie intégrante de cette liberté absolue de ceux que le Seigneur libère ». En d'autres termes, la vie qui lui avait été promise des années auparavant : une vie de privations, de labeur et de solitude. Quinze ans plus tard, elle raconta ainsi son arrivée dans le désert, loin de l'Angleterre « conventionnelle et snob » : « Mon premier sentiment fut une impression de liberté enivrante.

Je levai les bras au ciel comme pour m'envoler et me dis : "J'ai la liberté des espaces. Je peux aller n'importe où." »

De retour en Angleterre dans sa maison natale, Bertram Thomas se laissa détruire par l'alcool. Quant à Mildred Cable et aux sœurs French, un décret promulgué en 1936 contre les étrangers les ayant forcées à abandonner le Gobi, elles s'installèrent dans un hameau du Dorset, sur la côte sud-ouest de l'Angleterre, dans une maison baptisée Willow Cottage (Cottage du saule pleureur) autour de laquelle fleurissaient jasmin, chèvrefeuille et réséda. Impossible de faire plus pastoral, plus typiquement anglais. Mildred mourut en 1952 à l'âge de soixante-quatorze ans, les sœurs six ans plus tard à un mois d'intervalle. Le rêve d'une maison à soi n'avait jamais disparu. Mais parfois à Willow Cottage, quand Mildred repensait au « grondement » des dunes de Mingsha, elle prenait « une poignée de sable de l'oasis du Croissant de lune pour essayer de la faire chanter ». Que nous la croyions ou pas importe peu.

Octobre arrive. Je prends la direction de l'ouest, traverse la frontière entre la province du Gansu et le Xinjiang. À peu près à la même époque, une nouvelle vidéo d'otages circule sur Internet. Pour le non-initié, la scène aurait pu se passer dans n'importe quelle région sèche et rocheuse : une étendue de poussière gris-beige clair, complètement nue en dehors de quelques pierres volcaniques grosses comme le poing. L'endroit a été choisi justement pour ça, pour ce vide, ce qui n'a pas empêché les spécialistes de l'armée américaine de l'identifier comme étant proche d'une certaine ville syrienne tenue par les terroristes. Une toile de fond, mais pas que ça. La mort est une créature mince, voire menue, qui se tient debout les jambes écartées, moulée dans son uniforme de guerrier uniformément noir. Seules les fentes de ses yeux sont visibles. L'horreur qu'il inspire tient en partie à sa pose affectée. Devant lui, agenouillé comme à l'église, le Blanc, qui représente tous les Blancs, tondu, pâli par l'absence de lumière et le stress, vêtu comme toujours des habits du prisonnier politique d'aujourd'hui : le pyjama orange fluo XXL. Les mains de l'officier de la mort sont libres, contrairement à celles de son captif, et dans l'une il tient un couteau, tranquillement, comme si c'était un pinceau. J'ai lu récemment le témoignage d'un soldat russe ayant combattu en Afghanistan dans les années 1980 et qui notait qu'en séchant, le sang versé sur le sable n'est pas rouge-brun mais gris.

C'est en partie cette association – entre le sang et le sable, donc entre la vie et la mort – qui explique l'angoisse que je ressens sur le trajet d'Urumqi pour aller prendre l'avion et me rendre à Hotan. Je ne suis pas franchement rassuré, je le reconnais, par le fait que le train est rempli de soldats adolescents qui se déchaînent dans les couloirs, font la queue devant le samovar ou pour les toilettes, fument en bout de wagon. Ils portent tous les cheveux en brosse, un tee-shirt imprimé camouflage et un pantalon baggy resserré aux chevilles.

Accroché à leur tee-shirt, ils ont un badge où sont écrites les initiales CAPF. En fait, ce ne sont pas des soldats au sens strict du terme, mais les nouvelles recrues de la Police armée populaire, dont la mission principale est « la sécurité intérieure ». Eux aussi se rendent à Urumqi. L'excitation est contagieuse – celle de ceux qui montent au front.

La nouvelle liaison ferrée vers le Xinjiang, qu'on présente comme la nouvelle route de la Soie, en est encore au stade des essais. Par endroits on la voit, parallèle à la vieille ligne. Elle a coûté vingt-trois milliards de dollars et pourrait réduire de moitié la durée du trajet Lanzhou-Urumqi, aujourd'hui de vingt heures. Il est question de la prolonger jusqu'à Kashgar, l'Ouzbékistan et même la Turquie et la Bulgarie. Le vice-président du gouvernement régional du Xinjiang a dit : « Le Xinjiang sera le grand bénéficiaire de la route de la Soie. La ligne aidera à ouvrir la région, à développer le commerce, le tourisme, et les échanges avec les pays voisins. » Un officiel de la commission Développement et Réforme du Xinjiang a déclaré que la création d'une autre branche vers Hotan « aiderait les groupes ethniques à devenir plus ouverts et modernes [...] Nous ne pouvons pas les abandonner pour la simple raison que leur façon de penser est rétrograde ».

De temps à autre, le bruit sourd et constant du train est couvert par une annonce au haut-parleur, une interprétation à la flûte de Pan des musiques d'Andrew Lloyd Weber, ou les hurlements des jeunes hommes de la CAPF. Pendant ce temps, le désert défile. Chaque fois que l'un des garçons passe devant mon compartiment, il marque un arrêt, tend le cou pour mieux voir, et je lui fais un signe de la main. Puis un copain le pousse ou lui file un coup de pied au derrière, et le voilà reparti dans le couloir. Au bout d'une heure de ce petit jeu, deux jeunes soldats entrent bras dessus bras dessous et entament la conversation. Nous échangeons quelques mots, puis ils s'en vont pour revenir aussitôt accompagnés de deux de leurs camarades, avec lesquels j'ai exactement la même conversation, puis ces deux-là vont en chercher deux autres et ainsi de suite, jusqu'à ce que le compartiment soit plein comme un œuf, avec une douzaine de jeunes gens entassés sur les couchettes. Ils sont tous habillés pareil, mais l'effet de cette uniformité souligne leurs spécificités individuelles plutôt qu'elle ne les efface – leur visage, leur physique, leur façon de se tenir. Le motif camouflage numérique de leur tee-shirt est le plus efficace dans le désert. Ce qu'ils ont en commun, c'est d'appartenir à l'ethnie han. Savent-ils qu'ils vont se retrouver postés à Urumqi au moment où débute le procès d'Ilham Tohti ? Je ne me risque pas à leur poser la question. Ilham est professeur d'économie, spécialiste de la culture ouïghoure et défenseur des droits des Ouïghours dans le Xinjiang. Le qualifier d'extrémiste serait une grosse exagération – c'est à peine s'il s'exprime publiquement au nom de cette minorité qu'il défend. Son crime est d'avoir critiqué publiquement la réaction officielle – répression violente, emprisonnements massifs, « descentes » – aux récentes protestations des Ouïghours.

La région autonome ouïghoure du Xinjiang est la plus grande division administrative de la Chine, avec 1,66 million de kilomètres carrés, soit l'équivalent de l'Allemagne, de la France et de l'Italie réunies. Au sud se trouvent les monts Kunlun et le plateau tibétain, au nord les reliefs de l'Altaï et la Mongolie. La province est coupée horizontalement par les Tianshan – « les monts Célestes » –, au nord duquel s'étend le fertile bassin du Junggar. Au sud se trouve un autre bassin, le Tarim, dominé par le désert du Taklamakan. C'est ma destination : trois cent vingt-sept mille kilomètres carrés de sable, où certaines années ne tombent que dix millimètres de précipitations.

L'une des causes de cette aridité est le plateau tibétain, qui agit comme une barrière bloquant les moussons indiennes, auquel il faut ajouter l'isolement extrême du Xinjiang : il existe peu d'endroits au monde aussi éloignés de la mer. L'étendue d'eau la plus proche de la capitale, Urumqi, est la mer de Chine orientale, située à environ deux mille cinq cents kilomètres. La fragile industrie touristique de la région tente de transformer en atouts les superlatifs qui la qualifient : la plus éloignée, la plus aride, la plus chaude, la plus élevée, la plus basse…

Pendant des siècles, les Chinois l'ont appelée le Huijiang – la « Terre musulmane ». Il fallut attendre 1884 et la reconquête par les Qing, à la suite d'une révolte locale, pour que cette région fragmentée soit intégrée en tant que province et que son nom officiel devienne Xinjiang. Aujourd'hui, barbes et voiles (du moins parmi les jeunes) sont interdits. Employés d'État et étudiants n'ont pas le droit de jeûner pendant le ramadan, et des pancartes accrochées aux portes des mosquées en interdisent l'accès aux hommes âgés de moins de dix-huit ans. En janvier, Ilham Tohti a été arrêté chez lui à Pékin, transféré à Urumqi, mis aux fers et privé de nourriture halal. Mange ce qu'on te donne, en somme. Il n'a rien mangé pendant dix jours. En juillet, son chef d'accusation a été annoncé : séparatisme. Il est le fondateur d'un site Internet qui – selon les termes de la police – a été utilisé pour « fabriquer des rumeurs, déformer et enfler des problèmes afin de créer des conflits, de diffuser les idées séparatistes, d'inciter à la haine ethnique, de prôner "l'indépendance du Xinjiang" et de mener des activités séparatistes ». Son attitude, d'après l'agence de presse d'État, « était proprement ignoble, si bien qu'il doit être lourdement sanctionné ».

Toujours deux par deux, les jeunes recrues quittent mon compartiment pour revenir avec des petits cadeaux : une poignée de noix, un sachet de *chai* instantané, une cigarette présentée dans un Tupperware. Ils roulent leurs manches pour montrer leurs biceps et prennent des poses style Monsieur Muscle. Je fais de même. Ils viennent du Shanxi, à cinq cents kilomètres à l'est de

Jiayuguan, m'expliquent-ils. Certains se connaissent depuis l'école primaire. Non, ils ne sont jamais allés à Urumqi. N'ont jamais quitté le Shanxi. Ils ne savent pas trop ce qu'on va leur demander de faire, mais l'un d'eux pense qu'on va leur dispenser un entraînement. Il fait semblant de tirer à la mitraillette et en imite le bruit. Les autres font pareil, et tous ces braves garçons de tirer de concert en imitant les pétaradements, qu'ils n'ont sans doute jamais entendu ailleurs que dans le jeu vidéo *Call of Duty*.

Un soldat déconseilla à Mildred Cable d'entrer dans le Gobi noir. « Cet endroit, tout le monde le craint », lui dit-il. Owen Lattimore, qui passa dans la région en 1927, décrivait un « désert de graviers noirs [...] comme de l'ardoise qui s'effrite sur du sable argileux jaune ». La couleur noire s'explique par la présence de « vernis du désert », c'est-à-dire de l'argile et du manganèse qui s'accrochent aux roches exposées au vent et forment au fil des millénaires une couche d'une épaisseur de l'ordre du micromètre. Une pierre que vous ramassez dans le désert peut être claire d'un côté et pratiquement noire de l'autre. De temps à autre, j'aperçois par la fenêtre de mon compartiment des sédiments blanchis par une inondation ayant emporté la couche noire, ou par le passage d'un véhicule qui y a imprimé les traces courbes de ses pneus.

Le train ralentit, puis s'arrête. Je me redresse. Partout dans le désert, dominant le paysage, des dizaines de derricks hauts de vingt mètres (c'est le champ de pétrole de Tuha mentionné par mon ami à Dunhuang), et entre eux, montant et descendant avec une régularité qui semble tout à la fois inexorable et primordiale – aussi primordiale que les mouvements du cœur –, des centaines de ces pompes qu'on appelle *nodding donkeys* en anglais (littéralement, des « ânes qui font oui de la tête »), et *ketouji* en chinois (« machines qui font des courbettes »). Extrait des *Œuvres choisies* de Mao : « On dit que la Chine est un pays dont le territoire est vaste, les ressources abondantes et la population nombreuse ; en fait, c'est la majorité han qui a une population nombreuse, et ce sont les minorités qui disposent d'un vaste territoire et de riches ressources. » Noir à la surface, noir sous la surface.

À Urumqi, je prends un avion pour la ville de Hotan, située à la limite sud du Taklamakan. Je regarde par le hublot les glaciers des Tianshan se transformer brutalement en désert, passant du vertical à l'horizontal, du solide au friable – et puis d'un coup il n'y a plus rien d'autre que du sable beige, uniforme comme le bleu sombre de l'espace au-dessus de nos têtes. Au bout d'une heure, un filet de vert émerge, une rivière, qui mène à une ville donnant l'impression d'être encerclée de toutes parts – par les deux rivières qui coulent d'est en ouest, par le désert au nord, et par les montagnes au sud.

La majeure partie du sable du Taklamakan a été apportée par le vent depuis les montagnes qui bordent le bassin du Tarim. À Hotan, la poussière est suspendue dans l'air comme après l'écroulement d'un bâtiment dynamité. À cause d'elle, tout semble vague et sans substance. J'ai l'étrange impression que la ville se désintègre. « Tout le monde s'en fout ! » : voilà ce que m'explique Absalom, que j'ai rencontré à l'aéroport. Il me le dit au volant de son scooter zigzagant, ou bien au moment de courir pour traverser une rue – la seule manière pour un piéton d'arrêter la circulation étant d'avancer sur la chaussée. « Tout le monde s'en fout. » À l'aéroport, il m'a proposé de me servir de guide, et comme je l'aime bien et qu'il ne prend pas cher, j'ai accepté. Absalom n'est pas son vrai nom, mais c'est celui qui me vient à l'esprit quand je pense à lui. Il est jeune, cultivé, a appris l'anglais tout seul. Sa langue maternelle est le ouïghour et sa deuxième, le chinois. Pendant la semaine que je passe avec lui, il porte toujours le même jean et le même pull bleu marine, avec une sacoche en bandoulière. Ce qu'il aime plus que tout, ce sont les glaces et les jeux vidéo. Plusieurs fois il m'emmène dans un salon près de la place principale de Hotan où, entourés de la jeunesse dorée de la ville, nous mangeons des *sundaes* tout gluants.

Fondée par des immigrants venus d'Inde aux alentours de 200 avant Jésus-Christ, Hotan fut une ville-État bouddhiste importante et demeura un centre religieux jusqu'en 1006, date à laquelle elle tomba aux mains du khan de Kashgar. L'islamisation de ce qui est maintenant le Xinjiang fut déclenchée en 950 par la conversion de Satuq Bughra Khan. Selon la légende, il rencontra un lapin qui parlait (en fait un sheikh), lequel lui demanda de répéter : « Il n'y a pas d'autre dieu qu'Allah, et Mohammed est son prophète. » Alors Satuq renversa son père, le Bughra Khan, et le décapita. Se diffusant d'oasis en oasis, l'islam remplaça le bouddhisme, avec l'aide de missionnaires soufis. Au XVIIe siècle, le Xinjiang était très majoritairement musulman. Le *Huijian Zhi*, une histoire chinoise de la région rédigée en 1772, raconte : « Le caractère naturel des musulmans est d'être soupçonneux et instables, rusés et faux. » Bien que « buveurs et obsédés par le sexe, ils sont néanmoins capables d'endurer la faim et le froid, et de supporter n'importe quelle insulte. » Point commun avec la plupart des mots chinois signifiant « barbare », le caractère servant à écrire « musulman », *hui*, contenait jusqu'à récemment le signe pour « chien ». Hotan reste réputée pour son obstination. Sur la place de l'Unité, la police armée monte la garde sous une statue d'aspect quelconque, couleur argile humide, qui représente un paysan ouïghour, tête inclinée, serrant la main d'un homme arborant l'air distrait de celui qui pense à son déjeuner – Mao. Le paysan, c'est Kurban Talum, un symbole d'unité ethnique mis en avant par Pékin.

La ville se situe entre deux rivières, la Yurungkash (« Jade blanc ») et la Karakash (« Jade noir »), qui convergent plus au nord et suivent péniblement leur cours dans le Taklamakan sous le nom de rivière Hotan, le cours d'eau dont mon vol a suivi le filet vert-brun. On continue à chercher du jade dans les rivières et les Kunlun. Si tu vois une BMW, me dit Absalom, c'est un officiel. Si tu vois un Land Cruiser, c'est un trafiquant. Dans un cas comme dans l'autre, garde tes distances.

Le lendemain matin, devant le marché du jade au bord de la Yurungkash, on ligote un bœuf. La scène se déroule sous les yeux attentifs de quatre membres des CAPF qui se sont mis en formation sous un store. L'un d'eux a posé entre ses pieds la pointe d'une baguette cloutée et les autres, qui se tiennent en cercle autour de lui, agrippent leurs fusils automatiques. Ils ressemblent à des statues, ou des fantômes, invisibles parmi la foule et malheureux, me semble-t-il, comme les fantômes. Le bœuf donne une ruade pour essayer de se dégager. À l'intérieur du marché, que protège une clôture métallique, des centaines d'hommes circulent entre les échoppes, comme emportés par des courants sous-marins. Sur certains des étals sont présentés des blocs de jade de la taille d'une tête humaine, sur d'autres juste une poignée de galets teintés, noirs, blancs, verts, ramassés dans le lit de la rivière du Jade blanc qui passe juste à côté. Les marchands pulvérisent de l'eau sur le jade pour en faire ressortir le brillant, si bien que malgré la chaleur dégagée par la foule, le marché est l'endroit le plus frais de la ville. J'achète un galet de jade vert qui a la taille, la forme et la texture d'un lobe d'oreille. Ce sera mon talisman. De retour dans ma chambre d'hôtel, je constaterai que sa surface brillante est devenue terne en séchant, comme les bouts de verre qu'on trouve dans la mer.

Je reste dehors sous le soleil cuivré à l'écart de la foule. Le bœuf est toujours là, les quatre pattes ficelées avec un seul nœud, tandis qu'un homme penché au-dessus de lui lui tranche la gorge avec un couteau qui paraît trop court pour cette besogne. L'animal agite les pattes tout en se vidant de son sang sur la chaussée. Trois bambins fascinés regardent la scène, qui n'a rien d'atroce. Difficile de parler de violence : le bœuf a l'air de participer. L'homme continue à trancher. Je détourne le regard et retourne à mon hôtel, passant devant les policiers toujours campés sous leur store.

Depuis le 11 septembre 2001, Pékin parle du Xinjiang comme d'un nouveau front dans la lutte globale contre l'islam militant. Ce que la Chine y fait relève simplement des devoirs échouant à tout gouvernement responsable. Même la population des villes et villages où se sont déroulés émeutes, manifestations ou massacres n'a pas droit aux faits. Deux morts ? Une centaine ? Deux mille ? Et tués par qui ? Des Han, des Ouïghours, des civils, des policiers, des soldats ? Peu d'informations circulent, et quand elles existent et sont diffusées, officiellement ou sous le manteau, elles ont de grandes chances d'être révisées le lendemain par les autorités, ou encore retirées ou démenties.

À Urumqui, où commence le procès d'Ilham Tohti, quelques heurts éclatent au moment où je sors du métro pour prendre mon avion. Des têtes s'agitent, la foule se rassemble et je vois un homme, un Ouïghour, lever le poing en hurlant et frapper un policier han au niveau de la mâchoire. Ce dernier tourne simplement la tête en fronçant les sourcils, comme pour éviter un courant d'air désagréable, puis réplique avec un coup sur la tempe qui met son assaillant K.-O.

À Hotan, la présence policière est vécue comme une force d'occupation plutôt que le bras armé de la loi. Les hurlements des sirènes sont incessants, pourtant ils ne signalent pas une urgence : ce sont les camions de police blancs ou noirs qui roulent au pas en actionnant leurs gyrophares. Aucune voiture ne se risque à les approcher ou à les doubler.

Le lendemain matin, les marchands du bazar ouvrent les grilles de leurs stands et étalent leurs marchandises. Ferronniers et tourneurs sur bois, marchands de tapis ou de raisin. Même à cette heure matinale, les pièces de viande accrochées dans les échoppes des bouchers sont déjà couvertes de mouches comme un essaim d'abeilles. Devant chacune de ces échoppes, une tête de cheval est posée par terre. Elle vient d'être coupée, mais il n'y a pas de sang. Les yeux sont fermés. La langue pend à l'extérieur de la bouche, comme si quelqu'un l'avait fait ressortir exprès, comme si le rituel du boucher était d'installer tous les matins ce symbole de son métier, cette enseigne – le doigt s'introduit entre les dents, crochète la langue pour la faire sortir. Celle-ci n'est ni rose ni luisante. La poussière l'a ternie. Ce qui me fait penser à la mienne, à ce goût de craie dans ma bouche, même quand je suis à l'intérieur, même la nuit quand les fenêtres sont fermées et que l'air conditionné est éteint.

Les oasis de la partie sud du Taklamakan ont toujours été poussiéreuses – les poumons d'une momie de deux mille ans en sont saturés –, mais il est entendu, parmi les personnes auxquelles je parle, que la fréquence accrue des tempêtes de poussière – plus de deux cents par an – s'explique par l'activité humaine. Les cinq réservoirs du Xinjiang contiennent huit milliards et demi de mètres cubes d'eau, soit davantage que ce que fournissent chaque année les cours d'eau de la région. Quatre-vingt-seize pour cent de la consommation d'eau est agricole. Après les réformes économiques entreprises par la Chine en 1978, d'immenses champs de coton ont été plantés, le coton aimant le soleil et les sols sableux. Comme il consomme de grandes quantités d'eau, la conséquence de son implantation dans une région aussi aride était inévitable : les rivières se sont taries, les forêts de peupliers sont mortes, et les fermes ont cédé aux assauts du sable.

On estime que la désertification touche un sixième de l'humanité et soixante-dix pour cent des zones arides. L'image qu'on donne souvent est celle d'un désert qui « mange » les terres fertiles, avançant comme une nécrose, mais cela relève d'une mauvaise compréhension du processus. Les causes principales de la désertification sont l'irrigation à outrance, le surpâturage et la déforestation. Le désert n'a pas faim, pas plus qu'il n'est jaloux. La vérité, c'est qu'en surexploitant des sols appauvris nous les rendons non seulement improductifs mais également stériles. Le mot « désertification » ne convient pas, car le désert naturel – *le désert absolu*, en gros – est, malgré son minimalisme de surface, un ensemble d'équilibres en grande partie autorégulés (pensons au sable au point du jour, avec ces traces d'animaux qui s'entrelacent), tandis que les régions désertifiées s'approchent bien davantage du sens premier du terme latin : elles sont non seulement appauvries mais également abandonnées. Un paysage désertifié, ce n'est pas un paysage de désert mais plutôt une création humaine, et souvent le résultat de notre incapacité à nous réconcilier avec l'aridité.

Le Lob Nor, autrefois deuxième plus grand lac salé de Chine, est pratiquement à sec aujourd'hui à cause du détournement et de l'endiguement de la rivière qui l'alimente, le Tarim. Le niveau de l'eau de l'oasis du Croissant de lune, admiré depuis l'Antiquité pour sa miraculeuse permanence, est en train de baisser en raison de l'épuisement progressif de sa nappe phréatique par l'industrie et l'agriculture. Le sol étant mis à nu par la disparition de la végétation, le vent peut maintenant soulever la poussière qui s'est déposée à la lisière du désert pendant des millions d'années et, à la grande joie d'Absalom, les effets ne se font pas sentir qu'au Xinjiang : chaque année au printemps, me dit-il, Pékin, siège du gouvernement central, étouffe, envahie par cette malédiction venue de l'Ouest insalubre.

La traduction de « Taklamakan » que les explorateurs occidentaux préféraient – « tu entres, et tu ne sors pas » – laisse les locaux perplexes. On sait que ce nom fut donné à au moins une des villes du désert ensevelies sous le sable, et il est possible que, par extension, il ait fini par désigner le désert lui-même. « Vieux pays », disent certains, ou bien « pays tout au bout » ou « pays des raisins ». Selon une autre théorie, « Taklamakan » est la forme ouïghoure du mot arabe signifiant « laisser tranquille », et une autre encore l'associe à *toghrak*, le mot turc désignant le peuplier du désert. Charles Blackmore, un aventurier britannique qui avait traversé le désert d'est en ouest, en fit un récit qu'il publia en 1995 et intitula *Le Pire Désert au monde.* « Il était à moi, écrivit-il. Je l'avais conquis et mes pas allaient *arracher sa virginité aux couches plissées du sable.* » C'est moi qui ajoute les italiques.

Mais pour les Occidentaux, c'est un récit antérieur qui conféra au Taklamakan la dimension mythologique d'un lieu aussi redoutable que le plus glacial des pôles. Dans la collection de la Royal Geographical Society (RGS), on trouve un mètre dans un coffret portant l'inscription suivante :

LAISSÉ PAR
M. SVEN HEDIN EN MARS 1901
NORD DU LOB NOR, ASIE CENTRALE
TROUVÉ LE 23 DÉCEMBRE 1906
PAR M. AUREL STEIN

L'explorateur suédois Sven Hedin partit pour une première expédition dans le Taklamakan en 1895 à l'âge de trente ans. Aurel Stein et lui se rencontrèrent une seule fois – lors d'un dîner à la RGS en 1909 –, et l'explorateur britannique rendit le mètre au Suédois, qui en fut ravi. Les cartes établies par ce dernier s'étaient avérées précieuses, tout autant que celles de Stein pour les voyageurs ultérieurs. Celui-ci remercia Sven Hedin en vérifiant l'exactitude des mesures qu'il avait prises (elles étaient parfaites). En 1895, le Suédois avait eu pour objectif de traverser le Taklamakan du sud au nord. Ce premier coup d'essai fut pratiquement le dernier pour Sven Hedin, et les souffrances qu'il endura façonnèrent sa réputation et l'image du Taklamakan en Occident. Des quatre hommes qui l'accompagnèrent dans le désert, seuls deux revinrent. « À mes yeux, écrivit-il au moment de leur départ de Merket, à la lisière ouest du désert, l'océan du désert était investi d'une beauté fascinante. Son silencc, son immobilité absolue exerçaient sur moi une fascination magique. » Une fascination que même les événements des semaines à venir n'allaient pas entamer – il s'extasie sur le désert alors même qu'il agonise. « Je n'avais pas une once d'hésitation, pas une once de peur », expliqua-t-il. Un sentiment quc l'on retrouve chez Harry St John Philby, confronté à la perspective de la mort dans le Quart Vide trente-cinq ans plus tard : « Je ne voulais pas, je ne pouvais pas abandonner. »

Le récit de Sven Hedin, intitulé en français *Trois ans de lutte dans les déserts d'Asie*, nous rappelle que le sable, ce n'est pas que du sable mais également, pour le voyageur du désert, un élément aussi mobile et impulsif que l'eau. Il commente les noms ouïghours des hautes dunes qu'ils doivent franchir dans leur progression – *ighiz-kum* : haute dune ; *chong-kum* : grande dune ; et plus souvent à mesure que l'expédition progresse vers le nord, *yama-kum* : maudite dune. Au bout de deux semaines de traversée, il se rend compte que ses hommes n'ont plus d'eau que pour deux jours, mais comme Yolchi, son guide, lui assure que la rivière Hotan n'est qu'à quarante-huit heures de marche, il continue. Du moins c'est ce qu'il nous dit. Une once d'« hésitation » ou de « peur » ne lui aurait pas nui. « Quelles souffrances, quelles pertes, quelles peines nous nous serions épargnées, à nous et aux autres, si nous avions fait demi-tour. » Mais un tel renoncement, même devant un risque de mort avéré, aurait été pour lui une abomination.

Ses hommes étaient tués à petit feu par le désert, il le sentait, et pourtant « jamais plus profonde paix de

Sabbath n'a régné sur un cimetière ». Les dunes qu'ils doivent escalader font soixante mètres de haut. Soudain, un homme s'écrie : « *Karga ! Karga !* » en pointant le doigt vers le ciel : un corbeau solitaire décrit des cercles au-dessus de leur caravane. Puis le squelette d'un campagnol ; un *toghrak* desséché. « Nous avons cru approcher "terre" », reconnaît le Suédois. Hélas, arrivés au sommet de la dune suivante, ils ne voient rien d'autre que des *yama-kum* à l'infini. Trois jours passent, sans eau. « Les hommes ainsi que les chameaux sont extrêmement faibles, écrit Sven dans son journal. Que Dieu nous vienne en aide ! » Le 1er mai, rendu fou par la soif il se force à boire l'alcool inflammable de son réchaud ; le liquide lui brûle la gorge « comme du vitriol » et manque de le tuer. Il présente cet acte comme celui d'un homme décidé, tel un héros, à gagner la bataille. Mais plus j'en apprends sur Sven Hedin, plus je perçois son mépris pour la vie des autres et plus je me demande si ce n'était pas un geste d'autodestruction.

Dans la voiture qui nous conduit vers le désert, Absalom a l'air inquiet. J'entends dans son portable le chamelier aboyer, à la manière d'une de ses bêtes : si nous sommes en retard, il ne nous attendra pas. Il est tout juste quinze heures, ce qui veut dire prendre la route aux heures les plus chaudes de la journée. Comme nous sommes vendredi, cela veut dire également rouler pendant les heures réservées à la prière. Absalom raccroche et se tord les mains. Littéralement, comme s'il voulait se les laver au robinet. Puis il retire ses épaisses lunettes – sans elles, il est pratiquement aveugle –, les pose sur ses genoux et s'essuie le visage des deux mains. Il nettoie ses verres avec un petit chiffon sorti de son étui, puis remet ses lunettes.

Nous devons retrouver le chamelier à la lisière du désert à trente kilomètres au nord de Hotan. L'idée est de passer ensuite deux jours à voyager dans le désert, puis de rejoindre les ruines du stupa qu'on appelle Rawak, un reliquaire et sanctuaire bouddhiste construit au IVe siècle environ, avant la conquête de Hotan par les musulmans. Aurel Stein est venu une première fois à Rawak en avril 1901, six ans avant sa seconde expédition et ses découvertes à Dunhuang. Rawak, ou « Haute Demeure », que son guide lui avait simplement décrite comme une « vieille maison » à moitié enfouie dans le sable, s'avéra « la plus imposante structure qu'[il] ait jamais vue de toutes les ruines existant dans la région de Hotan ».

Deux heures durant, notre chauffeur dépasse à peine les vingt kilomètres-heure. Il emprunte des routes tranquilles, étroites et bordées de peupliers, ou se faufilant entre deux rangées de dattiers. Impossible d'aborder certains sujets, même dans la voiture, à trente kilomètres de la ville. Chaque fois que nous passons devant des habitations, Absalom appuie sur la commande électrique pour remonter ma vitre. « Je t'expliquerai. » Ce sont ses seules paroles, par lesquelles il veut dire « plus tard », même si en fait c'est « jamais ». Lui et le chauffeur, le père de son ami, n'échangent pratiquement pas un mot, juste quelques regards. Le chauffeur ralentit au point que le crissement des roues sur le gravier couvre le bruit du moteur et qu'on entend le volant grincer – si bien que notre lenteur devient ostentatoire. Je suis une princesse sur un char de carnaval, un despote en déplacement, un baron du sucre. Nous continuons à cette allure pendant quinze kilomètres, vitres fermées. Absalom et le chauffeur gardent les yeux fixés sur la route même quand des villageois sortent de leur maison et nous regardent passer.

« Il faut rouler lentement, me dit enfin Absalom, pour ta sécurité. »

Nous finissons par nous arrêter devant une gargote. Le propriétaire s'avance et nous observe. Absalom descend de voiture et va lui serrer la main tandis que le chauffeur se tient debout près du capot. Moi, je dois rester là où je suis. Ne pas ouvrir les fenêtres. Absalom tend une poignée de billets au type, qui va dire quelques mots à un autre homme debout près de l'entrée. Ce dernier appelle deux enfants, une fille et un garçon de six ou sept ans. Une fois qu'ils ont reçu les instructions, les gamins disparaissent au petit trot dans le dédale de bâtiments, de ruelles et de champs qui s'étire à l'arrière.

Je suis toujours dans la voiture brûlante et je n'ai pas la moindre idée de ce qui est en train de se tramer. Quand je tourne la tête, Absalom est seul. Il se passe la main dans les cheveux, caresse le sommet de son crâne tout en contemplant le gravier. La route est plutôt large, mais aucun autre véhicule ne l'emprunte. Les petits ne sont toujours pas revenus. Dans une cage au-dessus du comptoir il y a deux canaris bleus et un inséparable. Pas de bruit. Ce silence, c'est l'une des étranges caractéristiques des endroits situés à la lisière du désert : même les oiseaux en cage ne chantent pas.

Les enfants finissent par réapparaître, main dans la main. Le garçon passe quelque chose à l'homme, qui le donne à Absalom. On dirait une forme de deal. Les gamins ont le visage et les vêtements sales, le crâne rasé.

Une fois de retour dans la voiture, mon guide se tourne enfin vers moi et ouvre le poing brièvement pour me montrer les deux objets que les enfants ont apportés : des briquets en plastique translucide, un rouge et un jaune.

Il actionne le rouge et la flamme surgit. « La vérité, c'est que c'est très dur d'acheter des briquets par ici. »

Depuis les émeutes d'Urumqi en 2009, lesquelles ont fait deux cents morts, principalement des civils han, d'après les sources officielles, on a assisté à une escalade de violence entre les autorités chinoises et les Ouïghours dans le Xinjiang. Trente et une personnes ont été tuées en mai 2014 lors d'une attaque à la voiture-bélier et aux explosifs dans un marché han de la ville. Il y a trois mois, l'imam progouvernement de la plus grande mosquée de Chine, dans la ville de Kashgar située à cinq cents kilomètres au nord-ouest de Hotan, a été poignardé. Et quatre-vingt-seize personnes sont mortes dans la ville voisine de Yarkand suite aux violences qui ont éclaté après ce drame – l'identité des victimes et la nature des violences restent, comme d'habitude, floues. Même se procurer un couteau est difficile en ce moment, m'explique Absalom. Et il est impossible d'acheter légalement des allumettes et des briquets, à moins d'avoir un permis ou de s'adresser à une personne habilitée à en vendre. Il en est ainsi depuis les tueries de masse à Yarkand. Être en possession d'une ceinture de pétards comme j'en ai vu en vente à Jiayuguan entraînerait votre arrestation, et un véhicule qui pénètre dans une station-service doit laisser tous ses passagers à l'entrée. Ainsi, faire du feu est devenu pour les Ouïghours des régions rurales un problème quotidien. Or nous aurons besoin de pouvoir en faire dans le désert. Le chauffeur redémarre et reprend la route.

Le sable cogne bruyamment sur les vitres, couvrant la pop arabe qui se déverse de l'autoradio. La matière même du paysage bouge – une force d'anéantissement plutôt que de construction. Une lame de sable balaie la route toute droite devant nous. Si je regarde par la vitre arrière, j'arrive – mais à grand-peine – à distinguer le bitume des dunes alentour. Le désert se referme sur nous. Si la route se trouvait recouverte, seuls quelques rares panneaux ou poteaux indiqueraient la bonne direction.

Nous passons devant une ferme entourée de murs, puis des plantations de coton et de dattes. Les bas-côtés sont remplis d'eau stagnante. Sans la main de l'homme, tous ces hectares redeviendraient un paysage de brousse sableuse. Aux quatre coins de chacun des champs, on aperçoit à travers la poussière un mirador d'où le contremaître peut surveiller les ouvriers pendant la moisson. La ferme militaire est, depuis la dynastie Han, un outil auquel l'État a recours sur les frontières. Entre 1952 et 1954, quelque cent cinquante mille soldats du Kuomintang, démobilisés suite à leur défaite par le Parti communiste chinois lors de la guerre civile, furent déployés dans le Xinjiang pour former le corps Production-Construction, le *Shengchan sanshe bingtuan*, qu'on appelle plus communément le *bingtuan*. Les objectifs du *bingtuan* étaient la reconquête des terres et leur redistribution, afin d'exploiter une région désertique et dépérissante. Au cours de la Révolution culturelle, le *bingtuan* absorba des centaines de milliers de migrants han. Aujourd'hui, ses effectifs sont estimés à deux ou trois millions, soit un septième de la population de la province. Sous ses auspices, les Nouveaux Territoires redevinrent une colonie pénale, comme à l'époque des Qing, et des fermes-prisons virent le jour un peu partout dans la région. Entre 1949 et 1961, la superficie des terres cultivées dans le Xinjiang passa de 1,2 million d'hectares à 3,2 millions. Le *bingtuan* possède un tiers des terres arables et contrôle des groupes paramilitaires dont l'efficacité en matière de répression est proverbiale. Absalom accepte de me donner un détail sur le *bingtuan* : « Il produit un tiers du concentré de tomates du monde. »

Alors que nous passons devant les champs, je remarque deux BMW noires à une centaine de mètres devant nous. Elles sont immobiles et côte à côte, bloquant la route, comme si le conducteur de la voiture de gauche avait fait signe à l'autre de s'arrêter. Notre chauffeur ralentit et tourne la tête vers Absalom. La voiture de gauche n'est pas immatriculée. Celle de droite redémarre et s'éloigne, mais l'autre reste sur place et nous nous approchons. Elle commence à avancer tout en restant à gauche de la route, jusqu'à ce qu'elle roule à la même vitesse que nous, ses roues avant au niveau de notre pare-chocs. Notre chauffeur n'accélère pas. Deux motos – des fermiers – arrivent face à elle. Finalement, la BMW tourne pour pénétrer sur un domaine agricole, mais je me demande où a bien pu passer l'autre véhicule. Un kilomètre plus loin, je me penche vers Absalom et l'interroge.

Il reste immobile, hoche la tête. Lorsque je lui demande si tout va bien, il se contente d'un nouveau hochement de tête.

Vingt minutes plus tard, nous nous arrêtons devant une tour crénelée faite de pierres noires où nous sommes censés retrouver le chamelier. Sert-elle de mirador pour le *bingtuan* ? Est-ce un édifice visant à permettre aux touristes – même si je suis sans doute le seul – d'observer le désert ? Absalom l'ignore. Elle a été construite il y a trois ans environ, d'après notre chauffeur. Le ciment entre les pierres est blanc, comme les joints du carrelage d'une salle de bain. Les fondations ayant subi les assauts du vent, la tour est maintenant juchée sur un monticule de ciment brut posé sur le sable. Des gens sont passés ici : des bouteilles en plastique jonchent le sol. « Tout le monde s'en fout, tu vois ! » Absalom, qui porte toujours son pull malgré la chaleur, transpire, s'agace. Il jette un coup d'œil à son ami, me regarde, fait un geste en direction de la tour : « Allez. » Le chauffeur le dévisage. Je monte les marches. Ils me suivent.

Depuis le sommet de la tour, nous contemplons la plaine sableuse couverte de buissons – le début du désert. Pas de bétail, pas de bâtiments ni de clôtures, juste des dunes et la route vide, et maintenant un léger souffle de vent. Nous redescendons et attendons à l'ombre du bâtiment. Une mouche se pose sur ma montre. Absalom sort son portable et effleure l'écran fendillé, faisant apparaître la photo d'une affiche officielle représentant les visages de deux hommes. Le premier porte une épaisse barbe noire, le genre de barbe interdite, et le second un bouc – approuvé. Je reconnais le premier. « Ça ne serait pas… ? » dis-je. Oui, répond Absalom, c'est Keanu Reeves, l'acteur américain, dont l'image n'a été utilisée ici qu'en raison de l'inconvenance exemplaire de sa pilosité. « *Abu Keanu* ! » murmure Absalom.

Il tapote de nouveau son écran. « Écoute. »

Il n'y a pas de son. Il coupe l'enregistrement, puis monte le volume et relance. « Écoute. »

Rien que le bourdonnement des mouches.

Le chauffeur est allé faire quelques pas dans les dunes. M'éloignant de la tour pour aller soulager ma vessie, je le trouve enseveli dans le sable – seule sa tête en émerge. Il a les yeux fermés, et quand il les rouvre, il sourit. Sa thérapie.

« Écoute », répète Absalom à mon retour. Cette fois-ci, j'entends la musique, étonnamment forte. Le « Berger solitaire » ! *Un chevrier là-haut loin du monde…*

« *La Mélodie du bonheur* ! » s'exclame-t-il. Il laisse la chanson jusqu'au bout, souriant et hochant la tête.

Une heure plus tard, à seize heures, nous entendons au loin le bruit d'un moteur. Nous grimpons de nouveau en haut de la tour : à un kilomètre de nous, une moto avance lentement dans notre direction, quatre chameaux de Bactriane attachés derrière en file indienne.

Ces chameaux-ci ne sont pas les « jaunes » souples d'Arabie, comme Soran, ni même les petits ânes dorlotés de Jiayuguan – lesquels nous regardaient d'un œil torve et poussaient des couinements outrés chaque fois que quelqu'un les montait. Leur fourrure ressemble à celle d'un ours après une longue hibernation, pâle avec des reflets huileux et une touffe de poils noirs emmêlés au sommet de chaque bosse. Ils ont plein de petites plaies aux endroits où la selle en bois, la corde ou la chaîne arrachent les poils et blessent la chair. S'ils désobéissent, ils ont droit à un coup de canne sur la tête, qui leur arrache un cri plaintif. Mais ce traitement n'est réservé qu'aux jeunes, de même qu'on donnerait la fessée à un enfant. Les chameaux plus âgés sont traités avec une révérence empreinte de tendresse – on leur parle gentiment, et on les fait asseoir par une caresse de la corde sur leurs hanches.

Au bout de deux heures de chevauchée, le chamelier met pied à terre et commence à fouiller dans les branches d'un tamaris. Ces dunes lui sont aussi familières que celles de Ramlat Mitan, dans le Quart Vide, l'étaient pour Hassan. On trouve souvent des tamaris ou des saxaouls émergeant du sommet d'un petit cône de sable – qu'on appelle *nebkha* – accumulé autour de leurs racines. Ces monticules, tels des îlots dans une mer de sable, abritent scorpions, lézards, petits oiseaux. Le vent pousse le sable, qui vient se coller aux branches basses des arbres, et sur les pentes du monticule on trouve du petit bois. Notre guide extrait quelque chose du tamaris – un gril noirci, sur lequel il tape avec la paume de la main pour le débarrasser du sable, avant de l'accrocher au pommeau en acier de sa selle. Ce gril, il l'a planqué là Dieu sait quand.

Le chamelier s'appelle Abdul Rachid Mohammed. Il porte un pantalon en flanelle grise, des chaussures en plastique noir et une chemise blanche avec des trous pour les boutons de manchette. Il est coiffé d'un chapeau blanc baissé sur le front et d'une *dopa* blanche, la calotte qu'arborent certains hommes ouïghours après le coucher du soleil. Quand on lui pose une question, il regarde par terre, mais quand il s'adresse à un chameau il s'approche de l'animal, pose la main sur son museau et plonge son regard dans ses yeux humides. Il a déjà traversé une fois le Taklamakan d'ouest en est – mille cinq cents kilomètres. C'est comment ? je lui demande. En guise de réponse, il désigne les dunes qui nous entourent. *Comme ça.*

Le sable est gris, frais même sur la surface, pas du tout comme dans le désert rouge et brûlant d'Arabie. Le Taklamakan, formé principalement de quartz et de feldspar, contient peu de fer. De loin, même à la lumière de cette fin de journée, les dunes conservent les couleurs fades d'une mer d'automne. Disque blanc en fusion, le soleil disparaît sans jamais s'embraser. Comme si au lieu de s'enfoncer derrière les dunes, il fondait avant même de les avoir touchées.

Après le dîner, je me prépare une couche à même le sol, comme Hassan me l'a appris à Oman, en commençant par creuser un trou pour la tête et en poussant le sable vers l'extérieur à partir d'une ligne centrale. La pièce maîtresse du musée de Hotan est une momie d'homme exhumée d'un cimetière dans le désert. L'aridité est telle qu'un corps ne se décompose pratiquement pas : il se ratatine au fur et à mesure qu'il perd son humidité. Ce processus commence parfois avant la mort. Les mâchoires de l'homme momifié sont scellées, mais on voit sa petite langue grise sortir entre ses lèvres. Ses narines sont des entailles sur sa peau parcheminée. Ses cheveux sont noirs et rêches. Il a environ deux mille ans. Le plus touchant, c'est que chaque soir on déploie sur sa vitrine une couverture en velours, qu'on roule au matin et qu'on dépose par terre, soigneusement pliée.

À l'est de la ligne d'horizon, les dernières lueurs du soleil se désintègrent, mais une heure plus tard l'endroit du ciel où il a disparu s'illumine à nouveau, comme si la lune – par un curieux mystère – se levait exactement là où le soleil s'est couché, ou comme si celui-ci faisait marche arrière. Je me redresse sur mes coudes. Absalom, réveillé lui aussi, s'est assis en tailleur sur ses couvertures et regarde la lumière. Il me dit qu'il souffre d'amnésie. Non, se corrige-t-il, d'insomnie ! Il n'a pas consulté de médecin. « À quoi bon ? C'est à cause de tout ce stress dans ma vie.

– Oui, mais quand même…

– Un médecin ne peut rien y faire. »

Voilà qui explique son air soucieux, son expression, celle de quelqu'un qu'on vient de tirer en sursaut d'un sommeil profond et dont les muscles du visage ne se sont pas encore remis en mouvement. Parfois, sa fatigue ressemble à du dédain, et j'en viens par moments à penser que c'en est bel et bien, du dédain pour celui qui vient ici de son plein gré, dépense de l'argent, l'équivalent de six mois de salaire peut-être pour lui (guère moins pour moi), qui non seulement abandonne une terre de verdure et de liberté mais aussi renonce à l'occasion de visiter d'autres lieux ô combien désirables – New York, Berlin, Paris, des lieux qui lui sont interdits – en faveur de la poussière du Xinjiang. Certains de ses amis sont allés étudier à Shanghai. D'autres se sont mariés. « Moi, je suis différent », me dit-il. Ce n'est pas qu'une question de pauvreté. Ses parents sont divorcés, et cette tare lui colle à la peau. Sa mère s'est remariée – « pour l'argent ». Quant à son père : « Il me voit de temps en temps. » Puis il ajoute, histoire que ce soit bien clair : « Abandonné ».

Il prononce ce mot d'une façon spéciale, traînante, et en l'entendant on devine aisément un sentiment de délaissement, de désertion, qui dépasse le problème de ses relations avec son père. « Je suis différent. » Voilà comment il se décrit souvent, sans en tirer la moindre fierté.

La lumière jaune à l'horizon s'attarde encore cinq minutes avant de céder la place à l'obscurité. Je ne tomberai que plus tard sur la description que fait Mildred Cable d'une « lumière magnétique dansante, qui déroute le novice en lui faisant croire en l'existence d'hommes et de campements dans une région qui est totalement désertée. La lumière clignote à l'horizon, apparaît et disparaît soudainement, et sans aucune raison ». Je me glisse dans le duvet que j'ai installé au fond de ma tranchée de sable et écoute les chameaux qui mâchonnent lentement les tamaris en traînant des pieds comme sur un parquet de danse. Si ton chameau regarde lentement de gauche à droite, c'est un renard. S'il s'arrête de mâchonner et regarde fixement la nuit, c'est qu'il y a un problème.

À peine allongé, Abdul Rachid Mohammed commence

à ronfler. Quant à Absalom, il regarde un film sur son iPad – sans doute un navet hollywoodien. Son visage rayonne. Au fil des heures, les étoiles traversent lentement le ciel et moi je ne trouve pas le sommeil. Le sable n'a rien conservé de la chaleur du jour. Peu après minuit, le silence est rompu par un bourdonnement mécanique auquel vient rapidement s'ajouter un second, comme s'il s'agissait de deux insectes volants. Je me redresse en sursaut. La lumière jaune est revenue, de plus en plus vive à mesure que le bruit gagne en volume. Non, ce n'est pas la « lumière magnétique dansante » de Mildred Cable, ni une illusion. Absalom a rangé son iPad dans sa housse. « Des motos », m'explique-t-il. Et quand je lui demande d'où elles viennent et quelle est leur destination, il me répond « les passagers » – je suppose qu'il entend par là les voyageurs, ou les contrebandiers (qui d'autre voyage la nuit ?) – puis ajoute, sur un ton mystérieux et sans aucune ironie, qu'ils se dirigent vers « Shangri-La ». Plus tard, je me souviendrai que le Shangri-La fictif du roman de James Hilton paru en 1933, *Les Horizons perdus*, se trouve dans la chaîne des Kunlun qui domine Hotan. Jusqu'au matin j'entends à peu près toutes les heures ces « passagers » sur leurs motos et vois le faisceau tremblotant de leurs lumières dans le ciel, comme celui d'un phare au grand large, mais j'ai beau les entendre fréquemment et avoir la sensation qu'ils sont tout proches de nous, pas une fois leurs lumières ne seront visibles directement, seulement leur reflet dans le ciel.

À l'approche du matin, un croissant de lune apparaît au-dessus de l'horizon. Le vent se lève à mesure que le ciel s'éclaircit. Une heure plus tard, il fait déjà trop froid pour dormir, alors qu'il est à peine cinq heures. Je m'extrais de mon duvet, vais chercher des branches et des racines dans un buisson de tamaris mort pour faire un feu qui rugit dans le vent mais ne me réchauffe pratiquement pas.

Lorsque Sven Hedin retrouva sa mobilité après son auto-empoisonnement, il suivit en rampant les traces de la caravane et tomba sur ses hommes qui campaient là, trop fatigués pour aller plus loin. « Qui sera le pauvre misérable qui périra en dernier, dont les poumons seront emplis de la puanteur des cadavres de ses camarades ? » Les hommes tuèrent le jeune coq qu'ils avaient emmené avec eux et burent son sang. Ils tentèrent aussi d'étancher leur soif en buvant de l'urine de chameau parfumée au vinaigre et au sucre, mais se retrouvèrent très vite pliés en deux par les nausées. « Mohammed Shah délirait complètement, riait tout seul, pleurait, babillait, jouait avec le sable. » On tua un mouton, mais contrairement à ses hommes Sven Hedin ne put se résoudre à boire son sang coagulé, lui qui avait avalé l'alcool de son réchaud. « Décharné, les yeux déments, marqué par les signes de la folie, Yolchi s'assit à côté de la tente et grignota les poumons dégoulinants du mouton. Il avait les mains et le visage pleins de sang. Il offrait un spectacle atroce. » Enfin, abandonnant Yolchi et Mohammed Shah à leur triste sort (« De l'eau, monsieur ! supplia Yolchi. Juste une goutte ! »), Hedin et les deux membres survivants de son expédition, Islam Bey et Kasim, entreprirent une marche de la dernière chance pour trouver de l'eau. Islam Bey fut pris de haut-le-cœur si violents que le Suédois pensa « qu'il allait vomir ses intestins ». Mais si l'on en croit son récit, l'explorateur reprit peu à peu courage. « J'étais maintenu à flot par une énergie immense et par l'amour de la vie. Je *refusais* de mourir dans le désert. J'étais trop jeune. » Kasim et lui finirent par abandonner Islam Bey et les chameaux et prirent la direction de l'est. Le lendemain, ils trouvèrent les premiers vestiges de tamaris noircis et de roseaux émergeant du sable, et le 5 mai des empreintes ! Ils suivirent la piste jusqu'au sommet d'une dune. Là, Kasim tomba à genoux. Ils avaient marché en rond. « Ce sont nos propres pas ! » Suivre ses propres pas, à l'infini : une fin classique dans le désert.

Je sors trois œufs d'un sac en plastique, par miracle restés intacts tout au long de notre périple, les place dans le feu et ramène les braises autour d'eux. Absalom et Abdul Rachid Mohammed dorment toujours. Les chameaux commencent à bouger. Quand j'ai demandé leurs noms au chamelier, celui-ci a secoué la tête et dit : « Pas de noms, seulement des numéros, inscrits au fer rouge sur la croupe de l'animal. » Le plus vieux de la bande mâchonne tranquillement le saxaoul auquel on l'a attaché. Le jour commence à se lever, non pas comme une lumière qui pointe à l'est, mais comme une brume lumineuse qui envahit d'un seul coup le ciel tout entier, si bien que partout elle a la même intensité. Là-bas sur l'horizon, un cercle pâle devient un soleil – le même soleil éteint, aux allures de lune, qui s'est couché la veille. Un corbeau solitaire décrit un cercle à basse altitude, luttant contre le vent, puis disparaît derrière la crête d'une dune.

Le vent fait vibrer le tamaris mort et vrombir les flammes du feu. Je sors mon foulard de ma poche et l'enroule une fois, deux fois autour de ma tête pour que seuls mes yeux soient découverts, puis j'enfonce mon chapeau sur mon front pour le maintenir bien en place. Les œufs émettent un sifflement, le vent devient plus fort. Absalom s'extirpe finalement de sa pile de duvets et, un plaid toujours drapé sur la tête, vient s'accroupir près de moi sans un mot. C'est alors qu'on entend un bruit sec, fort comme un coup de feu dans le silence engourdi. L'un des œufs a explosé. Absalom rit nerveusement et le plaid glisse de sa tête. Le bruit a réveillé Abdul Rachid Mohammed. Il se tient dressé sur son nid de couvertures et nous regarde, l'air ébranlé. Puis il verse de l'eau sur ses mains et j'entends le murmure familier de la prière. Absalom ne se joint pas à lui.

Nous montons sur les chameaux. Il va nous falloir trois heures pour atteindre Rawak. En quittant le campement, je vois les deux creux jumeaux qu'Abdul a faits dans le sable en s'agenouillant pour prier. Il monte l'animal de tête, pas à califourchon mais en amazone, chevilles croisées, comme s'il était assis sur un banc. Nous avançons face au vent. Si nous ouvrons la bouche, elle se remplit de poussière. Au bout d'un ou deux kilomètres, Abdul Rachid Mohammed descend de son chameau, détache le gril du pommeau de sa selle et va le remettre au cœur d'un buisson de tamaris. Impossible de dire si c'est le même que la veille.

Les dunes n'ont rien d'aussi imposant que celles qu'on trouve dans le désert de Gobi ou en Arabie – et pourtant on peut, ici et là, apercevoir un panorama lointain et avoir une idée de l'immensité du Taklamakan. Nous avançons ainsi dans un bassin entouré de dunes, puis suivons une ligne de crête jusqu'à un sommet d'où nous voyons les mêmes dunes (du moins il me semble) se succéder comme des vagues jusqu'à l'horizon. J'ai l'impression d'être enfermé dans une pièce dont les murs seraient des miroirs, avec la même vision qui se répète à l'infini dans toutes les directions.

Il est inconcevable que la vie puisse exister en cet endroit, et pourtant derrière les dunes suivantes pousse un peuplier de trois mètres qui visiblement se porte à merveille. Dans les creux entre les buttes on trouve des plaques d'argile craquelée, autrefois le lit d'un lac ou d'une rivière, « les derniers fragments qui restent du lit de l'immense Méditerranée d'Asie centrale », d'après Sven Hedin. Plus solides que le sable qui les entoure, ces plaques exposées au vent ressemblent maintenant à des podiums à moitié effrités, entourés de leurs propres débris et de ces roseaux secs qui poussent dès qu'il y a un peu d'humidité.

Un voile de poussière atténue la chaleur et la lumière du soleil. Le vent est tellement fort – ou plutôt tellement *constant* – qu'on ne souhaite qu'une chose, s'arrêter et se mettre à l'abri. Or la nature même du *buran* – le vent du Taklamakan – est de changer constamment de direction. L'air est saturé de poussière, une poussière qui vous encombre le nez. Les particules les plus lourdes dégoulinent le long des pentes ridées des dunes et entraînent avec elles d'autres particules. Un abri ne peut être que temporaire. Aurel Stein qualifiait les déserts du Sahara, d'Arabie et d'Afrique australe de « domestiqués ». Domestiqués par leurs points d'eau qui, même s'ils étaient rares, permettaient l'existence de tribus nomades. Dans le Taklamakan, de même que dans le Gobi noir, il n'y a pas de nomades : « L'absence d'humidité interdit non seulement toute existence humaine, mais aussi pratiquement toute vie animale ou végétale. »

D'après une légende musulmane du XVIe siècle, un prêcheur soufi, dénommé Khoja Jamal al-Din, arriva à Lob Katak, une ville inconnue de nos jours mais située quelque part dans le Taklamakan. Les habitants refusant de lui donner de l'eau, il les prévint qu'Allah allait leur infliger un châtiment. Sur quoi, il s'en fut, accompagné par son unique acolyte, le muezzin de la ville. Ce dernier décida toutefois de faire demi-tour (pour une obscure raison) et, au moment où il fit l'appel à la prière depuis son minaret, une tempête de sable se leva, un *karaburan* – ou « tempête noire ». Quand le vent retomba, on découvrit une immensité de sable silencieuse d'où n'émergeait que le sommet du minaret avec, tout en haut, le muezzin, abasourdi, tel le dernier survivant d'un bateau sabordé qui s'accrocherait à sa vigie.

Les villes perdues du Taklamakan ne sont pas que des légendes. Quatre mois avant d'atteindre Rawak, pendant l'hiver 1900-1901, Aurel Stein entreprit des fouilles dans les ruines de la cité bouddhiste de Dandan-uilik (« Maisons d'ivoire »), ensevelie sous le sable à dix jours de marche au nord-est de Hotan. « Lourde de solitude et de mort », pour reprendre ses termes, la ville n'avait pas été consumée par quelque cataclysme biblique comme Lob Katak, mais abandonnée aux sables du désert quinze siècles auparavant suite à la disparition d'un cours d'eau venant des Kunlun.

Quant à Sven Hedin, son désespoir ne dura pas. Le lendemain, une zone sombre sur la ligne d'horizon révéla la présence de végétation, une végétation vivante. Enfin. Son compagnon Kasim étant trop faible pour aller plus loin, Hedin rampa tout seul jusqu'à la forêt de peupliers qui marque l'entrée de la vallée de la rivière Hotan. « Je ne pense pas exagérer si je dis que pendant les dix premières minutes, je bus au moins trois litres d'eau », écrivit-il. La description qu'il fit de sa renaissance a quelque chose d'euphorique :

> Chaque vaisseau, chaque tissu de mon corps absorba le liquide salvateur comme une éponge [...] Mon sang, qui ces derniers temps circulait si lentement [...] parcourait maintenant mes vaisseaux avec fluidité. Mes mains, sèches, brûlées, dures comme du bois, gonflèrent. Ma peau, qui avait pris l'allure du parchemin, redevint élastique et humide.

Cette description me rappelle W.J. McGee passant sous l'eau la peau de Pablo Valencia dans le désert de Sonora cinq ans plus tard : « Tout d'abord il pèle, puis sa peau absorbe l'eau avec avidité, comme une éponge complètement sèche. » La soif extrême de la matière organique. Hedin retira ses bottes et les remplit d'eau, qu'il apporta au pauvre Kasim : « Voulez-vous boire un peu ? »

Le récit qu'il fit de cette expédition établit, davantage que ses triomphes ultérieurs, sa réputation d'homme intrépide, impitoyable et sadique, prêt à sacrifier des vies – celles des chameaux, du bétail, des hommes – sur l'autel de ses ambitions. Des trois hommes qu'il abandonna, un seul survécut. Mais ces caractéristiques ne furent associées à ses positions politiques que plus tard. Songeons à son admiration pour le général Ma, ce tyran qu'il trouvait « beau ». « Par tempérament, Hedin était un nazi », écrivit dans une notice nécrologique Clarmont Skrine, l'ancien consul général britannique de Kashgar, « pour lequel une exploration était un *Kampf*, un combat non seulement contre les forces de la nature, mais également sur le papier contre les explorateurs rivaux. Il ne faut pas s'étonner qu'il ait épousé tour à tour la cause du Kaiser Guillaume II et celle d'Hitler. » Il existe de fait une photo de Sven Hedin, vieille outre pleine de vin, où on le voit serrer la main du Führer. Qu'écrivait T.E. Lawrence à propos du Suédois ? « La stérilité de son expérience lui ôtait toute compassion et déformait sa bonté à l'image du désert au sein duquel il se cachait. »

En ce qui concerne Aurel Stein, chaque fois qu'il décrit son arrivée quelque part, on a l'impression qu'une tempête de sable l'accompagne. Ainsi, à son arrivée à Rawak le 10 avril 1901, « la saison des *burans* battait son plein, et les bourrasques […] soufflaient tous les jours ». Ses fouilles révélèrent une cour rectangulaire de quarante mètres sur trente-trois, avec au centre les restes d'une tour cylindrique qui dominait le sable de neuf mètres. Construite en briques de terre, la structure, qui date du IVe siècle – l'apogée du bouddhisme dans le Xinjiang –, suit un plan cruciforme, avec aux quatre points cardinaux des escaliers menant au pied de la tour. Sur des photos prises récemment, on distingue encore le mur d'enceinte et les marches aux quatre coins. La tour, dont le dôme s'est effondré il y a longtemps, servait autrefois de reliquaire. Comme pour le Bouddha couché de Dunhuang, sa statuaire et ses fresques représentaient le nirvana de Bouddha.

Stein et ses ouvriers découvrirent, enfouies dans le sable le long du mur, quatre-vingt-onze statues en stuc de la taille d'un homme. Elles représentaient Bouddha et les bodhisattvas, et certaines portaient encore des traces de peinture datant de mille cinq cents ans. « Celles situées à l'abri du mur avaient encore des chances de se trouver dans un état de conservation correct », écrit Aurel Stein dans son ouvrage *Sand-Buried Ruins of Khotan* (« Ruines de Hotan enfouies dans lc sable », non traduit en français), « grâce à une couche de sable d'au moins deux mètres. » Hélas, « les statues en stuc menacèrent de s'écrouler lorsque le sable qui les protégeait fut retiré ». La situation était encore plus délicate à cause du *buran*, qui « emportait le sable fin remplissant jusque-là les interstices entre les statues et le mur, et exposait ainsi des blocs de stuc friables au risque de glisser sous leur propre poids et d'être immédiatement détruits ». D'après Stein, ceci expliquait pourquoi autant de ces statues colossales avaient perdu leurs têtes qui, une fois à l'air libre, n'étaient plus soutenues par le sable. Certes, ses hommes et lui emportèrent en secret de petites reliques pour le British Museum (rien de surprenant, n'est-ce pas ?), mais Stein reconnut que les statues elles-mêmes étaient trop grandes et trop fragiles pour survivre à un tel voyage, si bien qu'après les avoir décrites et photographiées, il procéda à leur réenfouissement. « Ce fut une tâche mélancolique, qui me fit étrangement penser à un véritable enterrement. »

Nous atteignons le site et descendons de nos chameaux. Le stupa qui avait enchanté Aurel Stein émerge de la poussière, cylindre de briques claires haut de quatre mètres. Seuls sont visibles quelques centimètres du mur de la cour, et on ne voit rien des célèbres fresques et bas-reliefs. Lorsqu'Aurel Stein retourna sur le site six ans après sa première visite, on lui expliqua qu'une bande de voleurs de jade était passée entre-temps, à la recherche d'un « trésor », et avait détaché du mur les figures en stuc. Je passe une demi-heure à faire le tour du site tandis qu'Absalom reste assis à l'ombre d'une remise au milieu d'un tas de bouteilles en plastique. Çà et là sur le sable, des briques tombées du stupa. Un tamaris filiforme pousse au pied de la tour. Je me lève et écoute le bruit du sable que le vent souffle sur mon pantalon. Un klaxon retentit. Notre chauffeur.

À notre retour, un *buran* est descendu sur Hotan. L'air est chargé de poussière. Dans les oasis, les vraies tempêtes de sable sont rares – le sable a une masse telle que seuls les vents les plus puissants peuvent le soulever à deux mètres du sol. C'est la poussière, plus légère et plus fine, qui forme les nuages planant sur la ville. Nous retraversons la rivière du Jade noir et passons devant le marché, vide. Hotan a pris la pâleur froide du désert. Ça me fait penser à l'écran gris d'un téléviseur déconnecté. La visibilité est réduite à quelques centaines de mètres. Je sens le goût de la poussière dans ma bouche, sa consistance crayeuse sur ma langue, et dans mes yeux comme le début d'un orgelet. Les marches menant à l'entrée de mon hôtel sont couvertes d'empreintes, comme si la police scientifique y avait passé un produit pour faire des relevés. Les feuilles des arbres sont pâles. Même si elle n'en a pas la fraîcheur, cette poussière s'installe au-dessus de la ville comme du brouillard, dissimule et étouffe comme le brouillard, si bien que la voix ne résonne plus et prend une étrangeté miasmatique. La région tout entière est mobile : les dunes avancent chaque année un peu plus, ensevelissant routes, voies ferrées, fermes et villes. La matière de la terre voltige dans l'air. La seule solidité est celle des oasis, mais même leur permanence est illusoire. Pendant deux jours, aucun avion ne décolle. Je suis coincé à Hotan. « On est habitués », dit Absalom un jour où nous mangeons des glaces dans le petit salon de l'hôtel qui donne sur la place principale. Ce qui ne veut pas dire qu'il ne déteste pas la poussière. Il veut bien parler. Parler de la façon dont elle infiltre votre vie et dicte vos mouvements. Même lui peut attester du fait qu'elle est pire qu'avant. Les habitants la vivent comme un fléau qu'on leur inflige délibérément, comme une insulte collective et non comme un simple caprice de la nature. Il suffit de se souvenir des habitants de Lob Katak, enterrés sous cent mètres de sable avec leur bétail et leurs enfants. Ce genre de châtiment divin serait tolérable. Or la cause de la poussière (à présent il chuchote), ce sont les « essais » – c'est-à-dire les essais nucléaires qui ont eu lieu à Lob Nor, à cinq cents kilomètres au nord-est. La base, qui occupe quelque cent mille kilomètres carrés, fut établie en 1959 avec l'aide des Soviétiques. La première bombe chinoise, répondant au nom de code 596, y fut testée en 1964. Certains affirment que les taux de cancer dans le Xinjiang sont supérieurs de trente-cinq pour cent à ceux observés dans le reste du pays. On a détecté des cas de contamination due aux essais à plus de mille kilomètres, dans le Kazakhstan.

Je pensais que la poussière était un phénomène naturel exacerbé par la désertification, jusqu'à ce que je voie les images officielles des essais souterrains des années 1980 : la terre qui se soulève brusquement, puis la transformation instantanée de toute matière statique en particules tourbillonnant dans l'air, tandis que partout dans le désert, aussi loin que porte le regard, une épaisse couche de poussière se retrouve projetée en hauteur – comme quand on nettoie un vieux tapis avec une tapette. Je me souviens du « nuage noir » qui a aveuglé Yami Lester à Emu Field. Quand je fais remarquer à Absalom que je croyais les essais terminés depuis les années 1990, la sécheresse avec laquelle il me répond lui ressemble si peu que j'en reste décontenancé – « Tu crois qu'ils le diraient ? À nous ? »

De la fenêtre de mon hôtel je vois partout des véhicules blindés de transport de troupes. Le bruit des sirènes est constant. J'ignore encore tout du massacre qui, dit-on, se déroule dans le comté de Luntai de l'autre côté du désert. Au début, l'agence de presse d'État annonce qu'« au moins » deux personnes ont été tuées au cours des émeutes. Il me faudra attendre une semaine pour apprendre à Shanghai que les autorités ont fini par reconnaître la mort de cinquante personnes, dont quarante « terroristes ». À quoi ressemblaient ces quarante terroristes ? À des émeutiers ? Les militants ouïghours exilés évalueront quant à eux le nombre des victimes à plus de cent. Je me demande si c'est cet incident, plutôt que la tempête de sable, qui a causé l'annulation de mon vol. À l'issue de son procès à Urumqi, Ilham Tohti sera condamné à la prison à vie pour ses activités « séparatistes », et tous ses biens seront saisis. D'après Radio Free Asia, une station privée financée par le Congrès des États-Unis, il est toujours détenu à la Prison n° 1 du Xinjiang, à Urumqi, à cinq mille kilomètres de son domicile à Pékin – la « frontière la plus éloignée » parmi toutes les zones d'exil établies sous la dynastie Qing.

À cinquante mètres de mon hôtel, les étages supérieurs du commissariat central de la ville disparaissent dans le brouillard. C'est seulement le lendemain matin, au moment de notre départ, que l'air s'éclaircit et que le toit de l'aéroport, hérissé d'antennes, redevient visible.

4

La mer sans eau

L'Aralkum, Kazakhstan

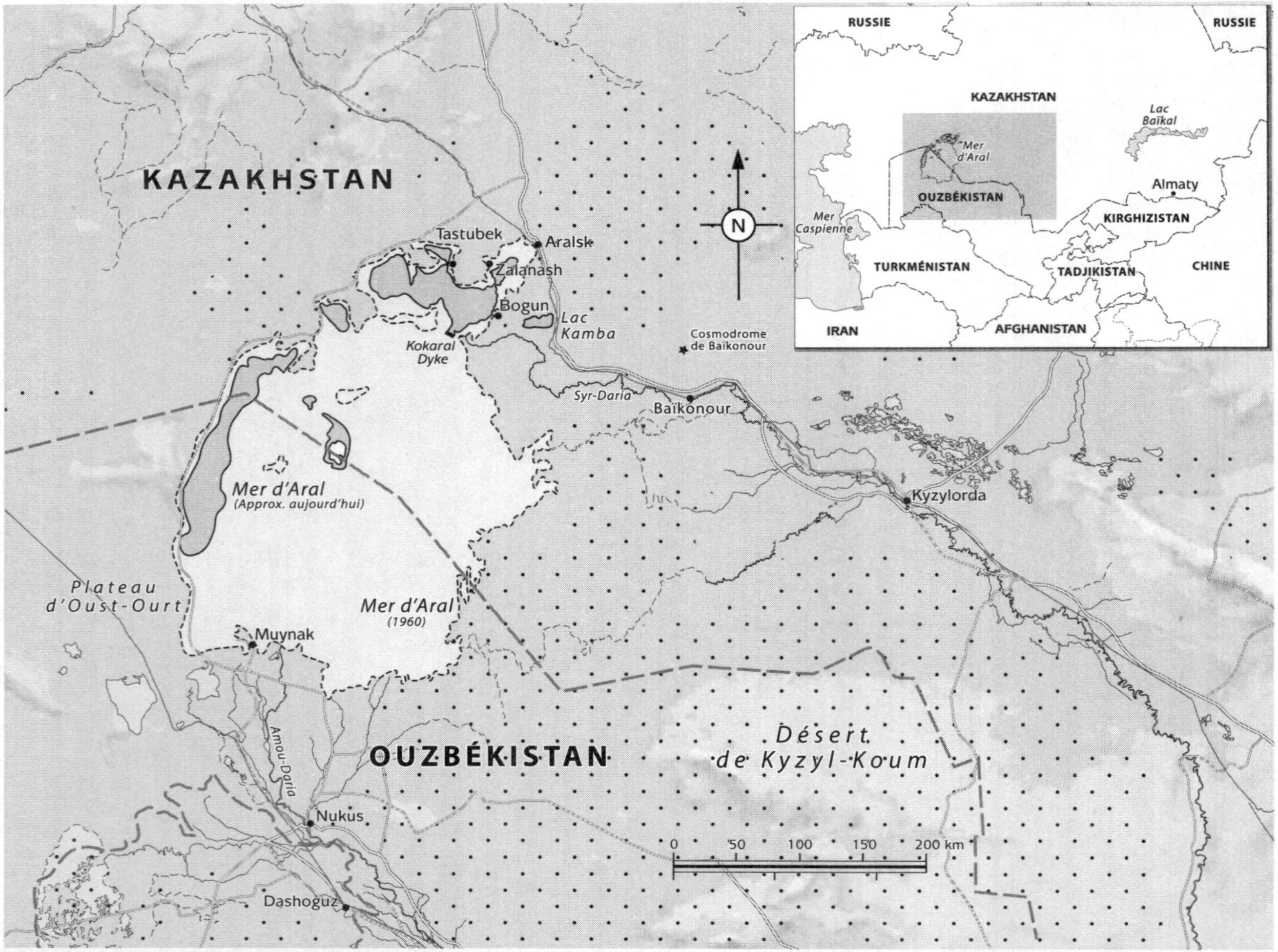
KAZAKHSTAN
Tastubek
Aralsk
Zalanash
Bogun
Lac Kamba
Kokaral Dyke
Cosmodrome de Baïkonour
Syr-Daria
Baïkonour
Kyzylorda
Mer d'Aral (Approx. aujourd'hui)
Plateau d'Oust-Ourt
Mer d'Aral (1960)
Muynak
Amou-Daria
OUZBÉKISTAN
Désert de Kyzyl-Koum
Nukus
Dashoguz
0 50 100 150 200 km
RUSSIE
RUSSIE
KAZAKHSTAN
Lac Baïkal
Mer d'Aral
OUZBÉKISTAN
Almaty
Mer Caspienne
KIRGHIZISTAN
TURKMÉNISTAN
TADJIKISTAN
CHINE
IRAN
AFGHANISTAN

C'est à Orsk, ville située à l'extrême sud de la Russie, sans débouché sur la mer, que le commandant Alexeï Ivanovich Boutakov ordonna la construction d'une goélette de quinze mètres, le *Konstantin*. Fin avril 1848, l'embarcation fut transportée jusqu'aux zones désertiques d'Asie centrale, sept cents kilomètres plus au sud.

Contrairement aux hommes de Charles Sturt qui avaient porté leur baleinière jusqu'au centre de l'Australie quatre ans auparavant, Boutakov savait que son bateau serait utilisé. Sa caravane avait pour destination le fort russe de Raim, à soixante-cinq kilomètres de l'embouchure du Syr-Daria sur la côte nord-est de la mer d'Aral, dans ce qui est devenu depuis le Kazakhstan. Elle comprenait deux cents soldats d'infanterie, deux compagnies de Cosaques, six cents cavaliers, deux mille cinq cents chariots et trois mille cinq cents chameaux, et formait une file s'étirant au-delà de l'horizon. À l'arrivée à Raim, il fallut deux mois pour reconstruire le *Konstantin*, qui avait été démonté pour le transport.

Alexeï Ivanovich Boutakov : « Le Magellan de la mer d'Aral », comme l'appelait Alexander von Humboldt. La navigation et la cartographie de ce qui à l'époque était la quatrième étendue d'eau au monde par la taille – soixante-sept mille kilomètres carrés, dépassée uniquement par le lac Supérieur, le lac Victoria et sa voisine la mer Caspienne – furent l'œuvre de sa vie, et les cartes qu'il établit étaient encore utilisées dans les années 1950. Pas grand-chose à relever en ce qui concerne l'aspect physique du personnage – l'uniforme, la moustache réglementaires. On devine en revanche à ses exploits qu'il était d'une résistance peu commune. Au début de sa carrière, il avait passé deux ans à parcourir le globe à bord d'un navire de transport militaire.

Dans une lettre à Sir Roderick Murchison, lettre que ce dernier lut aux membres de la Royal Geographical Society de Londres le 13 décembre 1852, Boutakov décrit son expédition. Il y explique qu'il avait en renfort du *Konstantin* une goélette plus petite, le *Nicolas*, transportée à Raim l'année précédente. Le *Nicolas*, placé sous les ordres du second de Boutakov, Pospeloff, était chargé de faire le levé hydrographique de la côte est, tandis que Boutakov, à bord du *Konstantin*, s'occupait de la côte nord. Le 20 juillet 1848 eut lieu la mise à flot sur le Syr-Daria et, six jours plus tard, les deux bateaux atteignirent les eaux de la mer d'Aral, jusque-là inexplorée. Le *Konstantin* emportait vingt-sept personnes, parmi lesquelles deux topographes, un chirurgien et divers sous-officiers, dont Taras Chevtchenko, poète, artiste et ennemi d'État condamné à l'exil.

Le premier voyage dura deux mois. Le 23 septembre, le *Konstantin* jeta l'ancre au large de la petite île de Kos-Aral, à l'embouchure du Syr-Daria, pour attendre le dégel. Les passagers passèrent sur l'île six mois glaciaux. C'était l'hiver des révolutions en Europe mais, pour le capitaine, « le seul incident remarquable de mon hivernage ici fut une chasse au tigre ». Il fallut attendre mai pour que les conditions climatiques s'améliorent et que l'expédition puisse reprendre ses travaux. « Nos efforts, raconte Boutakov, furent couronnés de succès, malgré de multiples dangers et difficultés, inséparables d'une expédition sur des eaux aussi tumultueuses et totalement inconnues. » Quant au climat, « je me contenterai de dire que les étés sont extrêmement chauds et les hivers très froids ». La côte « est un désert complètement mort et stérile ». Pourtant, Boutakov parvient à dresser un inventaire de la faune, abondante, notant la présence « d'immenses quantités de pélicans, cormorans, mouettes et hirondelles de mer » ainsi que celle « de nombreux sangliers ». Les poissons les plus fréquents sont « l'esturgeon noir et le silure ». Parfois, quand ils se retrouvaient loin du rivage, les marins étaient obligés de boire l'eau sur laquelle ils naviguaient. Elle était salée, dit Boutakov, mais moins que les océans, dont la saveur lui était après tout familière : « Le goût rappelle les eaux du golfe de Finlande, à environ cent verstes* de Cronstadt. »

Mon arrivée dans la ville d'Almaty, dans la partie est du Kazakhstan, coïncide avec le début des Championnats du monde d'haltérophilie. Les espoirs du pays reposent sur Zulfiya Chinshanlo, détentrice du record dans la catégorie épaulé-jeté depuis les Jeux olympiques de 2012. La ville grouille de géants nerveux en survêtement blanc, et dans les bains publics on peut aisément avoir l'impression d'être tout petit. Je fais la connaissance d'un homme d'une cinquantaine d'années chargé de s'occuper des saunas et des bains de vapeur – l'un des rares métiers

* Ancienne mesure de longueur utilisée en Russie et équivalant à 1 067 mètres.

au monde dont l'exercice vous oblige à être nu, avec des sandales en plastique et un bob en guise de tenue de travail. Dans ce sauna russe, le plus féroce de tous, il y a une porte métallique d'un quart de tonne avec un bout de manche à balai qui fait office de poignée. Quand le préposé l'ouvre, une chaleur étouffante nous assaille. Imperturbable, les couilles à l'air, il jette quatre louches d'eau dans la fournaise et referme la porte. La chaleur devient aussitôt insupportable.

Je repense à lui plus tard dans la journée, alors que je visite la cathédrale de la Sainte-Ascension. Le bâtiment a été de nouveau consacré dans les années 1990 après avoir hébergé pendant quarante ans le musée national de la République soviétique du Kazakhstan. La porte menant à la nef est encadrée de part et d'autre par deux fresques murales : à gauche, le chœur de ceux qui entrent au paradis, à droite la masse nue et hurlante des pauvres hères comme nous, sidérés de se retrouver victimes des innovations concoctées par les créatures qui sont aux manettes des fourneaux infernaux. Debout devant moi, une jeune novice tend un doigt virginal vers l'une des icônes décorant les murs du narthex. Elle-même pourrait être une icône. Nous restons là peut-être dix secondes, moi la main sur la porte, elle le bras tendu, visiblement perdue dans ses dévotions. Puis la voilà qui fait un crochet avec son doigt et l'approche lentement de ses yeux. « *Pauk* », me dit-elle en souriant. Une araignée – *pauk* – est suspendue à un fil accroché à son doigt. J'entre, me retrouve au milieu des babouchkas à foulard, allume un cierge et le place devant le Christ pantocrator.

Le train qui mène d'Almaty à la ville portuaire d'Aralsk, à mille trois cents kilomètres à l'ouest, suit le cours du

Syr-Daria et met presque vingt-quatre heures pour arriver à destination. Pendant pratiquement tout le voyage je partage mon compartiment avec un groupe de quatre personnes – trois adolescentes et leur grand-mère, qui porte un foulard de dentelle noire sur la tête en plus d'être emmitouflée dans plusieurs couches de velours chamarré. Elles se rendent à des obsèques dans la ville de Kyzylorda – et j'ai l'impression que cette perspective les enchante. Toutes les cinq minutes, elles m'offrent des bonbons, des viennoiseries ou de minuscules concombres et me regardent manger, assises en rang d'oignon, en échangeant de temps à autre des sourires et des commentaires réjouis, comme pour se féliciter de voir leur nouvel animal de compagnie leur obéir. Après m'être poliment gavé, je m'endors. Et me mets à ronfler, très certainement. J'ai rarement vu des inconnus aussi attentifs. Le train arrive à Kyzylorda. Je me réveille et dis au revoir à mes nouvelles amies et à leur sac de gourmandises. Avant de descendre, elles me laissent sept petits concombres alignés sur la table pliante sous la fenêtre. Le train poursuit sa route vers l'est en passant par Baïkonour, ville créée pour le cosmodrome que les Russes ont construit juste à côté, et d'où l'on continue à envoyer des hommes dans l'espace.

À deux cents kilomètres d'Aralsk, nous passons de la steppe à la steppe désertique, puis au désert semi-aride. Les bosquets d'ormes qui ponctuaient jusque-là le paysage ont disparu. Les petits villages blottis à côté de la voie ferrée sont eux aussi dépourvus d'arbres. Les toits des maisons y sont peints en blanc pour se protéger du soleil. Et alors que les troupeaux étaient constitués de vaches ou de moutons avant Kyzylorda, les moutons disparaissent et les vaches cèdent la place aux chameaux à mesure que nous approchons de la mer d'Aral. Si elles ne lèvent pas la tête au passage du train, les chameaux – des Bactriane à pelage sombre avec deux bosses et des pattes plus courtes que le dromadaire – tournent la leur à l'unisson tout en agitant la queue avec enthousiasme. Le train fait une brève halte à côté d'un petit village. Aucun être humain. Mais dans une cour blanchie par la poussière j'aperçois une chèvre noire, et sur le goudron noir de la route juste à côté, un chien blanc.

En 1552, Ivan le Terrible demanda à ses sujets, à supposer que « demanda » soit le terme adapté, de « mesurer le terrain et de faire un dessin de l'État » : le document obtenu, qui ne fut publié qu'en 1627, comprend le tracé d'un lac discret, « Sinee More » : la mer Bleue. Sur une autre carte datant de 1772 on voit une tache ronde portant l'indication suivante : « Lac d'Oralsky qui perd ses eaux, sur les rives duquel le jonc pousse en abondance. L'eau est fraîche mais au milieu du lac elle est saline et amère. » Elle est saline parce que le bassin de l'Aral est endoréique, c'est-à-dire qu'il est clos, sans débouché vers la mer, comme le bassin du Tarim, dans le Xinjiang, ou le Grand Bassin aux États-Unis. Les eaux de la mer d'Aral sont, en d'autres termes, régulées uniquement par l'évaporation. Le premier des deux fleuves qui l'alimentent, le Jaxartes d'Alexandre le Grand, parcourt trois mille kilomètres depuis le Tienshan. Aujourd'hui, on l'appelle le Syr-Daria. Né plus au sud dans les monts Pamir du Tadjikistan, le second fleuve, Oxus pour les Grecs de l'Antiquité, s'appelle maintenant l'Amou-Daria.

En 1961, si Youri Gagarine, le premier homme envoyé dans l'espace, avait pu regarder la République soviétique du Kazakhstan quelques secondes après son décollage de Baïkonour, qu'aurait-il vu ? À deux cents kilomètres de la rampe de lancement, un lac ovale aux contours irréguliers, mesurant dans les cinq cents kilomètres du sud au nord, au milieu d'une région en grande partie désertique. *Aral* signifie « île ». Un nom tout à fait adapté, songerait l'observateur de l'espace : il s'agit d'une île d'eau au milieu d'une mer de sable.

Le désert de l'Aralkum s'étend au nord de la mer d'Aral, pour aller ensuite se perdre dans la steppe froide du sud de la Sibérie. Entre l'Amou-Daria et le Syr-Daria, Gagarine aurait vu le Kyzylkoum, les « Sables rouges », et au sud les dunes d'un autre désert « noir », le Karakoum. Enfin il aurait pu (à supposer qu'il en ait eu le temps) remarquer une voie ferrée, un cheveu à cette distance, suivant le Syr-Daria et se terminant à l'angle nord-est du lac. Un groupe de bâtiments. Un port, des bateaux qui entrent et qui sortent.

Hier, la steppe rutilait sous la lune – il avait neigé. Mais à notre arrivée à Aralsk à trois heures du matin, ne subsiste qu'un cordon blanc au fond des caniveaux. Après la chaleur réjouissante du train, la température, qui dépasse tout juste zéro, est un choc. Une mosaïque célébrant le don de poissons d'Aralsk à la Mère-patrie affamée en 1921 décore le hall de la gare, éclairé par une unique lampe jaune. Devant une mer bleu et vert, des pêcheurs monumentaux ramènent des filets et des barriques. Conducteurs de train et gamins sourient fièrement, et une femme observe la scène, les mains posées sur ses hanches larges. Tout le dynamisme d'un travail consenti dans la joie, et tous les regards dirigés vers le fonctionnaire local, qui brandit une feuille de papier grande comme une page du *Times* – une lettre de Lénine, dont la tête privée de corps flotte derrière lui tel un buste sur une pièce de monnaie. « Le seul espoir des populations affamées de Kazan, Oufa, Samara et Astrakhan, c'est la magnifique solidarité prolétarienne d'ouvriers comme eux, aux mains usées par le travail, écrit-il le 7 octobre 1921. Alors je vous en prie, mettez de côté une partie de vos prises pour les personnes âgées, au ventre gonflé par la faim. » Le texte est singulièrement racoleur, et bavard. La famine, qui touchait surtout les régions de la Volga et de l'Oural, était en partie causée par la sécheresse, mais aussi par la politique de Lénine, la *prodrazvyorstka*, c'est-à-dire la confiscation des céréales, ou plutôt leur rachat aux paysans à des prix fixés et leur redistribution aux pauvres des villes. Comme avec la plupart des famines, la situation relevait d'un problème de distribution autant que de production. En un an, on estime que six millions de personnes moururent. Les pêcheurs répondirent à l'appel de Lénine avec quatorze wagons de poissons salés. (Vingt ans plus tard, ils enverraient des milliers de carpes en conserve aux troupes du front de l'Ouest.)

Aralsk va me servir de base pour la semaine à venir. La vue depuis la place de la gare laisse deviner l'obscurité profonde derrière les lumières de la ville. Trois panneaux publicitaires célébrant l'inauguration d'une usine de traitement des eaux il y a dix ans se reflètent dans une flaque, éclairés par un lampadaire. Avant cela, les gens se débrouillaient comme ils pouvaient avec les pompes installées dans chaque rue. On voit des ouvrières de l'usine de transformation du poisson qui agitent un drapeau ; le chef de l'État tenant ses mains serrées devant la foule qui brandit des bannières ; et surtout le président Nazarbaïev, yeux azur au milieu d'un visage grave, qui recueille avec ses mains en coupe l'eau jaillissant d'un tuyau avec derrière lui, photoshoppée pour donner l'impression qu'il émerge des flots bleus, la mer d'Aral renaissante. Visiblement, en prévision de la visite de Nazarbaïev, on a transporté par hélicoptère depuis la mer Caspienne deux carpes vivantes destinées à être marquées et relâchées par le président.

L'autre passager qui a débarqué, un faune obèse se dandinant dans ses fourrures, s'engouffre dans une Lada qui démarre en trombe. Les feux tricolores suivent scrupuleusement leur rythme. De l'autre côté de la place, un bateau à voiles en acier blanc trône sur une sorte d'arc de triomphe. Au bout de dix minutes, un Land Cruiser émerge de la nuit et fait clignoter ses phares. Le chauffeur, Serik, vit dans le centre, près du marché, avec sa mère, ses frères et leurs épouses, sa femme et leurs deux enfants. Il porte une tenue de chasse à capuche par-dessus ses vêtements. Il me montre sur son téléphone la photo d'un ami soulevant la tête d'un cerf en le tenant par les bois. Serik a travaillé pour une ONG danoise qui, entre autres activités, encourageait la pêche au flet, un poisson plat introduit dans la mer d'Aral quand, la salinité de l'eau augmentant, les espèces d'eau douce ont cessé de se reproduire. Il a fallu former les pêcheurs locaux, peu habitués aux poissons vivant en eaux profondes, et leur fournir des filets adaptés, en plus de convaincre les habitants de la ville que ces créatures à l'allure si étrange – genre pain pita blafard avec deux yeux sur le dos – étaient comestibles, et a fortiori savoureuses. Les gens n'ont pas été franchement conquis, m'explique Serik. L'ONG danoise a cessé ses activités depuis, et il travaille désormais pour une organisation locale qui gère les subventions versées par la Banque mondiale pour financer infrastructures, équipements et formations juridiques des villages de pêcheurs pauvres de la région. Il a un petit côté vieil oncle prudent qui me plaît. Il est hospitalier, mais sait qu'il ne me doit rien en dehors de ce pour quoi je le paye : me conduire, me présenter des gens, et me servir d'interprète. La vie à Aralsk n'est pas saine, mais il est resplendissant. Il a une grande bouche toute droite, comme une marionnette, la peau satinée, les cheveux épais et brillants. Si parfois il semble distrait, c'est parce qu'il pense à sa famille et à sa fille nouveau-née. Chaque fois que nous rentrons à Aralsk et approchons de chez lui, il devient de plus en plus bavard. La maison est visiblement le seul endroit où il souhaite vraiment être.

Il n'y a pas d'oiseaux ici, pas même des mouettes. Quand il fait beau, apparaissent des enfants et des jeunes femmes bras dessus bras dessous, mais le souvenir que je garderai est celui d'une ville masculine, comme une caserne. Même les chiens sont tous des mâles. Le sol qu'ils reniflent était tapissé de poussière durant l'été, mais en ce début novembre la boue recouvre tout, et il en sera ainsi jusqu'en mai. Seules les nouvelles rues autour de la gare et certaines places sont asphaltées. Quand il pleut, les rues non goudronnées ou simplement recouvertes de gravier (celles où les gens habitent) deviennent des mares bourbeuses impossibles à franchir sauf pour les utilitaires GAZ, de gigantesques camions à six roues vieux de quarante ans mais qui roulent toujours impeccablement. Le truc, pour ceux qui conduisent des camions ordinaires, c'est de rouler sur les côtés de la route, là où le sol est sec, jusqu'à ce que les mares s'élargissent et recouvrent tout, si bien qu'il ne reste plus que des canaux de boue entre les bâtiments. Là, vous êtes obligé de trouver un autre moyen de locomotion. Les immeubles résidentiels et leurs jardins entourés de clôtures bleues finissent par se transformer en îles. C'est ça, le désert d'Asie centrale en novembre : on passe son temps à faire remorquer son véhicule, à le nettoyer, à gratter ses bottes pour retirer la boue, et on ne trouve de soulagement qu'au sec, dans sa voiture ou sa maison.

À chacune de nos visites dans la ville et les petits villages boueux des alentours, Serik doit toutes les dix secondes lever la main ou s'arrêter et descendre sa vitre pour saluer quelqu'un, en général un ami de son père décédé. Avec moi il est circonspect, du moins au début – je dirais même peu communicatif. Il peut passer une heure sans rien dire. Mais chaque fois que nous rencontrons une personne dans la rue, dans un magasin ou un village, il la salue joyeusement. Il vient d'une vieille famille d'Aralsk. Son père, dont le portrait orne son salon, était un homme très aimé et la famille souffre toujours de sa perte. C'est en partie le plaisir suscité chez d'autres par la présence de Serik qui me le rend sympathique. Comme tous les hommes kazakhs, il fume dès qu'il en a l'occasion – une pause, une rencontre – et se montre généreux avec ses Kent. Ne pas fumer ici, c'est un signe d'infirmité ou de déficience, comme le fait de ne pas avoir d'enfants ou d'être célibataire dans un pays de familles très nombreuses. Serik me dépose à une pension. Là, dans une salle à manger plongée dans une quasi-obscurité, une femme me sert en silence du jambon en boîte, un œuf au plat et du pain dur avec du thé, dont j'associe le goût sucré à sa façon de poser soigneusement mes couverts et à son sourire aimable. Derrière les carreaux en verre bosselé d'une porte fermée, un téléviseur clignote. Quand je me réveille le lendemain matin, il est tard, et une lumière délavée inonde la pièce à travers un rideau de gaze.

« Les capitalistes ont toujours utilisé la faim des travailleurs pour les réduire en esclavage. Maintenant, ils veulent utiliser notre famine pour détruire la liberté que nous avons gagnée au prix de notre sang. Camarades, pêcheurs et travailleurs de la mer d'Aral, je vous demande de donner généreusement ! »

Je découvre la copie de la lettre que Lénine a écrite en 1921 dès le lendemain alors que je visite le musée, une structure en tôle à la sortie de la ville, où est exposée sur une table près de la porte une carte en relief de la mer d'Aral telle qu'elle était à l'inauguration des lieux en 1988. Il ne s'agit toutefois pas d'inviter à faire des comparaisons – il n'y a pas de carte récente pour confronter un « avant » et un « après » – car celle-ci n'a tout simplement jamais été mise à jour, si ce n'est que le bleu a été repeint. La frontière entre le Kazakhstan et l'Ouzbékistan, qui barre la mer à l'horizontale, a été grossièrement recouverte – ligne pâle sous la surface – et on ne la devine plus qu'aux endroits où elle traverse des îles. Impossible donc de savoir que vous vous trouvez dans une zone de désastre écologique. L'endroit n'est qu'un musée provincial parmi d'autres, avec ses affreuses et poussiéreuses bestioles empaillées, dents de requin, ammonites, dioramas mal éclairés, ainsi qu'une yourte installée dans un coin et une salle dédiée à l'indépendance du pays.

Les salles du musée sont basses de plafond, sans fenêtre et sombres comme des fonds marins. J'entends une conversation décousue au loin. Puis une jeune femme apparaît, accompagnée d'une fillette blonde de sept ou huit ans. En silence, la femme passe d'une pièce à l'autre en appuyant sur l'interrupteur. Chaque fois que j'avance, guidé par la lumière, vers la pièce suivante, la fillette se hisse sur la pointe des pieds pour éteindre celle que je viens de quitter, puis rattrape sa mère en sautillant. Après le blaireau naturalisé et son rembourrage qui fuit (impossible de l'imaginer doté d'un cœur vivant), puis le chariot du poissonnier qui a appartenu à un héros socialiste, vient la section du musée consacrée à l'histoire récente de la mer d'Aral. Voici l'« avant-et-après », peint par des enfants de la ville (peut-être par la fillette qui éteint la lumière). L'eau a encore reculé depuis la réalisation des deux peintures. Le rivage est marqué de la même manière sur chacune, mais dans l'une la mer est entièrement coloriée en bleu tandis que dans l'autre il ne subsiste qu'un disque bleu au milieu, le reste étant jaune. Ce jaune, c'est le nouveau désert. On l'appelle Aralkum, *kum* signifiant « sables » en turc.

Par terre, posés le long de la plinthe, se trouvent une douzaine de dames-jeannes et de bacs en forme de cube. Leurs embouchures sont recouvertes de papier sulfurisé, comme des pots de confiture scellés. Des spots encastrés au pied du mur éclairent les récipients par-derrière, si bien que le formol qu'ils contiennent prend une teinte jaune médicinale, révélant les horribles occupants des lieux : quelques spécimens des poissons qui peuplaient autrefois la mer d'Aral. Barbeau, esturgeon à ventre nu, esturgeon scaphirhynque, brème, gardon, carpe, tête-de-serpent, sandre, ainsi qu'un impressionnant poisson-chat à moustaches dont la queue a été déformée pour rentrer dans le bocal, comme un cadavre qu'on aurait calé dans un cercueil trop petit. Chaque poisson est installé à la verticale, le nez sur le fond du récipient, et regarde le sol, l'air inquiet. Sur le couvercle de l'un des bocaux qui contient un esturgeon en mauvais état, on peut lire sur une étiquette : « Des tentatives de réintroduction de cette espèce sont en cours. » Le cas semble toutefois désespéré.

Avant les années 1960, la mer d'Aral fournissait cinquante mille tonnes de poissons par an. En 1975, le chiffre était tombé à trois mille. La pêche commerciale a cessé en 1980 et n'a repris que modestement depuis dix ans. Sur le mur du couloir, des carrés plus blancs indiquent l'emplacement où étaient accrochés des tableaux d'artistes locaux. La plupart ont été prêtés au musée de Kyzylorda. Il n'en reste qu'un, oublié ou bien refusé : une gouache aux couleurs vives représentant un port animé, avec des grues déchargeant les navires, des chalutiers à quai, une aire de déchargement du bois et – détail charmant –, dans une barque, un jeune couple sur les eaux calmes bleu outremer, lui ramant avec sa chemise ouverte, elle assise en face de lui avec son ombrelle bleu clair. Comme si on était sur un petit lac tranquille. Le soleil brille – un doux soleil matinal. Le tableau est récent. Le port d'Aralsk y est peint tel qu'il était autrefois, mais sans aucun regret, sans aucune ligne obscure sur l'horizon : *Voici les choses telles qu'elles étaient ; maintenant, elles sont différentes.*

La fillette éteint les dernières lumières et m'escorte jusqu'à la sortie. Là, elle me regarde, la tête penchée sur le côté, puis, voyant Serik qui m'attend, elle dit en anglais : « *Good afternoon !* » Serik, qu'elle connaît, lui répond de la même manière. Alors elle retourne dans le musée en courant et en poussant des cris de joie. Serik porte toujours sa combinaison de chasse. Je l'imagine traquant des proies – sa discrétion me paraît davantage le fruit d'un calcul que d'une contrainte. Ses mouvements trahissent le chasseur. Quand nous marchons, il a tendance à regarder le sol juste devant lui, comme pour éviter de marcher sur une brindille qui, en craquant, ferait fuir le cerf ou le sanglier. Cela dit, regarder où on met les pieds, ce n'est pas si idiot dans une ville avec autant d'ornières et de nids-de-poule.

Au port, à cinq minutes en voiture du musée, deux chalutiers de la flotte de pêche d'Aral Fish Industries, le *Toktarev* et l'*Alimbetov*, ont été repeints et installés sur des berceaux, faisant office tout à la fois de monuments et, pour l'un d'entre eux, de plateforme d'observation. Serik patiente pendant que j'escalade l'escalier métallique pour me poster tout en haut de la timonerie et regarder au loin. Avant la construction de la ligne ferroviaire reliant Orenburg à Tashkent et l'ouverture de la gare en 1905, Aralsk n'était qu'un village de pêcheurs établi autour de quelques puits. Avec le train vinrent des hommes ; on ouvrit des coopératives et des usines. La Central Asian State Shipping Company faisait venir d'Ushsai et de Muynak, situés à cinq cents kilomètres de là sur la côte sud de la mer d'Aral, du poisson, des boîtes de conserve, des pastèques ou encore du coton, et en retour elle acheminait là-bas du bois, des céréales et des engrais depuis Aralsk. Après tout, une mer n'est pas simplement un garde-manger ou un puits, c'est aussi une route.

Certains des bâtiments en bois ou en ciment du port – la conserverie, l'usine de réfrigération, les entrepôts – sont restés intacts. Deux immenses grues, celles que l'on voit sur les tableaux, se morfondent, leurs bras planant au-dessus du bassin. Rouillées, immobiles. On accédait autrefois au port d'Aralsk depuis la mer par un large chenal. Là où la profondeur était suffisante pour des bateaux de cinq mètres de tirant d'eau, ne reste plus aujourd'hui qu'un fossé sec et béant avec quelques saxaouls malingres et une quantité phénoménale de déchets. L'endroit est devenu une décharge. Plus loin, encore des entrepôts abandonnés et d'autres en train d'être démolis. Au sud, le chenal, vide, large comme une vallée glaciaire, s'étire vers l'horizon. C'est là qu'on prend la pose, qu'on se fait photographier ; ce spectacle (ou plutôt ce grand vide), c'est l'attraction principale de la ville. Un vide tout aussi cru et inquiétant qu'une orbite sans son œil. « Il y a des gens à Aralsk, même des adultes, qui n'ont jamais vu la mer », m'a raconté Serik.

On peut dire que tout a commencé il y a longtemps, en 1882, avec les paroles d'A.I. Voeikov, géographe et climatologue russe estimé : « L'existence de la mer d'Aral dans ses limites actuelles atteste de notre arriération et de notre incapacité à exploiter toute cette quantité d'eau et de limon fertile apportés par les rivières Amou et Syr. » La mer d'Aral était « une erreur de la nature ». Je pense au Lob Nor et à tous ces lacs du Xinjiang asséchés par la culture du coton. Là où le confucianisme chinois prônait le *tianrenyii*, « l'harmonie entre les cieux et les hommes », l'aphorisme maoïste *ren ding sheng tian* décrète que « l'homme doit conquérir la nature ». Ceci est une adaptation chinoise d'un autre slogan, signé Lénine : « Nous ne devons attendre aucune charité de la part de la nature, nous devons la lui arracher ! » Et quels furent les mots de Youri Gagarine pour décrire son voyage dans l'espace à son retour à Baïkonour ? « Un duel inédit contre la nature. »

En 1918, un an après la révolution d'Octobre, Lénine signa un décret pour « l'attribution de cinquante millions de roubles dédiés à des travaux d'irrigation au Turkestan et à l'organisation desdits travaux ». Comme dans le Xinjiang, l'objectif était l'autosuffisance nationale en coton, mais si un pied de coton a besoin de chaleur, sa soif est telle qu'il réclame sept cent cinquante millimètres d'eau par jour. Précisons que dans le bassin d'Aral, les précipitations annuelles atteignent au mieux trois cent cinquante millimètres, même dans les zones marécageuses. Seulement voilà, un décret signé par Lénine ne pouvait être ignoré. Ces rivières qui se déversaient pour rien dans la mer d'Aral allaient fournir l'eau nécessaire. Alors les décrets s'empilèrent. En 1927, l'Union soviétique importait quarante et un pour cent de son coton. Six ans plus tard, le chiffre était tombé à trois pour cent. Le président Nazarbaïev soutenait dans une interview récente que « personne n'a pensé à étudier les impacts sur la mer d'Aral ». Or les études ont été faites, les gains comparés aux pertes – la survie de la quatrième étendue d'eau au monde par la taille et une source de revenus pour soixante mille personnes *versus* l'autosuffisance nationale en matière de coton : Voeikov, Lénine, Khrouchtchev et Brejnev firent les calculs. Ces prétendues « terres vierges », steppe ou désert, devaient pourvoir aux besoins nationaux, de même que les pêcheurs de la mer d'Aral avaient répondu à l'appel pour nourrir les populations affamées de la Volga. En 1968, un ingénieur disait avec un haussement d'épaules : « Tout le monde sait pertinemment que l'évaporation de la mer d'Aral est inévitable. » Au Kazakhstan et chez le voisin du sud, l'Ouzbékistan, trente-deux mille kilomètres de canaux d'irrigation furent creusés pour fournir en eau les champs de coton et de blé. Au début des années 1960, on enregistra les premiers signes de baisse des eaux. Celle-ci se poursuivit au cours de la décennie suivante, au rythme de vingt centimètres par an en moyenne. Pendant les années 1970, elle atteignit cinquante, puis quatre-vingts centimètres entre 1980 et 2000. Comme si une brèche dans une digue s'était élargie. En 1982, le cours de l'Amou-Daria fut détourné, si bien que pendant un temps, la rivière n'atteignit plus la mer d'Aral. Quant au Syr-Daria, il vit son volume réduit à dix pour cent de ce qu'il était par le passé. L'eau détournée l'a été en grande partie pour rien : absorbée par le désert parce que les canaux (de simples tranchées creusées dans le sable) n'étaient pas étanches, ou bien évaporée parce que les champs n'étaient pas drainés. En 1989, la mer d'Aral se sépara en deux, avec la Grande Aral au sud et la Petite Aral au nord, divisées par le détroit de Berg, désormais totalement à sec. En 2004, la superficie de la mer était passée de soixante-sept à dix-sept mille kilomètres carrés. Aujourd'hui, elle est encore plus petite, et au sud du détroit de Berg l'eau a quasiment disparu.

Mais il ne faut pas imaginer des poissons gisant sur le sable la bouche grande ouverte, comme des guppies dans un aquarium fêlé. L'eau, en perdant un tiers de la surface qu'elle couvrait, est devenue plus salée. Les zones côtières de reproduction des poissons furent les premières affectées. Algues, zooplancton et phytoplancton succombèrent. Des poissons comme le barbeau ou l'esturgeon, qui ne supportent que de faibles taux de salinité, migrèrent vers le milieu de la mer, là où demeuraient quelques poches d'eau douce, jusqu'à ce que ces dernières soient également contaminées. Des vingt espèces comestibles en 1960, il n'en restait que quatre en 1990, et uniquement des poissons d'eau salée : le poisson-chat, le sprat, l'épinoche et l'athérina, auxquels s'ajoutait le flet, une espèce introduite.

Serik m'attend sous le *Toktarev* en fumant et en consultant son portable. C'est à peine s'il relève l'absurdité de la situation : tous ces visiteurs qui viennent contempler le vide et tentent de comprendre quel est le sens de tout cela, car ils ne veulent pas admettre qu'ils avaient la réponse avant même de descendre du train. Une orbite énucléée – sauf que l'œil perdu ne l'a pas été suite à un accident ou un acte malveillant, mais par la volonté de son propriétaire lui-même.

Le lendemain, nous roulons vers le sud jusqu'aux zones autrefois couvertes par la mer. La piste, longue de dix kilomètres, servait dans le temps de « zone de réception du poisson », pour reprendre les termes de Serik, quand les prises du jour arrivaient pour être pesées avant d'être transportées à Aralsk, où elles étaient vidées, congelées et mises en boîte. Une fois passée l'arche en acier blanc qui marque la limite de la ville, la piste devient rocailleuse et boueuse. Serik s'arrête pour fumer près d'un champ de déchets : électroménager, matériaux de construction, meubles cassés, vêtements et ossements, auxquels s'ajoutent ces innombrables bouteilles de vodka qu'on voit partout en Asie centrale. Voici la décharge de la ville, et donc sans surprise l'endroit où le désert commence – le désert qui lui-même est considéré à peu de choses près comme une décharge géante. Cette description peut être étendue : à l'oblast de Kyzylorda, dont Aralsk fait partie, mais aussi au-delà, dans l'esprit du Kremlin, au Kazakhstan. Pensons aux déportés de la Seconde Guerre mondiale – ces millions de Grecs, Allemands de la Volga, Tchétchènes, Ingouches, Kalmoukes, Turcs, Tartares et Coréens, tous suspects, tous dispersés aux quatre coins de l'Union soviétique. Pensons à Soljenitsyne, qui fut exilé à Ekibastouz au nord-est ; Trotsky à Almaty ; et Dostoïevski à Semipalatinsk (Semey à l'époque) en Sibérie kazakhe, à mille kilomètres au nord d'Almaty. Pensons à la steppe, non loin du lieu d'exil de Dostoïevski, le « Polygone », comme on l'appelait, où Moscou effectua entre 1949 et 1990 six cents essais nucléaires – des explosions à côté desquelles celles de Maralinga et du Lob Nor ne sont que de vulgaires pétards. Après chaque essai terrestre, les aigles, d'après les témoins, restaient immobiles durant des jours sur les poteaux télégraphiques, aveuglés.

Une partie de l'eau de la mer d'Aral ayant été détournée, il y en a moins qui s'évapore, si bien que les précipitations ont diminué et que la baisse des eaux s'est accélérée. L'effet régulateur de l'eau sur le climat local diminue : les étés sont devenus plus chauds, plus longs, et les hivers plus courts et plus froids. Le taux d'humidité a baissé lui aussi, entraînant une multiplication des jours de sécheresse. Le fond de la mer, poudreux, s'est transformé en nid de tempêtes de poussière. Chaque année, des millions de tonnes de terre sont ainsi soulevées et emportées dans des tourbillons impressionnants qui les disséminent sur toute la surface du bassin de l'Aral, et même jusqu'en Lituanie et en Afghanistan. Contrairement aux *burans* du Taklamakan, ces tempêtes de poussière sont sales, car elles ne contiennent pas seulement des sédiments, mais également le sel résiduel de la mer qui, en se déposant sur les terres déjà mal en point, en aggrave l'état. Parfois, c'est l'eau elle-même qui cause la désertification. Une irrigation excessive, surtout dans des zones d'évaporation élevée, provoque la dissolution des sels, qui s'accumulent alors dans le sol au point que plus rien ne pousse. Les nouveaux champs de coton du Kazakhstan, mal gérés et mal drainés, sont devenus des marécages tiédasses. L'eau, stagnant inutilement à la surface, s'est évaporée, ne laissant qu'une fine croûte de sel sur le coton et dans le sol. À mesure que la mer d'Aral se rétrécissait, les récoltes pour lesquelles on avait dévié ses eaux ont dépéri. C'est pourquoi le nouveau désert qui est apparu sur son lit desséché est lui-même entouré de terres désertifiées. Dans le même temps, les toxines issues de cette agronomie défaillante – ces montagnes d'engrais, défoliants, herbicides et pesticides nécessaires ne serait-ce que pour garantir un rendement minimum – se sont infiltrées dans le cours d'eau et le sol, et leurs résidus se retrouvent dans les lacs du delta du Syr-Daria, ajoutant à la quantité de poussière qui envahit l'atmosphère. Le sang des enfants du Kazakhstan contient du DDT à des doses vingt fois supérieures à ce que l'on observe chez les enfants en Europe. Cancers de l'œsophage, malformations congénitales, jaunisses, anémies, fonctions immunitaires détériorées, gastrites, maladies cardiaques, hépatites – des problèmes de santé qui sont tous en pleine explosion dans la région depuis les années 1960. L'espérance de vie dans les champs de coton d'Asie centrale est inférieure de vingt ans à ce qu'elle était à l'époque de l'Union soviétique.

Des cohortes de chameaux de Bactriane couleur vieux bronze traînaillent sur le bas-côté. Pour Serik, il n'y a pas grande différence entre la steppe – *dala* – et le désert – *shōl.* Difficile d'enjamber la frontière du désert comme on peut le faire quand on passe de la terre à la mer, ou bien d'une entité territoriale à une autre. Mettons que vous roulez à travers la steppe, sur son herbe grasse et dense ponctuée de quelques tulipes en fleur. Brusquement, tout change autour de vous et vous vous retrouvez dans un nouvel environnement, plus sec, plus pauvre en végétation, et où les oiseaux sont absents. C'est ainsi en général que le désert vous tombe dessus.

À notre passage, les chameaux lancent des ruades et galopent brièvement comme des feuilles mortes soulevées par un courant d'air, avant de s'immobiliser comme seul un Bactriane peut le faire, affichant ce même air impérieux avec lequel ils verraient un raz-de-marée s'approcher, et de nous observer, le regard fixe. Ils sont là, les animaux « non domestiqués et sauvages » de William Palgrave. Les fermiers se refusent à les monter – autant chevaucher une vache. Ces chameaux sont tout sauf des animaux domestiques ou des montures : ils fournissent moyen de locomotion, lait, viande, peau, fourrure. Suivez des yeux cette ligne télégraphique jusqu'à ce petit groupe de masures – un élevage de chameaux, vague gribouillis sombre sur le sol clair, comme tracé par un morceau de charbon. En file indienne le long de ces fils, d'un poteau à l'autre, on distingue une troupe de trente chameaux. Si vous êtes perdu dans la neige ou la fournaise, le meilleur conseil qu'on puisse vous donner, d'après Serik, c'est de suivre les fils : ils vous guideront jusqu'à un élevage, un village, le bivouac d'un chamelier, aussi sûr qu'un fleuve se jette dans la mer (normalement).

Même loin du rivage originel, aux endroits où il émerge depuis un million d'années, le sol ressemble au lit d'un ancien lac, à cause non seulement du sable et du gravier alluvionnaires, mais également de l'absence de relief et de ces quelques monticules qui ressemblent à des îles. Sur leurs sommets on distingue des cimetières familiaux hérissés de piquets. La halle d'où partait le poisson se trouve au bout d'une étroite langue de terre qui se sépare de la voie principale au sud. Pour la première fois, je vois s'étendre devant moi l'immense dépression asséchée et, trente kilomètres plus loin, les falaises de ce qui fut le rivage de la mer d'Aral. Aujourd'hui, la halle fait penser à un fort bombardé et envahi. Impossible d'imaginer ce qu'elle fut autrefois. Il ne reste qu'une pile de dalles de béton hérissées de barres de fer. Pourquoi a-t-elle été démolie ? Serik l'ignore. Là où l'eau venait lécher le quai de déchargement, un amas de béton haut comme trois étages domine désormais un lac de moins d'un demi-hectare, moins profond qu'une flaque. Dire qu'il y a trente ans, tous les après-midi (sauf en cas de gel), les bateaux venaient livrer leur cargaison ici, et on entendait retentir les cris de ceux qui avaient fini leur journée. Je descends du quai et me retrouve enfin sur le fond asséché. Au loin je distingue le chatoiement d'une rangée de puits salants. Je laisse Serik et me dirige vers le sud.

Le fond marin, plaine de porridge gris et de cendres éteintes, se déploie devant moi. En dix minutes à peine, la ligne d'horizon se réduit à une simple ligne où ciel et terre se retrouvent collés. Pendant un kilomètre, le sol est jonché de coquillages festonnés couleur blanc cassé et pas plus gros qu'un ongle (on les ramasse par poignées). Des touffes de végétation basse, salicorne et bassie, forment des cercles parfaits. Puis peu à peu ces touffes et ces coquillages se raréfient, comme si on avait balayé la plaine en partant du centre, jusqu'à ce qu'il ne reste plus que de minuscules brindilles de bois flotté que le vent a fait rouler, ou bien une tasse en émail à moitié enfouie dans le sol et remplie d'éclats de coquillages, ou encore un morceau de verre provenant d'une bouteille tombée à l'eau il y a cinquante ans. Et puis plus rien, rien à quoi l'œil puisse s'accrocher.

Mes bottes commencent à s'alourdir comme celles d'un plongeur en eau profonde. Toutes les cinq minutes, je dois m'arrêter et retirer la boue de mes semelles. Une fois qu'on s'éloigne de la halle de réception du poisson, rien ne permet de se rendre compte de sa propre progression. Si le désert évoque la mer, ce n'est pas une coïncidence – après tout, dans un désert on avance souvent sur d'anciens fonds marins. Mais ici, c'est différent : à l'échelle de la vie des océans, cette mer-ci a disparu en une seconde – une rapidité qui a quelque chose de terrifiant et de violent. Quand on se promène dans un endroit où il y a autrefois eu de l'eau, on a une conscience aiguë de la menace que représenterait son brusque retour, comme au milieu des flots ouverts de la mer Rouge, même si c'est hautement improbable. Je regarde en arrière et découvre mes empreintes, piste sombre tracée sur le sol. La plaine est piquetée par la pluie, le ciel parcouru de nuages.

Sous la ligne d'horizon miroitent ces plaques blanches – du sel – que je voulais atteindre avant de rebrousser chemin (le crépuscule approche). Il est rassurant d'avoir une destination en ligne de mire, même si les puits salants ne paraissent pas plus proches que quand je me suis mis en route il y a une demi-heure. J'avance, m'arrête pour gratter la croûte de boue sur mes semelles. La ligne d'horizon s'éloigne à chacun de mes pas. Je continue à marcher pendant trente minutes, considérablement ralenti par la boue, et pourtant les puits de sel semblent toujours aussi distants. Quand je me retourne à nouveau, la halle, Serik et le Land Cruiser ont disparu, si bien que, tel un fil d'Ariane, la trace de mes empreintes est le seul moyen pour moi de savoir d'où je viens et quel chemin prendre au retour. Le ciel s'assombrit. Je pivote sur moi-même, suis mes propres traces. Si quelqu'un tombe sur cette double ligne d'empreintes, il s'imaginera peut-être que je suis allé récolter quelque chose au-delà de l'horizon.

Sur le chemin pour retrouver mon guide, je remarque à nouveau ces touffes de végétation basse qui ont, au fil des ans, grignoté les bords de l'ancien fond marin. C'est ainsi que la vie reconquiert les lieux où elle était absente. « Succession primaire » : le commencement de la vie biologique sur une surface nue – un champ de lave refroidie, ou la roche râpée par un glacier, ou encore un fond marin drainé. Rares sont les milieux adverses à la vie au point que les graines et le substrat n'y reviennent jamais. Les environnements mutent. Ces îlots de végétation en forme de bouton sont peuplés de pionniers. Je pose les pieds sur l'un d'eux pour gratter mes semelles. Tout autour des tiges s'est accumulée un peu de terre, en fait du sable poussé par le vent, du loess, à partir duquel l'humus s'est formé. Ces touffes isolées, qui ne font pas plus de trente centimètres de diamètre, vont se multiplier et s'agglomérer, ainsi qu'elles l'ont fait à la lisière de la plaine, de la même façon que les gouttes d'eau tombant sur la poussière se multiplient et s'unissent. De petits groupes d'oiseaux en ont fait leurs îles et volettent de l'une à l'autre. Arrivé à deux cents mètres de la halle, j'entends résonner un coup sourd, puis un second – c'est Serik qui, soulevant un nuage de poussière, tape sur le tapis du Land Cruiser pour en retirer la boue séchée. Quand il me voit, il lève la main, comme pour saluer un chalutier qui rentre au port.

Le lendemain matin, nous nous rendons en voiture à Zalanash, un vieux village de pêcheurs à soixante kilomètres au sud-est d'Aralsk. La direction est indiquée longtemps à l'avance par le biais de collines coniques jumelles, couvertes de neige et surnommées par les gens du coin les « nichons ». Je vois de nouveau, juchés sur leurs hauteurs, ces cimetières hérissés de piquets qui ont des allures d'armée retranchée – ils sont imprenables, tout autant que la vue qu'ils offrent. Il y a de quoi se sentir surveillé. Au bord de la piste, à chaque tournant, carrefour, jonction ou passage délicat, ont été érigés un ou plusieurs monuments en l'honneur des victimes d'accidents de la route. En général, il s'agit de tours pyramidales en acier rouillé à peine plus grandes que moi. Leur allure de fusée rudimentaire me semble plutôt appropriée, et pas seulement parce que le cosmodrome est tout proche. Les bas-côtés sont jonchés de bouteilles de vodka vides lancées par les vitres des véhicules qui défilent ici. Il y a un lien entre ce verre brisé et ces tours en acier, forcément.

Le paysage est côtier, de même que le ciel, dégagé mais plutôt blanc poudré que bleu. La route est bordée d'une file interminable de poteaux télégraphiques, au pied desquels ont été amassés des déblais. D'autres tas de décombres hauts d'un mètre se suivent sur des kilomètres aux endroits où des égouts ont été creusés. Cette répétition – celle des poteaux et des tas de déblais – finit par devenir hypnotique, suggérant que la route pourrait se prolonger ainsi à l'infini. Ce qui vient rompre le sortilège, c'est un grand oiseau perché sur l'un d'eux, un aigle des steppes, d'après Serik, qui a la même couleur bronze que les chameaux. Il observe, sans regarder rien ni personne précisément, comme si sa vigilance englobait l'univers tout entier.

Zalanash signifie « nu », et en effet la ville est nue, comme un enfant élevé par les loups. Au loin apparaît une pente rocheuse au-delà de laquelle, me dit Serik, s'étend la mer sans eau.

Nous passons sous l'arche d'acier qui signale traditionnellement l'entrée de chaque village et roulons sur la terre battue de la rue principale de Zalanash, bordée de part et d'autre de petits ensembles résidentiels blancs. À la sortie de la ville, nous découvrons de nouvelles affiches glorifiant le président. Nous poursuivons notre route vers la mer et les anciens quais en contrebas. Là, notre véhicule prend le vent de plein fouet, et je retrouve notre immense cratère asséché.

Je sors du Land Cruiser. À ma droite, à deux ou trois

kilomètres de l'endroit où je me tiens, s'élève une falaise qui doit faire dans les vingt mètres de haut, et à ma gauche sa jumelle, couverte de neige et distante d'environ dix kilomètres. Devant moi il n'y a rien d'autre que le fond marin totalement asséché, ridé ici et là par quelques langues de terre et barres de sable. Cela dit, le paysage n'a rien de lunaire ou de dénudé : des chameaux y broutent le tapis d'halophytes qui s'est développé depuis le grand renversement d'il y a trente ans. La piste, qui semble creusée par un monolithe traîné à travers le désert, me mène vers une sombre constellation mécanique, tout aussi inquiétante qu'un vaisseau abandonné par une armée d'envahisseurs.

Comme d'habitude, Serik reste au chaud dans le Land Cruiser. J'avance jusqu'à ce que disparaisse le son de l'autoradio. Outre les quelques chameaux qui se balancent sur leurs jambes raides, j'aperçois des pinsons qui volent discrètement en piaillant entre les touffes de végétation, les mêmes volatiles que j'ai vus près de la halle et qui ressemblent davantage à une salve de projectiles qu'à des oiseaux se déplaçant tranquillement en battant des ailes. Surtout, fourmillent ici les « grandes gerbilles » (on en dénombre mille par hectare, je pense), sorte de hamsters couleur fauve dont les terriers sont si nombreux à certains endroits que la végétation ne peut pas pousser. Quand on enfonce le pied par mégarde dans l'un de ces terriers, on en fait s'écrouler tous les tunnels et on se retrouve les chevilles prises dans la couche de sédiments. De temps à autre, l'une des gerbilles s'immobilise pour observer l'intrus – observer ce qui pour elle n'est ni un renard, un aigle ou un loup mais un prédateur, tout simplement. Puis, en un clin d'œil, elle disparaît sous terre. Comme souvent dans le désert, on a vaguement l'impression d'être surveillé. Oiseaux, gerbilles, chameaux : pas un qui n'ait manqué de remarquer ma présence.

Le bateau m'apparaît comme une chose extraordinaire, de la taille d'un pétrolier. Pourtant, quand je regarderai plus tard mes photos, je ne verrai là qu'un poste de commande rouillé guère plus grand que mon appartement londonien, juché sur des filigranes de cloisons complètement érodées. Autour de la coque – à supposer que « coque » soit le terme qui convient –, la terre a été piétinée et souillée par les chameaux qui profitent de l'ombre du bateau. Ce dernier est visiblement considéré comme un mausolée par les fermiers, si j'en juge par les ossements et paquets de laine jonchant le sol, qui n'ont plus grand-chose en commun avec des agneaux ou des chamelons en dehors de quelques pattes accrochées en triskèles à des organes noircis. Peut-être s'agit-il tout simplement de proies traînées par les renards et les chacals jusqu'à cet endroit abrité. Il y a vingt ans, une flottille d'une dizaine de navires s'est échouée ici, et ces quelques épaves sont les uniques vestiges de ce cimetière (c'est ainsi que Serik l'appelle, « le cimetière des bateaux »). Le reste a été découpé au chalumeau et vendu aux Chinois. Difficile d'imaginer ce bateau tel qu'il était avant, dans son intégrité, de replacer la passerelle sur une coque disparue. J'ai dans la tête la vision d'un vieux loup de mer des années 1970 au visage fouetté par le vent et l'écume, agrippant le couronnement qui coiffe encore la timonerie. Je ne suis pas le premier à imaginer l'équipage du navire échoué : quelqu'un est venu passer un ou deux jours ici, mais les gens à Zalanash ne connaissent pas plus le nom de ce bateau que la date à laquelle est apparu ce graffiti que je découvre maintenant. Ce dont ils sont certains, c'est que ce n'étaient pas des habitants du coin, lesquels ont d'autres chats à fouetter. Cette épave fait office de monument historique, à l'écart du regard des autorités, si bien qu'il est naturel de sortir les bombes aérosol et les feutres. Un équipage entier et grandeur nature décore les cloisons, des marins russes peints en blanc, tous déprimés et squelettiques, comme s'ils étaient coincés *ad vitam æternam* dans ce navire échoué. En voici un assis sur un cageot, le menton posé sur son poing, un autre avachi dans un hamac, un troisième avec une bouteille de vodka à la main et enfin celui-ci, visage détourné, dont le coude est plié dans une position qui suggère la masturbation.

En regagnant le Land Cruiser, je remarque en haut de la falaise, à deux ou trois kilomètres de là, un autre cimetière de quatre ou cinq tombes, d'où l'on pouvait, je suppose, observer les allées et venues des bateaux de pêche et des cargos faisant route vers Zalanash et Aralsk. Il y a des anciens, me dit Serik quand je remonte en voiture, qui viennent se recueillir sur les tombes depuis leur enfance et qui ont vu l'eau se retirer peu à peu au point que les bateaux désormais obsolètes ont été abandonnés au milieu d'un étang de plus en plus petit où ils finissent leur vie, posés en biais sur les sédiments secs comme dans l'attente d'une marée haute qui n'arrivera plus. Passage progressif d'une mer profonde à un lac, puis à un marécage et à un mélange de vase et de flaques, pour aboutir dix ans plus tard à ce nouvel environnement de sable, de poussière et d'armoise. Tout est potentiellement exploitable. Pour Serik, la vente des coques marque un échec de plus. Il a tenté de convaincre le maire d'Aralsk de donner aux épaves un statut garantissant leur protection en tant que « monuments historiques ». Sinon, où iront les touristes ? Que montrer aux enfants d'Aralsk pour leur prouver qu'une mer a vraiment existé ici, si même ces fantômes s'en vont ? « Le maire m'a écouté attentivement », dit Serik. Et ? « Il n'est pas intéressé. »

Accompagnant Boutakov pour sa traversée du désert de Karakoum il y a cent quarante ans, se trouvait un ancien membre de la 3e compagnie de l'armée russe. Contrairement aux autres soldats, il ne portait pas d'arme, et encore moins de fragments de goélette. Il n'avait pas non plus d'uniforme. Dans son journal de bord, l'homme écrivit : « Dans mon enfance, aussi loin que je m'en souvienne, je ne me suis jamais intéressé aux soldats, contrairement aux garçons de mon âge. Quand, plus grand, j'ai compris l'ordre rationnel des choses, j'en suis venu à éprouver une antipathie profonde envers les soldats du Christ. »

J'ai vu sa photo au musée d'Aralsk, sa moustache qui fait penser aux ailes d'un aigle tué et écartelé plutôt qu'à un morse. D'après le panneau, il s'agit du poète et artiste ukrainien Taras Chevtchenko.

Chevtchenko se fit remarquer par les autorités russes en 1847 à cause de son appartenance à la confrérie de Cyrille et Méthode, qui promouvait l'usage de la langue ukrainienne et appelait à l'unification des nations slaves et à la fin du servage. (Chevtchenko lui-même était né serf.) Après la dénonciation des membres de la confrérie, Chevtchenko fut arrêté, ce qui révéla au public l'existence de ses écrits prérévolutionnaires :

Oh, méchant tsar, sois maudit !
Oh, tsar rusé, maléfique et cupide !
...
Ignoble monstre inhumain !

Si Nicolas Ier rit de ce portrait que Chevtchenko dressait de lui dans son poème « Le Rêve », il trouva moins drôles les vers sur la tsarine et son célèbre tic :

À chacun de ses pas, secouée par un tic,
Sa tête fait la breloque.
Est-ce donc là cette beauté unique ?
Ma pauvre, vous êtes une loque !

« Je suppose qu'il a de bonnes raisons de m'en vouloir, se plaignit-il, mais elle, qu'a-t-elle fait pour mériter cela ? » Dans un rapport poussant au bannissement de Chevtchenko, le comte Orlov, conseiller du tsar, nota : « Vu son insolence et son esprit rebelle, qui ne connaissent aucune limite, cet homme doit être considéré comme un criminel de la plus grande dangerosité. » Ce même Orlov qui, chef de la police secrète, sera six ans plus tard à l'origine de l'exil de Dostoïevski à Semipalatinsk. Approuvant la condamnation, Nicolas Ier – qui pensait à sa pauvre femme malade et diffamée – inscrivit sur le rapport : « À placer sous la plus stricte des surveillances, sans l'autoriser à écrire ou à peindre. » C'est donc à l'inefficacité des personnes chargées de surveiller l'artiste que nous devons certaines des meilleures descriptions qu'il nous reste de la région de la mer d'Aral avant la période soviétique.

En mai 1848, dès la première journée de l'expédition partie d'Orsk et avant même d'entrer véritablement dans le désert, Chevtchenko, plus habitué aux plaines fertiles du Dniepr, s'évanouit sous l'effet de la chaleur. Quand, le deuxième jour, ses compagnons et lui se retrouvèrent dans une région aussi plate et monochrome qu'une table « recouverte d'une nappe blanche », il s'abandonna

« entièrement à une tristesse discrète et à l'observation de la nature ». Il lui fallut attendre le soir pour voir des nuages à l'horizon. Mais pas des nuages de pluie : plutôt de la fumée. « Image indescriptible et splendide », selon le poète, qui décrivait le feu allumé par des bergers pour favoriser le renouveau des pâturages pour leurs moutons. Devant la ligne des flammes passa une longue file de chameaux, poursuivait-il, vision « qui disparut comme des ombres orientales dans la brume rougeâtre ». La scène lui rappela la destruction de Sodome et Gomorrhe telle que la représenta le peintre anglais John Martin en 1852.

Chevtchenko réalisa une esquisse en aquarelle – l'une de ses œuvres les plus célèbres, première d'une série de deux cents environ qu'il peignit au cours des dix-huit mois d'exil qui suivirent. On y voit le campement installé pour la nuit, avec çà et là des yourtes, une file de chariots et des barques montées sur des roues, un Kirghize en manteau long dont la silhouette se détache devant le feu allumé près d'une tente, un cavalier qui traverse un étang salé. L'expédition passa la nuit suivante près du tumulus de Dustan, le célèbre guerrier kirghize. Là encore, Chevtchenko s'arrêta pour faire un dessin. Non loin de là, l'expédition tomba sur une scène de massacre. Qu'il ne dessina pas :

Depuis des temps immémoriaux,
Le désert se cache aux yeux des hommes,
Mais nous l'avons trouvé :
Nous y avons construit des forts,
Et bientôt il y aura des tombeaux.

Dans le sable gisaient des dizaines de corps mutilés et décapités, déchiquetés par les loups et tannés par le soleil. C'était ce qu'il restait d'une patrouille russe défaite par les troupes du khanat rebelle de Khiva, au sud de la mer d'Aral. Laissant derrière eux un sable gris taché de sang, les membres de l'expédition suivirent l'incendie jusqu'à une « plaine rose clair » – un lac asséché dont la poussière salée rendait aveugle, dit-on à Chevtchenko. Et en effet, le poète, exposé à la poudre de talc soulevée par les sabots des chevaux, perdit la vue. Il faut donc imaginer Chevtchenko loin de sa terre natale, écrasé par le soleil du « Sahara kirghize » et les températures de plus en plus élevées, épuisé, irritable, la moustache blanchie par la poussière de sel. Et aveugle par-dessus le marché.

Lorsqu'il recouvra la vue, le convoi avait pénétré une région éblouissante, une plaine de sable « délimitée par une rangée de squelettes blancs de chevaux et de chameaux » – eux aussi victimes de l'expédition contre Khiva.

Le chemin menant à l'enfer du désert, depuis le Gobi noir du Xuanzang jusqu'aux pistes migratoires de l'Arizona, est bordé d'ossements. Enfin, apparut à l'horizon « une ligne bleue presque indistincte ».

La compagnie retrouva sa bonne humeur après ces centaines de verstes de plaines aveuglantes et de sable jonché des organes noircis de leurs compatriotes. La brise marine leur fut tout aussi salutaire qu'une dose d'oxygène pour un alpiniste. Les hommes installèrent leur campement sur la côte et se baignèrent dans la baie de Sarichaganaku, à soixante kilomètres au nord du Syr-Daria – sensation euphorique de l'eau froide sur des peaux parcheminées. Et le 19 juin, soit un peu plus d'un mois après leur départ d'Orsk, ils atteignirent le fort russe de Raim.

Les berges du Syr-Daria, que Chevtchenko peignit dans les jours qui précédèrent la mise à flot des bateaux, étaient un paradis luxuriant, avec des fourrés de roseaux et de joncs. Quant à la rivière elle-même, elle était placide et accueillante. Sur l'un des tableaux on peut voir à l'arrière-plan le *Nicolas* déjà sur les eaux paisibles et le *Konstantin* sur son ber, attendant ses mâts. Six semaines après leur arrivée à Raim, les membres de l'expédition mirent les voiles. Boutakov nomma Chevtchenko – son « camarade et ami », pour reprendre ses termes – artiste de l'équipage du *Konstantin*. Cela ne le gênait visiblement pas de passer outre les ordres du tsar interdisant à l'exilé d'écrire ou de peindre. Les délicates esquisses et aquarelles exécutées lors de ce voyage constituent un journal visuel minutieux des trente-huit jours que dura la croisière du *Konstantin*, avec une attention accordée aux détails tout à la fois tendre et chirurgicale (la fissure d'un rocher, la tige d'un buisson), et un regard intime porté sur l'austérité des lieux. Tels les croquis d'un topographe chargé de décrire une planète que des hommes auraient décidé de coloniser.

Notre traversée du désert, de Zalanash à Tastubek, ne présente rien de remarquable en dehors d'une série d'ornières remplies d'eau. La plaine est brun-vert, lisse et collante comme un pudding. Il est prévu que nous passions la nuit au village de Tastubek, chez des amis pêcheurs de Serik. Mais à deux kilomètres de Zalanash, le Land Cruiser s'embourbe. Forcément. Je descends, prends position dans la boue et pousse. Le véhicule dérape, zigzague. Je colle mon épaule à la carrosserie et fais avancer la voiture à chaque accélération, si bien que nous finissons par repartir en pétaradant sur la plaine argileuse, et je retrouve cet endroit où l'horizon recule au point qu'on ne peut nier le fait que le monde n'est qu'une boule – pas si grande que cela, d'ailleurs. Nous sommes sur le *takyr*, cet ensemble de plaines argileuses mal drainées qui s'étendent au nord et à l'ouest des anciennes berges de la mer d'Aral. À l'entrée d'un petit bosquet de saxaouls, Serik adopte une conduite lente et prudente, contournant les flaques et montant sur les crêtes, pour finalement se retrouver brutalement à l'arrêt, avec un moteur qui refuse de redémarrer malgré toutes ses tentatives. Serik coupe le contact, s'affaisse dans son siège, allume une Kent et me tend le paquet, même s'il sait que je ne fume pas. Sa cigarette finie, il se tourne vers moi. Alors je sors encore une fois et plante mes pieds dans le bourbier derrière le Land Cruiser. Je pousse, Serik accélère, et nous continuons ainsi pendant dix minutes. Le véhicule bouge légèrement, recommence à avancer, puis s'arrête. Je pousse à nouveau, tellement fort que j'aurai des courbatures pendant plusieurs jours, mais les roues en tournant ne font que s'enfoncer encore plus dans la boue. Serik coupe le moteur. Le silence nous enveloppe.

Je vais chercher une pelle et deux petites planches dans le coffre, creuse une tranchée en face de chaque roue arrière, et y dispose les planches. Lorsque Serik accélère à nouveau, l'une des planches se fend en deux et l'autre, projetée d'un seul coup, me passe entre les mollets et, frôlant le sol sur vingt mètres, va terminer sa course derrière moi. Les opérations se poursuivent pendant une heure trente, jusqu'à ce que, les yeux cernés de noir à cause de la fatigue, je me retrouve transformé en golem, pris jusqu'à la taille dans une coque de boue glaciale – formidable écran total pour me protéger du soleil. Serik, qui est resté au volant, est lui aussi épuisé, mais sans doute pas autant que moi. Il allume une autre cigarette. Le crépuscule approche. Nous nous trouvons à vingt-cinq kilomètres de Zalanash et soixante-cinq de Tastubek. Sur un îlot de rochers au loin, quelque chose luit au soleil – un monument turc ou bien la hutte d'un chamelier. Nous sommes coincés ici pour la nuit, avec une demi-bouteille de vodka, huit Kent (Serik les a comptées) et une boîte presque vide de pastilles Smint à la menthe.

Serik s'endort pratiquement tout de suite – comme s'il avait reçu une fléchette d'anesthésiant – alors qu'il est à peine dix-neuf heures. Je bois une partie de la vodka, puis finis la bouteille. Mes bottes sont mouillées, mais mieux vaut les garder aux pieds : il y a de la boue à hauteur de cheville à l'intérieur du Land Cruiser. Je recule mon siège au maximum, me recroqueville sur le côté avec mon sac à dos comme oreiller, rabats ma capuche le plus possible et m'emmitoufle dans mon foulard. Et j'attends, aux aguets comme une gerbille, tandis que Serik ronfle discrètement et que la nuit s'installe sur la plaine, comme une mousseline de soie que quelqu'un aurait laissé tomber : pas de coucher de soleil lumineux, pas de voûte céleste peu à peu dévoilée ou de lune stupéfiante, juste le noir qui succède au gris. Nous avons éteint le chauffage pour économiser la batterie. Le froid commence à se faire sentir. Je reste allongé là à côté de ce quasi-inconnu et vois, comme si je flottais au-dessus de la scène, notre véhicule en rade au milieu de cette végétation éparse, avec tout autour l'immensité de la plaine – deux cents kilomètres carrés, peut-être.

Je me suis probablement assoupi. Toujours est-il que je me rends compte que quelque chose a perturbé l'obscurité à l'extérieur du Land Cruiser. Tiens, ça recommence. Un point lumineux intense comme la lumière d'un phare. Impossible de savoir à quelle distance il se trouve, plusieurs kilomètres certainement. Une lumière solitaire, donc une moto, qui s'est risquée sur cette route entre Tastubek et Zalanash. Des *passagers* : c'est le terme qu'Absalom a utilisé dans le Taklamakan.

J'ai réveillé Serik en bougeant. La lumière, qui était jusque-là restée au même niveau, semble s'élever, virer à droite, puis à gauche, avant de se stabiliser et de reprendre sa progression vers nous, si en effet c'est bien ce qu'elle fait. Puis elle recommence son étrange danse, montant en flèche vers le ciel puis virevoltant d'un côté à l'autre avant de reprendre sa position originelle. Un avion ? Un hélicoptère ? Un feu follet ? Je baisse ma vitre. Seul un léger souffle de vent est audible. Serik met le contact et fait un appel de phares. « Ils pourront nous aider. » La lumière continue à avancer vers nous, mais sans répondre à notre signal. Serik recommence ses appels de phares et d'un coup la lumière disparaît.

Il fouille l'obscurité du regard et allume encore une fois les phares. « Étrange, finit-il par dire en se renfonçant dans son siège avec un air blasé.

– Qu'est-ce qui leur est arrivé ?

– Ils pensent qu'ils vont se retrouver coincés. »

Ce n'est donc pas l'autre véhicule qui va nous sortir de là.

Pendant toute la nuit, les lumières se succèdent par intermittence, mais dès que nous leur faisons des appels de phares, elles disparaissent.

À mon réveil à six heures du matin, je découvre un ciel couleur toile de jute. Serik redémarre le moteur et accélère. Le Land Cruiser se balance d'avant en arrière, coincé par les ornières. Nous espérions que le froid de la nuit aurait suffisamment fait durcir la boue pour offrir aux roues un appui stable, mais tout ce qu'elles font c'est tourner et faire gicler la boue. Je sors et me remets à pousser. Efforts futiles, nous le savons. Serik verrouille le Land Cruiser – on n'est jamais trop prudent, visiblement –, et pour rentrer à Zalanash nous suivons les traces de pneus que nous avons laissées hier. Personne n'est passé dans le coin.

« Les nichons ! » s'exclame Serik quand les monticules jumeaux apparaissent face à nous cinq heures plus tard. La piste durcit, comme si une peau avait poussé sur le pudding de la plaine. Les bas-côtés sont maintenant couverts d'un duvet vert que broutent consciencieusement les chameaux. Un kilomètre plus loin, un garçon monté sur une moto tout-terrain rouge traverse notre piste. À l'entrée du village, un petit hélicoptère décolle, passe au-dessus de nos têtes dans un bruit de tonnerre et prend la direction de Tastubek. Dix minutes plus tard, nous arrivons sur la rue principale, accueillis par les aboiements des chiens. Un groupe de petites filles en robes jaunes froufroutantes traversent la rue boueuse, bras dessus bras dessous. Elles ont de l'expérience : leurs ourlets sont immaculés. Elles regardent les deux fugitifs boueux que nous sommes et se serrent les unes contre les autres.

« Où est-ce que je peux trouver Tabin Alenov ? » leur demande Serik.

Alenov a été président de la coopérative de pêcheurs de Zalanash. Il pourrait organiser le remorquage du Land Cruiser : il faudrait juste pour cela trouver un camion GAZ ou un tracteur. Notre recherche dure une heure. Serik arrête trois jeeps russes pleines de jeunes hommes pour expliquer notre problème au conducteur, qui sourit et secoue la tête avant de remonter sa vitre et de repartir. Le transport, c'est leur gagne-pain. Je ne peux pas leur reprocher de ne pas vouloir prendre de risques. C'était idiot de notre part d'entreprendre cette traversée sur une plaine encore gorgée d'eau. Notre châtiment – faim, froid, fatigue – est mérité. En attendant, M. Alenov reste introuvable.

Nous comprenons finalement que nous avons choisi le mauvais jour pour nous retrouver coincés : l'hélicoptère que nous avons vu transportait le maire de la région (lequel se déplace toujours ainsi), venu ici pour l'inauguration de la nouvelle école maternelle. La plupart des adultes sont à une fête dans l'une des maisons du village. Serik appelle son ami à Tastubek : pas de réponse. Il laisse un message. Son ami et lui ont passé leur enfance dans la même rue d'Aralsk. L'ami en question possède une jeep.

M. Alenov est à la fête. Nous trouvons la maison et Serik entre tandis que j'attends dehors. Un minibus s'arrête devant et dix jeunes hommes d'une vingtaine d'années en sortent – chaussures élégantes, pantalon de costume, chemise blanche et boutons de manchette, tous la cigarette au bec. Ils font la queue pour serrer la main de l'inconnu (moi) comme si j'étais le portier, puis ils entrent. Ces jeunes gars du village, installés à Aralsk pour travailler dans les usines, reviennent ici faire la fête et boire. Dix minutes plus tard, Serik sort en compagnie d'un homme d'une cinquantaine d'années, grand et moustachu, les cheveux noirs, qui porte une chemise et une cravate noires avec aux pieds d'impeccables chaussures en cuir noir souple et brillant. M. Alenov. Comme tous les hommes dans les villages de pêcheurs, il a la poignée de main d'un boxeur. Pas de problème, il va nous trouver quelqu'un pour nous remorquer. Nous le suivons. Le sol boueux est jonché d'os de chameaux, avec çà et là une seringue hypodermique (pour vacciner les bêtes), et je distingue d'énormes tas de paille et de bois de chauffage stockés dans des espaces clôturés. Un jeune chameau regarde le ciel les yeux grands ouverts en galopant en cercle et en ruant comme pour se débarrasser d'un cavalier fantôme. M. Alenov lève le poing quand l'animal approche. Le chameau fait un écart et part à toute allure en direction du rivage disparu.

Il y a un tracteur garé à côté de l'un des enclos à chameaux, mais impossible de trouver le propriétaire. Une jeep passe et s'arrête (tout le monde s'arrête pour M. Alenov), mais non, nous répond-on d'un air contrit, pas aujourd'hui, même pour M. Alenov. Une autre jeep nous dépasse, le conducteur freine brutalement en reconnaissant notre compagnon, et fait marche arrière. Mais non, eux non plus ne peuvent rien pour nous. Visiblement, les gens se sont passé le mot. Hier soir il gelait presque. Je suis épuisé par ce froid, bon à rien, si ce n'est à suivre les autres docilement. M. Alenov nous emmène chez lui. Devant la porte, il jette un coup d'œil à mon pantalon couvert de boue et me dit d'attendre. Il revient avec un de ses immenses joggings et m'envoie me changer dans l'appentis.

Deux matelas ont été installés sur le tapis de la pièce principale, le long du mur qui, comme partout dans les maisons de la steppe, est délicieusement chaud, et il n'y a rien de plus réconfortant que de passer le plat de la main sur le crépi rose. Il est environ treize heures. Serik et moi nous allongeons et somnolons, tandis que M. Alenov retourne à la fête. Des odeurs et des bruits nous parviennent de la cuisine voisine. À mon réveil, il fait nuit dehors et la table a été mise.

Nous mangeons avec les mains. Au menu : des pâtes brûlantes et un morceau ultra-tendre de viande de chameau – la bosse, coupée en cubes, a un goût doux et salé –, agrémentés d'un bol de bouillon bien gras. Le corps n'est pas trop difficile à satisfaire. Il y a aussi du thé sucré, du pain, un bol de crème bien épaisse, et des bonbons servis sur un plat à dessert à trois étages. M. Alenov m'explique le système soviétique. Les villages de pêcheurs ainsi que les fermes fonctionnaient soit comme des collectivités autonomes, les *kolkhozes*, soit comme des satellites de la coopérative régionale, le *sovkhov*, la plus grande dans la région de la petite mer d'Aral étant l'Aralrybprom, « Industries de la pêche d'Aral », dont j'ai vu l'écusson sur les bateaux mis en cale sèche à Aralsk. Les *sovkhoves* étaient contrôlés par l'État, et leurs directeurs souvent des gens extérieurs nommés par Moscou, alors que les *kolkhozes*, tel celui de Zalanash, étaient des groupements autonomes plus petits élisant leur propre président.

En 1991, les *kolkhozes* furent remplacés par un système de marché libre et les différents sites de pêche – certains situés à présent à trente kilomètres des anciens ports – transformés en séries de dix terrains, les *uchastki*, appartenant chacun à un « usager de la nature » comme M. Alenov, qui distribuait les permis de pêche et dirigeait les halles où les prises du jour étaient apportées par chaque brigade, puis pesées et réfrigérées. Il y avait des quotas, mais les pêcheurs s'en souciaient peu. S'il avait fallu respecter les monopoles d'achat officiel et interdire complètement le braconnage, alors les populations de la mer d'Aral, dont les ancêtres s'étaient nourris pendant des siècles des produits de la mer, n'auraient jamais mangé de poisson frais. Ce qui importait le plus, c'était les marchés européens et russes et la pêche du jour. Depuis 2005, les pêcheurs ont appris à croire qu'une pêche médiocre un jour n'augure en rien de celle du lendemain. Cette année-là vit la construction d'une digue, le Kokaral, située au niveau du détroit de Berg et servant à limiter la baisse du niveau de l'eau. Au nord de la digue, la mer a non seulement cessé de perdre en surface, mais elle se remplit peu à peu, nous dit M. Alenov. Le taux de salinité diminue, et les anciennes espèces de poissons sont revenues. Tant que le marché tient, les halles – du moins celles proches du rivage – resteront viables. Mais qui peut savoir si les villages ne vont pas un jour se retrouver de nouveau délaissés et en difficulté ? Le paysan fait des plans pour l'année, le pêcheur pour la journée.

Nous finissons de manger et sortons fumer dans la cour plongée dans le noir. La lune paraît énorme. Des cris étouffés nous parviennent depuis le lointain – un élevage de chameaux dans la steppe. À part ça, il n'y a que l'énorme poids du silence.

En 1848, les réserves de nourriture commençaient à pourrir à bord du *Konstantin.* « Le pain séché est devenu moisi, écrivit Chevtchenko, la graisse a pris une couleur rose et le beurre est rance. Seuls les pois sont restés sains. » Le vent du nord-ouest soufflait pratiquement en permanence, secouant la goélette. Le 23 septembre, les équipages arrivèrent enfin à l'île de Kos-Aral pour y passer l'hiver. L'expédition avait réussi, mais après avoir passé des mois loin de toute compagnie en mer, Chevtchenko constata qu'il n'y avait pas de lettre pour lui. Pas une seule. Plus tard, il exprimera sa nostalgie pour l'Ukraine en se plaignant que ses amis n'écrivent pas. Il finira par se sentir non seulement exilé, mais également abandonné, même par ceux qu'il aime :

Il fut un temps où ils me jurèrent
Amitié éternelle,
Mais les voilà partis.

Un quart de la poésie qu'il écrivit pendant ses dix années d'exil le fut pendant cet hiver-là. Il faut dire qu'il n'avait pas grand-chose d'autre à faire…

Ennui, automne
Me cernent dans une terre étrangère.
Oh Dieu ! Où me cacher ?
Que faire ? Je marche le long de l'Aral
Et écris des vers en secret. Je pêche,
Me souviens d'autres temps
Dans mon âme, que j'écris.

Un homme dans une hutte, sur une île au milieu d'une mer perdue dans un désert étranger, se demande : Où me cacher ? La question semble absurde pour celui qui ne connaît pas l'endroit et ne sait pas qu'il n'existe aucun lieu au monde où l'on se sente plus exposé. Durant ces longs mois de confinement, Chevtchenko ne trouva de distraction que dans le dessin, et aussi dans la chasse, ainsi que le mentionne Boutakov : « Les tigres sont nombreux dans les environs d'Aralsk », explique le commandant. La bête tuée « avait récemment dévoré quatre vaches [...] Deux semaines après, le Kirghize m'apprit que le même animal avait mangé deux hommes et un certain nombre de moutons, et, le 21 novembre, le contremaître de la zone de pêche rapporta que ce même tigre leur avait tué un cheval à seulement trois verstes de notre fort ».

Cette chasse au tigre occupa la moitié de la garnison. Le fauve fut piégé et abattu. « C'était un vrai tigre royal, d'une belle couleur orange avec de larges raies noires, extraordinairement gras, et long de pratiquement deux mètres du nez à la base de la queue. » Sur l'aquarelle de Chevtchenko, la bête est toutefois loin d'être royale. On dirait qu'elle dort, peluche de foire tirée des sables gelés. Les esquisses à l'encre et au stylo que l'artiste ukrainien a fait du fort à Kos-Aral montrent un ensemble miteux de huttes et de tentes fumantes, avec quelques yourtes, un chien noir style caniche et un stock de bois de chauffage. Au loin, les deux goélettes, le *Konstantin* et le *Nicolas*, sont emprisonnées par les glaces. Avec la plongée au cœur de l'hiver, les dessins cessent de représenter l'extérieur pour se concentrer sur l'intérieur : yourtes et huttes enfumées, baignées d'une lumière orangée, avec des hommes et de jeunes garçons qui regardent, l'air drogué par la chaleur, les poêles incandescents.

Ce matin, l'ami de Serik arrive de Tastubek. Nous retournons en jeep au Land Cruiser, que nous réussissons enfin à dégager de la boue. Nous passons une heure dans le village à nettoyer l'intérieur du véhicule. Après les intenses efforts d'hier et avec ce froid de canard, j'ai mal comme si on m'avait poussé du haut des escaliers. À midi, nous sommes de retour à Aralsk. Je commence à distinguer les différentes formes de boue. De même que les Ouïghours ont des tas de mots pour désigner le sable, et les Rashidi pour parler des dunes, les habitants du Kazakhstan ont sans doute tout un lexique pour la boue. Dans les rues, celle qui a été fouettée par les roues des véhicules acquiert une onctuosité veloutée, comme de la glace fondue, et seuls les chiens prennent le risque de s'y aventurer, les uns derrière les autres, en passant aux endroits les moins profonds. Partout on voit des voitures en train de se faire remorquer ou pousser sous le regard des hommes. Pour eux, cela fait partie de la routine. On en tient compte dans l'organisation d'une réunion, et la plupart du temps personne ne s'étonne que vous soyez en retard. Il y a dix stations-service, et en hiver ou pendant la période des récoltes le carburant vient à manquer, si bien que les gens font la queue, ce qui dégrade encore plus le sol, et au bout du compte seuls les utilitaires GAZ – tellement enviés et tellement gourmands – peuvent accéder à ces stations-service avec leur châssis à hauteur d'épaule. Nous traversons la ville en direction de la route principale qui descend vers le sud. Notre destination : le rivage actuel de la mer. Nous pourrons enfin voir l'eau. À un check-point, trois agents s'avancent et me demandent mon passeport. Remontant leurs capuches par-dessus leurs casquettes de policiers, ils approchent tous ensemble, comme enchaînés les uns aux autres, escortés par un militaire armé d'une kalachnikov. La peinture noire sur la crosse de leurs armes s'écaille. *Nom ? Prénom ? Nationalité ?* Ils recherchent des camions transportant des légumes de contrebande vers la Russie – des trafiquants de navets –, mais comme je suis une nouveauté le responsable prend tout son temps. Habitué à ce genre de scène, Serik sourit, mais plus tard il sera moins à l'aise.

Nous roulons pendant quatre-vingts kilomètres sur la nouvelle autoroute qui rejoint Kyzylorda, tellement neuve que la ligne centrale n'a pas encore été peinte. Sur le bas-côté s'entasse la moisson nocturne de chiens et de chameaux morts avec les habituelles paillettes de verre brisé. De chaque côté de la route se succèdent des kilomètres de dunes jaunes et basses où poussent çà et là des saxaouls et des acacias. Visiblement, les chameaux n'ont pas appris à se méfier des voitures : ils traversent la route tranquillement, sans même se presser quand passent de gros camions. Pendant deux ou trois kilomètres, nous suivons au ralenti la colonne de fumée noire d'une vieille guimbarde instable sur laquelle ont été entassés six mètres d'épaisseur de broussailles. Puis nous quittons l'autoroute, et le bitume silencieux se prolonge encore sur cent mètres avant de laisser place au gravier et aux ornières.

Nous longeons le lac Kambash, situé dans le delta du Syr-Daria. Sur la berge était autrefois installé un camp pour jeunes pionniers soviétiques, abandonné depuis longtemps. La peinture bleue de ses coupoles s'écaille. Jusqu'à la disparition de l'eau il y a trente ans, des enfants venus de toute l'Union soviétique se baignaient ici. Dans tous les foyers d'Almaty et d'Orenbourg, on exposait sur les commodes des photos encadrées d'enfants jouant au milieu des dunes. Il y a une plage – du sable grossier avec quelques armatures de yourte que les gens louent à la journée en été. Et de l'eau – oui, elle est revenue ! Le lac fait dix kilomètres de long et deux de large, si bien qu'avec la distance, l'autre rivage semble brumeux. Mais le lac n'a pas retrouvé sa superficie d'antan. Au loin, ce qui autrefois était une île est maintenant une péninsule – et l'eau, comme partout dans la région, est un bouillon de produits chimiques agricoles. Il y a des poissons nageant dans le haut-fond, mais l'immobilité de la surface évoque moins la tranquillité que la stagnation. Serik est ici à son aise ; il s'assoit sur ses talons et regarde devant lui, l'air ravi. Pour une fois, il ne fume pas. Pour lui, Kambash évoque des souvenirs heureux – il y est venu petit, y a amené ses propres enfants. Il trouve l'endroit joli, malgré les déchets laissés durant l'été par les vacanciers et incrustés dans le sable.

Une heure plus tard, nous atteignons le Syr-Daria. En regardant ses flots calmes, je me souviens des tableaux peints par Chevtchenko à son arrivée au fort au bord de cette rivière, quand le monde lui souriait à nouveau après des semaines entières passées dans les sables aveuglants du désert – la richesse des pigments qu'il utilise, la vigueur de son trait. Cent cinquante ans plus tard, les eaux de toutes les steppes du Kazakhstan convergent pour devenir une large avenue d'eau grise coulant entre des falaises d'argile claire. Ce que je prends au début pour des canards se révèle être des bouteilles de vodka qui flottent. Mais la rivière n'est pas morte, étonnamment. Non loin de là, dans une barque qui remonte le courant, deux hommes jettent des filets. « Des braconniers ! » s'exclame Serik d'un ton approbateur. Ils lèvent la tête, et l'un d'eux nous fait un signe de la main. Nous lui rendons son salut. Le braconnage est puni par la loi, et il arrive que les inspecteurs des zones de pêche d'Aralsk viennent patrouiller, mais ils ne font pas trop de zèle, et même les « usagers de la nature », qui possèdent les droits de pêche, se montrent indulgents avec celui qui nourrit sa famille en pêchant dans les mêmes eaux que ses ancêtres.

C'est aux pêcheurs du village de Bogun, à trente kilomètres d'ici, qu'était adressée la lettre de Lénine en 1921. « Russes et musulmans, nomades et colons : tous se retrouvent menacés d'une mort cruelle, à moins que leurs camarades ne leur apportent leur aide… »

Le village consiste en une constellation de maisons basses en terre dissimulées derrière des palissades avec, au centre de chaque cercle de quatre ou cinq maisons, un enclos à chameaux, des meules de paille, des piles de bois pour le foyer, et un appentis. Nous devons dormir chez une famille de pêcheurs, des amis de Serik. Maksat et Mukhtar, les deux plus jeunes frères Dilzhanov, ont le teint cuivré, pas une once de graisse, et me dépassent d'une tête. Ils marchent en plastronnant, forts d'une virilité encore intacte. On dirait qu'ils ont des œdèmes aux jambes à cause de leurs pantalons doublés. Ils sont intrépides, impérieux, et accueillir chez eux un parfait inconnu ne leur fait pas peur. Zeinolla, le frère aîné – « Zikon », ainsi qu'on le surnomme –, arbore une bedaine de femme enceinte, comme tous les hommes dans ces villages qui viennent d'avoir un premier enfant.

Maksat est en train de couvrir de sable la fosse septique enterrée à l'extérieur de l'enclos familial. Juste à côté se trouvent deux camions GAZ à trois essieux chargés à l'arrière de caisses à poissons vides. Tout en travaillant, les trois frères boivent au goulot de bouteilles de Coca de deux litres – visiblement la boisson nationale, encore plus que la vodka (la vodka, les frères en boivent aussi, mais Serik m'a demandé de cacher à leur père les bouteilles que je leur ai apportées comme cadeaux). Je ne vois pratiquement personne boire de l'eau. Le froid arrive, dit Maksat, on le sent dans l'air. Le brouillard se répand le matin – du brouillard venu de la mer, même si celle-ci se trouve à vingt-cinq kilomètres – et ne se lève qu'à midi, voire plus tard. Sans cette couche supplémentaire de sable, la fosse septique va geler avec l'arrivée de la neige, et alors bon courage !

Le lendemain matin, Serik et moi empruntons la piste qui longe la digue construite en 2005. L'ouvrage culmine à huit mètres de haut, mais ce fut suffisant pour provoquer une hausse du niveau de la Petite Aral, et les eaux qui s'étaient retirées jusqu'à une centaine de kilomètres d'Aralsk ne sont plus maintenant qu'à douze kilomètres. L'année de la construction de la digue, six cent quatre-vingt-quinze tonnes de poissons furent pêchées dans la Petite Aral. Neuf ans plus tard, le chiffre s'élevait à cinq mille cinq cent quatre-vingt-quinze tonnes. On assista bel et bien à une inversion de la tendance, mais uniquement dans la Petite Aral. L'eau en surplus est reversée dans la Grande Aral. Nous nous arrêtons un instant : le volume d'eau qui passe par la vanne est énorme (des dizaines de milliers de mètres cubes par seconde) et nous sommes obligés de crier pour nous entendre. Une rivière immense – aussi volumineuse que le Syr-Daria lui-même, d'après ce que je vois. Pourtant, quelques kilomètres plus au sud elle disparaît dans le désert, bue par le sol ou évaporée. Toute cette puissance perdue. À moins que l'apport de l'Amou-Daria au sud n'atteigne le niveau de celui du Syr-Daria au nord, la Grande Aral restera un désert. L'Ouzbékistan, dont le territoire englobe la majeure partie de la Grande Aral, ne manifeste aucune volonté de renoncer à détourner l'Amou-Daria pour irriguer ses champs de coton. En 2006, le gouvernement a même signé un accord avec un consortium de compagnies pétrolières et gazières chinoises, coréennes et russes. Des opérations de prospection de l'ancien fond marin sont en cours. Et quand il n'y aura plus de pétrole ni de gaz ? Alors on trouvera le moyen d'épuiser le soleil et le vent, et de vider les marées de leur énergie.

Près de la vanne se trouvent une piste pour hélicoptère et un belvédère en bois abrité par un auvent blanc, tous les deux installés à l'occasion d'une visite présidentielle il y a plusieurs années. Pour une raison inconnue, Nazarbaïev a annulé sa venue, si bien que ces équipements n'ont jamais été utilisés. Près d'un poste de garde non loin de la digue, nous tombons sur une carcasse de chameau, encore partiellement enveloppée de peau. Les dents de l'animal sont blanches comme celles d'un présentateur télé, et ses yeux tout aussi éteints. J'imagine une photo choc, dans un noir et blanc granuleux, avec le ciel en dégradé de gris. Sauf que la mer d'Aral n'est pas un cimetière. Certes, à notre gauche, au sud, il y a l'Aralkum – cinq cents kilomètres de sable et de saxaouls jusqu'au port désaffecté de Muynak, en Ouzbékistan. En revanche à notre droite, les cris des oiseaux d'eau font résonner les joncs.

Le paysage chatoie sous la lumière changeante. Une cigogne passe au-dessus de nos têtes, et c'est elle, tache blanche sur le ciel couleur acier, que je photographie plutôt que le chameau mort. J'ai devant moi la mer d'Aral telle que Boutakov et Chevtchenko l'ont dépeinte, avec ses berges animées, presque frénétiques, comme la vie avant l'homme – l'habitat d'« immenses quantités de pélicans, cormorans, mouettes et hirondelles des mers ».

Le 22 avril 1849, un craquement de la glace se fit enfin entendre. Deux semaines plus tard, le second voyage d'exploration de Boutakov commença. Une libération pour l'équipage : du poisson frais en quantité, le soleil luisant sur les flots bleus. Pourtant, un autre type de prison attendait les hommes. Pendant deux semaines, les tempêtes empêchèrent le *Konstantin* de regagner le rivage, et les hommes en furent réduits à boire l'eau de la mer, au goût de golfe de Finlande. Les punaises de lit et les furoncles du Kos-Aral furent remplacés par le scorbut, les vomissements, et ce que Boutakov qualifiait de « diarrhée forte ». Pois-brochet. Brochet-pois. Barbeau, tête-de-serpent, esturgeon à ventre nu. Chevtchenko se désespéra au point de tenter de se « perdre » en s'éloignant de son groupe au cours de l'exploration d'une petite île. Il fut retrouvé, naturellement. Il était tout aussi impossible de se perdre que de se cacher.

Enfin, au terme de l'été, les goélettes regagnèrent le fort russe de Raim. Comme ils faisaient voile vers le Syr-Daria, Chevtchenko écrivit un adieu ambivalent à l'île qui avait été sa prison : « Je ne te fais / Ni louanges ni reproches pour ton désert. »

Au terme de cet exil, impossible pour le poète de voir le Karakoum autrement que comme « un désert stérile, abandonné de Dieu ». Mais on ne lui permit pas de retourner en Ukraine : il ne fut rapatrié qu'après sa mort. Alors seulement, il rentra chez lui.

À notre retour à Bogun, le ciel est rouge. Zhaksilik et quatre autres hommes, les anciens du village, sont rassemblés dans un appentis sombre, comme toujours à cette heure, assis en cercle sur des bûches ou accroupis autour de pages de journaux étalées par terre. Ils se passent de gros morceaux de poisson salé, en arrachent un bout, recrachent les entrailles et les envoient d'une pichenette sur le journal, où elles se mêlent aux mégots de cigarettes. Ils remplissent sans cesse un gobelet en plastique de vodka glacée. « Du schnaps », comme ils l'appellent, et je répète « schnaps » ; dehors, une femme qui passe par là, l'une des épouses, nous entend et répète sur un ton plein de mépris : « Schnaps. » Nous rions. Les vieux messieurs refusent de me laisser partir sans me servir un deuxième, puis un troisième gobelet de vodka, et encore du poisson. Le poisson est délicieusement salé, étrangement et savoureusement dégoûtant.

Bogun a été un village de bord de mer. Le vieux Zhaksilik est né sur fond de bruit de vagues, me raconte-t-il. Au fil des ans, il a vu l'eau reculer de plus en plus loin, jusqu'à ce que le rivage se trouve à deux jours de marche et que la mer soit pour ainsi dire morte. Tout espoir était perdu, poursuit un autre homme tout en se roulant une cigarette avec ses doigts couverts de sang. Avec l'effondrement des premières digues, la région a plongé dans une sorte de dépression. Puis la nouvelle digue a été construite et, tout aussi impossible que cela ait pu paraître, l'eau a commencé à revenir, et avec elle les poissons, et les pères ont de nouveau appris à leurs fils comment et quand réparer les filets.

Quand je quitte l'appentis, je ne me sens pas vraiment saoul et vais me promener autour du village. Personne, en dehors des chiens et des chameaux. Pas un bruit, si ce n'est le rugissement d'un conduit qui alimente un étroit lagon à la surface crevée par les carcasses de vieux bateaux. Au nord, je découvre un bâtiment de trois étages lambrissé et blanchi à la chaux. Tout contre l'un des murs, tel un contrefort, une dune s'élève jusqu'aux rebords des fenêtres du deuxième étage. Ce bâtiment, aujourd'hui abandonné, était l'école municipale. Le Karakoum continue à coloniser les espaces cédés par la mer, et un jour – bientôt – le bâtiment cédera sous le poids de cette dune. Une autre école a été construite de l'autre côté du village. Mais même si des mesures ont été prises pour ralentir l'avancée du désert – filets géotextiles, plantations stabilisantes –, tout le monde a compris qu'un jour ou l'autre, le mur de sable entrera dans le village et le dévorera, maison après maison, repoussant les habitants jusqu'à la mer.

Alors que j'essaie de retrouver mon chemin, une jeep arrive en rugissant et s'arrête en pilant. Il y en a une autre derrière, conduite par Mukhtar, le deuxième fils de Zhaksilik. *Monte*, me dit-on. Mukhtar repart le pied collé au plancher. L'ancien fond marin entre le lagon et la zone de pêche de Shagalaly est un maquis de sable, qui cède la place à une large bande de sédiments poudreux de couleur rose pâle. C'est sur cette bande large de dix kilomètres que les deux jeeps font la course, avec chacune à leur bord trois membres de la bande. C'est le frère aîné de Mukhtar, Maksat, qui conduit l'autre véhicule. Les deux frères suivent les centaines de traces zigzagantes laissées par leurs propres allers-retours. J'ignore où est Serik. Nous roulons à tombeau ouvert, quatre-vingts, quatre-vingt-dix kilomètres-heure en direction du soleil, avec l'autre jeep qui tangue dans un bruit de ferraille à cinq mètres de nous. Le moindre coup de volant serait fatal, avec à la clé des blessures graves, voire la mort, mais nous nous dirigeons vers la mer et je suis désormais tellement bourré que je ne ressens aucun danger ; les garçons hurlent, heureux, ivres de leur amour pour leur famille et leurs frères. Nous entrons dans un dédale de roseaux hauts de trois mètres, interminable, avec autour de nous les oiseaux qui s'envolent, et finalement l'horizon s'ouvre, le ciel s'élargit, et tout brille et chatoie, comme quand on approche d'une vaste étendue d'eau.

Au milieu des roseaux près de Shagalaly, il y a un espace clos formé par trois porte-containers dans lesquels les garçons dorment quand les bateaux rentrent en retard. Des vêtements sèchent sur un fil tendu entre deux d'entre eux ; un chien noir sort de l'ombre en trottinant pour nous regarder passer. La mer, immobile, reflète le ciel avec une grande netteté. C'est la mer telle qu'on la voit sur le tableau représentant une barque au musée d'Aralsk, une mer tranquille et vivante. Une étroite jetée en bois s'avance vers le large. On ne voit pas le rivage opposé, juste l'eau et le ciel.

J'ai l'impression que cet endroit a toujours été émergé. Rien n'indique que jusqu'à il y a trente ans, il était complètement sous les eaux. Les bateaux ont été tirés sur le sable. Sur le pont de l'un d'eux, il y a une couette à fleurs roses – au cas où il fasse froid. Je constate, étonné, que Serik est déjà là. Face à la mer sans vagues, nous nous tenons debout, en cercle. Les garçons démêlent les filets et les laissent tomber en spirale dans des seaux. Il y a eu tout d'abord la journée harassante en mer avec les filets à remonter puis, une fois revenus au port avec les prises, ces heures entières qu'ils passent, les doigts engourdis, à défaire les nœuds des filets avant de pouvoir rentrer chez eux. L'un des hommes approche un briquet d'une bouteille de Coca vide pour faire un trou dans le plastique. Ensuite, il détache soigneusement la base, rigide, pour en faire un gobelet – la vodka, ça ne se boit pas directement au goulot. Dieu sait que j'ai déjà assez bu comme ça, mais j'engloutis ce qu'on me sert. Une première fois. Une seconde fois. Le but, ce n'est pas de se saouler, ni même de boire, mais de faire boire l'étranger.

Deux chevaux bais élevés pour la boucherie apparaissent sur la piste derrière nous. Ils s'arrêtent l'un à côté de l'autre entre un bateau retourné et l'un des camions russes. Ils baissent la tête vers une flaque, se redressent toutes les trois ou quatre secondes pour nous surveiller. D'autres sortent peu après des roseaux, par groupes de deux ou trois. Enfin viennent les juments et leurs poulains, jusqu'à ce que se constitue autour des flaques un troupeau d'une vingtaine de chevaux qui boivent, toujours vigilants. La robe luisante, le corps massif – ils sont magnifiques. Un mètre soixante au garrot, voire plus. Deux d'entre eux s'approchent sans trop s'éloigner de la limite des roseaux, hésitant dès qu'ils sentent notre regard. D'autres les rejoignent. Mukhtar lâche le filet sur lequel il travaillait, ramasse une bouteille de vodka vide et la lance sur le flanc du cheval de tête en poussant un rugissement. L'animal fait demi-tour et rattrape le reste de la bande au galop. Mukhtar trouve une autre bouteille dans le sable et la lance en visant le deuxième cheval, qu'il rate. Puis il reprend son travail de démêlage. Brusquement, retrouvant leur assurance, les chevaux nous chargent au galop. Puis, à la dernière seconde, ils changent de direction, filent vers le rivage et, soulevant des gerbes d'eau, regagnent quelque baie secrète où ils passeront la nuit.

5

Entre deux feux

Le désert de Sonora, États-Unis

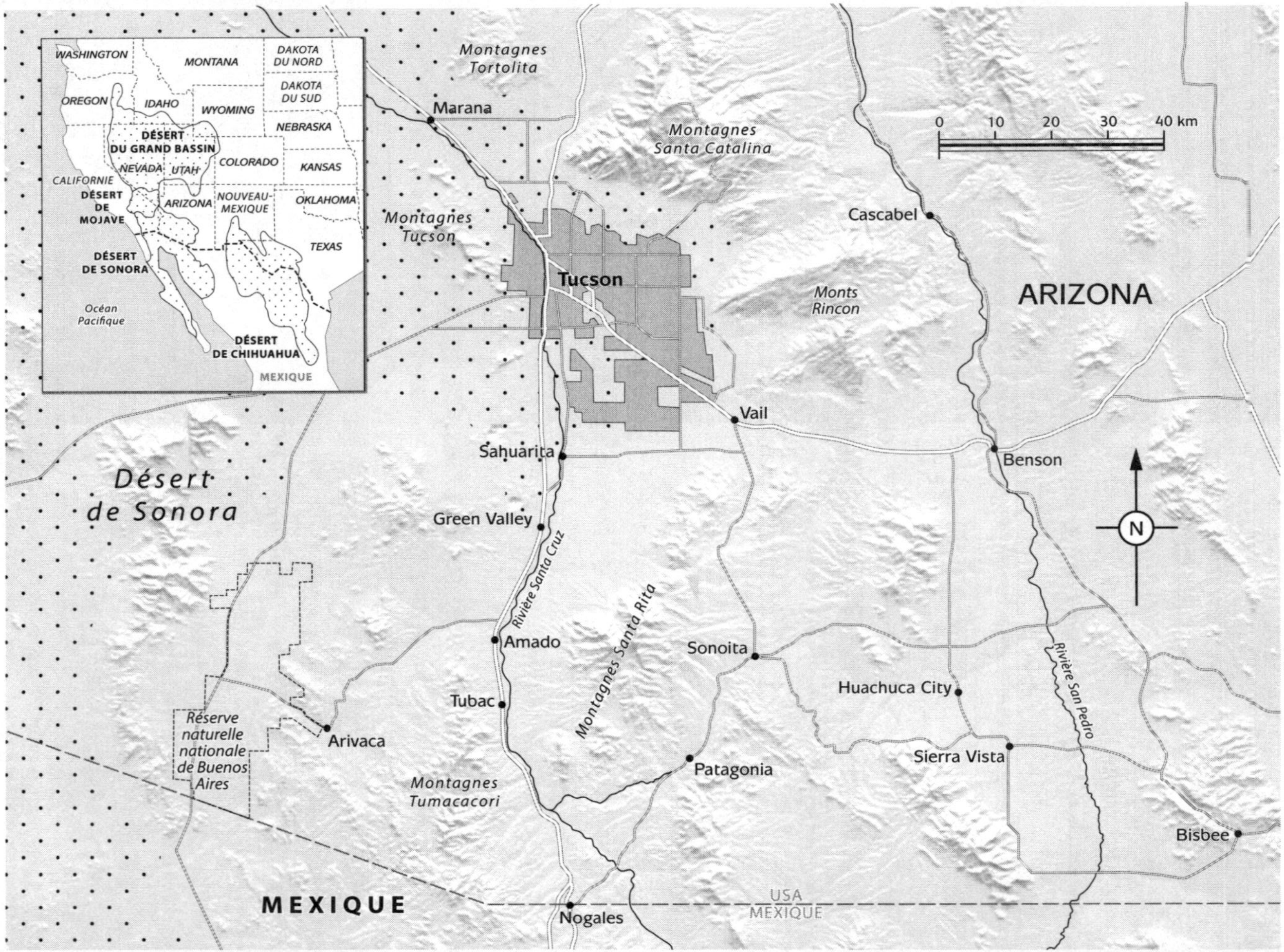
WASHINGTON
MONTANA
DAKOTA DU NORD
OREGON
IDAHO
WYOMING
DAKOTA DU SUD
NEBRASKA
DÉSERT DU GRAND BASSIN
COLORADO
KANSAS
NEVADA
UTAH
CALIFORNIE
DÉSERT DE MOJAVE
ARIZONA
NOUVEAU-MEXIQUE
OKLAHOMA
TEXAS
DÉSERT DE SONORA
Océan Pacifique
DÉSERT DE CHIHUAHUA
MEXIQUE
Montagnes Tortolita
Marana
Montagnes Santa Catalina
Montagnes Tucson
Tucson
Cascabel
Monts Rincon
ARIZONA
0 10 20 30 40 km
Vail
Benson
N
Sahuarita
Désert de Sonora
Green Valley
Rivière Santa Cruz
Montagnes Santa Rita
Amado
Sonoita
Huachuca City
Rivière San Pedro
Tubac
Réserve naturelle nationale de Buenos Aires
Arivaca
Patagonia
Sierra Vista
Montagnes Tumacacori
Bisbee
MEXIQUE
USA
MEXIQUE
Nogales

Je m'installe à Tucson, dans l'Arizona, au cours de l'été. La chaleur de l'après-midi dans cette ville encaissée est insupportable, même pour les colibris. Ils ne touchent même pas au sirop d'agave que j'ai versé pour eux dans une mangeoire, et qui coule sur le ciment sec. Ces colibris-là ne sont pas près d'éteindre l'incendie comme le font leurs congénères dans la célèbre parabole. À Londres, après avoir fait le tour de l'appartement, j'ai fermé la porte et mis la clé dans la boîte aux lettres. Quand on a épuisé toutes les ressources d'un lieu, on s'en va, ou bien on meurt. Une leçon qu'on apprend dans le désert.

Il pleut rarement dans cet État du Sud-Ouest américain, mais quand la pluie tombe, c'est de manière explosive, avec une férocité qui a quelque chose d'atroce et de délirant – quelque chose comme un seau plein qu'on vous balance dessus. Plus d'une fois, la rue juste à côté de ma *casita* à cent dollars la semaine a été inondée, avec de l'eau qui vous arrive aux chevilles, alors qu'il ne tombait pas une goutte de pluie dans ma cour. Le désert de Sonora, dans lequel se situe Tucson, occupe la majeure partie du sud de l'Arizona et de l'est de la Californie, et déborde sur Sonora, l'État mexicain auquel il doit son nom. Avec ses trente-huit centimètres de précipitations les années fastes, Sonora est, parmi les quatre régions désertiques des États-Unis (les autres étant le Mojave en Californie, le désert de Chihuahua au Nouveau-Mexique, et le Grand Bassin du Nevada), la plus humide et la plus verte. Comme de nombreux déserts, celui-ci est en grande partie encaissé, avec au nord et à l'est le plateau du Colorado, les montagnes Rocheuses et la Sierra Madre, et à l'ouest la Sierra Nevada. Cette dernière est largement responsable de l'aridité du Sud-Ouest américain, car elle capture toute l'humidité des nuages venus du Pacifique. Les précipitations annuelles atteignent soixante-dix centimètres sur le versant ouest, alors qu'un kilomètre plus à l'est, sur l'autre versant, elles n'en dépassent pas vingt. Le phénomène a pour nom « ombre pluviométrique », terme étrange pour quelque chose qui tient plus de la douche qu'autre chose. Les pluies intenses proviennent des régions à basse altitude du sud – la jungle, en Amérique centrale –, si bien que ce désert, où des dizaines, voire des centaines de personnes meurent chaque année, donne souvent l'impression d'être fécond.

Un matin, je rejoins en vélo le sentier qui traverse la ville en longeant la rivière de la Santa Cruz. Les berges forment un à-pic de trois mètres de haut, de sorte qu'on ne peut pas s'approcher du cours d'eau. Mais un coup d'œil me suffit : un filet argenté trace son chemin au beau milieu d'un lit de gravier, telle une fermeture éclair. Quand je reviens le lendemain, l'eau a disparu. Plus tard, quelqu'un m'explique qu'en fait, je n'ai certainement vu qu'un effluent. La Santa Cruz n'a pas toujours été comme ça. S'il n'y avait pas eu de rivière pérenne dans la région, les Indiens ne se seraient pas installés sur cette plaine qu'ils appelaient *S-cuk Son* (« au pied de la montagne noire ») ; la mission espagnole de San Xavier del Bac, au sud de Tucson, ne se serait pas établie là, pas plus que le *presidio* – le fort – qui l'a remplacée. Les Indiens creusèrent des kilomètres de fossés de drainage pour irriguer leurs champs de haricots, de courges et de maïs. Mais pour les fermiers et mineurs blancs, la capricieuse Santa Cruz et son pauvre débit de 0,7 mètre cube par seconde ne suffisaient pas, et la largeur de la vallée empêchait qu'on y construise un barrage. Forcément, il devait y avoir de l'eau sous la rivière. Alors, dans les années 1890, des machines à vapeur commencèrent à pomper la nappe phréatique sous le bassin de la Santa Cruz. Le niveau de l'eau de surface s'effondra, et en 1940 les précipitations étaient inférieures au volume d'eau tiré du sous-sol. En 1910, un hydrologue de l'Arizona décrivait déjà la Santa Cruz comme « un cours d'eau qui ne cesse de dépérir ». Alors qu'en 1902 un puits de six mètres de profondeur suffisait, il fallait déjà en 1920 creuser jusqu'à trente mètres. Dans les années 1950, la rivière cessa de couler, sauf lors d'inondations ou quand on y déversait les eaux des égouts après traitement. Alors la végétation dépérit : en premier les massettes, puis les peupliers et enfin les mesquites, jusqu'à ce qu'autour de ce qui avait été une rivière ne subsistent plus que des broussailles sèches. Tucson ne peut compter pour sa survie que sur l'énorme quantité d'eau cachée dans le sol. Aujourd'hui, les mines à ciel ouvert au sud de la ville extraient quelque trente mille acres-pieds chaque année (un acre-pied correspondant à la quantité d'eau nécessaire pour recouvrir un acre, c'est-à-dire quatre mille mètres carrés, sur une profondeur d'un pied, soit un peu plus de trente centimètres). Cela correspond aux besoins en eau des plantations de pacaniers près de Sahuarita. Comme on puise dans les vieilles réserves, la terre se dessèche, s'affaisse, et les bâtiments s'écroulent. L'Autoroute 10 qui relie Tuscon à Phoenix s'est plissée et craquelée. Pour compléter l'alimentation en eau de Tucson et de Phoenix, on a creusé un canal, le Central Arizona Project, achevé en 1993, qui part d'un barrage sur le Colorado et traverse le désert sur cinq cent quarante kilomètres. Quand on regarde son tracé sur une carte, ses lignes droites font penser aux cathéters avec lesquels on alimente les patients en soins intensifs, l'effet étant particulièrement frappant là où elles courent le long de la Santa Cruz.

En 1878, John Wesley Powell, vétéran de la guerre de Sécession (au cours de laquelle il perdit un bras) et confident de Ulysses S. Grant, publia un rapport sur les régions arides du pays, intitulé *Report on the Lands of the Arid Region of the United States.* L'ouvrage fit scandale et reste aujourd'hui encore l'un des traités les plus marquants sur les déserts américains. « La région aride commence à peu près au milieu des Grandes Plaines, écrivit-il, et traverse les Rocheuses jusqu'à l'océan Pacifique. » La région est tellement sèche, poursuivait-il, que « nombreuses seront les sécheresses, les saisons qui ne donneront aucun fruit, et on est en droit de douter que l'agriculture puisse y être source de profits ». La question n'était pas simplement de répartir le peu d'eau dont la région disposait : « Même quand toute l'eau des rivières de la région sera utilisée pour la terre, seule une petite partie du sol pourra être exploitée. »

Powell avait bien compris que le manque d'eau n'était pas l'unique problème : il y avait aussi le gel, les sols alcalins, et le drainage peu efficace. Impossible de vivre là comme on vivait dans l'Est. Le *Homestead Act* de 1862 accordait cent soixante-deux acres (65,6 hectares) à chaque colon, mais cette distribution des terres avait été pensée par des hommes qui vivaient à Washington. Dans le désert, cette surface aurait tout juste suffi pour deux vaches avec de faibles besoins. Powell suggéra de faire passer les lots accordés à deux mille cinq cent soixante acres (1 072 hectares). Il prôna en outre un pâturage sur des terres communes non clôturées, un travail des champs sur le mode de la coopération, et des prêts fédéraux. Certains y virent l'affirmation que l'Ouest était défavorable au capitalisme. Pour le Congrès, le rapport était, au mieux, un aveu de défaite. Personne n'utilisa le terme « socialisme ».

Pour les chantres de l'Ouest américain tel Charles Dana Wilber, un spéculateur influent, le désert de Powell était un mythe, purement et simplement : « Le Créateur n'a jamais imposé un désert perpétuel sur la terre, écrivit-il en 1881, bien au contraire. Il l'a créé de sorte que les hommes puissent avec la charrue le transformer en terres agricoles. » Aucun avis scientifique ne pouvait, aussi éminent soit-il, faire changer d'avis les tenants de la doctrine de la Destinée manifeste. Wilber prônait par ailleurs l'idée que l'activité agricole modifierait à elle seule le climat de la région, idée formulée également par l'explorateur et naturaliste Josiah Gregg*, lequel notait en 1844 : « La mise en culture intensive de la terre pourrait contribuer à la multiplication des précipitations. » Les détails de ce processus restaient mystérieux – certains supposaient qu'il serait lié à l'augmentation du pouvoir absorbant des sols labourés. Toujours est-il que se répandit, parmi les colons et les ardents défenseurs

* Josiah Gregg (1806-1850), auteur de *Commerce of the Prairies*, ouvrage sur le Sud-Ouest américain et le nord du Mexique (non traduit en français).

de l'exploitation des terres, l'idée que le désert, tel qu'il était, pouvait être repoussé jusqu'au pied des Rocheuses. Quelqu'un affirma que chaque mètre de rail posé sur le désert augmenterait les précipitations de près de quatre litres par an. Hélas, comme on le sait, ce n'est pas le désert qui a reculé. « Après les labours, la pluie » allait s'avérer une devise catastrophique pour les colons installés à la limite est du désert, qui virent les sécheresses se succéder. Ceux qui quittèrent la région balayée par la poussière peignirent sur leurs chariots : « *In God we trusted, in Kansas we busted* » – En Dieu toute confiance, au Kansas la malchance.

En 1890, un certain Robert Dyrenforth fut finalement chargé par le ministère de l'Agriculture, qui commençait à s'inquiéter, de procéder à une série « d'expériences de production de précipitations » – en usant par exemple d'explosifs projetés vers le ciel par des canons, ou emportés par des ballons captifs ou des cerfs-volants. Selon le *Chicago Times*, les vingt mille dollars dépensés auraient été « utilisés de façon moins ridicule s'ils avaient servi à financer la fabrication de sifflets à partir de queues de cochon ». Dyrenforth gagna dans l'affaire le sobriquet de *Dryhenceforth* – « Sec à jamais ».

En mai 1957, soit quatre-vingts ans après le rapport de Powell, le *Harper's Magazine* publia un article de Walter Prescott Webb intitulé « L'Ouest américain, mirage perpétuel ». « Le grand historien, spécialiste de la région, révèle la réalité accablante que dix-sept États essaient de nous cacher depuis le siècle dernier », annonçait le magazine en une, avant de développer dans ses pages sur l'incapacité persistante de l'Amérique à reconnaître l'étendue et le caractère extrême de son désert. L'Ouest, d'après Webb, s'étend à partir « d'une ligne qui va de la pointe sud du Texas au centre du Dakota du Nord » – donc bien plus à l'est que les limites définies par Powell en 1878. Webb divise cette vaste bande de territoire en trois segments orientés nord-sud : la côte Pacifique, les montagnes, et les Grandes Plaines. L'« influence majeure », la « force dominante », c'est le désert, qu'il décrit comme une sorte de dieu cruel : « Il raccourcit l'herbe à sa frontière, la détruit au milieu de son territoire. Il n'accepte aucun arbre sur les plaines qu'il a créées, et si jamais il en trouve un, il ne lui permet pas de dépasser la hauteur d'un taillis, transforme ses feuilles en épines et sa sève en graisse et en huile. » Le désert qu'il dépeint est un enfer. « Au centre s'étend une zone où toute vie a été éradiquée, une masse carbonisée telles celles que l'on peut voir dans certaines parties de l'Utah, de l'Idaho et du Nevada. Au-delà de cette zone, on trouve une série de cercles concentriques où le degré de destruction diminue à mesure qu'on s'éloigne du centre. » En étudiant plusieurs manuels scolaires sur l'histoire des États-Unis, Webb se rendit compte que ceux-ci ne consacraient au Grand Désert américain jamais plus de quelques pages, du fait notamment que « l'Ouest, comparé à l'Est, est une terre de déficiences ».

L'élément le plus provocateur de l'article était la carte mettant en évidence la géographie hautement polémique de Webb. « Pour être réalistes, nous diviserons l'Ouest en deux catégories : les États désertiques, et les États en lisière du désert. » Dans la catégorie ÉTATS DÉSERTIQUES, LE CŒUR DE L'OUEST, on trouve non seulement l'Arizona, le Nouveau-Mexique, le Nevada, l'Utah et le Colorado, mais également la partie nord de l'Idaho, le Wyoming et le Montana, tandis que les ÉTATS EN LISIÈRE DU DÉSERT comprennent la Californie, l'Oregon et l'État de

Washington à l'ouest, entièrement ou en partie, de même que le Texas, l'Oklahoma, le Kansas, le Nebraska et les deux Dakotas à l'est. La ligne par laquelle Webb délimite l'influence du désert englobe donc plus de la moitié de la superficie du pays. Le désert, écrit-il, « se révèle tel qu'il est véritablement, comme une force intérieure énorme – qui repousse les gens et la richesse sous pratiquement toutes ses formes ».

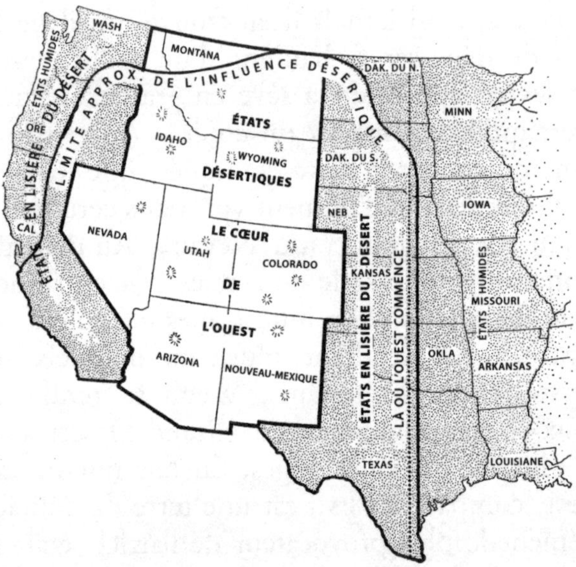

À Londres, experts et politiciens n'ont qu'un mot à la bouche : « crise des migrants ». Ici, en Arizona, se trouve l'un des sinistres nœuds de cette même crise : la zone frontalière entre les États-Unis et le Mexique. J'assiste maintenant à des réunions hebdomadaires dans une église non loin de ma *casita*, lesquelles sont organisées par un groupe militant baptisé No More Deaths qui fournit nourriture, eau et soins médicaux aux migrants illégaux qui tentent de traverser le désert entre la frontière mexicaine et Tucson, quatre-vingts kilomètres plus au nord. Une fois par semaine, James, membre vétéran du groupe, vient me chercher à cinq heures trente du matin. C'est un ancien proviseur de lycée aux cheveux rasés et à l'allure militaire qui dissimule mal son tempérament doux et cette mélancolie qu'on trouve chez ceux qui luttent pour concilier leur propre optimisme et l'idée que l'espoir est peut-être irréaliste – une tension assez commune, somme toute. Un jour, Lois, qui elle aussi fait partie des vétérans du groupe d'aide aux migrants, nous rejoint. Elle a la silhouette et la vivacité d'une adolescente – ainsi que le regard pétillant et interrogateur. Elle vient d'avoir quatre-vingts ans, est resplendissante, et en meilleure santé que moi qui suis deux fois plus jeune qu'elle. Même son tee-shirt taille enfant flotte sur elle. Y figure le logo de No More Deaths : un bidon d'eau en plastique avec une croix verte et le mot *agua*. Elle s'installe à l'arrière de la voiture et distribue muffins faits maison et commentaires acérés. Au fil des heures et de notre progression vers l'intérieur du désert, son front soucieux se détend. Dans son sac à dos, elle a de la nourriture et des chaussettes propres rangées dans des sachets plastiques à zip. Elle ne peut plus porter autant d'eau qu'avant, reconnaît-elle avec une certaine gêne, elle qui à quatre-vingts ans avance dans le désert d'un pas si rapide que je me traîne toujours une centaine de mètres derrière elle. Dans la voiture qui nous conduit ici par la Route 19, Lois est flanquée de Ryan, un nouveau bénévole d'une vingtaine d'années qui étudie l'astronomie à l'université de l'Arizona à Tucson, et de John – John avec ses longs cheveux blancs, son bonnet et son foulard, sa douceur ironique et sa façon de nous taquiner. Amoureux des oiseaux, le vieil homme aime, nous dit-il, le désert à ce moment de la journée. Il l'aime pour les chants qu'on y entend et qui s'éteindront au premier rayon du soleil, et il aime en particulier les vautours aura, même si leur vol en cercles indique généralement la présence d'une bête morte.

Roulant plein sud sur la route de Nogales, nous laissons derrière nous les montagnes de Santa Rita et leurs cônes alluviaux, traversons Sahuarita, l'enclave de Green Valley et ses communautés de seniors, tournons à droite à la sortie d'Aricava, passons le poste-frontière de l'autre côté de la route et le petit village d'Aricava où No More Deaths a une antenne de premiers secours. Le site de San Luis Valley se trouve dans la réserve naturelle de Buenos Aires. Quelques minutes sont consacrées aux préparatifs : dérouler nos manches longues, nous envelopper dans nos foulards, bien ajuster nos chapeaux et lunettes de soleil. Nous nous enduisons d'écran total, avec les deux mains, comme un potier sur son tour. Carl Lumholtz, un explorateur norvégien, écrivait à propos de son voyage dans le désert de Sonora en 1909 que « la sensation, c'était d'avancer entre deux feux ».

Nos sacs à dos sont remplis de bidons d'eau de quatre litres. À peine posons-nous le pied sur le lit asséché d'un cours d'eau que John et Lois disparaissent dans les épais taillis de la forêt de sidéroxylons (« bois de fer ») devant nous. La végétation est en majeure partie composée de cactus raquettes bien piquants, de sidéroxylons et de mesquites. Les lits des cours d'eau, pourtant asséchés, sont tapissés de fleurs. Une volée de sauterelles nous précèdent, sautant d'arbre en arbre dans un cri atrocement perçant. Nous nous arrêtons devant l'un des nombreux tas d'affaires personnelles abandonnées par les migrants. Celui-ci date de quelques jours tout au plus. Un baume à lèvres

Fruity Shine, deux coupe-ongles chromés. Comme si la propriétaire partait passer le week-end chez une vieille tante. Lorsqu'au bout d'une heure nous arrivons à l'endroit prévu pour déposer eau et nourriture, John et Lois nous y attendent, assis à quelques mètres l'un de l'autre sur des rochers au milieu du ruisseau asséché.

Lois relève la tête au moment où nous posons nos sacs. « Tous partis. »

Aux branches des mesquites pendent une douzaine de cordes bleues où nous avons attaché des bidons d'eau la semaine dernière. Le fait de les suspendre évite que les corbeaux ne fassent des trous dans le plastique. Ce n'est pas tant la disparition de l'eau et des vivres qui inquiète Lois que la propreté des lieux : aucun déchet, aucune bouteille vide, aucun de ces signes de consommation frénétique auxquels elle est habituée. L'endroit a été vidé, nettoyé, et pas par des migrants. Pour elle, ce sont les Rangers de la réserve qui s'en sont chargés. Ils ont déjà porté plainte contre No More Deaths pour « activités interdites sur une réserve protégée » – en d'autres termes pour dépôt sauvage, par quoi il faut entendre dépôt de vivres. Il arrive de retrouver les bidons éventrés et les boîtes de conserve crevées et renversées. En plus des agents de la Border Patrol, la police de la frontière, il y a également les ranchers hostiles et les miliciens, sortes de boy-scouts armés de fusils automatiques qui pourchassent les migrants et sont persuadés que laisser de l'eau pour des gens qui meurent de soif, c'est trahir son pays. Il y a quelque temps, les militants de No More Deaths ont caché dans les buissons une caméra qui détecte les mouvements, dans le but de voir qui saccageait l'un de leurs dépôts de vivres. Quand ils sont revenus, ils ont constaté qu'elle avait été retirée. Sur une autre caméra étaient enregistrées les images d'un policier en train de percer des bouteilles.

Les cordes se balancent dans la brise. John a apporté trois marqueurs avec lui – noir, bleu et vert. Il trace sur les bidons d'eau des cœurs et des messages de bienvenue en espagnol. Certains migrants croient que l'eau et la nourriture sont déposées par la police ou d'autres groupes hostiles pour les piéger ou les empoisonner. Ni la police ni les milices ne pourraient se forcer à dessiner des petits cœurs et des fleurs, pense John. Cela dit, il ne s'agit pas uniquement d'un stratagème : les dessins et mots accueillants sont sincères. *Comida + calcetines*. Nourriture et chaussettes. *Que le vaya bien*. Bonne chance. *Nuestros corazones no tienen fronteras.* Nos cœurs ne connaissent pas de frontière.

John continue avec ses dessins, ses messages. Je me dis qu'il a raison, que c'est quelque chose que leurs ennemis seraient incapables de faire.

À la fin de chaque réunion hebdomadaire à l'église, une minute de silence est observée en hommage à ceux qui ont perdu la vie.

J'ai vu des photos de Jim Corbett sur les jaquettes des quelques livres qu'il a écrits : un intellectuel au sourire Émail Diamant, aux mains noueuses, au visage ridé par le soleil, portant de grosses lunettes et une barbe – un bouc, plus exactement. Dans son livre *Goatwalking*, paru aux États-Unis en 1991, il prône une forme de pastoralisme nomade – mener un troupeau de chèvres de pâture en pâture et vivre du produit de leur lait – comme la façon la plus sobre de vivre dans un environnement aride. « Des Alpes au Quart Vide, de Java à Baja, avec la chèvre comme partenaire, les humains peuvent subvenir à leurs besoins dans les environnements les plus sauvages. » Corbett a vécu la majeure partie de sa vie à Tucson, et il passait souvent des semaines entières dans le désert avec pour toute compagnie et seul moyen de subsistance un petit troupeau. Se déplacer avec les chèvres, c'était revivre « l'histoire des religions et de leurs prophètes », c'était le nomadisme des déserts d'Arabie, du peuple élu. Corbett appréciait l'esprit de contradiction des chèvres, leur penchant anarchiste – « fouiller dans les poubelles, s'attaquer au linge qui sèche, vous donner des coups de corne quand vous ne faites pas attention » – tout autant que leur autonomie et leur fidélité. Les chèvres, ajoutait-il, ne commettent jamais l'erreur de penser qu'elles sont humaines, mais « elles permettront à des humains qui se conduisent bien de devenir des membres à part entière du troupeau ». En d'autres termes, elles permettront à des humains (qui se conduisent bien) de devenir des chèvres.

Alors que Corbett s'occupait d'un troupeau à Baja pendant la sécheresse de l'été 1980, les boucs se sont mis à grimper en direction des falaises pour rattraper un groupe de femelles (les chèvres aiment l'altitude). Si jamais ils les rattrapaient, ils les suivraient elles plutôt que lui (Jim Corbett), et alors il perdrait ses bêtes. Pour reprendre le contrôle d'un troupeau, il faut leur faire peur – faire semblant qu'il y a un danger et se mettre à courir de sorte que les chèvres vous suivront. Corbett courut pendant plusieurs kilomètres et finit, épuisé, déshydraté, au bord du coup de chaleur, par récupérer ses bêtes. Rappelons que dans cette région de l'Arizona, il fait au moins trente-sept degrés durant les après-midi d'été. L'unique source d'eau dans les parages était une petite cavité alimentée par une source souvent utilisée par les vautours, dont les fientes blanches nappaient les rochers alentour.

« L'eau verdâtre empestait la charogne et grouillait de bactéries putrides. » Sachant que c'était la seule chose qui le séparait d'une mort atroce, il but environ quatre litres, qui lui redonnèrent suffisamment de vigueur pour mener les chèvres vers un point d'eau fraîche. « J'ai passé une nuit entière à boire de cette eau infecte que mon corps évacuait quelques secondes plus tard, se souvient-il, mais une nuit de diarrhée, c'est mille fois mieux qu'être mort. »

Jim Corbett reconnaissait qu'en vieillissant il ressemblait non seulement à une chèvre mais également à un autre personnage qui lui collait aux basques, le Don Quichotte de Cervantès, son « démon » comme il disait. C'est avec Don Quichotte qu'il a appris ce qu'il appelle « l'errance », un principe qui l'a guidé dans la vie – « rompre avec les conventions d'une société, vivre selon ses propres motivations intérieures ». Corbett n'avait pas trente ans quand son mariage vola en éclats et que son ex-femme obtint la garde des enfants. Il se retira seul au cœur des monts Black Bear, près de la frontière entre l'Arizona et le Mexique. « La première leçon, c'est là qu'on commence tous : avec le désespoir qui fait place nette. » Dans la montagne il apprit seul le malais – « une langue que je n'avais jamais entendue, parlée à l'autre bout du monde par des gens que je n'avais jamais vus ».

Au bout d'un certain temps, il se rendit – simplement nanti de son exemplaire du *Don Quichotte* – à Sinaloa, au Mexique, puis dans une pension de famille à Berkeley, en Californie, où il « envisagea de rentrer dans le rang », avant de se raviser. Son projet était de devenir professeur de philosophie, « mais ce que j'ai surtout appris en étudiant cette discipline, c'est que je ne sais rien que je puisse enseigner ». C'est là qu'il eut une révélation : son cœur s'arrêta. « Au milieu de ce silence que je prenais pour la mort, l'amour me redonna vie – ou plutôt un sentiment proche de l'amour, mais qui, contrairement à l'amour, n'a pas deux faces : aimer et être aimé. » Ce n'était pas la mort, mais quelque chose de bien plus lourd de sens. Il donna tout ce dont il n'avait pas besoin et prit la route.

« Désobéir au gouvernement, cela revient à ne pas tenir un engagement », écrit-il. En ce domaine, la légèreté n'est pas de mise. S'il entra finalement en conflit avec l'État, ce fut parce qu'il considérait que l'État lui-même contrevenait à la loi ou ne la faisait pas appliquer – en d'autres termes, qu'il ne tenait pas ses engagements, parmi lesquels l'obligation d'offrir l'asile aux réfugiés, obligation énoncée dans les conventions internationales, mais également dans la loi fédérale américaine.

Au début des années 1980, les guerres civiles au Salvador et au Guatemala avaient atteint des niveaux monstrueux. À l'époque, les atrocités commises par des escadrons de la mort travaillant pour les gouvernements des deux pays étaient déjà bien connues. Dans une lettre écrite en janvier 1982, Corbett se souvient d'une histoire entendue dans la ville-frontière de Nogales, celle d'un bébé que des soldats guatémaltèques avaient mutilé et lentement mis à mort en forçant la mère à regarder. Afin de justifier sa position, qui consistait à affirmer que ceux qui fuyaient les violences n'étaient pas des réfugiés mais des immigrants économiques, le gouvernement américain devait nier l'existence de violation des droits humains en Amérique centrale – pour pouvoir continuer à fournir de l'aide militaire aux régimes en place.

En juin 1981, Santana Chirino Amaya, un jeune Salvadorien de vingt-quatre ans, fut expulsé parce qu'il vivait clandestinement à Los Angeles. Deux mois plus tard, on le retrouva à Amapulapa. Décapité. De telles atrocités couvertes par les États-Unis n'étaient pas une nouveauté, pas plus que l'expulsion d'immigrants d'Amérique centrale ayant fui ces mêmes atrocités. En décembre 1980, quarante migrants expulsés tous ensemble par avion furent, dit-on, massacrés à leur arrivée. Si vous étiez salvadorien, trois possibilités s'offraient à vous : rejoindre les groupes gauchistes et être tué par la droite, rejoindre la droite et être tué par la gauche, ou bien fuir tout en sachant que là aussi, la mort vous guettait.

Pour Jim Corbett, la prise de conscience eut lieu en 1981, date de son installation à Tucson avec sa nouvelle épouse. En mai de cette année-là, l'un de ses amis prit en stop non loin de la frontière un jeune homme qui s'avéra, lors des contrôles frontaliers, être un réfugié salvadorien. Ce dernier se retrouva donc en prison. Apprenant cette histoire, Corbett décida de s'enquérir de son sort. On lui répondit qu'aucune information sur les personnes détenues ne pouvait être divulguée. Il téléphona alors à une personne haut placée dans les services de l'Immigration et de la Naturalisation et, prenant une voix autoritaire, déclara : « Jim Corbett à l'appareil. Il me faut les informations suivantes à propos d'un jeune Salvadorien que vous avez arrêté : nom, numéro de sa carte de résident, lieu où il se trouve. » Ainsi que Jim l'avait espéré, son interlocuteur le prit pour un autre Jim Corbett – l'ancien maire de Tucson – et lui apprit que la personne en question avait été transférée à la prison du comté de Santa Cruz.

Corbett se procura alors une copie du formulaire que les détenus doivent remplir pour désigner leur représentant en justice, le G-28. À son arrivée à la prison, il vit qu'un grand nombre de Salvadoriens n'en avaient pas, et repartit chercher des formulaires supplémentaires. Quand il revint, les responsables, qui avaient fini par deviner qu'il n'était pas le Corbett qu'ils croyaient, lui dirent que les Salvadoriens avaient été déplacés et refusèrent de lui révéler où. Une ordonnance autorisa finalement Corbett à se porter caution pour les détenus, si bien qu'ils furent libérés et placés sous sa responsabilité en attendant que la justice statue sur leurs demandes d'asile. Dans l'intervalle, sa femme et lui hébergèrent dans leur garage aménagé une vingtaine de ces réfugiés, nombre qui enfla quand il commença à faire traverser lui-même des migrants d'Amérique centrale. Pour chacune de ces actions courageuses, il risquait jusqu'à cinq ans de prison pour trahison. Parmi les migrants qui traversèrent la frontière à cette période, un grand nombre bénéficia de l'aide d'une coopérative vendant du lait de chèvre, Los Cabreros Andantes, dont Corbett faisait partie et dont les membres connaissaient ces régions frontalières comme personne. La traduction du nom de la coopérative, « les Bergers errants », est une allusion humoristique à Don Quichotte, le « chevalier errant », le *caballero andante*.

Imaginez un homme debout sur un sommet volcanique près des monts Baboquivari, à quelques kilomètres au sud de Tucson. Cet homme, c'est José Salazar Ilarregui, à la tête d'une centaine d'individus qui peinent dans la chaleur indicible du désert de Sonora sous la menace constante des Apaches. Nous sommes en 1851, et José est membre de la commission américano-mexicaine chargée d'inspecter la frontière nouvellement définie. Jusque-là, il n'y avait ni ligne, ni clôture, ni mur. C'est une guerre qui crée la frontière, la guerre américano-mexicaine de 1846, ou plutôt le traité de Guadalupe Hidalgo. Salazar Ilarregui, qui imagine peut-être ses supérieurs dans leurs salons à Mexico, écrira : « Sur le papier, il est facile de tracer une ligne avec un crayon et une règle. »

À l'époque, cette ligne suivait la frontière naturelle du Río Grande à l'est ; à l'ouest, elle partait d'El Paso, longeait la rivière Gila jusqu'à son confluent avec le Colorado, puis filait en ligne droite jusqu'à la baie de San Diego, plaçant la majeure partie du sud de l'Arizona au Mexique. Avec le *Gadsden Purchase* de 1854 – par lequel les États-Unis achetèrent au Mexique quelque soixante-dix-sept mille kilomètres carrés de terres suite à un désaccord sur la ligne tracée par Salazar Ilarregui –, la frontière de l'Arizona s'en trouva modifiée. Tucson devint une ville américaine, et la frontière, au lieu de suivre le cours de la Gila, traça une ligne droite d'El Paso au Colorado. Une étendue désertique à peu près uniforme, sur une carte à peu près vide de noms, revêtit alors un sens essentiel.

La question de l'efficacité de la frontière n'échappa pas aux personnes chargées d'en inscrire la réalité sur le terrain. Inspectant la nouvelle zone frontalière, un membre de la commission de 1851 demanda sans ambages : « Est-ce là la terre que nous avons achetée, et que nous devons contrôler et entretenir à tant de frais ? Aussi loin que le regard se porte, ce n'est qu'une étendue ininterrompue, nue, sauvage, sans aucune valeur. » Un autre évoqua « un désert stérile, qui ne peut servir à rien, si ce n'est à constituer une barrière ».

Dans la ville de Nogales, située côté américain au sud de Tucson, je découvre une lame de métal rouillé de cinq mètres de haut qui ondule d'une colline à l'autre sans la moindre ouverture. Le mur semble infranchissable, comme s'il avait été conçu pour repousser les assauts d'une armée. Mais jusqu'au XXe siècle, il se résumait à une ligne tracée sur le papier et matérialisée sur le terrain par des obélisques séparés les uns des autres par trois kilomètres de désert, voire plus dans les passages difficiles. Cette ligne, des Mexicains la traversaient tous les jours : les frontaliers passaient d'un pays à l'autre selon les cycles économiques des saisons et du climat. Il fallut attendre 1924 pour que soit créée aux États-Unis la Border Patrol (police des frontières), et même à cette époque il n'y avait rien d'autre sur des centaines de kilomètres que les obélisques des topographes. On pouvait encore dans de nombreux endroits faire des allers-retours entre les deux pays sans être contrôlé, même si les villes et villages qui avaient poussé le long de la frontière étaient davantage surveillés. Nul besoin de construire un mur, se disait-on, quand il y en avait déjà un : un « désert stérile qui ne peut servir à rien, si ce n'est à constituer une barrière ».

Le 5 juillet 1980, un an avant que Santana Chirino Amaya ne soit expulsé, un groupe de trente Salvadoriens, issus pour la plupart de la classe moyenne et habitués aux conditions tropicales de leur pays, furent entraînés dans le désert au nord de la ville mexicaine de Sonoyta par trois passeurs – des *coyotes*, comme on les appelle – après avoir déjà traversé le Guatemala et le Mexique. Ils étaient non loin de l'endroit où, en 1906, W. J. McGee retrouva Pablo Valencia sur le point de succomber, « comme une éponge complètement sèche ». Les passeurs les firent marcher vers le nord pendant cinquante kilomètres. Le lendemain, les réserves d'eau baissant et la chaleur du matin augmentant, deux des *coyotes* quittèrent le groupe pour aller « chercher de l'eau ». Sucez des cailloux, lança l'un d'eux aux migrants : ça calme la soif.

Comprenant qu'ils avaient été abandonnés, les hommes du groupe – à l'exception d'un – partirent chercher de l'eau ou de l'aide. N'ayant aucune idée de l'endroit où ils se trouvaient, ils prirent la même direction que les passeurs. On ne les revit plus jamais. Restaient dix femmes, dont trois sœurs de douze, quatorze et dix-neuf ans qui tentaient seules de gagner Los Angeles, où elles devaient retrouver leur mère, laquelle avait payé pour les faire sortir du Salvador. L'une des femmes les plus âgées mourut peu après midi. Une autre se sentit mal quelques heures plus tard : elle avait suivi le conseil des *coyotes* et l'un des cailloux qu'elle suçait s'était coincé dans sa gorge. Le passeur qui restait, un certain Rivera, lui enfonça un bâton dans la bouche, comme on ferait pour déboucher une canalisation. La femme recracha du sang et mourut.

Cela faisait quatre jours que Rivera accompagnait le groupe – traversant avec eux le Guatemala, le Mexique, et maintenant le désert de Sonora. Le tarif par personne ? Mille deux cents dollars. Les survivantes racontèrent par la suite qu'il viola deux des sœurs, ce que les autopsies pratiquées ultérieurement ne confirmèrent pas. Les policiers découvrirent les membres du groupe deux jours plus tard. Les survivants s'étaient blottis sous l'ombre d'un abri qu'ils avaient constitué en posant leurs vêtements sur des branches de paloverde. Ils s'étaient enduits de maquillage pour se protéger du soleil. L'un des hommes, retrouvé quelques kilomètres plus loin, avait utilisé du dentifrice comme écran solaire. Dans la nuit, son visage blanc servit de repère aux gardes. Au total, treize membres du groupe furent retrouvés morts, dont Rivera et les trois jeunes sœurs.

C'est John Fife qui m'a raconté cette histoire. J'ai fait sa connaissance lors de la soirée de lancement d'un livre à Tucson. Il est l'un des piliers du mouvement Sanctuary, et c'est vers lui et son église que son ami Jim Corbett s'est tourné lorsqu'il a fallu trouver de la place pour loger les migrants que les Bergers errants aidaient à traverser la frontière. John Fife est un géant aux cheveux blancs, tout en jambes. Il se tient droit comme un piquet, mais sa posture n'est pas tant celle du soldat en uniforme qui bombe le torse que celle du cavalier qui sait que les types avachis ne tardent pas à tomber de cheval. Nous nous rencontrons à nouveau le lendemain à la communauté presbytérienne de Southside, un ensemble de grandes salles, cuisines et logements construits autour du lieu de culte. John commence son prêche en rappelant une histoire tragique ou un exemple d'injustice – il n'en manque pas –, puis émet un gloussement sec et consterné. Il sait moduler sa voix avec aisance, après toute une vie passée à s'adresser aux fidèles de sa congrégation. Nous traversons l'église. Elle est circulaire, avec des bancs disposés de manière concentrique. Je remarque à la place du pupitre une table d'autel taillée dans une planche de sidéroxylon dont on a conservé l'écorce. C'est une connaissance de John qui l'a fabriquée, un homme qui vit dans le désert près de Bisbee.

John Fife a consacré de longues années à cette partie défavorisée de la ville, à sa congrégation et, depuis plus de trente ans, à ceux qui traversent illégalement la frontière. La politique fédérale est abominable, inacceptable. Elle ne doit tout simplement pas être tolérée. « Regardez comment, en Europe, l'Église a échoué à protéger les juifs dans les années 1930 et 1940 », me dit-il. C'est ça, la leçon qu'il tire du passé récent, une leçon dont on parle si souvent de manière creuse, mais que lui-même a vraiment mise en pratique. Et puis il y a des leçons plus anciennes. Dans le Livre des nombres, 33:51 : « Le Seigneur s'adressa à Moïse et lui dit : Parle aux enfants d'Israël et dis-leur : Quand vous aurez passé le Jourdain et que vous serez entrés dans le pays de Canaan, alors vous choisirez des cités qui seront des cités de refuge pour vous. » Le Lévitique, 19:33-35 : « Si un étranger vient séjourner avec vous dans votre pays, vous ne l'opprimerez point. Vous traiterez l'étranger en séjour comme un indigène au milieu de vous ; vous l'aimerez comme vous-mêmes, car vous avez été étrangers dans le pays d'Égypte. »

Fin 1982, il n'était pas rare de voir une cinquantaine de Guatémaltèques et de Salvadoriens dormant par terre à Southside. John installa une pancarte à la porte de l'église : « Ceci est un asile pour les opprimés d'Amérique centrale. » Au début, il ne s'agissait pas d'un « mouvement », mais plutôt d'une suite d'actions motivées par une foi des plus simples. Ces actions donnèrent toutefois naissance à un phénomène qui s'étendit au-delà de l'Arizona, et même au-delà des frontières américaines. On installa des asiles pour réfugiés d'Amérique centrale dans des lieux de culte et des universités, et ce jusqu'en Allemagne. Comprenant ce que John Fife faisait, la police menaça de le poursuivre. « Aucun d'entre nous ne voulait aller en prison pour Jésus. » Mais aux yeux de John, il n'y avait pas d'hésitation à avoir. Son gouvernement laissait des gens mourir dans le désert, ou les livrait – les « abandonnait », pour adopter un vocable plus moderne – à des tortionnaires, des violeurs et des meurtriers.

« On a appris plus tard qu'ils avaient organisé une réunion au département américain de la Justice, à Washington, pour savoir ce qu'il fallait faire au sujet de cette toute petite église de Tucson. La conclusion de la réunion ? "Oh, on ne va pas les traîner devant un tribunal, parce que ça attirerait l'attention du grand public sur cette affaire. Si on les laisse tranquilles, ils finiront par disparaître.”

« La communauté internationale rappelait aux États-Unis : “Ces gens sont des réfugiés, ils doivent être protégés par la loi.” C’est exactement ce qui se passe en ce moment en Europe. Vous n’arrêtez pas de vous vanter de cette incroyable tradition d’accueil des réfugiés. Mais vous n’en faites rien du tout. »

Nous y revoilà : la mer, le désert, l’eau qui tue, l’eau qui manque. La géographie mise à contribution en tant que cordon de sécurité ou bourreau. En mars 1982, John Fife écrivit en ces termes au département de la Justice pour l’informer que son église se déclarait lieu d’asile : « Nous pensons que la justice et la pitié exigent des hommes de conscience qu’ils affirment haut et fort ce droit qui nous a été donné par Dieu d’aider quiconque fuit les persécutions et la mort. Aujourd’hui, l’administration américaine nous interdit d’offrir l’asile à ces réfugiés. Nous considérons que cette façon d’appliquer la loi est immorale et illégale. »

Southside fut infiltré par des agents du FBI et des informateurs, et en 1985 les enregistrements secrets réalisés par ces espions furent utilisés pour mettre en examen John Fife et quinze autres personnes, dont Jim Corbett, deux prêtres catholiques, trois religieuses et deux autres quakers – « les desperados habituels ». Deux jours avant le procès, le juge prévint leur avocat qu’il ne pourrait pas évoquer la loi sur les réfugiés ou la situation au Salvador ou au Guatemala pour défendre ses clients. « On peut dire que j’ai sacrément gueulé ! » Condamnés à cinq ans de prison et remis en liberté conditionnelle, les seize accusés reprirent immédiatement leurs activités et entamèrent une action en justice. « Le lendemain, on a reçu un appel du département de la Justice qui nous a dit : "Vous ne voudriez pas négocier un accord ?" Ils ont accepté de mettre un terme aux expulsions, et d'accorder à tous ceux qui séjournaient illégalement sur le territoire un statut de protection temporaire. Puis, en 1992, les accords de paix ont été signés en Amérique centrale. Alors on a décidé de mettre un terme au mouvement Sanctuary. Honnêtement, j'étais au bout du rouleau. Je me disais qu'on allait finir par se faire lyncher. »

Cette année-là, les dirigeants américains, mexicains et canadiens signèrent l'ALENA (Accord de libre-échange nord-américain), et le gouvernement des États-Unis lança l'opération Gatekeeper (« garde-barrière »), d'abord au Texas et en Californie, le but officiel étant de « durcir » les opérations de sécurité à proximité des villes et villages proches de la frontière. L'intention véritable derrière tout ça : repousser ceux qui auraient eu l'idée de traverser la frontière vers des zones plus « hostiles » – le désert – pour les en dissuader. Cette stratégie fut étendue à toute la frontière, avec hélas comme effet immédiat l'augmentation des morts dans le désert au sud de Tucson. « Je me suis dit : "Merde, c'est reparti" », me confie John. Les réseaux qui avaient fondé Sanctuary à Tucson furent réactivés, et divers groupes, dont No More Deaths, créés pour quadriller le désert entre Tucson et la frontière et laisser eau et nourriture au bord des pistes empruntées par les migrants.

Du côté du Mexique, l'ouverture aux consommateurs mexicains du marché américain, facilitée par l'ALENA, mit en faillite de nombreuses communautés agricoles, incapables de concurrencer les géants américains largement subventionnés. Ce sont souvent des hommes et des femmes issus de régions rurales – des régions tropicales du

Veracruz, des montagnes froides d'Oaxaca – qui périssent dans le désert. « Nous sommes face à une guerre contre les pauvres », déclare John, toujours avec la même énergie. « Regarde la situation dans son ensemble : clairement, les États-Unis sont en train de mener en sourdine un conflit contre les pauvres, un conflit qui fait des milliers – des milliers ! – de victimes. Dans les années 1980, quand on faisait passer la frontière clandestinement, il y avait deux cent quatre-vingt-quatre gardes pour tout le secteur de Tucson. C'est pour ça qu'on ne se faisait pas prendre. Maintenant, ils sont quatre mille trois cents. Avec toute cette nouvelle technologie, des hélicoptères, des drones, tout un bazar, quoi ! »

Les Salvadoriens survivants qui avaient été découverts par la police en 1980 avaient fini par manger du sable. Comme Pablo Valencia, ils avaient retiré leurs vêtements. L'un d'eux avait enfoui sa tête dans un terrier de renard. Ils avaient tous déjà bu leur urine, naturellement, puis du parfum et de la lotion après-rasage. Ce qu'il y a de plus obsédant dans cette histoire ? Leur désespoir, loin des regards, ou leur innocence de citadins ? Le fait qu'ils avaient de la lotion après-rasage dans leurs sacs ? La tâche n'est pas finie, me dit John : le désert va continuer à brûler ceux qui se retrouvent obligés de le traverser. Le Congrès est coincé en matière de politique des frontières. John ajoute, alors que je suis sur le point de partir : « J'ai un ami, un éthicien latino. Il m'a dit un jour : "Vous autres, vous avez tout faux. Vous n'arrêtez pas de parler d'espoir. De l'espoir, il n'y en a pas ! Tu crois que ton petit projet de rien du tout fait le poids face au pouvoir néo-libéral ? Des conneries, tout ça ! Faut arrêter de dire aux gens qu'il y a de l'espoir. Faut que vous compreniez bien qu'il n'y a pas d'espoir : c'est eux qui vont gagner."

Ça veut dire qu'on est libres, poursuit John. Libres. Si tu comprends que c'est foutu, alors t'es libre de foutre le bordel dans le système ! » Et là, il part d'un grand éclat de rire, à gorge déployée cette fois-ci. « En plus, je pense qu'il a raison. Fous le bordel dans le système tant que tu peux ! Vas-y ! »

Depuis les années 1990, la police des frontières américaine applique une doctrine connue sous le nom de *Prevention through deterrence* (« prévention par la dissuasion ») et inspirée par la réussite de l'opération Gatekeeper. Seuls cinq cent soixante-cinq des trois mille cent quarante-cinq kilomètres de la frontière sont clôturés, c'est-à-dire dix-huit pour cent. Entre les portions de clôture, la ligne n'est matérialisée que par trois rangées de barbelés, et parfois par rien du tout. La Border Patrol déploie de plus en plus la surveillance électronique, ce que l'on appelle le « mur virtuel » – caméras infrarouges, détecteurs de mouvements, détecteurs de pression, drones et dirigeables de reconnaissance –, mais nombreux sont les endroits où un simple pas permet de franchir la ligne. Même si ce pas devra être suivi d'un million d'autres. « Le but premier de cette stratégie, d'après un rapport du Congrès, est de faire en sorte qu'il soit si difficile et si coûteux d'entrer dans ce pays que peu de personnes iront jusqu'à tenter de le faire. »

En attendant, la frontière reste en grande partie non clôturée, mais en obligeant ceux qui veulent la franchir à le faire dans les zones les plus isolées, cette stratégie voit sa réussite mesurée non seulement par le nombre de candidats à l'immigration qui renoncent à partir (un nombre difficile à estimer), mais également par la quantité de cadavres retrouvés dans les lits des ruisseaux à sec ou à l'ombre des arbustes. Entre octobre 2000 et septembre 2014, rien que dans le sud de l'Arizona, ce nombre était de deux mille sept cent vingt et un. Parmi les victimes – épuisées par la chaleur, mortes de déshydratation, de crise cardiaque, tombées d'une falaise ou mordues par un serpent –, quelque huit cents restent à ce jour non identifiées. Il est probable que ce nombre doive être multiplié par deux, voire trois si on tient compte des corps qu'on n'a pas retrouvés, soit parce qu'ils sont inaccessibles ou bien, hypothèse plus probable, parce qu'ils ont tout simplement disparu.

Il arrive que le désert conserve – souvenez-vous de la momie de Hotan et de sa petite langue grise. Mais la plupart du temps, il efface. Ces formes frémissantes qui tournent comme des hélices au-dessus de nos têtes, portées par leurs ailes immenses, ce sont des vautours, et avec les renards et les coyotes, en l'espace de quelques jours ils vous dépècent un cadavre et en dispersent les os sur plusieurs kilomètres carrés. Ainsi, celui qui attend à Nogales ou à Sonoyta du côté mexicain de la frontière avant de tenter la traversée du désert sait que ce n'est pas simplement sa vie qu'il met en jeu, mais également – au cas où son corps disparaîtrait ou soit impossible à identifier – la possibilité pour sa famille de véritablement faire son deuil.

Un matin, Dan Millis et moi prenons la voiture pour aller rencontrer près de la frontière un rancher de sa connaissance, Tony Sedgwick, qui possède trois cents hectares à l'est de Nogales dans la vallée de la Santa Cruz. Dan travaille pour la branche Arizona de l'organisation écologiste Sierra Club. Il est également bénévole à No More Deaths. Il a le crâne rasé et il est jeune – plus que moi, sympathique, et du genre sceptique. Il m'observe pendant une bonne heure. Puis décide, je suppose, que je suis fréquentable, et nos échanges deviennent nettement plus agréables. En 2008, alors qu'il randonnait dans le désert, il a découvert un corps. Une jeune Salvadorienne de quatorze ans, Josseline Jamileth Hernández Quinteros. Ses parents avaient signalé sa disparition à la police de Los Angeles, ville qu'elle essayait de rejoindre. Elle portait un bracelet de perles, se souvient Dan. Deux jours plus tard, en revenant au même endroit pour y laisser des vivres à l'intention d'autres migrants, Dan s'est retrouvé face à des gardes du parc national et verbalisé – pour avoir illégalement déposé des déchets (bouteilles en plastique, seaux remplis de chaussettes propres et de biscuits). Comme Dan refusait de payer l'amende, il a été condamné à une peine de prison avec sursis. C'est comme ça qu'on finit par avoir envie de foutre le bordel dans le système : quand on voit à quel point il est contraire à l'idée même de bonté.

Nous retrouvons Tony Sedgwick devant un restaurant routier à la sortie de Nogales. Il est coiffé d'un Stetson blanc impeccable et ses hanches roulent quand il marche – le résultat de cinquante années passées sur le dos d'un cheval. Tony a été avocat, et s'est même présenté il y a longtemps à des élections (pour le parti républicain, forcément). « C'était très marrant, mais ça n'a pas marché, dit-il. Les Mexicains ne votent pas. S'ils sont clandestins, ils ne peuvent pas ; s'ils vivent dans le pays en tant que résidents étrangers, ils n'ont pas le droit de voter – et ils n'ont même pas envie, ils s'en foutent, ils sont juste contents de pouvoir travailler. Aujourd'hui, les Noirs ont beaucoup plus de pouvoir que les Mexicains. Je ne dis pas que les Noirs n'ont pas des vies de merde, mais vous connaissez un homme politique mexicain ici ? Marco Rubio ? C'est à peine s'il parle espagnol. »

Nous passons la matinée sur son ranch. Tony se bat avec la Sécurité intérieure au sujet de l'emplacement d'une tour de surveillance au sommet de la plus haute colline de sa propriété. Devant son refus d'autoriser sa construction, le ministère l'a exproprié en échange de plusieurs milliers de dollars. Le sommet de la colline est donc à présent propriété fédérale. Ce qui avait commencé comme un désaccord à titre personnel a débouché pour Tony sur une prise de conscience : il a compris que le sentiment de frustration qu'il avait pu éprouver en tant que rancher blanc aisé, doté d'une réputation solide et d'une certaine influence, n'était rien comparé à ce que vivaient les migrants venus du Mexique ou d'Amérique centrale. Il a goûté à l'impuissance. Mais aujourd'hui, ce qu'il veut me montrer, ce n'est pas la tour.

Le mur traverse des collines couvertes d'herbe à bison, de peupliers et de créosotiers. On le voit à des kilomètres à la ronde, c'est une rangée de palissades rouillées hautes de cinq mètres. Les superbes chevaux de Tony se prélassent à l'ombre des peupliers. Les oiseaux chantent sans discontinuer. Ça aussi, c'est le désert. À l'ombre du mur, l'herbe est haute, et les fleurs semblent être plus abondantes qu'ailleurs. Des fleurs bleues, asters et lin. Peut-être se nourrissent-elles de quelque substance issue du fer ou du béton, ou bien tout simplement elles préfèrent l'ombre. Plus nous descendons vers la vallée, plus la végétation devient dense et haute. Le mur s'interrompt là, mais on peut encore suivre la ligne – fils barbelés et obstacles antichars en acier, rien qui ne puisse vraiment empêcher quelqu'un de passer d'un pays à l'autre. De fait, le but de ce dispositif, c'est de contrôler le bétail et de bloquer le passage aux camions des trafiquants de cocaïne. Mais la drogue, ça arrive toujours à passer, tout comme l'eau. Ici, à quinze kilomètres de l'un des principaux ports d'entrée internationaux, on peut se glisser le long de la Santa Cruz et passer sous la barrière pour entrer aux États-Unis, avec au pire les pieds mouillés. « C'est intéressant », dit Tony. Entendant par là : « C'est ridicule. »

Cet après-midi, alors que nous sommes dans le pick-up de Tony et roulons vers Nogales, le mur me paraît une aberration complète, comme si un urbaniste fou l'avait dessiné sur un transparent puis posé sur une image de la ville. Sa géométrie est tordue, disloquée, à l'image d'une gravure d'Escher. L'œil se demande quelle peut être la fonction de cette lame noire insérée dans les collines et les rues. Si on se tourne vers l'est et la large vallée de la Santa Cruz, on imagine tout de suite un couloir – où l'eau se répand, ainsi que les nuages, les graines, les faucons, les lièvres et les pécaris.

« La tradition en matière de migration dans ce pays, c'est de venir créer un nouveau monde, reprend Tony. New Jersey, New York... Des "New quelque chose", on n'en manque pas. » Nous nous sommes arrêtés pour manger des *quesadillas*. Une fois lancé, Tony ne s'arrête plus. « Les gens qui viennent ici maintenant, poursuit-il, ils préféreraient rester chez eux. Ils n'ont pas brûlé leurs vaisseaux comme Énée. Ils viennent, ils travaillent – et qu'est-ce qu'ils font de leur fric ? Ils l'envoient chez eux. Leur pays, il est là-bas. Ici, ce n'est pas leur pays. »

Nous entrons dans Nogales. « Le mur », comme on l'appelle ici. Pourtant, il ne s'agit pas d'un monolithe aveugle en béton comme en Israël ou en Chine. À Nogales, c'est juste un ensemble de poutres en acier de cinq mètres de haut installées à quelques centimètres les unes des autres. Le mur est préfabriqué en sections de dix poutres, chacune étant couronnée d'une lame qui mesure un mètre de haut et cinq de long. Les sections sont plantées dans un bloc en béton d'un mètre qui porte les marques des moules en bois dans lesquels il a été coulé. L'acier des poutres, non traité, est mangé par la rouille, et cette rouille coule sur le béton pâle, laissant des marques jusqu'au sol.

« Notre pays – ou du moins notre système judiciaire – est fondé sur l'idée que mieux vaut cent coupables libres plutôt qu'un innocent condamné, lâche Tony. C'est ce qu'on nous a toujours répété. Mais ce type de structure là dit exactement l'inverse. »

À chaque creux de terrain, le pied du mur est prolongé par des plaques fixées à l'aide d'un énorme boulon du genre à ne pouvoir être retiré qu'avec un chariot élévateur. Collés contre le mur côté Mexique, tels des poissons dans un filet, se trouvent vêtements, détritus, gravats et branches – charriés jusque-là chaque fois qu'il y a une inondation à Nogales. Quand les eaux gonflées par les grosses pluies arrivent – et elles arrivent par le Mexique –, il y a une telle accumulation de débris dans la ville que l'eau ne peut plus s'échapper entre les palissades. On voit de notre côté la violence du courant à la façon dont la roche est dénudée. Car le mur fait également office de barrage. Les inondations de l'année passée en ont renversé plusieurs sections et, en 2008, les eaux sont montées si haut que tout un quartier de Nogales (Sonora) – maisons, boutiques, véhicules – a été détruit, les dégâts s'élevant à huit millions de dollars. Deux corps ont été retrouvés, non identifiés, mais il s'agissait sans doute d'hommes qui tentaient d'entrer en Amérique par un tunnel souterrain.

Sur l'un des escarpements de Nogales (Arizona), où

il y a peu d'habitations, les gens ont transformé le socle du mur en autel. Alignées sur une poutrelle en fer, je découvre de petites bougies totalement consumées dans des pots en verre. Un long ruban jaune et tout entortillé a été suspendu au montant vertical, avec des marguerites en plastique sale attachées de la même façon et à moitié desséchées par le soleil. Nogales (Sonora) se trouve de l'autre côté, six mètres plus bas, et je réalise alors que le mur repose sur un monticule – comme un château médiéval sur sa motte – qui est très escarpé du côté mexicain. Pour escalader le mur, il faut déjà escalader ce monticule. Douze mètres de haut environ. Entre deux poteaux en acier, je vois, côté Mexique, un bâtiment blanc aveugle et une pancarte : DESPACHO JURÍDICO – un cabinet d'avocats. Sur le mur adjacent, le portrait au stencil d'un jeune homme (un adolescent en fait, avec des bonnes joues) reproduit plusieurs fois comme un Warhol un peu primitif. Une image de martyr. Inscrit en noir sur le béton taché de rouille, je lis : RIP JOSÉ. José Antonio Elena Rodríguez. Il est mort au Mexique, atteint par plusieurs balles tirées depuis les États-Unis. C'est arrivé ici même une nuit d'octobre, me raconte Tony. Quelqu'un avait signalé à la Border Patrol que des individus étaient en train d'escalader le mur. Quand les agents sont arrivés sur les lieux, les clandestins ont fait demi-tour et regagné Sonora. Une foule s'est alors amassée côté mexicain et a commencé à lancer des pierres en direction des policiers. Parmi cette foule figurait José Antonio Elena Rodríguez, du moins selon la version officielle. La version non officielle, celle de ses amis, de sa famille et aussi d'autres témoins, c'est que José Antonio n'a pas lancé de pierres et qu'il longeait simplement le mur pour rentrer chez lui après le basket. Ce sur quoi tout le monde semble d'accord, c'est que José Antonio avait seize ans.

Les policiers – huit en tout – étaient postés en hauteur derrière le mur. Parmi eux, Lonnie Swartz. José Antonio Elena Rodríguez se trouvait de l'autre côté, en train de marcher, ou bien de lancer des pierres – ou peut-être les deux, de lancer des pierres par-dessus le mur, à douze mètres de haut. Là non plus, personne ne conteste le fait que Lonnie Swartz s'est approché, a sorti son arme et tiré sur l'adolescent, l'atteignant à dix reprises.

« On appelle ça un mur à bollards, m'explique Tony. L'agent se tenait ici, il a pointé son arme et touché Rodríguez huit fois dans le dos. »

Pas facile, de cibler le dos d'un adolescent à cette distance.

« T'imagines, lancer une pierre par-dessus ce mur ? Y a quelque chose que je n'arrive pas à comprendre. »

Les juges fédéraux ont dû décider non seulement si oui ou non les actions de Swartz étaient raisonnables – il craignait pour sa vie, des pierres grosses comme des grenades pleuvaient de toutes parts –, mais également si l'acte pouvait être qualifié de criminel, la victime, mexicaine, se trouvant au Mexique et le meurtrier, américain, aux États-Unis.

Après les attentats du 11-Septembre, le département américain de la Sécurité intérieure a mis au point une nouvelle méthode de « prévention par la dissuasion », baptisée *Enforcement with consequences* (« application de la loi et sanctions »). Jusqu'en 2001, une personne interpellée dans le désert était enregistrée dans les fichiers nationaux, puis renvoyée sans délai vers le point d'entrée le plus proche. On parlait alors de « départ volontaire », le migrant renonçant à faire examiner son cas par la justice. Bien sûr, aussitôt refoulé, il tentait à nouveau de passer la frontière – dès le lendemain. Et pourquoi pas, puisqu'il était venu de loin pour ça ? Lancée en 2005, l'opération Streamline (« opération Rationalisation ») a été incluse dans le dispositif *Enforcement with consequences*. En vertu de quoi, au lieu d'être autorisés à quitter les États-Unis dans le cadre d'un « départ volontaire », les migrants interpellés font désormais l'objet d'une procédure de justice fédérale et risquent jusqu'à six mois de prison, voire deux ans dans le cas d'une récidive.

Souvent, le premier objectif des migrants qui tentent la traversée du désert de Sonora, c'est Tucson. Qui est également la ville où sont jugés ceux que la police des frontières a attrapés. Étant donné le nombre de personnes concernées chaque année – des dizaines de milliers –, les procès ne peuvent qu'être expéditifs. La rationalisation, c'est ça, et si vous voulez voir à quoi ça ressemble, il suffit de vous rendre à la cour fédérale de Tucson n'importe quel après-midi de la semaine.

« Levez-vous », dit madame le juge.

Soixante jeunes hommes se lèvent dans un cliquetis métallique assourdissant. Ils sont menottés, les pieds entravés. Ce cliquetis, on le connaît bien, que ce soit aux États-Unis ou ailleurs. Il donne la nausée. « Veuillez s'il vous plaît vous lever quand on appelle votre nom, et dire "Présent". » Ils sont épuisés pour la plupart, viennent directement de la cellule dans laquelle ils ont été jetés après avoir été arrêtés la veille dans le désert. Sait-on combien de temps ils ont marché ? Combien d'heures de sommeil ils ont eues depuis vingt-quatre heures ? Ils regardent autour d'eux. La salle d'audience est fraîche, haute de plafond, claire, tapissée de tissu pastel. J'imagine l'incongruité de se retrouver ici, après de longues journées passées dans le désert à se frayer un chemin entre les cactus qui déchiquettent vos vêtements, guetté par les vautours qui décrivent des cercles dans le ciel. Passer ensuite d'une cellule à ce théâtre à l'atmosphère feutrée qui respire l'ordre et les privilèges, symbolisant à lui seul ce que vous êtes venu chercher, avec votre avocat commis d'office qui pose sur votre épaule une main ornée de grosses bagues.

« Jesús Manuel García, lit madame le juge.

– *Presente.* »

On les appelle à la barre par groupes de cinq ou six, et à chaque fois la même formule est répétée.

« Monsieur García, êtes-vous entré illégalement sur le territoire des États-Unis à proximité de la ville de Nogales ? »

Celui-ci a la stature d'un enfant de quatorze ans ; il sourit timidement en se levant. Les écouteurs par lesquels lui parvient la traduction ne marchent pas. Son avocat intervient – un gros monsieur barbu qui, à l'instar de ses collègues et des agents de la Border Patrol, passe la majeure partie de l'audience à tapoter sur son iPhone.

Tout le monde patiente pendant qu'on cherche des écouteurs qui fonctionnent.

« Messieurs, dit la magistrate, si vous ne comprenez pas, levez-vous ou bien consultez votre avocat. » Personne ne se lève, personne ne consulte son avocat. Ces jeunes gens sont intimidés. « Monsieur García, êtes-vous entré illégalement sur le territoire des États-Unis à proximité de la ville de Nogales ? »

Silence pendant que Jesús Manuel García écoute la traduction.

« *Sí.*

– Vous avez été inculpé pour retour illégal aux États-

Unis après expulsion. Comprenez-vous les accusations et les peines maximales que vous encourez ? »

Silence.

« *Sí.* » Il jette un coup d'œil aux autres clandestins à côté de lui.

Comme beaucoup de ses camarades, il porte un maillot à capuche en tissu fin avec un motif camouflage, le genre de ceux qu'on trouve sur les étals vendant du matériel aux migrants du côté mexicain de la frontière. C'est là par exemple qu'on achète sa gourde en plastique noir de trois litres, sa poudre d'électrolytes pour se réhydrater, ou ses chaussons à semelle de feutre qui ne laissent pas d'empreintes.

« Monsieur García, vous avez accepté de plaider coupable. En échange, le gouvernement veut bien abandonner l'accusation la plus grave qui pèse contre vous. Vous comprenez ?

– *Sí.*

– Monsieur García, s'il vous plaît, parlez plus fort. »

Silence, puis il répète son *Sí*, plus fort, en hurlant presque, et les autres accusés rigolent.

« Merci, monsieur García. »

Elle lui demande alors ce qu'il a décidé de plaider.

« *Culpable,* répond-il.

– Merci, monsieur García. Vous allez être expulsé. L'accusation sera conservée dans votre casier judiciaire. »

Les autres, des récidivistes, sont condamnés à des peines de prison – neuf mois, un an. Pourtant, on perçoit peu de tension dans la salle. Une fois prononcées les peines des six personnes du groupe de Manuel García, les accusés sortent sous escorte. L'un d'eux a un tee-shirt sur lequel est écrit « *Keep Calm and Chive On* ». Je ne comprends pas ce que ça veut dire. Un autre porte un masque blanc.

Un troisième marche avec des béquilles. « On avance ! » braille quelqu'un.

Et ça continue, « *Culpable* », *Culpable* », « *Culpable* », « *Culpable* »… jusqu'à ce que, au bout d'une heure, l'audience ait atteint une vitesse de croisière telle qu'elle semble impossible à arrêter. Le fait est qu'une fois ces soixante-là jugés, un autre groupe de soixante entre dans la salle, et demain ce sera la même chose, et après-demain aussi. Rien dans la façon dont se déroulent les audiences ne laisse espérer que ce défilé puisse cesser un jour.

J'obtiens un rendez-vous avec l'un des agents. Ce qui est difficile quand on travaille pour la Border Patrol, m'explique-t-il, c'est la solitude. Après votre formation, vous vous retrouvez tout seul à faire le guet dans votre véhicule pendant huit, ou neuf heures d'affilée. Il faut savoir comment le supporter, me dit Tom le lendemain, alors que nous quittons Tucson et roulons en direction du désert. L'homme ne se contente pas d'être agent au sein de la police des frontières – il est aussi son responsable Relations publiques. Il a été bien briefé et se montre compatissant, mesuré dans ses propos. Personne n'a envie de voir des gens mourir dans le désert. Il m'explique avoir récemment eu la visite de l'humoriste Billy Connolly. Il les a emmenés en hélico, lui et son équipe, pour aller filmer le mur vu du ciel. Un type drôle. Tom a lui-même travaillé un temps sur le terrain, jusqu'à un grade assez avancé, mais il ne le fait plus trop maintenant et ça lui manque. J'ai l'impression que pour lui, traiter avec les médias ou faire office de chaperon auprès d'un écrivain britannique au teint terreux, ce n'est pas vraiment du boulot. Pas le genre de boulot qui aurait forcé l'admiration de son père, en tout cas. La façade proprette de Tom se craquelle un peu au Wendy's où nous nous sommes arrêtés pour manger un burger sur la route de Nogales.

« Si j'étais à leur place ? Peut-être que moi aussi je voudrais traverser la frontière. Mais je ne passerais pas par le désert. Je ne passerais pas par l'endroit où il est impossible de transporter suffisamment d'eau pour rester en vie. Je traverserais là où il y a une ville. Bien sûr, t'as beaucoup plus de risques de te faire arrêter, mais beaucoup moins de crever. »

Son père ? Un homme strict, qui exigeait de son fils unique qu'il excelle à l'école. Tom, qui ne s'intéressait pas aux études, se retrouvait enfermé dans sa chambre pendant des heures chaque fois qu'il rapportait une mauvaise note. Si bien qu'il n'a jamais été du genre à rechercher la compagnie. Plus grand, il considérait la solitude comme un état normal. C'est ça qui le rendait efficace, avant que ses employeurs le distinguent pour sa manière de faire et son sens de la diplomatie. C'est une force, la capacité à supporter la solitude, pas vrai ?

Avec les guerres en Irak et en Afghanistan, et dans le même temps l'expansion de la police des frontières, de plus en plus d'anciens soldats ont rejoint l'unité, m'explique-t-il. Sauf que la Border Patrol, ce n'est pas l'armée. C'est un boulot très particulier, tout sauf mobile. Sa nature même, c'est de rester assis et d'observer – et ensuite peut-être de suivre et d'arrêter. Vous êtes un agent de sécurité qui peut aussi sanctionner. De plus, être seul, cela veut dire que vous n'avez pas de témoin. L'éternelle épreuve du désert : quand vous pouvez faire tout ce que vous voulez sans personne pour le voir, comment vous comportez-vous ? Prenez un homme qui a vécu l'épreuve du feu dans un désert et placez-le tout seul dans un autre désert. Un homme qui a tiré sur des étrangers anonymes et vu ces mêmes étrangers lui tirer dessus. Qui a vu le sang stagner sur le sable pendant plusieurs minutes avant d'être absorbé. Et postez-le à la frontière, cet homme-là.

Même dans ce désert relativement vert, il n'y a pas grand-chose qui puisse capter le regard – ici un affleurement rocheux, là un figuier de Barbarie, un paloverde, un mesquite, tout là-haut le ciel et ses oiseaux carnivores. Alors le regard se tourne vers l'intérieur. Dans ce désert patient, on se retrouve une nouvelle fois plongé dans un silence familier que seuls viennent troubler les grésillements de la radio et les cris des faucons qui tournoient. D'après Tom, ce sont ces hommes qui craquent, ou bien qui démissionnent, conscients d'être eux-mêmes devenus un danger.

En revenant de Nogales j'étais passé par le poste de contrôle à Amado, sur l'Autoroute 19, où une douzaine d'agents demandaient aux voitures de s'arrêter sous la toile blanche qui formait une sorte de hangar sur la voie allant vers le nord, un second barrage destiné à filtrer ceux qui avaient passé la frontière illégalement trente kilomètres plus au sud. Aujourd'hui, Tom et moi fouillons du regard les broussailles de chaque côté de ce poste de contrôle, même si je suis bien conscient qu'il s'agit avant tout d'une mise en scène de sa part et destinée à moi seul. Progresser sur ce terrain ne constitue pas pour Tom la course d'obstacles que je vis. C'est à peine s'il se rend compte à quel point c'est dur physiquement : il sait repérer les cailloux dangereux pour les chevilles, négocier une pente raide (façon crabe). J'essaie de voir le désert avec ses yeux à lui. Il se concentre sur tout ce qui trahit une présence humaine récente, tout ce qui est anormal : herbe tassée, pierres retournées, marques sombres sur le sol aux endroits de passage… Le terrain – du calcaire effrité – n'est pas très bavard : impossible de retrouver nos propres traces au moment de faire demi-tour. C'est ça, le boulot quotidien de la Border Patrol. Le paysage ne change pratiquement pas. On peut passer une semaine sans arrêter personne. Mais pour Tom, ce n'est pas une semaine perdue. Il n'y a, m'assure-t-il, aucun quota. C'est un beau cadre de travail, c'est sûr. Même si on n'a pas vraiment le loisir de penser à toute cette beauté.

Le sol est jonché d'effets personnels. Les migrants empruntent ce passage depuis des années – des générations, en fait. Nous sommes sur l'un des plus importants lieux de passage de Sonora, le long du cours de la Santa Cruz qui autrefois, avant que ses eaux ne soient détournées, se faufilait entre les montagnes Santa Rita et Tumacacori. Ces divers objets personnels ont été abandonnés sous un arbre à l'ombre duquel les migrants se sont reposés, à côté de bouteilles d'eau vides, de sacs plastiques et de vêtements. Tous, sous l'effet de la chaleur, sont en train de se fondre dans le sol rocheux. On pense immédiatement aux traces laissées par un peuple en fuite, ou encore à un enterrement expédié. Je jette un coup d'œil à Tom et à l'arme qu'il porte dans un étui à sa ceinture, et je me vois, moi, mon chapeau et ma tenue de baroudeur du désert, reflété dans les verres de ses Ray-Ban. On peut entendre notre respiration. De retour dans le pick-up, nous roulons lentement tandis que Tom, qui conduit, se penche vers l'extérieur à la recherche d'empreintes, traces de pieds, ou plaques de végétation piétinée. *Des signes de passage*. La Border Patrol décide souvent d'effacer les pistes comme celle-ci à l'aide de trois pneus de tracteur tirés par un pick-up. Cela me rappelle le *tiantian*, les douves de sable entourant la forteresse de Jiayuguan en lisière du désert de Gobi, qu'on passait tous les soirs au râteau de façon à pouvoir identifier les empreintes des déserteurs.

Si vous connaissez bien la route, inutile de quitter votre véhicule : il suffit de noter l'endroit où la piste la traverse et d'aller voir au croisement suivant si elle réapparaît. Dans le cas contraire, vous attendez. Ils viendront, trop fatigués pour courir. Ils sont passés par là, bien sûr, ces jeunes gens, par centaines, mais pas récemment. Sur un monticule au-dessus de nous se dresse, protégée par une palissade rutilante, l'une des toutes nouvelles tours de guet conçues par une entreprise israélienne spécialisée dans la sécurité. Nous nous en approchons. Je lève la tête : le radar et la caméra haute définition installés sur la tour sont pointés en direction du sud, guettant le moindre mouvement latéral. À Nogales, les hommes postés devant leurs écrans de contrôle sont prêts à envoyer des agents à la moindre alerte.

En 2014, lassée par les lenteurs de l'enquête fédérale sur la mort de son fils, la mère de José Antonio Elena Rodríguez a entamé une action en justice contre Lonnie Swartz. La mise en examen de ce dernier pour homicide involontaire a pris tout le monde de court. Bien que je n'aie pas évoqué l'affaire, Tom souhaite en parler. Une pierre, si tu la lances avec vitesse et précision, me dit-il, ça devient une arme mortelle. Il suffit de demander aux forces armées israéliennes. « Les gens se disent : “Ce connard a tué ce gamin parce qu'il lui avait lancé un petit caillou de rien du tout.” » Au bord de la piste j'aperçois un panneau qui met en garde contre les dangers si l'on s'aventure plus loin. « J'ignore ce qui s'est passé, mais je sais les dégâts que peut faire une pierre. » Il s'accroupit, choisit une roche volcanique de la taille d'un poing, se redresse, tend le bras en arrière, et de toutes ses forces lance son projectile sur le panneau. Il le frappe en plein centre, dans une explosion de poussière et un bruit qui résonne dans toute la vallée.

Quelques jours plus tard, sur le parking de l'église de John Fife à Tucson, quinze hommes patientent. Des Mexicains, Salvadoriens, Guatémaltèques et Honduriens. Ils ont traversé la frontière illégalement. Beaucoup se sont fait expulser plusieurs fois et ne sont plus tout jeunes. Comme ils se trouvent dans l'enceinte d'un édifice religieux, ni les policiers municipaux ni les agents de la Border Patrol ne peuvent les arrêter. Les habitants qui cherchent à employer quelqu'un à la journée viennent voir le responsable, Ereberto, qui leur envoie la ou les personnes qui conviennent pour un tarif journalier fixe. Ces hommes peuvent ainsi gagner décemment leur vie six jours par semaine sans craindre d'être arrêtés ou expulsés.

Je m'assois parmi eux sur le bord du trottoir à l'ombre du mur de l'église et leur distribue des cigarettes et des bouteilles d'eau. De temps à autre, un pick-up ou une voiture s'arrête, et un ou deux hommes, appelés par Ereberto, montent avec le chauffeur pour aller tondre une pelouse, réparer un toit, installer des dalles ou vider la maison d'un défunt. Au bout d'une heure, il ne reste plus qu'un homme avec moi sur le parking. Il se met à parler. Il s'appelle Enrique. Âgé d'une petite vingtaine d'années, il a une allure d'ado – maillot de base-ball XXL, casquette à l'envers, cheveux frisés coiffés en queue-de-cheval. Il vit pour l'avenir, le jour où ça ira mieux pour lui. Après tout, sa vie d'aujourd'hui n'est-elle pas meilleure que celle qu'il menait il y a un an ? Il se laisse emporter par son propre discours.

Il est presque quatorze heures. La lumière a quelque chose d'âpre et de pénétrant qui n'a rien à voir avec la chaleur. Les bouteilles vides sont alignées au bord du trottoir. Enrique vient du Honduras, me dit-il. Comme des milliers d'autres personnes chaque année, il a traversé le Mexique perché sur le toit de *la Bestia – el tren de la muerte* –, ce réseau de trains de marchandises dont les dangers sont hélas bien connus. Il lui a fallu vingt jours pour gagner Monterrey, au nord-est du pays. Il a déjà été expulsé trois fois. « Il y a beaucoup de gens qui meurent, tu sais. On voit des tas de corbeaux près des voies. Des fois, sur le toit du train, il y en a qui te demandent de l'eau, de la nourriture ou de l'argent. Des gens malhonnêtes. Si tu n'as pas d'argent, ils te poussent pour te faire tomber. J'en vois, des gens comme ça. »

Avec deux amis du Honduras, il s'est rendu en stop jusqu'à Sonoyta, située sur la frontière. De là, les trois migrants sont entrés dans la réserve naturelle d'Organ Pipe Cactus. « Aucune barrière, m'explique Enrique. Du désert. Rien que du désert. » Il a mis trois jours à atteindre Tucson. « Trois jours sans boire ni manger. » À un moment il s'est éloigné de ses amis pour chercher de l'eau et à son retour ils avaient disparu. « J'ai failli mourir. Je les ai cherchés partout. Je criais, je les appelais. Et je ne les ai jamais trouvés. »

Il répète : « J'ai passé trois jours dans le désert. Seul. » La chose lui paraît à peine croyable. Il n'est pas comme ces paysans salvadoriens naïfs qui n'ont aucune idée des dangers du désert, le genre qui entreprend la traversée en tongs avec simplement quelques canettes de Coca. Il avait entendu ces histoires de migrants dans le désert, et voilà qu'il se retrouvait en plein dedans. Il est tombé sur le réservoir d'eau d'un rancher. « C'était incroyable.

Comme Dieu est bon. » Ensuite, il a trouvé une boîte de haricots. Posée là, dans le lit asséché d'un ruisseau ! « Dieu est tout-puissant. Tout-puissant. Les haricots étaient périmés, mais je les ai mangés quand même. Ils m'ont donné de l'énergie pour tenir deux jours de plus. Je me suis perdu, et puis je suis arrivé dans une petite ville, je ne me rappelle plus le nom. Il y avait un routier qui avait un pneu à plat. Je l'ai aidé, et il m'a emmené jusqu'à Yuma. »

De là, il a sauté dans le train pour Tucson et s'est caché dans les toilettes pour ne pas croiser le contrôleur. Et les amis qu'il a perdus dans le désert ? Eux aussi ont survécu. Ils se trouvent maintenant dans l'Indiana, où ils travaillent comme couvreurs. Il économise pour se payer un trajet en bus et aller les voir. Une voiture s'arrête devant nous. Ereberto appelle Enrique, mais celui-ci ne se lève pas. « J'ai l'impression d'être au milieu du chemin, dit-il. Dieu est tout-puissant. Tout-puissant. C'est lui qui décide. Si Dieu veut que je retourne là-bas, j'y retournerai. »

6

La ville éphémère

Le désert de Black Rock, États-Unis

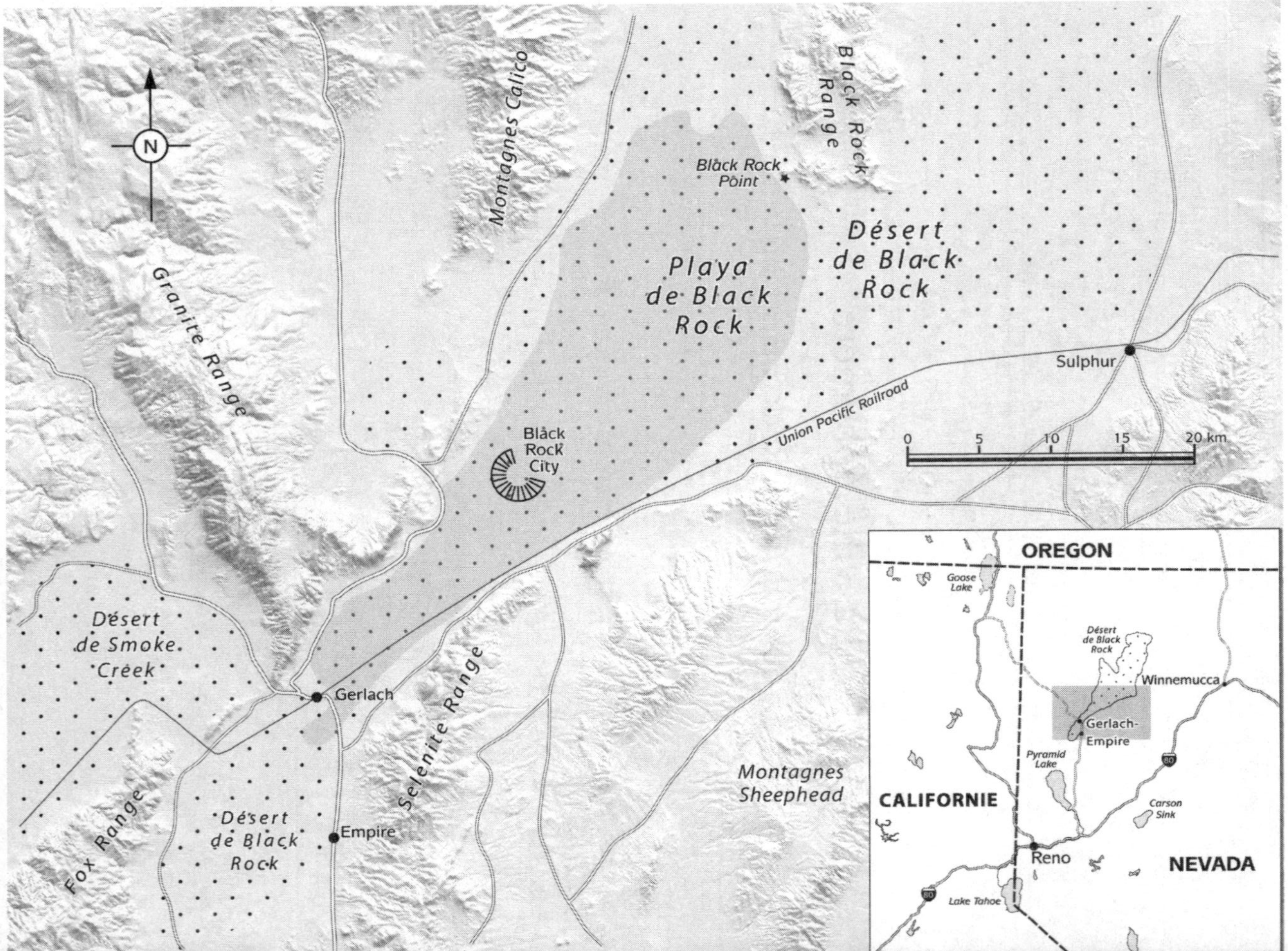
N
Montagnes Calico
Black Rock Range
Black Rock Point
Désert de Black Rock
Playa de Black Rock
Granite Range
Black Rock City
Union Pacific Railroad
Sulphur
0
5
10
15
20 km
Désert de Smoke Creek
Gerlach
Selenite Range
Montagnes Sheephead
Fox Range
Désert de Black Rock
Empire
OREGON
Goose Lake
Désert de Black Rock
Winnemucca
Gerlach-Empire
Pyramid Lake
80
Carson Sink
CALIFORNIE
Reno
NEVADA
Lake Tahoe
80

Après un mois passé à Tucson et des incursions régulières dans le désert avec No More Deaths, je réserve un billet d'avion pour me rendre à mille deux cents kilomètres de là, à Reno, dans le Nevada, au cœur de ce que Walter Prescott Webb appelait la « masse carbonisée ». J'ai rendez-vous non loin de là avec un certain Papa La Mancha dans un hôtel-casino de Sparks. Pour ma part, je séjourne dans le seul hôtel financièrement abordable, le Reno Sands, occupé par un mélange de « Burners » et de joueurs qui cohabitent plus ou moins bien dans une atmosphère tendue, tels des gangs dans une prison. Une chaise en plastique blanc flotte dans la piscine. Lorsque Raymond, l'homme à tout faire de l'hôtel, vient chercher dans ma chambre le sèche-cheveux qui a grillé pendant que j'essayais de sécher mes chaussettes, je lui demande combien ils ont de chambres. « Vous savez, c'est bizarre, me répond-il, mais visiblement personne ne sait. J'ai demandé à dix collègues, et chacun m'a donné une réponse différente. Cinq cents, huit cents. Mille. Je continue à demander, et personne ne sait. »

Je suis réveillé à trois heures du matin par des cris qui proviennent de dehors. Je regarde par la fenêtre et vois les lumières de la ville qui scintillent en contrebas. Le parking est vide. Bizarre, me dis-je, comme le verre peut parfois sembler encore plus transparent que l'air. Les cris recommencent – une voix d'homme, confuse et sur la défensive. Ça vient d'en haut, dix étages au-dessus de ma chambre, donc au vingt-quatrième. Le type est perché sur le toit, complètement bourré, et se fait gentiment réprimander par la voix grave d'un agent – de police ou de sécurité.

« Lâchez ce que vous tenez et descendez.

– Eh mec, et si j'me faisais un p'tit saut ? T'en dis quoi ? »

Il y a un silence, puis une fille se met à piailler, et ensuite j'entends un éclat de rire stupide. Puis de nouveau le silence.

Le lendemain matin, dans l'un des bars aveugles de l'hôtel ouverts vingt-quatre heures sur vingt-quatre, un jeune Hollandais très musclé et une joueuse quinquagénaire émaciée admirent leurs tatouages respectifs. Il y a pléthore de fauteuils roulants et de masques à oxygène, ainsi que deux amputés – un unijambiste et son copain qui a perdu un bras. Les machines à sous s'appellent Midnight Eclipse, Lobster Run, Wolf Mania, Jumpin' Jalapenos, Wild Aztec, Lotus Flower, Lucky Beans et Moby Dick. J'ai l'impression que cet espace de flashs, de bips et de carillons incessants est au bord de l'explosion – de violence, de sanglots ou de sexe. D'une certaine manière, cela préfigure ce qui va suivre. Les Burners qui se préparent à gagner le désert avec valises à roulettes, sacs à dos, boas, manteaux de fourrure, leggings en Lycra, piercings et masques de loup traversent tranquillement toute cette agitation tels des émissaires impériaux venus d'une autre planète. « Merci de respecter NOTRE playa », peut-on lire sur une pancarte dans l'ascenseur.

Le désert est depuis toujours un lieu où tout est permis. Pour les mormons qui s'installèrent dans l'Utah en 1847, ce fut un refuge où exprimer librement leur foi, tout comme il l'avait été dans l'Égypte du IIIe siècle pour les ermites chrétiens persécutés par les empereurs romains. Pourtant, même si le désert peut à la fois faire office de refuge et de barrière absolument infranchissable, il est aussi, comme le dit Mary Austin, une « terre de frontières perdues », où les certitudes de la vie en société s'évaporent en même temps que ses obligations. Si pour certains le désert promet la libération des rancœurs du corps, il offre aussi, dans son isolement et son immensité, la souveraineté de l'esprit, la libération physique, et un défi étourdissant. Après tout, le vide n'est-il pas le lieu de possibilités infinies ? Pas simplement en tant que toile blanche, mais également en tant que nuit biblique.

Jusqu'à récemment, tout ce que je savais du festival Burning Man, c'était qu'il se déroulait chaque année fin août à deux cents kilomètres au nord de Reno sur la playa du désert de Black Rock (en fait le lit d'un lac asséché, et l'une des plus vastes étendues plates au monde), et qu'il culminait avec l'embrasement d'une immense effigie humaine puis, la dernière nuit, celui d'une structure appelée « le Temple ». Mais en fait, ce n'est pas l'idée première de Burning Man. Bien qu'on y entende de la musique, beaucoup et constamment, et surtout de l'électro, il s'agit d'un festival d'art plutôt que de musique. Cela dit, ce n'est pas non plus tout à fait un festival d'art. Je ne suis même pas certain que ce soit vraiment un « festival », d'ailleurs. Il n'y a pas de programme officiel. Ce n'est pas un « spectacle ». Vous n'êtes en général pas obligé de vous trouver à une heure précise à un endroit particulier pour assister à quelque chose de spécial. En fait, l'idée, c'est qu'à Black Rock City – le nom qu'on donne à la ville éphémère – il se passe toujours quelque chose quelque part, et que vous êtes impliqué. Soixante-dix mille Burners, puisque c'est ainsi qu'on nous appelle, vont camper pendant une semaine dans l'un des environnements les plus inhospitaliers au monde. Voilà qui devrait suffire comme spectacle.

Comme pour la plupart des cultes, le mythe de la création de Burning Man est nébuleux. J'ai lu quelque part que Larry Harvey, le fondateur, gourou et porte-parole invariablement coiffé de son Stetson, est le fils adoptif d'« Exodusters », un terme désignant ceux qui ont fui le Nebraska à l'époque du Dust Bowl, la grande sécheresse des années 1930. Un type timide, dit-on, mal à l'aise en société et manquant d'esprit pratique. Bref, le genre de gourou qui me plaît. Burning Man aurait été lancé dans les années 1980 par un Harvey tout contrit d'avoir abandonné une femme qu'il aimait. L'intéressé conteste cette version. La première fois qu'il a brûlé un « Man », c'était juste une façon personnelle et spontanée de s'exprimer. Ça ne s'est pas passé dans le Nevada ni dans le désert, mais sur une plage à San Francisco, Baker Beach. Papa La Mancha, modèle de mesure et de tolérance et fan de Burning Man, a déjà assisté à une conférence que Harvey donnait à Londres. « Le pire discours que j'aie jamais entendu, me dit-il dans la voiture. Un truc sans queue ni tête. »

Je sors mon ticket et lis ce qu'il y a écrit au dos : « Vous devez apporter ce qu'il faut de nourriture, d'eau, d'équipement et de matériel de premiers secours pour survivre une semaine dans un désert hostile. EN PARTICIPANT À CE FESTIVAL, VOUS ASSUMEZ PLEINEMENT LE RISQUE D'ÊTRE GRAVEMENT BLESSÉ OU DE MOURIR. »

Papa La Mancha et moi roulons depuis deux heures. Nous nous trouvons à environ trente kilomètres de la limite du désert de Black Rock. Papa et Mama La Mancha – cette dernière devant nous rejoindre plus tard – sont des Londoniens d'une cinquantaine d'années qui se sont rencontrés à Burning Man il y a plusieurs années. Lui n'était ni anarchiste ni hippie, mais responsable d'une station du métro londonien. Burning Man, c'étaient ses vacances cette année-là. Il rêve, me dit-il, de construire un jour une ligne de chemin de fer temporaire rejoignant Black Rock City depuis la ligne de fret de la Union Pacific, laquelle contourne le désert de Black Rock. Les Burners pourraient alors venir directement en train de Reno, ce qui réduirait les bouchons qui rendent si pénibles l'arrivée et le départ. En voilà un qui a l'esprit pratique.

La route suit la rivière Truckee en traversant une série de larges bassins couverts de buissons d'armoise gris-vert, l'arbuste le plus courant dans le Nevada. La couleur grisâtre me rappelle le maquis de chénopodes qui recouvre la plaine de Nullarbor, ces atriplex et petits acacias rudimentaires qui montent à hauteur de genoux. Nous sommes précédés d'un convoi de véhicules de Burners : mobile homes, breaks remplis de barils d'eau avec des bicyclettes attachées sur le toit, une caravane où s'entassent des licornes en plastique, un vieux bus scolaire jaune coiffé d'un canapé sur lequel trône un homme torse nu et coiffé d'un casque de viking. À Londres, un ami m'a dit d'essayer de repérer « l'homme aux deux bites ». Je le reconnaîtrai facilement, je suppose.

Il y a des milliers de camps à thème à Burning Man. En surfant sur Internet, je suis tombé sur l'un d'eux quelques mois plus tôt : La Mancha's Bar and Cabaret, qui compte une vingtaine de membres. Les La Mancha m'ont paru sympathiquement donquichottesques, et en plus je ne voulais pas me retrouver tout seul là-bas. J'ai donc envoyé un mail à l'adresse figurant sur leur site en proposant de les aider à tenir le bar, ce qui concrètement veut dire puiser des margaritas dans un gigantesque seau pour servir les clients.

Près d'Empire, ville moribonde qui vivait autrefois de l'extraction du gypse et qui est située à vingt-cinq kilomètres du site de Burning Man, les gens du coin ont installé leurs marchandises – lunettes de protection contre la poussière, boas en plumes, leggings, néons flexibles, ainsi que ces manteaux en fausse fourrure qui constituent l'uniforme des Burners pendant les nuits fraîches. Je me réjouis de constater que la population locale tire profit de l'invasion. Avec l'installation d'une concession minière en 1910, le gypse – résultat minéral de l'évaporation du lac immense qui recouvrait jadis la région – a fait vivre Empire pendant des années. La United States Gypsum Corporation – la « Gyp », comme disent les gens du coin – produisait des plaques de plâtre pour le secteur du bâtiment, mais avec la récession la production a ralenti, si bien qu'en 2011 l'usine n'était plus viable. Or l'économie de la ville dépendait entièrement de cette entreprise. Alors, quand elle a fermé ses portes, les habitants – deux cents au total – ont fait de même. Empire est devenue une ville-fantôme, à l'instar de ces villes minières du XIXe siècle qu'on trouve à la lisière du désert. La poussière a envahi les rues, le code postal a été abandonné. En dehors de quelques randonneurs s'aventurant sur les vieilles pistes des pionniers, il y a désormais peu de passage.

Le grand événement annuel qui doit se dérouler sur la playa ne commence officiellement que demain, mais l'ambiance est déjà électrique. L'excitation monte, volontiers partagée par les gens du coin. Le dernier hameau qu'on traverse avant d'atteindre le site, c'est Gerlach (qui en anglais, d'après les ranchers, sonne un peu comme *Girl-lack*, « Zéro fille »), où ont été installés des dizaines d'étals. « Absolument tout pour la playa ! » proclame une banderole. Groupés autour de leurs voitures sur le bord de la route, les hommes du shérif ne sourient pas ; ce n'est pas l'heure de plaisanter. Le nouveau shérif du comté de Pershing a plus de mal à accepter Burning Man que son prédécesseur. « Quasiment tout ce qu'ils achètent, ils l'achètent ailleurs qu'ici… Et quand ils repartent, ils laissent tout en plan. » La garde avancée des Burners est plus accueillante. Dans le magasin du village, un inconnu qui fait la queue me présente son bébé, une petite fille, et me prend dans ses bras : « Bienvenue chez toi, mon vieux. » *Bienvenue chez toi* : une sorte de mantra, et s'il y a bien quelque chose qu'on distribue sans compter à Burning Man, c'est les câlins. L'un des camps à thème, la Hug Bank (Banque à câlins), propose même un « menu » qui va de « professionnel » à « maladroit ».

Nous quittons Gerlach et reprenons la route au son de « Space Oddity », de David Bowie, diffusée par la radio locale. *Take your protein pills and put your helmet on* : « Prends tes compléments alimentaires et mets ton casque ».

Le lac Lahontan, qui remplissait autrefois le bassin du désert de Black Rock, n'existe plus mais, l'hiver, l'eau qui ruisselle des montagnes environnantes recouvre périodiquement la surface sèche du plateau, ajoutant quelques millimètres de sédiments aux couches déposées par le lac. Et cela donne la playa. Par endroits, l'épaisseur de la couche de sédiments dépasse la hauteur des montagnes qui l'entourent – des montagnes dont la substance même, arrachée, atomisée par les éléments, a dégringolé les flancs des canyons pour venir former la playa. Ce sont ces processus géologiques, similaires aux phénomènes à l'origine des plaines argileuses que j'ai vues en Australie, qui expliquent que la surface soit aussi lisse : année après année, l'eau vient la balayer, la décaper et la polir.

Nous quittons la route qui longe le pied des montagnes et atteignons l'entrée du site une heure plus tard, à deux kilomètres de la playa. À cause de la poussière soulevée par les véhicules, je suis incapable d'apprécier l'immensité du lieu, un plateau de trois cents kilomètres carrés où, en dehors du festival, les occasionnels tourbillons de poussière constituent l'unique concession à la verticalité. Seule l'ossature de la ville est en place lorsque nous arrivons à l'endroit où nous sommes censés installer notre campement : les rues sont délimitées par de petits drapeaux, les camions et containers des attractions majeures attendent d'être déchargés, les W.-C. mobiles sont alignés. Une fois installé, chaque bloc de toilettes sera signalé par une lumière rouge accrochée en haut d'un mât de six mètres. Quelqu'un aura l'idée saugrenue – mais tout à fait conforme à l'esprit facétieux du festival – de souder l'un de ces mâts à une voiturette de golf qui toute la semaine se déplacera la nuit, suivie par des Burners saisis d'un besoin pressant. Les gens avec qui nous devons partager notre campement ne sont pas encore là. On n'entend pratiquement pas de musique, le silence du désert n'a pas encore été chassé. La ville éphémère n'a aucune cohérence : il s'agit juste d'une collection de petits groupes éparpillés de gens à moitié nus et de structures à moitié terminées, comme si personne n'était certain de rester. Impossible de deviner ce que l'endroit va devenir, de percevoir cette impression de permanence, et même de déclin, qui va l'imprégner.

Comme la plupart des déserts, celui de Black Rock a toujours été le lieu qu'on évitait ou qu'on traversait le plus vite possible, même pour les Indiens Païutes. L'homme a rarement séjourné ici sans y être poussé par la nécessité. Les témoignages de ceux – explorateurs ou pionniers – qui se sont frottés à cet environnement attestent de sa dureté. Une dureté à laquelle nous-mêmes – sales gosses bourrés de kétamine, geeks de l'Oregon, scribouillards pâlichons venus de la pluvieuse Albion – nous exposons sur notre temps de loisir. (Non pas que l'expérience soit véritablement un loisir.) En 1843, à peu près au même moment où Charles Sturt partait à la recherche d'une mer intérieure en Australie, l'explorateur John C. Frémont se lançait sur les traces d'une autre étendue d'eau tout aussi inexistante, la rivière San Buenaventura. Il cartographia au cours de son voyage un immense domaine désertique entouré de chaînes montagneuses, quelque quatre cent vingt-sept mille kilomètres carrés couvrant la majeure partie du Nevada et de l'ouest de l'Utah, et qu'il appela le Grand Bassin. Comme le bassin de l'Aral, le Grand Bassin est endoréique, c'est-à-dire qu'il est dépourvu d'ouverture vers d'autres étendues d'eau, une particularité géographique qui explique en partie les trente-cinq playas qu'on y trouve. Il offre également un paysage de failles et d'escarpements, que viennent combler des bassins plus petits. Sa croûte extérieure, étirée comme du caramel il y a des millions d'années par les mouvements des plaques tectoniques, s'est fendue pour former des chaînes latérales orientées nord-sud qui viennent cloisonner les bassins.

La première étude géologique sérieuse de l'ancien lac Lahontan fut effectuée par Israel Cook Russell en 1882. On y découvre, repliée à l'arrière du volume final que publia un an plus tard la société d'Études géologiques des États-Unis, une immense carte du Grand Bassin le montrant tel qu'il devait être à son apogée au Pléistocène, une étendue d'eau émaillée d'îles et de langues de terre s'étendant depuis le lac Tahoe, dans la Sierra Nevada, jusqu'à l'Oregon. Les vallées des rivières Carson, Walker et Humboldt apparaissent entièrement colorées en bleu, et les déserts d'aujourd'hui – Carson, Smoke Creek et Black Rock – sont eux aussi recouverts d'eau.

Aujourd'hui encore, on devine les anciens replats du lac creusés dans les pentes des plaines de part et d'autre de la playa. Le paysage me rappelle par moments le lit desséché de la mer d'Aral – l'absence de tout relief, la blancheur, les lignes sinueuses de gravier marquant les contours du rivage disparu. Mais autant il était difficile, en se promenant au milieu des carcasses de bateaux, de se débarrasser de l'impression que l'Aralkum était ce que le frère dominicain Felix Fabri appelait « l'image de la mort », autant le désert de Black Rock paraît, malgré sa désolation mortelle, pleinement vivant.

Ce matin, les autres membres de notre camp sont arrivés. Bob est déguisé en blaireau, ce qui lui va bien. De temps à autre il se transforme en Tiffany, du service comptabilité, avec sa minijupe verte, ou bien en Consuela, femme de chambre que certains ont vue en train de passer l'aspirateur sur la playa. Charmante, mais avec sa barbe et sa bedaine de quadra, Bob est plus crédible en blaireau. Jongleur de feu, membre d'un cercle baptisé le Conclave du feu, Beaker a pour sa part un physique et un tempérament nerveux. Avec la jonglerie de feu, il a trouvé l'activité pour laquelle il est fait. Et puis il y a Hawthorn, une universitaire dotée de magnifiques dreadlocks violettes ramassées sur le sommet de son crâne et d'une ceinture utilitaire en cuir à laquelle sont accrochés des mousquetons. Elle est du genre cash, avec un côté pragmatique et très drôle. Certains Burners adoptent un « pseudo de playa », le nom de leur alter ego, et j'ai cru au début que c'était le cas pour Brocket. Sauf que Brocket, c'est le nom que le Burner en question utilise dans la vraie vie à San Francisco, de même que Beaker et Hawthorn s'appellent Beaker et Hawthorn chez eux en Angleterre. Et moi ? Appelez-moi Dryhenceforth.

Tout Burner est équipé d'une tasse en fer-blanc accrochée à un mousqueton passé dans sa ceinture, et chaque fois qu'il arrive dans un nouveau camp, on lui sert ce qu'il y a, en général une concoction dont le seul élément chimique identifiable est l'alcool plutôt qu'un truc aussi essentiel que l'eau. On voit aussi beaucoup de gens tout nus et de types que Papa La Mancha appelle les « bites à l'air ». Si en sortant d'un nuage de poussière vous tombez sur un couple en train de baiser par terre, c'est à peine s'ils vous regarderont. Certains appellent Black Rock City une « Zone autonome temporaire », terme créé par Hakim Bey, penseur anarchiste pour qui une TAZ (puisque c'est l'acronyme utilisé, pour *Temporary Autonomous Zone*) est « un soulèvement qui ne rentre pas directement en confrontation avec l'État, une opération de guérilla qui libère une zone (territoriale, temporelle ou imaginaire), puis se dissout pour se reformer ailleurs ou à un autre moment *avant* d'être écrasée par l'État ». Burning Man est temporaire, certes : l'un des principes clés du festival, c'est de « ne pas laisser de traces ». Deux mois après le départ du dernier Burner, le seul signe encore visible de l'événement est un léger compactage de la surface de la playa. Que celle-ci retrouve son état originel est une condition nécessaire à l'autorisation de Burning Man, mais cela fait également partie de son éthique. Tout, en dehors de la poussière, est MOOP, et a vocation à être retiré. MOOP pour *Matter out of place* : ce qui n'a rien à faire là.

Mais Burning Man, ce n'est pas un soulèvement, loin de là, et si par autonomie on entend l'absence de règles sociales, alors on en est loin : l'État du Nevada et ses relations avec les organisateurs de Burning Man sont essentiels et perceptibles partout. Par État, j'entends non seulement le bureau du shérif du comté de Pershing et le bureau de la Gestion des sols, mais aussi le département de la Santé, la police de la route, le département des Transports et les administrations fédérales responsables du trafic aérien et des communications. Pour se voir accorder une autorisation d'organisation d'événement récréatif, Burning Man doit chaque année soumettre au bureau de la Gestion des sols un plan opérationnel. Nous parlons ici d'une immense collaboration citoyenne, et même d'un exploit capitaliste. Vous êtes tout à fait libre d'ingérer toutes sortes de drogues, et de vous balader la bite à l'air vêtu d'une simple chemise ou d'une laisse, mais vous n'avez pas le droit de franchir la clôture qui sépare Black Rock City du reste de la playa. Ajoutons à cela les dix principes énoncés par Larry Harvey, lesquels ont valeur de règlement, voire de loi. Inclusion solidaire radicale, don désintéressé, affranchissement des lois du marché, autosuffisance radicale, expression radicale de soi, effort en commun, responsabilité civique, engagement à ne laisser aucune trace, moment présent et participation. Il est de votre responsabilité de rester vivant, et tout le monde participe à l'entretien de la ville éphémère et au spectacle. Il n'y a pas de publicité et, en théorie, pas de spectateurs.

À San Francisco en 1987, le Man brûlé sur Baker Beach – le premier homme en bois de Harvey – devait faire trois mètres de haut et avait été bricolé à la va-vite dans un garage. Aspergé d'essence, il brûla en quelques minutes. Ça, c'était il y a une trentaine d'années, et il devait y avoir huit participants, Harvey compris. Aujourd'hui, ce chiffre a été multiplié par dix mille. Il n'est pas facile de se procurer un billet, et ce dernier coûte plusieurs centaines, voire plusieurs milliers de dollars. On propose des camps « clé en main » pour millionnaires de la Silicon Valley qui viennent en avion faire un petit séjour de luxe dans le désert, à l'abri de la poussière, pour le prix d'un ranch au Nevada.

En 1990, le Man mesurait déjà plus de neuf mètres de haut, et huit cents participants s'amassèrent sur la plage. La police commença donc à s'intéresser de près à la chose. Cette année-là, suite à un accord avec les autorités, le Man ne fut pas brûlé. Harvey commença alors à chercher un autre lieu. L'un de ses amis avait découvert une immense playa de l'autre côté des montagnes Rocheuses, au-delà de Reno, qui jusque-là était surtout connue pour les records de vitesse automobile qui y avaient été établis : le désert de Black Rock. En 1990, on vit circuler un prospectus à San Francisco : « Sale journée à Black Rock (Zone Trip n°4)… Le Zone Trip est un événement de plusieurs jours qui nous fait sortir de notre époque et de notre monde. Pour cette édition, nous allons voyager sur une immense étendue blanche et désolée qui s'étire jusqu'à l'horizon dans toutes les directions. » Depuis, Burning Man se déroule chaque année plus ou moins sur le site du Zone Trip de 1990. Aujourd'hui, le Man fait dix-huit mètres de haut et la population de Black Rock City, répartie sur plusieurs centaines de villages et campements, dépasse en nombre celle de Carson City, capitale de l'État du Nevada. La légende veut qu'en 1990, arrivant à la frontière de la playa, l'organisateur du Zone Trip, connu sous le nom de Ranger Danger, s'agenouilla pour tracer une ligne dans la poussière, que les participants enjambèrent un par un.

Brocket a une crête iroquoise teinte aux couleurs de l'arc-en-ciel. C'est un colosse qui se déplace délicatement, avec une langueur patiente et voulue, comme s'il portait quelque chose qui risquait de se renverser. Il refuse qu'on le presse. « Avant, c'était un camp gay, me dit-il d'un ton lugubre. Maintenant, c'est un camp geek. » Voilà qui explique notre emplacement dans le quartier gay de Black Rock City. Je suis l'un des geeks de La Mancha, mais la remarque de Brocket n'a rien de méchant. Il est designer chez Google et porte des tenues magnifiques – affichant l'éclectisme absurde et cohérent d'une drag queen vedette. Il en change tous les jours : une fois, c'est un tutu en mousseline de soie rose si touffu qu'on arrive à peine à le distinguer au milieu ; le lendemain un déguisement d'orange avec un minuscule bibi assorti ; le vendredi, une robe de soirée redoutablement moulante, noir et blanc ou blanc et or – je ne sais plus trop. Il a fait partie du Chœur des hommes gays de San Francisco. Une nuit, il nous chante en karaoké une version de « Close to You », des Carpenters, qui sur le coup me paraît la chose la plus exquise que j'aie jamais entendue. C'est lui, Brocket, qui sera mon guide moqueur – celui qui se moquera de ma réserve et de ma tenue de baroudeur. Un soir, je tombe sur lui au beau milieu de la playa : « Avant, j'étais un peu sorcier », me confie-t-il. Il me laisse entendre qu'il a été un adepte de la Wicca, sorte de culte néo-paganiste. « Et puis un jour, j'ai vu une présence maléfique dans le miroir. Alors j'ai dit : Ça suffit. »

Le matin du premier jour, nous commençons à dresser les tentes, auvents et toiles qui nous protégeront du soleil et rendront notre séjour ici plus ou moins supportable. Papa La Mancha sait diriger une équipe et ne voit pas pourquoi il faudrait renoncer à notre confort. L'après-midi, il fait apparaître comme par magie une sélection de fromages fins accompagnés de prosciutto et de bon vin frais. Un miracle de civilité parmi tant d'autres dans la chaleur et la poussière. Dans un autre campement, on sert du homard aux premiers arrivés.

Nos tentes et yourtes sont installées sous une canopée suspendue à trois mètres de hauteur. Inutile d'utiliser des piquets ordinaires : ils se plient quand on les enfonce dans le sol compact de la playa, et ne résisteraient pas aux coups de vent. Tout est arrimé avec des fers à béton de trente centimètres de long. Nous sommes équipés d'une douzaine de gros réfrigérateurs pour conserver la nourriture, d'un générateur, de trois réchauds doubles et d'une douche avec un bac doublé de toile goudronnée. Nous avons six barils d'eau potable de cent vingt litres, et trois pour la vaisselle et les douches. Nous travaillons sans relâche pendant cinq heures, sachant que dans six jours nous démonterons tout ce que nous avons installé, de même que le Man, fruit de plusieurs semaines de travail, sera détruit. Des millions d'heures et de dollars. Mais c'est précisément l'esprit de Burning Man – tout devra être effacé.

Le premier jour, telle une tour de surveillance surplombant les montagnes au nord-ouest, un feuilletage de nuages lenticulaires s'élève dans un ciel par ailleurs entièrement dégagé. Le spectacle est martien. Les nuages semblent chargés de quelque chose d'autre que de l'eau, et ne bougent pratiquement pas dans les heures qui suivent. Mais passé midi, sous l'effet du vent qui se renforce, ils commencent à s'effilocher, jusqu'à ce que la poussière en suspension dans l'air se densifie au point qu'on ne distingue plus le ciel. Notre première tempête de poussière. Ma peau commence à devenir rugueuse. J'ai la tête prise dans un étau. À quatorze heures, il est impossible de continuer à travailler, de construire notre camp – nous avons tout juste le temps d'installer un abri pour les voitures avant que le vent nous tombe dessus avec des pointes à quatre-vingts kilomètres-heure, et c'est sous cet abri que nous nous terrons tous les huit, dans un silence interrompu seulement par quelques rares gémissements de chien battu. *Six jours comme ça.*

Quand il traversa la playa du désert du Grand Lac Salé dans les années 1870, Mark Twain la décrivit comme étant « le type de désert offrant un concentré de laideur à côté de laquelle les horreurs diluées du Sahara paraissent ridicules ». La playa était une mer infernale dont le rivage paraissait inatteignable aux yeux de ses compagnons. « La poussière alcaline fendait nos lèvres, assaillait nos yeux, pénétrait nos membranes délicates, faisait saigner nos nez et prolongeait l'hémorragie – en vérité, ce voyage dans le désert avait perdu tout son charme et n'était plus qu'une pénible réalité – une réalité assoiffée, étouffante, haïssable, que nous rêvions de fuir ! » Ce goût dans ma bouche, c'est celui du voile qui recouvrait la ville de Hotan dans le Xinjiang. J'ai entendu dire qu'un pompier de New York venu ici après le 11-Septembre avait souffert de terribles flash-back : une grande partie de la poussière provoquée par les attentats provenait de la désagrégation de plaques de plâtre.

Bob le blaireau a retiré le bouchon en plastique d'un cubi et verse avec précaution ce qu'il reste de vin blanc dans un gobelet. Je remarque que sa fourrure est passée de noir et blanc à grise.

Le vent retombe au bout de quelques heures. Plus tard dans la nuit, je m'aventure le ventre plein entre l'Esplanade et le Man, et m'immobilise à l'écart des lumières, seul au centre d'un cercle de pénombre. Je regarde autour de moi, découvre Black Rock City, ses lumières, son feu, sa musique, et suis aussi époustouflé qu'enchanté par cette audacieuse et foisonnante créativité. Cette splendeur. C'est la nuit que Burning Man existe réellement. Le jour, sa beauté est d'ordre naturel : elle tient à l'immensité du site, encadré par deux chaînes de montagnes, avec le soleil qui décrit son arc meurtrier entre l'une et l'autre. Mais la nuit, l'endroit affirme son caractère de création humaine. Mettons que vous vous mettez en chemin avec en tête une destination précise – le Man, par exemple. En quelques secondes, votre attention est détournée par quelque chose d'autre, une immense flamme blanche à un kilomètre de distance, ou bien un yacht de vingt mètres de long qui passe tranquillement près de vous avec une foule agglutinée qui danse sur le pont, ou encore une sculpture féminine en fil de fer haute de trente mètres et éclairée de l'intérieur – chacune de ces œuvres illuminant une portion découpée dans l'obscurité. Une heure plus tard, vous avez oublié où vous vouliez aller initialement – vers le Man ? – et vous vous retrouvez en train de danser en compagnie de mille autres personnes sur les remparts d'un château celte en sirotant un mélange Gatorade alcool dans un gobelet en fer-blanc.

En vingt-quatre heures, la plupart des camps ont été construits. À côté du nôtre se trouve Li'l Crack Whores (« P'tites putes junkies »), dont l'abri commun est constitué de tee-shirts cousus ensemble, et de l'autre côté on a Weiner Zoo, où on vous sert des hot-dogs (les *weiner*) et où on vous propose de jouer à une version pornographique du jeu des anneaux, le *dildo ring-toss*, avec des godemichés en guise de bâtonnets. Barbie Deathcamp (« Camp de la mort de Barbie »), Polegasm (concentré de pole-dancing et d'orgasme), Bloasis (de *blotto*, c'est-à-dire bourré), Celestial Bodies (« Corps célestes ») et Beaverton (de *beaver*, argot pour sexe féminin) se trouvent tous dans le quartier gay. Juste à côté, il y a Milk & Honey, un village juif où l'on observe le shabbat le vendredi avant que le Man soit brûlé. Bitch'n' Tea se présente comme « un endroit où partager ses petits malheurs (*to bitch*) en échange d'une délicieuse tasse de thé » ; Get Nailed offre la possibilité de « se faire clouer (*to get nailed*) à notre crucifix » ; et alors que je passe devant Mudskippers (composé de *mud*, la boue, et du verbe *to skip*, sauter), je suis invité – ou plutôt très fortement incité – à venir assister au « fameux Camel Toe Fashion Show ("Défilé orteil de chameau") ». Après tout, nous sommes dans le désert, non ?

La ville suit un plan en fer à cheval, avec comme point central le Man placé sur son estrade géante. Un espace vide de huit cents mètres le sépare de l'Esplanade, la première rue à l'intérieur du fer à cheval. Douze demi-cercles concentriques s'étirent à partir de là jusqu'aux limites de la ville, chacun avec un nom et découpé à la manière des rayons d'une roue par dix-sept autres rues numérotées dans le sens des aiguilles d'une montre de deux à dix, en passant par les demi-heures. Cette organisation, convenue avec la police du comté en raison de l'augmentation de la population de la ville, permet la définition d'adresses utiles pour les services d'urgence. La position de La Mancha est centrale, à l'angle de 7 h 30 et de Carny, à quelques pas de l'Ass-Stamping Tent (l'endroit où on se fait « tamponner le derrière ») et du Genital Portraiture Studio (où on se fait tirer un portrait un peu spécial) et à une distance raisonnable du Comfort and Joy's Pink Gym, la salle de gym toute rose. Notre campement est également proche d'une rangée de toilettes mobiles, vidées tous les matins par des travailleurs mexicains, pratiquement les seuls visages de couleur qu'on voit sur la playa. Ce sont également les Mexicains qui conduisent le camion-réservoir d'eau arrosant les rues le matin pour plaquer la poussière au sol tandis que, derrière eux, un défilé de Blancs à poil fait mumuse dans la boue.

John C. Frémont n'avait aucune envie de coloniser le désert, pas plus qu'il ne s'attendait à le voir prospérer comme les chantres de l'Ouest américain le promettaient ; il espérait simplement trouver le trajet le plus sûr pour le traverser, que ce soit par voie terrestre ou fluviale. Son expédition, forte de trente-neuf hommes, quitta Kansas City le 23 mai 1843. À deux mille cinq cents kilomètres d'ici. « Notre cavalcade offrait un spectacle étrange et incongru, et il était impossible de ne pas réfléchir au bien-fondé de notre présence dans cet endroit solitaire et isolé. » Frémont avait pour but de cartographier la Piste de l'Oregon jusqu'à la côte Pacifique et de localiser le tracé de la rivière San Buenaventura qui, d'après les meilleures cartes dont il disposait, formait « une ligne d'eau continue depuis les montagnes Rocheuses jusqu'à l'océan Pacifique ». En d'autres termes, un mirage.

Trois cent mille migrants devaient suivre les traces de Frémont. Le 1er janvier 1844, ses hommes et lui entrèrent dans le désert de Black Rock par le nord : « Un peu partout le sol est constitué de sable fin et poudreux, couvert d'efflorescences salines, et le pays présente les caractéristiques d'un désert. Pendant la journée, nous nous dirigeons vers un promontoire noir, au pied duquel s'élève une colonne de fumée indiquant la présence de sources d'eau chaude. » Il s'agissait là de Black Rock Point, que l'expédition atteignit le lendemain. En dehors de quelques touffes de spartine, Frémont découvrit « une lande parfaite », tandis que « le promontoire irrégulier » se dressant au-dessus des sources chaudes avait « l'air brûlé, avec présence de grappes de cendres et de charbon, comme chez le forgeron ». Il avait raison : Black Rock Point – altitude : cent quatre-vingts mètres, seul point sombre dans un monde pastel – est l'intrusion d'un bloc d'andésite volcanique auquel l'érosion a donné la forme d'un crassier d'usine métallurgique. Le lendemain, à son réveil, l'explorateur découvrit un désert couvert de neige et tout enveloppé de brume. « Cette région avait un aspect si inhospitalier que je redoutais d'y entrer. »

En général, quand je vais à une fête, au bout d'une ou deux heures je n'ai qu'une seule envie : m'asseoir dans un coin tranquille et bouquiner ; ici, au cœur de la teuf la plus énorme du monde, cet instinct est décuplé. L'idée de me trouver dans un lieu fondamentalement tranquille – où règne, en fait, l'apogée de la tranquillité – mais occupé par un événement plongeant de gré ou de force ses participants dans un état de stimulation perpétuelle me met un peu mal à l'aise. C'est peut-être en partie ce malaise, ce désir de fuir qui explique ma maladresse, auquel s'ajoute la conscience nette – chez mes camarades de camp tout autant que chez moi – que si leur but à eux est de participer à Burning Man, le mien est plutôt d'y assister. Que cela me plaise ou non, je suis ce dont précisément les organisateurs ne veulent pas : un spectateur. Même si je m'intéresse moins à ce qui se passe à Black Rock City que de l'autre côté de la clôture, dans le désert et les montagnes. Mon instinct me pousse souvent à fuir la musique, les gens, toute cette excitation, et le mieux dans ce cas-là, c'est de prendre mon vélo et de pédaler au-delà du Man et du Temple jusqu'au périmètre du site, marqué par la clôture à immondices. Celle-ci est conçue pour retenir les déchets emportés par le vent, mais je n'y vois pas grand-chose en dehors de quelques mégots de cigarette. Sa principale utilité est en fait de délimiter la zone dont l'accès est autorisé. Le désert de Black Rock est bien sûr ouvert à tous, mais exceptionnellement, pendant Burning Man, l'accès en est interdit. Toute intrusion est considérée comme un délit.

Tout aussi importante que le souci de protéger les intérêts de la société Burning Man LLC en empêchant quiconque d'entrer sur le site sans billet, il y a la question de la sécurité des personnes. Nous ne sommes pas à San Francisco : malgré son absence de relief, il est facile de perdre ses repères sur la playa, et même de ne plus savoir où se trouve la ville éphémère, sans compter les risques de déshydratation et de coup de chaleur – risques encore plus élevés quand tout le monde plane complètement. Il faut nous surveiller comme des gamins sur une plage, des gamins défoncés. Quelque part au fin fond du site, je manque de rouler sur un squelette, un modèle anatomique à moitié enterré et vêtu d'un tutu, d'un boa rose et de jambières en fourrure : une manière de rappeler ce qui pourrait arriver à ceux qui s'égarent.

La meilleure façon de se déplacer à Black Rock City, c'est le vélo. À l'heure du petit-déjeuner, je vois passer le flot des bicyclettes, de plus en plus dense à mesure que les minutes passent, jusqu'à ce qu'il semble impossible d'éviter un carambolage. Pourtant, les cyclistes se croisent sans heurt, comme des soldats à la parade. En général, leurs vélos ont été achetés d'occasion ou pour trois fois rien à Walmart. Ils font, tout autant que les véhicules mutants, partie du spectacle. Le bon sens vous dicte d'attacher votre vélo pour éviter qu'il soit pris par un autre Burner – dont le vélo aurait été pris par quelqu'un d'autre. Le mien, un modèle femme, fait partie d'une cargaison apportée en camion par Bob le blaireau. Il est décoré avec une guirlande de fleurs et du ruban adhésif brillant qui datent d'un Burning Man précédent. Trois tortues en peluche sont attachées au panier et le tout est éclairé par une guirlande électrique branchée sur batterie.

Il faut vingt minutes pour atteindre la clôture en vélo et deux fois plus à pied. En chemin, je passe devant trois mots géants de quatre mètres de haut installés en cercle : BELIEVE, LOVE, DREAM (Crois, Aime, Rêve), puis devant un canard en plastique jaune de la taille d'une maison, et enfin devant une tente-église remplie de gens nus portant des voiles de mariée. Une fois dépassé le Man, les œuvres artistiques et les véhicules mutants se font de plus en plus rares, jusqu'à ce qu'il ne reste que la playa et, surgissant de la poussière, quelques rares cyclistes esseulés. Parfois, la poussière se rapproche, réduisant le champ de vision aux dimensions d'un simple disque ; impossible de distinguer autre chose que la poussière, vous-même et, sous vos roues, la surface de la playa, loin d'être uniforme – craquelée, fracturée en tessons, avec ici ou là des mini-dunes en forme de croissant, les « serpents de la playa », hauts de quelques centimètres mais qui suffisent à stopper une bicyclette.

La clôture fait quinze kilomètres de long et décrit un pentagone autour du site. À chaque coin de ce pentagone se trouve un Land Cruiser avec à son bord des agents du bureau de la Gestion des sols, ou bien des bénévoles de Black Rock, appelés Black Rock Rangers. Je leur fais parfois un petit signe de la main, mais tous m'ignorent. La brigade des Black Rock Rangers – leur nom est un clin d'œil aux Texas Rangers, l'ancienne police des frontières – a été créée pour porter secours aux personnes perdues à l'époque où il n'y avait ni clôture ni périmètre surveillé. Leur rôle est d'« assurer la survie collective de la communauté » et de « traiter des situations… qui sinon nécessiteraient une intervention extérieure ». Ils sont donc de fait les policiers de Black Rock City ; sauf que la police du comté de Pershing et du Nevada est également présente, forcément, ainsi que des agents du FBI, je pense, même si ces derniers ne le claironnent pas sur tous les toits. Il est rare de voir un uniforme ou une voiture de police, mais on nous a bien dit de ne jamais accepter de drogue de la part d'un inconnu, qui pourrait être un flic en civil, et dans les bars nous devons, même pour ceux d'entre nous qui ont une barbe blanche, présenter une pièce d'identité avec notre gobelet en fer-blanc. La Mancha s'est fait pincer il y a plusieurs années pour avoir servi une margarita à un flic en civil qui avait deux mois de moins que l'âge légal. La police, qui avait d'autres priorités, n'est pas venue à l'audience au tribunal de Reno, si bien que les charges ont été abandonnées, mais il lui en a quand même coûté plusieurs centaines de dollars. L'une de mes tâches de barman, c'est donc de demander aux gens leur pièce d'identité. Cela peut paraître incongru, mais nous ne sommes pas sur une autre planète, ni même sur une île. Le premier jour, une femme s'est fait arrêter à l'entrée principale avec, cachée dans sa voiture, suffisamment de drogue pour couvrir les besoins de son camp pour la semaine entière – une cargaison d'ecstasy, de LSD, de GHB, de kétamine et de cocaïne valant plusieurs milliers de dollars. Son camp se retrouve maintenant en sevrage forcé pour les sept jours à venir (perspective aussi atroce pour eux que de faire de la plongée sous-marine sans bouteille d'oxygène). Quant à cette femme, une trans, elle va sans doute passer quelques années à l'ombre.

Les Black Rock Rangers ne sont pas des agents de l'État, mais ils apprécient de se voir investis de cette autorité et prennent, en tant que subdivision du conseil de sécurité de la playa, leurs fonctions au sérieux. Ils se promènent par deux en voiturette de golf, habillés en boy-scouts avec chemise et short beiges ou kaki décorés de badges, sauf qu'ils ont un peu plus de piercings que la moyenne des chefs scouts. Certains Burners essaient ici et là de perturber le bon déroulement du festival – des factions anarchistes qui déplorent le côté de plus en plus lisse et commercial de Burning Man. Partout dans la ville, à chaque croisement de rues, des panneaux ont été installés le premier jour par la Direction des travaux publics de Burning Man, un groupe chargé de construire et de démanteler les infrastructures de la ville et de s'assurer que la playa est rendue intacte. En quelques jours, ces panneaux seront subrepticement effacés ou recouverts de peinture, voire carrément retirés, comme tous les ans, si bien qu'à la fin de la semaine il faudra souvent vous arrêter pour demander où vous êtes (« À Black Rock City, c'te question ! »), surtout quand le Man ne sera plus là pour marquer le centre. Les vandales ne suscitent pas l'admiration (leurs actions embêtent les festivaliers), et en plus ils prennent des risques, les Rangers étant réputés pour leur recours fréquent à une forme de justice expéditive, mais leur côté anar est davantage en adéquation avec l'esprit fondateur de Burning Man.

J'entends quelque part à l'est une sirène lugubre, un son que j'ai déjà entendu le matin même sans pouvoir l'identifier – il s'agit d'un train de marchandises. La ligne de la Union Pacific est à trois kilomètres d'ici. Le sol de la playa forme des polygones irréguliers comme on en voit sur les plaines d'argile australiennes. Je contemple par-delà la clôture cette surface découpée à la manière d'un puzzle et je suis une nouvelle fois frappé de voir à quel point l'uniformité et la répétition peuvent vous faire toucher à l'infini. C'est alors que de l'ouest, depuis la ville éphémère, des bribes de cette stupide musique électro parviennent à mes oreilles, transportée d'un bout à l'autre de la playa comme un oiseau migrateur que le vent aurait détourné de sa route. Avec elle flotte une odeur de barbecue… et de pisse.

Impossible de trouver le moindre répit véritable ; la seule façon d'éloigner le désespoir, c'est d'accepter le chaos. Un exemple : essayer d'empêcher la poussière d'entrer dans votre tente, c'est d'une futilité qui confine à la folie. Vous pouvez toujours en sceller les coutures avec du gros Scotch et poser dessus une toile protectrice le matin quand vous en sortez, la poussière est aussi envahissante que l'eau ou l'air. « Elle est tellement fine, m'assure Papa La Mancha, qu'elle peut pénétrer la membrane de tes poumons et se retrouver dans ton sang. Elle va suinter de tes paumes de main pendant des mois. Tu verras. Elle va rester dans ton corps à jamais. » Il exagère, certes, mais le fait est que des semaines plus tard, quand je serai de retour dans l'Arizona, elle continuera à couler de mes oreilles comme le sable d'une conque. Cette poussière, c'est une partie de la mythologie de Burning Man, autant que la chaleur : la façon dont elle vous transperce et mord votre peau – celle de vos pieds, de vos mains –, dresse vos cheveux sur votre crâne, provoque des croûtes dans vos narines et les fait saigner. Mais cette poussière au fait, c'est quoi ? C'est la matière des montagnes qui s'est effondrée, a ruisselé dans ce bassin, a été vannée par le vent et l'eau, puis déposée sur plusieurs kilomètres d'épaisseur. C'est ça que nous respirons. De nouveau cette impression que le désert cherche à assimiler ceux qui le pénètrent, à les faire passer de l'état organique à l'état minéral, de la même façon que les organismes marins se calcifient.

En venant ici, j'ai été arrêté par un Black Rock Ranger qui, décelant en moi le novice, m'a demandé de m'allonger sur le ventre et de battre des bras pour dessiner sur le sable un « ange de la playa ». Quand je me suis relevé, crachotant et couvert d'une croûte blanche, j'ai regardé la forme que j'avais créée : celle de quelqu'un qui se noie et appelle à l'aide. Un homme portant des jambières de cow-boy en plastique bleu m'a enlacé. « Bienvenue chez toi, frère, bienvenue chez toi. »

Je ne me sens pas du tout chez moi. Au début, j'arrive à peine à fermer l'œil de la nuit. À cause de la poussière, mais surtout de la musique. Recourir aux boules Quies serait plus risible qu'autre chose. Puis au bout d'un jour ou deux, je me rends compte que je peux dormir. Pas simplement parce que je suis épuisé, même si je le suis effectivement. Il s'agit plutôt d'une sorte d'évanouissement, comme si mon esprit refusait de rester conscient. Je suis réveillé à trois heures du matin par le bruit d'un véhicule mutant qui passe à côté de ma tente dans un vacarme de *house* allemande bien brutale, puis je me retourne dans mon duvet, marmonne « fait chier », et me rendors. Les véhicules mutants, de même que les milliers de bicyclettes, sont l'unique moyen de transport ici. On les voit rouler pratiquement non-stop sur les rues de plus en plus creusées d'ornières, traverser l'espace ouvert entre l'Esplanade et le Man. Les nombreux bateaux sur roues – yachts, galions, vaisseaux négriers – semblent particulièrement à leur place sur cet ancien lac asséché. De jour, tous ces véhicules sont remarquables, mais ils ont été conçus pour la nuit, et c'est seulement alors qu'ils deviennent éblouissants. Il y a une amphore de quinze mètres illuminée d'éclairages colorés, plusieurs dragons qui crachent du feu, un ours polaire géant, un Pac-Man vert fluo, une pieuvre mécanique en flammes, un tapis volant occupé par une foule qui se prélasse sur des coussins. Il y a aussi ces gigantesques dents – trois mètres de haut, encadrées par des lèvres rouge brillant et mues par deux personnes – qui me suivent partout, apparaissant au moindre coin de rue ou me dépassant en trombe dans la nuit. Les véhicules mutants diffusent tous de l'électro poussée jusqu'à des volumes monstrueux et, s'il y a de la place – ce qui est généralement le cas sur les gros bateaux –, vous montez à bord et descendez quand vous voulez.

À l'ouest, les montagnes sont obscurcies par la poussière en suspension au-dessus de la ville. En retournant à vélo vers le Man, je tombe sur un panneau noir isolé auquel sont accrochées deux lumières et sur lequel est inscrit : « Je fais quatre kilomètres de long et je suis la règle du monde. » Deux cent soixante-dix-neuf autres panneaux identiques ont été alignés en une ligne droite qui scinde la playa en deux et disparaît dans la poussière. « Je suis une règle qui met en évidence la courbure de notre planète. À mon extrémité nord-ouest, la courbure terrestre présente une différence de 1,42 mètre par rapport à la hauteur attendue avec l'horizontale. »

Pour honorer le principe de participation, je me joins aux Earth Guardians (« Gardiens de la Terre »), qui œuvrent aux côtés de Burning Man pour minimiser l'impact écologique de la ville éphémère, ses camping-cars, ses déchets et ses feux. Bref, des gens qui ne sont pas là pour rigoler. Les tâches qu'ils me confient incluent de passer une journée en compagnie d'une femme qui me dit que son nom de playa, c'est Acumen (« Sagacité »). Cette Black Rock Ranger de la première heure a les cheveux courts et dorés et porte toute une série de lourds bracelets. Notre boulot consiste à parcourir la ville en voiturette de golf et à assurer le suivi des infractions écologiques enregistrées la veille par un autre couple d'Earth Guardians. En pratique, il s'agit de s'accroupir au cul des camping-cars et autres véhicules pour examiner leurs fuites d'essence ou d'eaux usées.

Nous ne sommes pas particulièrement mal reçus dans les campements que nous visitons – cela est inimaginable sur la playa –, mais nous ne sommes pas non plus accueillis avec le sourire quand, suivant les coordonnées enregistrées sur un GPS, nous débarquons devant un camp en infraction, armés de nos blocs-notes et appareils photo, et commençons à demander aux occupants nus, ahuris et complètement stone qui est leur responsable. Les accolades qui suivent, exécutées en évitant de se regarder, ont la chaleur d'une poignée de main avec un policier. À chaque fois, les contrevenants n'ont rien fait pour résoudre le problème de fuite depuis qu'on les en a alertés la veille (ils ont sans doute complètement oublié), si bien que nous nous contentons de leur dire, après une seconde accolade chaleureuse, que si le problème n'est pas réglé quand un autre couple d'Earth Guardians viendra les voir demain, alors nous devrons prévenir le bureau de la Gestion des sols, ce qui, dans les faits, veut dire les flics. Tandis que nous nous éloignons sur notre voiturette pétaradante, les gens que nous venons d'enlacer pour leur dire au revoir nous observent et Acumen leur fait un signe de la main en hurlant : « On vous aime, les gars ! Merci, mille fois merci ! », et ils lui font un signe en retour mais sans rien dire, et je vois le visage d'Acumen se détendre à mesure que son sourire disparaît.

Et ça continue, de rue en rue, pendant toute la matinée jusqu'à ce qu'une tempête de poussière nous tombe dessus un peu avant midi. Nous avançons à l'aveugle pendant une minute, puis Acumen arrête le véhicule, le GPS s'étant détraqué. Nous restons assis un moment dans cette blancheur étouffante avec nos grosses lunettes de protection. « On n'a pas vu tous les campements qu'on devait voir, dit Acumen en consultant son bloc-notes. Si on ne les relance pas, ils vont continuer à faire n'importe quoi, et ce n'est pas ce qu'on veut, hein ? » La poussière s'ouvre devant nous pendant quelques instants. On aperçoit une immense mâchoire qui roule, deux femmes vêtues en tout et pour tout d'ailes de libellules et marchant main dans la main, suivies par un homme d'une soixantaine d'années en bermuda et Stetson. Peut-être Larry Harvey, me dis-je. « C'est bon, on arrête, décrète Acumen alors que la poussière nous enveloppe à nouveau. Si quelqu'un me demande, je dirai que c'est toi qui nous as ralentis. » Je la regarde ; non, elle ne sourit pas.

Il m'arrive souvent d'aller en vélo jusqu'au Man pour admirer le lever du soleil à l'aube et regarder l'effigie humaine, centre statique de la ville trônant sur son estrade. Ainsi que pour profiter d'une relative tranquillité. Colosse et idole, le Man est l'omphalos, le repère, l'*axis mundi*. Pourtant, son but est d'être détruit. Avec ses membres effilés et sa tête en forme de triangle inversé, il ressemble à un dessin d'homme préhistorique. La nuit, il n'est plus qu'un logo délimité par des néons verts. Quand on le représente en deux dimensions – dans un texto ou sur Twitter –, ne reste plus de lui que deux parenthèses et une apostrophe :

)'(

Le Man est rempli de toile à sac trempée dans de la cire et, la veille du soir où il doit être brûlé, on le bourre de feux d'artifice et d'explosifs. Un détachement de Black Rock Rangers le surveille vingt-quatre heures sur vingt-quatre. Il y a quelques années, un mardi après-midi, soit cinq jours avant l'immolation du Man, quelqu'un remarqua de la fumée qui sortait de sa base. Les pompiers vinrent éteindre le feu avant qu'il ne le détruise, mais il fallut quand même démonter le Man et le descendre de son estrade. Le responsable de l'incendie était un dramaturge de San Francisco, Paul Addis, Burner de longue date regrettant la perte de spontanéité du festival. « Ce n'était pas un geste de revanche, dit-il, mais d'amour. » Radicale, comme expression de soi. Les Black Rock Rangers reconstruisirent le Man, qui fut brûlé cinq jours plus tard comme prévu. Pourtant, d'après ce qu'on m'a raconté, le vide laissé provisoirement au centre de la ville éphémère avait sapé le moral des participants, comme si l'idole d'une secte avait été kidnappée. Arrêté par la police du comté de Pershing, inculpé d'incendie volontaire et de mise en danger de la vie d'autrui, Addis fut condamné à deux ans de prison. Il se suicida trois ans après sa libération.

Au début des années 1990, quand le nombre de participants se comptait en quelques milliers tout au plus, vous pouviez vous balader partout où vous vouliez sur la playa, et les armes à feu circulaient librement. Il y avait un stand de tir avec en guise de cibles des peluches alignées. Les voitures étaient autorisées, et plusieurs personnes s'étaient fait rouler dessus dans leur tente et avaient été très sérieusement blessées. Un petit avion s'était même écrasé au sol. (Black Rock City a désormais sa propre piste d'atterrissage, contrôlée par l'Autorité fédérale de l'aviation.) Parallèlement au développement de la ville, les libertés ont été restreintes, mais les dix principes initialement énoncés par Harvey continuent aujourd'hui encore à s'appliquer et la publicité reste taboue, tout comme les autres exploitations commerciales.

Il m'arrive de relire l'avertissement sur mon billet : « Risque d'être gravement blessé ou de mourir ». C'est en partie ce qui motive les gens à venir, bien sûr. Mais ce qui est surprenant, avec tous ces jeunes gens ivres, cette chaleur, ce soleil, ces échafaudages et portiques bricolés, ces véhicules mutants qui crachent du feu, c'est qu'il y a certes un hôpital sur place, mais pas de morgue. Pour autant que je sache, on ne déplorera cette année qu'un mort, un homme qui a fait une crise cardiaque. Lors des précédentes éditions, un certain nombre de Burners sont décédés : l'un en descendant d'un véhicule mutant, un autre après s'être délibérément précipité dans un feu, un autre encore a eu un accident d'avion et enfin quelqu'un s'est, je ne sais trop comment, pendu dans sa tente. Pour une ville de plus de soixante-dix mille âmes, le taux de criminalité, si on exclut les délits liés à la drogue, est infime, et la violence pratiquement inconnue. La seule agression à laquelle je vais assister se déroulera l'avant-dernière nuit, celle où on brûle le Man, au moment où toute la générosité et la tolérance de la semaine précédente semblent partir en fumée.

Après le dimanche d'ouverture, je perds vite la notion du temps. Les entrées dans mon carnet ne sont pas chronologiques, mais plutôt couchées par écrit au petit bonheur la chance – début, milieu ou fin – et dans n'importe quel sens. Il m'arrive de ne pas reconnaître ma propre écriture, et souvent ce que je consigne est tout simplement illisible ou sans queue ni tête. C'est donc peut-être le lendemain ou le jour d'après, ou encore après ça, qu'étant assis sur une chaise de camping à me vaporiser le visage d'eau je vois, à un kilomètre de moi, un nuage traverser la playa en tournicotant tranquillement.

Le nuage se divise ensuite en deux tourbillons plus fins qui se tournent autour comme des patineurs sur glace ou des escrimeurs. Ce phénomène propre au désert, avec ces mini-courants d'air ascendants, je l'ai déjà observé, mais nulle part ailleurs je n'ai vu un contraste aussi frappant avec le plan horizontal. D'après Mildred Cable, dans le Gobi les tourbillons de poussière arrivaient toujours de cette manière, en « couples », avec le « mâle » qui tournait dans le sens des aiguilles d'une montre et la « femelle » dans l'autre. Ils étaient naturellement considérés comme des *kwei*, des démons. « Ce que le démon préfère, expliqua-t-on à la missionnaire, c'est quand un être humain se laisse posséder. » Je me lève, les regarde, puis reprends mon vélo et me dirige vers l'Esplanade. Quand j'y parviens, l'un des tourbillons – je suis incapable de dire si c'est le mâle ou la femelle – s'est étiré, comme de l'argile sous les mains d'un potier, et aspire davantage de poussière encore. Il fait maintenant deux cents mètres de haut, tournoie avec ce qui me paraît être une joyeuse plasticité, et d'autres Burners ayant repéré la chose, les « waouh » et les « putain » commencent à fuser. Une fois sorti de la ville, j'accélère en direction du plus grand des tourbillons, mais il traverse la clôture à ordures et s'éloigne pour finir, en l'absence de poussière, par se dissoudre. Son petit acolyte se déplace plus lentement. Je me rends compte que je peux m'en approcher et rouler tranquillement derrière lui. On peut le suivre à une distance d'une dizaine de mètres, mais il disparaît dans le ciel si on s'en approche davantage, et si on se tient pile sous lui, dans sa queue, alors on ne voit plus qu'un cercle de fumée mouvant au-dessus de sa tête, un panache fantôme et, au sol, l'esquisse d'une ombre.

Une surface de trois mètres carrés à l'écart de tout a été délimitée par un ruban orange. Là, trois Burners à quatre pattes, tête nue malgré le soleil qui tape, balaient soigneusement la poussière avec des pelles et des balayettes, puis la versent dans un sac. Pour quelle raison ? Pour montrer qu'il n'y a aucune raison, justement. Une fois leur sac plein, ils le transportent quelques mètres plus loin pour le vider et en étaler le contenu sur la playa avec un râteau. Cette étape terminée, ils retirent les pieux et le ruban délimitant le secteur balayé et avancent jusqu'à ce qu'ils se mettent d'accord sur un nouvel endroit, qu'ils délimitent alors avant de reprendre leurs balayettes. Je suis le seul à les regarder. Je m'éloigne de quelques pas et me retourne : ils continuent, imperturbables. On m'a dit qu'il y a quelque part un distributeur qui vend de la poussière de la playa. Les gens vous demandent constamment sur un ton tout excité si vous avez vu tel ou tel autre truc de folie – le stupa bouddhiste, le supermarché du caviar, l'*autre* camp La Mancha, « le type aux deux bites » (encore lui), et vous répondez toujours que non ; le résultat, c'est que le caractère complexe et déstabilisant de votre expérience quotidienne se retrouve démultiplié, si bien que Black Rock City devient pour vous un lieu non seulement où tout peut arriver, mais où tout arrive, et surtout *doit* arriver.

Je passe des heures – combien ? difficile de garder la notion du temps – à suivre le tourbillon de poussière, qui m'entraîne d'un bout à l'autre de la ville, m'attend quand je prends du retard et m'amène jusqu'à un magnifique véhicule formé de voiles blanches bien tendues avec, sur le pont, un type à poil qui balance à la foule en délire des objets qu'il tire d'une boîte – des esquimaux ! En forme de godemiché, non ? Pas du tout ! dit quelqu'un, c'est la forme de la queue du type, carrément. « Toi ! me lance le type en question en pointant le doigt vers moi. Tu en veux ! Je le vois ! » Et il me lance un esquimau, qui atterrit dans la poussière devant ma roue avant. Une jolie femme en tricorne du nom d'Esprit de Fornication le ramasse, le nettoie avec sa langue et me le tend. « Désolée, dit-elle avec une inclinaison solennelle de la tête, le gland s'est cassé. » Pas grave. L'esquimau est délicieux. Je poursuis mon chemin et m'éloigne de ce groupe, des hommes, des femmes, un enfant dans les bras de sa mère, qui tous lèchent allègrement leurs esquimaux, et laisse le Man derrière moi. Et quand, mon esquimau fini, je me demande où jeter le bâtonnet, je regarde devant moi et découvre le Temple.

Si l'*axis mundi* est le Man, son contrepoint à la lisière de Black Rock City, c'est le Temple. Le centre de l'Esplanade – situé à « six heures » –, c'est ce qu'on appelle le Trou de serrure, un seuil symbolique entre la ville et la playa. Une promenade toute droite bordée de lampadaires décorés mène au Man juché sur son estrade huit cents mètres plus loin. En suivant cette ligne de l'autre côté du Man, on arrive au site du Temple. Au-delà s'étend une plaine nue, puis c'est la clôture, et enfin le reste du monde.

Le Temple émerge de la poussière. Cette année, c'est un tunnel en spirale, une espèce de nasse de pêche de plus de soixante mètres de long, haute de vingt mètres à l'entrée, qui s'enroule sur elle-même en rétrécissant. Elle ressemble à un modèle architectural simplifié conçu sur ordinateur. Plusieurs centaines de personnes peuvent y entrer en même temps. Une certaine retenue est exigée : pas de véhicules mutants aux alentours, pas de musique techno, et moins de chair nue. Tout autour sont garés les vélos de ceux qui sont à l'intérieur. De loin, perdu au milieu de l'immensité du désert, le Temple prend des allures de dentelle métallique. Mais de près, c'est une construction simple, rudimentaire même, comme la cage thoracique d'un léviathan qui aurait été découvert dans le lit préhistorique du lac Lahontan. Les côtes, qui forment des arches jointes les unes aux autres par des poutres, rapetissent à mesure qu'on s'y enfonce. Une fois entré, il est impossible de faire demi-tour tellement il y a de monde.

Le premier Temple (la conception change tous les ans) fut construit en 2000 – une œuvre artistique parmi tant d'autres cette année-là à Burning Man. Pendant la construction, Michael Hefflin, un jeune Burner de trente-trois ans travaillant sur le chantier, perdit la vie dans un accident de moto. Malgré le choc et la tristesse, ses compagnons décidèrent de continuer. Une fois le chantier terminé, ils dédièrent le Temple à leur ami, et installèrent à l'intérieur un autel à sa mémoire, encourageant les Burners à déposer des messages et des objets dédiés à Hefflin ou à toute autre personne de leur choix. L'année suivante, les organisateurs de Burning Man attribuèrent un site officiel au Temple qui devint, avec le Man, l'Esplanade, le Trou de Serrure et la clôture à ordures, l'un des éléments de la cosmologie de Black Rock City. On y entend peu de musique, juste quelques chants ; à l'intérieur les gens parlent à voix basse, et pleurent parfois. Ou même crient, mais plus rarement.

« Tends la main droite. Voilà le malheureux qui s'est suicidé, seul avec ses tourments. Tends la main gauche. Voilà l'enfant mort de leucémie, entouré d'amour et d'attentions. Maintenant, joins les deux mains et lève-les. Ainsi, ceux qui sont morts entourés d'amour aideront à libérer ceux qui sont morts dans la souffrance. » Ces mots sont ceux de David Best, l'artiste qui supervise chaque année la construction du Temple. On se croirait à des funérailles, et tout le monde avance au rythme d'un cortège militaire. L'effet n'est pas loin non plus de celui du hachoir à viande. Plus on s'enfonce dans la gueule du Temple et au cœur de la foule compacte, plus il est difficile de ne pas pleurer, même si je sens que laisser couler mes larmes reviendrait à me précipiter dans le vide. Plus on avance dans ce tunnel qui rétrécit, plus les pleurs augmentent et plus il y a, accrochés ou attachés aux poutres en bois, de messages et d'objets-souvenirs, rubans et drapeaux de prière claquant dans le vent, photos des défunts, lettres aux morts – le bambin noyé dans un lac, l'être cher tué sur l'autoroute, la sœur qui s'est suicidée, le fiancé abattu par la police, le chat ou le chien bien-aimé. Merde à toi, cancer, j'aurai ta peau. Merde à ma belle-mère. Merde à toi qui as violé ton propre fils. Je t'en supplie, libère ma sœur de la drogue.

Venez avec votre mépris, et voyez comment il résiste dans ce tunnel qui se resserre avec tout autour de vous, par terre, ces jeunes gens secoués de larmes. Vous finirez par réémerger dans la blancheur éblouissante, et là, un gros nounours de deux mètres de haut vous prendra dans les bras.

En 1855, au cours de ses explorations dans le Grand Bassin, le Français Jules Rémy décrivait ainsi la maladie affligeant l'un des membres de son expédition, un ancien marin du nom de Georges : « On aurait dit que le désert l'avait paralysé. Il était incapable de penser. » Pauvre Georges ! Je ne suis pas dans mon assiette – disons que c'est une crise d'acédie –, alors Brocket m'emmène dans une tente à quelques rues du quartier gay. Où deux ventilateurs industriels vous envoient dessus une vapeur glaciale pendant que vous dansez. Je me poste, les yeux fermés, à un mètre d'un ventilateur et esquisse quelques pas à droite, à gauche, en traînant les pieds façon chameau et en tétant l'embout de mon sac d'hydratation, jusqu'à ne plus sentir mon visage. Quelqu'un me tape sur l'épaule et je me retrouve dehors. Tête gelée, je marche jusqu'au camp suivant, où une boule blanche de vingt mètres de diamètre amarrée au sol fait le yoyo.

On l'appelle la Lune. Les gens font la queue, et beaucoup parmi ceux qui patientent sont déguisés en chiens. Pour entrer dans la boule, il faut se faufiler dans un trou situé au niveau du sol et ramper à la queue leu leu. À l'intérieur, on se retrouve dans un nouveau lieu improbable où la lumière du soleil est filtrée par les parois de la boule, une sorte de montgolfière plus exactement, gonflée par des ventilateurs industriels et aplatie à sa base par le contact avec le sol. La pression est plus forte, ça se sent dans les oreilles. Il y a là une dizaine de personnes, la plupart assises sur le pourtour de la sphère, tandis que d'autres, rassemblés au centre, jouent des bongos et chantent, profitant de l'étrange écho qui résonne à cet endroit précis. Ils sont trois, le joueur de bongos, un autre homme et une femme, tous minces et bronzés, et c'est la femme qui donne le ton en improvisant une chanson sur Burning Man, les Burners, notre beauté, la beauté de la poussière, poussière de vie, vie qui n'est que poussière, et cette poussière est belle, et la foule assise sur le pourtour de la sphère commence à taper des mains dans cet espace à l'acoustique si particulière et le percussionniste fait le tour de la foule et donne ses bongos à quelqu'un qui se met à en jouer, puis les passe à quelqu'un d'autre et ainsi de suite. Peu importe que ces gens sachent ou ne sachent pas jouer. Déguisé en orange, Brocket sautille un instant autour de la chanteuse, puis s'allonge sur le dos à côté d'elle, la tête près de la sienne, et il commence à faire des harmonies d'une grande délicatesse, d'abord doucement, prudemment, avant de descendre vers les notes de baryton les plus basses sans rien chanter de précis, juste des sons qu'il fait circuler dans sa bouche, dans sa gorge, sa poitrine, des *ah*, des *ouh*, d'un seul souffle, du moins en apparence, et ces sons, il en savoure la résonance, le volume, puis dans un éclat de rire sa voix couvre celle de la femme (qui est ravie), remplit l'espace tout entier de ce plain-chant extatique et fluide, à la fois corne de brume et cri de soprano qui s'enfonce dans le brouillard, et nous qui sommes là frappons dans nos mains en chantant et certains dansent même deux par deux, une danse un peu formelle et courtoise, dans l'espace libre entre les musiciens et les parois de la boule, et j'ai l'impression que tout cela, ce chant alangui, cette danse lente, dure des heures et des heures et encore plus de gens se glissent dans la boule par ce diaphragme étroit et c'est comme si la lumière intérieure s'intensifiait.

Le cinquième jour, je fais la connaissance d'Amy au camp des Earth Guardians. Elle vient de Portland : elle est espiègle et gentiment moqueuse, il semble émaner d'elle ces ondes de bien-être qu'on voit chez ceux qui sont aimés. Autrefois, quand il n'y avait pas la clôture aux déchets, se baigner dans les sources d'eau chaude à la lisière de la playa faisait partie de l'expérience Burning Man. Mais c'était avant. Les Earth Guardians nous chargent, Amy et moi, de protéger ces espaces fragiles contre tout Burner qui tomberait dessus par hasard en venant ou en quittant Black Rock City, ou qui se débrouillerait pour se sauver pendant la semaine de festivités. Dans les deux cas ça ne paraît guère probable, car les sources se trouvent à plusieurs kilomètres de la route la plus proche et encore plus loin de la clôture, si bien qu'il faudrait pour y parvenir traverser non seulement vingt-cinq kilomètres de playa sans un poil d'ombre, mais également échapper au regard des policiers postés en sentinelle sur tout le périmètre de la ville avec leur Land Cruiser.

Une Black Rock Ranger nous conduit au-delà de la clôture, pied au plancher jusqu'à ce que son pick-up refuse d'aller plus vite. Comme nous faisons du cent cinquante kilomètres-heure, ça vous donne une idée de l'immensité des lieux, de ce bassin aux dimensions monstrueuses, rempli d'une couche de gravier et de poussière compactés sur quatre mille mètres de profondeur. Black Rock City semble immense quand on y est, mais n'est plus rien quand on s'en extrait. Nous roulons depuis dix minutes et Burning Man et ses soixante-dix mille âmes ont disparu ; celui qui vient du nord n'en soupçonnerait même pas l'existence. La playa, distante de deux ou trois kilomètres de la clôture à déchets, ignore tout de nous.

La pancarte du magasin de Gerlach disait : WELCOME TO NOWHERE (« Bienvenue nulle part »). Imaginez un peu, à la fin des années 1840, quand Gerlach n'était rien de plus qu'un avant-poste militaire au pied d'immenses montagnes grises. Qu'ont-ils pensé de la playa, ces colons venus des terres fertiles de l'Est, quand ils sont arrivés ici, sachant certes qu'elle ne s'étendait pas à l'infini, mais ignorant certainement tout, ou presque, des épreuves qui les y attendaient ? Rien de ce qu'ils avaient vécu, même dans les déserts qu'ils avaient traversés, ne pouvait les y préparer. Les infinités plates, ils connaissaient – ils avaient traversé les Grandes Plaines –, mais cette pâleur, cette absence de toute couleur autre que cette pâleur ? On atteignait une dimension nouvelle en matière de dénuement.

Black Point Rock – cent quatre-vingts mètres d'altitude – est le point le plus au sud d'une chaîne de montagnes qui coupe la playa à environ vingt-cinq kilomètres du site de Burning Man. Plus nous nous en approchons, plus la surface de la playa devient irrégulière, et nous rejoignons une piste qui longe des monticules gris-brun – des *nebkha* – semblables à ceux que j'ai vus en Arabie et dans le Taklamakan : des tertres d'un mètre de haut couronnés de touffes de buissons iodés. Les premiers végétaux que nous voyons depuis près d'une semaine. Une fois ces tertres dépassés, nous découvrons, poussant dans le sol plus sableux, des sarcobatus qui jaunissent à l'approche de l'automne, et des distichlis aussi raides que des poils de balai-brosse. On aperçoit aussi çà et là les taches de jaune des fleurs de balsamorhiza. Des fleurs ! Cette couleur, cette abondance de végétation, on la doit à l'eau qui s'épanche de la faille scindant en deux la chaîne de Black Rock. Les montagnes portent les traces de la violence de leurs origines, mais ici, à la lisière de la playa, l'eau et la verdure atténuent cette impression de violence. Notre conductrice nous laisse là, et tandis que le bruit de son véhicule disparaît, englouti par le silence, le panache de fumée soulevé par ses roues se dissipe lentement, jusqu'à ce que la vue soit totalement dégagée au sud et à l'ouest, en dehors de la colonne de poussière au-dessus de Black Rock City. Le silence. Rien que le vent et, quand celui-ci cesse, notre respiration.

L'étang alimenté par la source doit faire sept mètres de diamètre à son endroit le plus large. Il est bordé de roseaux et en forme de rein, l'eau bouillante remontant des profondeurs volcaniques du côté du plus petit lobe et se refroidissant dans le plus grand lobe. Ce qui reste confus pour nous, c'est si nous sommes censés, en tant que protecteurs du site, nous retenir de plonger dans ces eaux transparentes et chaudes après cinq jours passés dans la poussière et la touffeur à se laver avec des lingettes bébé.

Maintenant que je me retrouve avec Amy, je considère cette excursion comme une récompense après toutes ces heures en compagnie d'Acumen. Nous décidons d'escalader Black Rock Point. Certains décrivent le désert de Black Rock comme un Y, mais sur les cartes il ressemble davantage à une flamme qui se divise en deux. Black Rock Point constitue l'extrémité de la chaîne qui sépare ses deux bras. La montée est périlleuse ; les éboulis noirs se dérobent sous nos pieds, les prises s'effritent sous nos doigts. Arrivés au sommet, nous contemplons le bras occidental de la playa qui s'étire sur trente kilomètres vers le nord. La poussière alcaline dans laquelle je vis depuis cinq jours a durci la peau de mes mains et de mes pieds et m'a bouché le nez. Sous mes vêtements défraîchis, mon corps puant a la pâleur fiévreuse du sol. Ma barbe a pris des allures de canopée de fils blancs. Jamais elle n'avait eu cette couleur-là. Cela fait moins d'une semaine que je suis ici. Nous trouvons une poignée de cartouches de Smith & Wesson vides, une plaque commémorative métallique encastrée maladroitement dans la roche en hommage à une femme décédée, et quelques offrandes – pierres de couleur, munitions, pièces de monnaie, et aussi un morceau d'obsidienne.

Quand vous vous tenez tout en haut, le panorama vous saute pour ainsi dire à la figure. L'immensité polaire de la playa, ponctuée des ombres des nuages, sa blancheur tout aussi polaire, si ce n'est les quelques touches de vert au pied des montagnes, à l'endroit où la source arrose le désert. L'air est transparent. Un kilomètre, vingt kilomètres – pour l'œil, c'est la même chose. Il n'y a qu'un endroit, au milieu de la playa, à vingt-cinq kilomètres au sud, où l'air se voile. Pas à cause des nuages ou de la fumée, mais à cause de la poussière flottant au-dessus de Black Rock City. Elle forme une colonne de volutes s'élevant jusqu'à un kilomètre d'altitude – bien au-dessus des montagnes et des nuages accrochés à leurs sommets. Cela me rappelle les tempêtes de poussière de Hotan et de la mer d'Aral, les nuages atomiques de Maralinga, et alors je me sens coupable, comme celui qui fuit son pays natal avant la catastrophe. Black Rock City est assiégée par le vent, mais c'est la ville elle-même et sa concentration de mouvements qui soulèvent la poussière. Black Rock City, le lieu le plus ironique sur terre.

Avant de prendre la tangente ce matin, je commençais à me dire que l'endroit était insupportable – ou du moins que je ne pouvais plus le supporter –, et maintenant que je retrouve, du moins temporairement, ma liberté, l'idée d'y retourner m'est douloureuse. La poussière, l'électro à tout bout de champ. Les étudiants en plein délire, les « Oh my God ! » incessants, comme dans les séries télé – une expression qui se décline sous des tonalités tellement variées qu'elle semble adaptée à toutes les situations possibles et imaginables. Hakim Bey décrivait la TAZ comme « une opération de guérilla qui libère une zone », sauf que le désert est déjà libéré, et que quelque part Burning Man le prive de cette liberté.

« Je sais où j'aimerais être en ce moment », me lance Amy. Elle m'explique que dans la poussière se trouvent de minuscules œufs de crevettes d'où sortent à chaque inondation des larves qu'on retrouve, grouillantes, dans les flaques. Des « singes de mer », *Artemia salina*. Ce qui fait que nous respirons aussi des œufs de crevettes. Pour cette expédition qui aurait mérité l'utilisation de crampons, Amy porte des tongs et un sarouel. Elle me trouve ridicule, forcément. Des bottes de baroudeur ? *Oh my God*. Il commence à faire frais. Il est temps de redescendre, de retrouver la fournaise. Elle marche devant moi. Je la regarde avancer prudemment sur les éboulis, longer les *bajadas* noires jusqu'à la frange verte de la playa, où nous avons installé une voile de coton en guise de pare-soleil au milieu des *nebkha*. Quand je la rejoins, elle est assise sur l'herbe rêche à côté du squelette d'un chariot de berger datant du XIXe siècle et grignote un morceau de viande de bœuf séchée. « Je sais, dit-elle. Je suis un animal. » Je me tourne vers le nuage impressionnant qui plane au-dessus de la ville éphémère.

En juin 1846, un groupe d'explorateurs en quête d'un itinéraire alternatif à la célèbre piste de l'Oregon, qui permettait de franchir les Rocheuses mais était très dangereuse, atteignit le désert de Black Rock. Lindsay Applegate, l'un des deux frères dirigeant l'expédition, partageait le sentiment de Frémont et écrivit que la région « [avait] un aspect extrêmement menaçant ». Poursuivant son chemin jusqu'à Black Rock Point, le groupe finit par découvrir une série de points d'eau qui menait à la piste de la Californie, établissant ainsi un itinéraire nouveau et plus court vers l'Oregon. Pourtant, trois ans plus tard, les colons cheminant vers la vallée de la Sacramento constatèrent que ce même itinéraire prolongeait leur trajet de trois cents kilomètres au lieu de le raccourcir. Alors pourquoi furent-ils si nombreux à l'emprunter ? Nul ne peut le dire avec certitude, mais selon certains, une fois qu'un chariot s'était éloigné de la piste principale, les autres suivaient. Ainsi disparaît-on, à la queue leu leu.

Trois ans plus tard, en avril 1849, plusieurs centaines de chariots en route pour la Californie s'écartèrent de la piste habituelle pour suivre le raccourci des Applegate par le désert de Black Rock. Les témoignages qui nous sont parvenus sont poignants. Le groupe d'Alonzo Delano, un épicier de l'Illinois, avait des doutes sur le détour envisagé, mais « il fut finalement décidé d'emprunter l'itinéraire nord ». Une décision qu'ils allaient regretter. « Devant nous, aussi loin que porte le regard, s'étendait un désert stérile, sans un brin d'herbe, sans une goutte d'eau sur au moins cinquante kilomètres. Au lieu d'éviter le désert [...] nous nous retrouvions en fait au milieu d'une région encore plus morne et étendue. » Ils quittèrent la frange verte de la playa et commencèrent à avancer sur sa surface craquelée. « Je découvris sur cette plaine un grand nombre d'animaux agonisant à cause du manque d'eau et de nourriture. Certains respiraient à grand-peine, d'autres, incapables de se relever, poussèrent de pitoyables gémissements quand je m'approchai, manifestant d'intenses souffrances... » Un dessin exécuté par un certain J. Goldsborough Bruff montre le spectacle découvert près d'un point d'eau asséché en lisière du désert en septembre de cette année-là : plusieurs dizaines de bœufs et de vaches morts ou agonisants ; un ciel rempli de V et, flottant au-dcssus des montagnes, les mots *Darkness and harsh mts*, « obscurité et mts – montagnes ? – éprouvantes ».

À quelques kilomètres des sources de Black Rock Spring, Delano découvrit un chariot couvert avec à l'intérieur une jeune femme et un enfant en pleurs. « Où est votre mari ? » demanda-t-il. « Il est parti avec le bétail pour essayer de nous trouver de l'eau, expliqua-t-elle alors, mais je crois que nous serons morts quand il reviendra. Je crois que je ne vais pas pouvoir tenir très longtemps. » Après avoir donné aux deux malheureux ce qu'il lui restait d'eau – « Dieu vous bénisse », dit la femme en se jetant sur la gourde –, Delano les guida vers le nord et ils atteignirent les sources le lendemain matin. L'herbe aux alentours avait été mangée jusqu'aux racines. L'épicier grimpa jusqu'au sommet de Black Rock Point pour repérer les lieux, puis se baigna. Un certain James Bardin, qui traversa le désert en 1855, affirma que l'eau était tellement chaude « qu'un jeune garçon s'y ébouillanterait » ; six ans plus tôt, Israel Foote Hale avait découvert un bœuf mort brûlé, « l'arrière-train dans l'eau et l'avant-train sur le bord ». Mais Delano, « ainsi que de nombreuses autres personnes, profita de l'occasion pour faire une toilette complète que tous trouvèrent extrêmement rafraîchissante ».

Amy et moi nous déshabillons, nous agenouillons sur la petite jetée qui s'avance au-dessus de l'eau et trempons nos doigts, puis nos orteils. L'eau est chaude comme celle d'une baignoire. Nous nous glissons dedans, nous y prélassons, immergés jusqu'au cou, au milieu de l'odeur de soufre des bulles qui remontent quand nous remuons les sédiments déposés au fond. On dirait deux cochons en goguette. La brise vient caresser les roseaux. Un corbeau décrivant des cercles s'approche soudain de notre champ de vision et, le temps de quelques battements d'ailes, vole au-dessus de nous, tête tournée pour observer ces étranges créatures qui barbotent. M. et Mme Cochon. Mark Twain avait raison : « Rien n'aide autant à apprécier le paysage que des œufs au jambon. » Amy se lève, et le corbeau s'éloigne. Je tends l'oreille, guettant les bruits de la ville, mais tout ce que j'entends, c'est le bruit du vent dans les roseaux.

À notre retour à Black Rock City, Amy me dit : « Tu pues l'œuf pourri. » Elle a promis de prendre du LSD avec les gens de son camp ce soir. Nous n'avons pas prévu de nous revoir, mais ce n'est peut-être pas notre dernier mot. Le ciel est à présent dégagé et le coucher de soleil au-dessus des montagnes Calico est splendide, mais maintenant qu'il ne reste plus que deux jours, il règne sur Black Rock City une impression de désastre : la tempête que nous avons observée plus tôt a dévasté de nombreux campements, comme si la ville avait été mise à sac. J'arrive au bout d'un moment à ouvrir la fermeture éclair de ma tente : à l'intérieur, tout est recouvert d'une couche de poussière digne du Vésuve. Une grande partie des pieux permettant de retenir l'auvent commun ont été arrachés. Mes camarades sont silencieux, avachis sur des chaises de camping disposées en cercle. Sonnés, couverts de poussière, ils me regardent sans vraiment me reconnaître, les yeux cerclés par les marques des lunettes de protection. « Bienvenue à la fête de ceux qui ne veulent pas faire la fête », dit Brocket. La tempête a été éprouvante. Moi, je suis tout propre, tout rose, détendu pour la première fois depuis plusieurs jours. Plusieurs années, même. Je les ai abandonnés pendant la bataille, et je m'en félicite. Au moment où le soleil disparaît derrière la crête des montagnes, un hurlement s'élève de toutes parts. Chaque soir au coucher du soleil la même chose se produit, mais aujourd'hui le hurlement est plus fort, et il vient de partout. Nous nous y mettons, d'abord Brocket, puis nous tous, et la tête penchée en arrière nous hurlons vers le ciel.

Le Man doit brûler à dix-neuf heures. Une arène a été installée tout autour, avec des pompiers, et des jongleurs/avaleurs/cracheurs de feu. Le Conclave du feu – avec parmi eux, quelque part, Beaker. À l'approche du moment fatidique, nous ne sommes plus des Burners mais une foule ordinaire massée pour assister à un feu d'artifice ou un défilé de carnaval, impatiente et décidée à défendre sa place ou à en trouver une meilleure. Visiblement, il y a un protocole : nous sommes censés nous asseoir pour que les gens derrière puissent voir, même si cela veut dire que nous, nous ne verrons rien. Quiconque enfreint cette règle se fait hurler dessus – « Eh, Ducon, assis ! » Ce soir, le type pris à partie, qui est assis devant nous, réplique, vexé et épuisé : « Ducon toi-même ! », et alors l'autre derrière lui tombe dessus, et les coups de poing pleuvent.

Les bras du Man sont hissés vers le ciel, les flammes s'emparent de l'effigie et les feux d'artifice fusent tout autour de lui en crescendo. Au moment du bouquet final, deux énormes explosions enveloppent le Man dans un panache de flammes. Ses bras retombent, vaincus. Décapité, il reste debout encore vingt minutes, soutenu par son armature métallique, tandis que le feu le dévore. Quand enfin il – du moins ce qu'il en reste – s'écroule, la foule a déjà commencé à se disperser.

Le lendemain matin, des centaines de vélos abandonnés jonchent la playa. L'air est saturé d'une odeur de fumée. L'endroit où le Man a brûlé s'est transformé en tas de cendres fumantes. Pourtant cette nuit, quelque chose de l'humeur du début de la semaine est revenu, une sorte de tendresse. À présent, la majeure partie de la ville éphémère a été démontée. Une fois abandonné par le Man, on perd facilement ses repères. Ce qui est véritablement remarquable, c'est le caractère éphémère de Burning Man – cette façon de se reformer, comme le village de Brigadoon de la comédie musicale éponyme, tous les ans, pratiquement à l'identique, sur cette playa qu'on nettoiera à grands coups de balai, et sur cette même playa où des gens ont dansé, ont ri, ou sont tombés amoureux, il ne restera bientôt plus rien, plus personne, et le point de convergence de ceux qui la traverseront ne sera pas le Man, mais ce monticule d'andésite noire sculptée par les éléments, comme au temps des pionniers et des tribus païutes qui nous ont précédés. Black Rock Point était autrefois l'endroit où votre groupe se rassemblait, où vous retrouviez d'autres gens qui se préparaient à l'étape suivante, vers la Californie ou l'Oregon ; surtout, c'était l'endroit où on était sûr de trouver de l'eau. Je me suis fait la réflexion qu'Alonzo Delano aurait du mal à comprendre cette idée de séjourner dans ce désert où il traversa tellement d'épreuves. Nous n'entendons pas souvent parler de ceux qui y ont perdu la vie – neuf cents environ rien que parmi les pionniers qui se dirigeaient vers la Californie. Ce sont les bêtes, « respirant à grand-peine », « incapables de se relever », qui les représentent à travers leurs souffrances. Est-ce pour nous, pour Amy, Brocket, Hawthorn et moi, que Delano et tant d'autres ont ouvert le désert ? Pour permettre à leurs descendants, cent cinquante ans plus tard, de séjourner dans ce désert absolu sans risquer la mort, et non seulement de survivre mais aussi de jouer aux anneaux avec des vibromasseurs et de manger du homard ? La playa ressemble à une page blanche mais elle a toute une histoire, comme n'importe quel lieu. Elle a modifié des vies, s'est gravée dans la mémoire de milliers de personnes comme étant le pire endroit au monde, une sorte de mort dans la vie. Et pourtant nous y sommes, nous et notre frivolité, et c'est magique. C'est ainsi que l'Amérique a appris à aimer le désert – à travers la victoire qu'elle a remportée sur lui en épuisant ses nappes phréatiques, en pillant ses ressources minières, en détruisant ses silences, en y mangeant des œufs au jambon.

Le lendemain soir, groupés autour du Temple nous attendons sa destruction, poussés de nouveau en dehors du cercle interdit où se tiennent les pompiers en tenues matelassées, nous et plusieurs milliers de Burners. Mais pour une fois la foule est d'humeur sombre, et la seule musique qui résonne est celle de quelqu'un qui a décidé tout seul de jouer « Amazing Grace » sur une espèce de cornemuse. Une odeur d'encens flotte dans l'air. Des Burners portant des torches s'approchent en procession du Temple. Les premières flammes enveloppant le Man avaient suscité des cris de joie, mais ce soir on n'entend que le crépitement des torches.

Tout d'abord on met le feu à la queue de la spirale géante. Au moment où les flammes commencent à lécher les parois du Temple, des pleurs s'élèvent, et on entend une voix lointaine qui crie : « Je t'aime, papa », une autre, plus proche, qui crie également : « Oh mon Dieu, Christine ! », et une autre voix encore qui répète : « J't'aime, j't'aime, j't'aime » – et soudain, tout près, monte un véritable rugissement adressé à la foule : « Burning Man 2015, faites du bruit, putain ! » La foule reste silencieuse, en dehors de quelques rires étouffés, presque apitoyés, et de quelqu'un qui récite, ou qui lit, ces mots de Samuel Beckett incitant à « échouer mieux ». Je pense à tous ces messages d'amour et de peine. *Il y a un an, ma mère s'est suicidée. Merde au cancer. Andrew, que t'est-il arrivé ? Bon voyage, cher frère.*

Puis ne reste plus que le rugissement des flammes, lesquelles ont envahi toute la structure, et le bruit des poutres qui se brisent en tombant ; alors on entend un *boum !* étouffé et l'arche du Temple s'effondre vers l'avant, projetant un nuage d'étincelles haut comme dix étages. Levant les yeux, je vois des milliers de points lumineux sur fond de ciel étoilé. J'entends des *Putain de merde, putain de merde* tout autour de moi. Le cœur du brasier rougeoie, impossible de distinguer la poussière de la fumée. *Putain de merde, putain de merde.* Une tornade de feu se forme au milieu de ce bûcher infernal, qui vient s'ajouter aux tourbillons de poussière qui se sont rapprochés furtivement. Les pompiers ne sont plus que des silhouettes qui s'affairent. La chaleur s'intensifie. Je regarde derrière moi, examine les milliers de visages illuminés – des visages poussiéreux, brûlés, usés – et constate qu'ils semblent apaisés et que nombreux sont les yeux qui, comme les miens, se sont remplis de larmes.

Au Soudan, les gens appellent parfois le Sahara *Bahr bela ma*, « la mer sans eau ». Charles Sturt qualifiait le désert de Pierres en Australie de « mer sableuse » alors même qu'il persistait à croire en l'existence d'une véritable mer au centre du continent. Pour Bertram Thomas, le Rub' al-Khali était « une mer agitée », et le Taklamakan d'Aurel Stein était « une mer déchaînée, dont les vagues se sont pétrifiées en pleine tempête ». Mais en contemplant aujourd'hui avec Amy l'océan Pacifique, cette immense bête ondoyante dont les flancs se soulèvent et se creusent, je repense à la magnifique immobilité du désert de Black Rock et me dis que le rapprochement est faussé. Ce qui rend la mer si terrible, dans les deux sens du terme, c'est-à-dire à la fois super, comme on dit dans les séries télé, et redoutable, ce n'est pas son immensité ou son caractère complètement ouvert, ni même sa profondeur, mais les forces telluriques impliquées dans ses mouvements. La mer est vivante.

Nous avons traversé en voiture la Sierra Nevada pour venir passer une semaine sur la côte californienne, au sud de San Francisco. Amy porte le même sarouel que le jour de notre rencontre et ses mains sont aussi rugueuses qu'une écorce. Nous nous trouvons dans le jardin d'un monastère construit sur les hauteurs. L'odeur des fleurs nous donne un peu la nausée. Nous écoutons le plain-chant qui vient de la chapelle, tandis que là-bas dans l'océan, les baleines à bosse font jaillir leur souffle des profondeurs obscures. Je repense au lac Lahontan et à l'Aralkum. J'imagine le lit de l'océan Pacifique asséché, avec au loin des chameaux attroupés autour de carcasses de chalutiers et de baleines.

Aie pitié de moi pauvre pécheur, chantent les moines.

« C'est ça, oui ! » s'exclame Amy.

Dans un restaurant au bord de la falaise, nous mangeons des salades à trente dollars pleines de couleurs différentes puis courons nous jeter, ivres de margaritas, euphoriques et postillonnant, dans les vagues californiennes. Partout les mouettes piaillent et tournoient – nous sommes entourés d'une flopée de mouettes, papillons et libellules – et chaque buisson que nous frôlons en descendant vers la plage laisse échapper une bouffée odorante. Ma peau renaît, retrouve sa souplesse ; mes narines ne sont plus gainées de sang séché. C'est un retour à la vie. Amy me paraît un génie tant elle s'exprime avec clarté. Je vois la possibilité d'apaiser soif et feu.

Un soir, alors que nous sommes assis au bord d'une piscine à Carmel, elle me raconte une histoire, ou plutôt une parabole. « Un jour, un anthropologue demande à un Indien Hopi pourquoi les chants de son peuple parlent si souvent d'eau. » Amy tient dans sa main un citron que j'ai ramassé, de la taille d'un pamplemousse et dur comme une noix. Elle poursuit : « "C'est simple, répond l'Indien. C'est parce que l'eau est si rare… Et pourquoi", demande-t-il alors à l'anthropologue, "vos chansons à vous parlent-elles si souvent d'amour ?" »

Une parabole, en effet. Je me laisse glisser dans l'eau, qui est un peu devenue notre élément, et, même si je ne l'exprime pas, je sens au fond de moi que mes souvenirs les plus heureux sont associés à l'eau.

Quelques jours après mon retour dans l'Arizona et les zones arides, mes mains se dessèchent à nouveau, comme l'enveloppe d'une plante du désert flétrie ; elles sont maintenant rugueuses au point que mes vêtements de coton s'y accrochent.

Les ombres des colibris traversent les stores de ma *casita*.

Les cigales chantent dans les branches du vieil arbre.

Dans la vigne vierge, des tomates orange sont en train de pourrir.

Je découvre de petits lézards noirs dans la douche.

Et toujours dans le désert il y a des gens qui meurent.

Jim Corbett, ce Don Quichotte amoureux des chèvres, avait la conviction que les principes de justice, de partage et de protection qu'il avait défendus en travaillant avec les réfugiés devaient s'élargir aux non-humains. Pour lui, l'obligation d'offrir l'asile « ne se limite pas à l'Amérique centrale et aux problèmes spécifiques des réfugiés humains, mais doit inclure le besoin d'une coexistence harmonieuse de tous les êtres vivants ». Il s'agit là d'une philosophie inspirée en partie par Aldo Leopold qui, dans son livre *L'Éthique de la terre**, notait qu'il « n'y a pas encore d'éthique dans le domaine des relations de l'homme avec la terre et avec les animaux et les plantes qui y grandissent [...] Une éthique de la terre transforme le rôle d'*Homo sapiens*, le faisant passer de la position de conquérant à celui de simple membre et citoyen ». Comme le dit Corbett, il s'agit « d'apprendre à vivre en s'inscrivant dans une niche écologique plutôt que dans une hiérarchie dominant-dominé ». En 1988, il fonda ainsi le collectif Saguaro-Juniper Corporation, une asso-

* Paru aux États-Unis sous le titre *The Land Ethic* en 1949, il a été publié en France en 2019 par les éditions Payot dans une traduction d'Aline Oudoul.

ciation de propriétaires et usagers des terres en Arizona dont la philosophie s'organise autour d'une « convention » destinée à sanctifier la terre – une déclaration des droits de l'environnement :

1. La terre doit pouvoir être libre des activités humaines qui accélèrent l'érosion.
2. Les plantes et animaux indigènes ont droit à une vie où les interférences humaines sont réduites au minimum.
3. La terre doit jouir du droit d'évoluer en suivant sa propre nature sans être marquée par des constructions ou par l'importation d'éléments extérieurs qui domineraient le paysage.
4. La terre doit jouir du droit prééminent de protéger ses composants et caractéristiques uniques et rares.
5. La terre, ses cours d'eau, ses pierres et minéraux, ses animaux et sa végétation, ses fruits et ses moissons doivent jouir du droit de ne jamais être loués, vendus, extraits ou exportés comme de simples marchandises.

En 1995, il apparut qu'une zone proche de la maison de Jim Corbett à Cascabel, à soixante kilomètres à l'est de Tucson, risquait d'être achetée par une milice d'extrême droite pour devenir un terrain d'entraînement à l'utilisation d'armes automatiques. Rien ne pouvait davantage le hérisser. Avec d'autres membres du collectif, il acheta donc les cent quatre-vingts hectares de désert rocheux concernés, et fonda l'association Cascabel Hermitage.

La cabane en paille où je réside à mon retour dans l'Arizona a été construite par cette association dans un endroit choisi par Jim Corbett. Quelque chose dans cette histoire me rappelle l'arrivée dans l'Utah du prophète mormon Brigham Young qui, plantant son bâton dans la terre consacrée, déclara : « Ceci est l'endroit ! » Sauf que Corbett le quaker n'a rien du gourou. Il n'a pas mené ses troupes, même si celles-ci l'ont suivi. « Pour comprendre pourquoi vous vous sentez obligé de refaire le monde et de le consommer, écrit-il, il vous faut vivre seul dans le désert au moins une semaine. Ne prenez avec vous aucun livre, aucune distraction. Apportez une nourriture simple et adaptée qui requiert peu ou pas de préparation. Ne prévoyez aucune activité après cette semainc-là. Ni yoga ni exercice de méditation dont vous pensez qu'il vous rendrait meilleur. Ne faites rien, tout simplement. »

La vallée de San Pedro se trouve dans ce que les biologistes appellent l'« Arizona Upland subdivision », c'est-à-dire la partie la plus fraîche et la plus arrosée du désert de Sonora, avec un écosystème où dominent des petits paloverde à tronc vert et des saguaros. Les saguaros, ces cactus plissés en forme de chandelier qu'on voit dans les westerns, ne poussent qu'en Arizona. Les plus vieux, qui peuvent atteindre deux cents ans, font quinze mètres de haut, voire plus. La San Pedro est l'un des rares cours d'eau permanents du sud de l'État, alors que sa jumelle, la Santa Cruz, est en grande partie asséchée. En traversant Cascabel, je vois sur les berges de la rivière des asters et des tournesols en fleur à l'ombre des peupliers noirs de Californie. Je retrouve Daniel près de là dans un bosquet ombragé. Avant de venir s'installer à Cascabel en 1994, cet ancien séminariste dirigeait sa propre entreprise. Depuis, il vit la majeure partie de l'année dans une tente sur les quelques hectares qu'il possède dans le canyon de Hot Springs. Il a un visage sanguin, une barbe blanche de trois jours, et il y a chez lui une sorte de silence entêté qui ne relève ni de la timidité ni de la froideur. Visiblement il veut simplement me laisser lui dire, à travers mes actes et mes mots, quel genre de personne je suis et ce qu'il peut faire pour moi. Pourtant, je sens qu'il n'est pas envisageable de le décevoir. Son silence, c'est celui de la personne qui a passé beaucoup de temps dans le désert (bien plus que moi), sans pour autant être un mystique raté. Daniel aurait détesté Burning Man, mais il n'a pas peur du monde (je crois) ; il ne déteste pas la société ni l'humanité, même s'il apprécie le désert plus que la ville. Le genre vieux baroudeur, très peu pour lui.

Les petits affluents desséchés de la rivière sont bordés d'ambroisies jaunes. Les rives sont soulignées de lignes de saguaros qui montent la garde, les bras levés au ciel. Au bord de la piste menant à l'ermitage je vois des petits tas de déjections violettes, signe que les coyotes ont inclus dans leur régime les fruits des petits cactus raquettes, qui commencent à mûrir. Daniel s'arrête pour me montrer ce qu'il pense être une empreinte de puma dans le sable à côté de la piste, des « signes de passage » d'un autre genre. Après avoir roulé quarante minutes sur des pistes quasiment défoncées par les inondations récentes, nous atteignons la cabane. Un géocoucou (le Bip Bip des dessins animés) est perché sur le toit comme une girouette décorative et décampe à notre approche. Je ne le verrai plus. À quelques pas de la porte se dresse un saguaro à quatre bras de six mètres de haut avec, juste à côté de lui, un paloverde d'un mètre, son arbre-nourrice, à l'ombre duquel il a poussé. Cinquante ans plus tard, le saguaro est devenu la créature la plus grande à des kilomètres à la ronde. Parfois, au cours des jours suivants l'envie me prendra de l'enlacer, malgré ses épines. Le mesquite voisin attire tellement d'abeilles qu'au début j'ai cru qu'un essaim s'y était formé. Derrière la cabane pousse un ocotillo, un cactus grimpant, dont les hampes sont comme des lances pointées vers le ciel. De temps à autre, un petit passereau gris s'installe quelques minutes sur la pointe de l'une d'elles et chante pour moi.

Dans la cabane, je découvre dans un angle derrière un matelas roulé un nid fait de fibres de tapis et, à côté, deux souris adultes avec un petit cramponné à la croupe de sa mère. Après avoir dit au revoir à Daniel, je glisse le nid dans une pelle à poussière et sors le jeter au pied du paloverde. Ensuite, je passe une demi-heure à essayer avec un balai de chasser les souris et deux geckos. Le souriceau se cache sous le meuble, alors je tente de le faire sortir avec le manche du balai. Il se montre difficile à convaincre ; je pousse délicatement. Il cesse de bouger. Pour la convention Saguaro-Juniper, c'est mal parti. Je tire le petit corps de sous le meuble et me rends compte que je ne l'ai pas tué – du moins pas tout à fait. Le souriceau a les yeux ouverts, et je vois son cœur battre sous sa peau. Je le prends par le bout de la queue et le pose dehors à l'ombre d'un rocher : soit il reprendra des forces, soit il se fera manger. Quand je reviens voir il est toujours là, il respire, ses jambes arrière pédalant dans le vide. Pourtant, je ne peux pas me résoudre à faire ce que j'aurais dû faire – écraser sa tête sous mon talon ou bien sous une pierre. Ce soir, c'est comme si son petit cœur donnait le rythme de toute la rumeur du désert.

Car le désert n'est pas silencieux. Les collines sont couvertes de végétation et, comme dans tous les déserts, le vent souffle. En d'autres termes, le bruit vient en partie de l'action du vent sur les plantes, quand il fait bruire les feuilles du paloverde, trembler les buissons de créosotiers, chanter les côtes des saguaros. Le toit de la cabane, constitué de plaques de tôle, résonne comme un tambour sous les pattes des rongeurs, lézards et autres bestioles qui s'y baladent. Voilà pour les bruits le jour, mais c'est le soir, lorsque le désert se rafraîchit, qu'une véritable cacophonie animalière commence. En dehors des bestioles galopant sur le toit, il y a surtout les cigales, qui vrombissent par millions juste à côté, de plus en plus fort à mesure que la nuit s'épaissit, comme pour compenser par leur tapage la perte de lumière. En plus des cigales, on entend par intermittence les coyotes se chamailler dans leur tanière distante d'un kilomètre, et parfois le hurlement d'un renard. Ajoutons à cela les autres bruits, les bruits de ces heures de conscience embrumée, dont il est difficile de deviner la provenance mais qui pourraient être ceux d'une créature en train de se faire dévorer vivante, ou bien ceux d'une autre savourant sa proie. Au bout de quelques jours, je finis par ne plus trouver ces sons menaçants.

Je n'ai pas suivi le conseil de Jim Corbett : j'ai apporté des livres. Je suis tombé, chez le bouquiniste de Fourth Avenue à Tucson – un lieu où j'ai passé beaucoup de temps –, sur une édition de poche du livre publié en 1901 par John C. Van Dyke, *Le Désert*, peut-être l'ouvrage traitant des régions arides de l'Amérique qui a eu le plus de retentissement. Issu d'une famille aisée de la verdoyante cité de New Brunswick, dans le New Jersey, Van Dyke devint bibliothécaire du séminaire de la ville, en plus d'enseigner l'histoire de l'art à l'université de Rutgers et d'être à l'époque l'historien de l'art le plus célèbre du pays.

Il raconte dans cet ouvrage un voyage qui commence sur le ranch de son frère, dans le désert de Mojave, où il s'est rendu dans l'espoir que l'air sec le guérirait d'un « problème respiratoire ». Un désir de solitude et d'absence de toute compagnie humaine dans le désert s'exprime dans son écriture : « Dieu sait combien la littérature des hommes est suffisamment vaste pour ne pas avoir besoin des sublimes solitudes du désert. » On ne rencontre pratiquement pas d'êtres humains dans les pages de son livre. Son désert est imaginé, c'est un désert au sens premier du terme : il n'est pas simplement vide de toute présence humaine, mais préexiste à l'humain, de même qu'il lui survit. Van Dyke lui-même se présente comme une espèce rare, celle de l'aventurier esthète, aussi habile avec un fusil qu'avec un stylo, un carnet dans une poche et un couteau de chasse dans l'autre.

Ce n'est pas uniquement la clarté de l'air dans le désert qui le rend remarquable. Van Dyke est convaincu que « l'air lui-même est coloré », et quand je regarde les monts Rincon à l'aube, je vois ce qu'il veut dire. « On dirait que la chaleur, en s'élevant, emporte avec elle d'innombrables particules de poussière et que celles-ci donnent à l'air sa couleur d'or rose. » Voyons ce qu'il dit du peintre Turner dans une lettre adressée à un ami : « Il porte sa vision de la nature dans son imagination, et peint d'après ses images mentales […] Ses paysages n'existent pas au naturel. » Il y a quelque chose de Turner dans l'approche de Van Dyke : pour lui, air et lumière sont des sujets. Véritables chefs-d'œuvre miniatures de description romantique, les plus belles pages du *Désert* se trouvent dans les chapitres intitulés « Lumière, air et couleur », « Ciel et nuages du désert » et « Illusions ». Aux yeux de Van Dyke, ces phénomènes éphémères sont les caractéristiques les plus marquantes du désert. Le désert, écrit-il, est « le paysage le plus décoratif au monde, un paysage qui n'est que couleurs, un paysage de rêve ».

Au coucher du soleil, regardant à une vingtaine de *miles* vers le nord depuis le Sonora, j'ai vu toute la masse élancée du Baboquivari passer du bleu à la topaze, et de la topaze à un rouge incandescent en l'espace d'une demi-heure. Je n'entends pas par là que le pic était bordé ou serti ou encore taché de ces couleurs : c'est toute la moitié supérieure de la montagne qui était transformée par elles. La couleur écarlate donnait au sommet l'apparence du fer rouge, et quand elle a fini par s'éteindre, la teinte sombre et terne qui lui a succédé ressemblait à celle d'un grenat nuageux*.

Le désert ne guérit toutefois pas Van Dyke de ses problèmes respiratoires. Pire encore, à son retour à New Brunswick il attrapa une pneumonie à la suite d'une opération de l'appendicite. « J'ai toujours cru que "le retour à la nature" permettait de soigner tous les maux, écrit-il. Hélas, il n'en est rien ! »

Du haut de la mesa voisine, une colline au sommet aplati et haute de trente mètres, on saisit bien l'isolement de la cabane. Elle est située sur une ligne de crête entre deux petites vallées, au fond du cirque alluvionnaire modelé par les rochers et les pierres que les précipitations ont entraînés depuis les montagnes Galiuro trente kilomètres plus à l'est. De là où je me trouve, la cabane est l'unique signe de présence humaine visible, aiguille dans une botte de foin, point de croix dans une tapisserie. Parfois, quand je me promène sur la mesa, je regarde en bas d'où je viens et, sachant que la maisonnette est là

* *Le Désert*, de John C. Van Dyke, traduit par Nicole Mallet, Éditions Le Mot et le Reste, 2010, p. 97.

quelque part, je passe quelques minutes à attendre avec bonheur que mon œil la trouve.

Le désert est « éternel » – platitude que je ne prends la peine de répéter que pour dire à quel point elle ne veut rien dire ici. Je suis conscient du caractère mobile du désert. C'est-à-dire que je suis conscient des effets qu'ont sur lui le temps et la géomorphologie, et ce en partie parce que je suis conscient des effets de l'eau. Dans le désert, elle travaille vite. Elle peut transformer un paysage en l'espace d'une ou deux heures. J'ai été témoin de son pouvoir à Tucson pendant les orages du mois d'août, et un jour que je me promenais dans les environs de Nogales, j'ai vu une vague avancer implacablement vers moi alors que je marchais dans un arroyo. La tempête qui lui avait donné naissance n'était qu'un nuage noir au-dessus des montagnes au loin. Certains racontent qu'il y a plus de gens qui meurent de noyade dans les déserts que de déshydratation. C'est une exagération, certes, mais qui contient quand même une part de vérité. Je prends aussi conscience de l'existence de forces plus lentes – imperceptibles, comme on dit –, notamment parce que je ne suis pas habitué à rester immobile si longtemps. Je reste assis des heures durant, la tête enveloppée dans un foulard humide. Bien sûr, je ne veux pas dire par là que je perçois le déplacement infinitésimal des montagnes ou quoi que ce soit de ce genre ; c'est juste que je sens que le désert n'est pas cet endroit immobile qu'on imagine souvent. Je prends conscience de son entropie.

Si l'on en croit les géologues, avant l'étirement du manteau qui deviendra le Nevada, l'Arizona et tous ces bassins et chaînes de montagnes, le désert de Sonora était un plateau rocheux couvert de forêts. L'ensemble bassins-montagnes devenant plus stable, le principal processus géologique – dont j'ai constaté les effets dans le désert de Black Rock – devint l'érosion des montagnes, leur transformation en gravier et poussière, et le comblement des bassins par ces mêmes sédiments. Si bien qu'on peut dire, avec un peu d'idéalisme, que l'état auquel le paysage – tous les paysages ? – aspire, son état ultime, c'est précisément cette absence totale de relief, cette pureté spatiale : les montagnes sont des aberrations qui deviennent poussière, et les espaces qui les séparent se retrouvent comblés par cette poussière. Ainsi, un paysage autrefois plat redevient plat. L'eau épure le monde.

Les lits des rivières à sec, les arroyos, servent d'autoroutes aussi bien pour les hommes que pour les animaux, car ils sont plats et quasiment libres de toute végétation en raison des crues occasionnelles qui les inondent. La balade jusqu'au canyon de Hot Springs, qui est devenue l'une de mes préférées, commence au bout de l'arroyo qui dévale la pente orientale de la colline sur laquelle est installée la cabane. Il faut prendre la vieille piste tracée au bulldozer jusqu'au sommet de la mesa, puis suivre la crête en direction du sud-ouest. Par endroits, l'eau, en creusant la piste, a fait affleurer le calcaire blanc. Les cours d'eau deviennent des chemins, des chemins qui suivent leurs cours. Depuis le sommet de la mesa, si je me tourne vers l'ouest je vois le serpent vert de la rivière San Pedro qui longe le pied des monts Rincon ; au nord-ouest j'aperçois les arroyos et la tache blanche de ma cabane gardée par son saguaro ; à l'est se déploie la chaîne des Galiuro au-dessus de laquelle le soleil vient de se hisser. Quelque part, un essaim d'abeilles se met à vrombir bruyamment dans la chaleur croissante.

Ici, sur ces austères collines, les créosotiers dominent.

Ils vous montent jusqu'aux genoux, ont des petites feuilles vertes et luisantes, comme passées à la cire, et exhalent une odeur agréablement âcre au petit matin, avant que la rosée ne s'évapore. L'arbuste a deux noms en espagnol : *hediondilla*, « le petit qui pue » – à cause de son odeur de créosote –, et *el gobernador*, « le gouverneur » – à cause des toxines qu'il diffuse pour limiter toute concurrence. C'est là une stratégie courante dans le désert, rendue nécessaire par la rareté des ressources : se tailler un domaine et le défendre, contre votre propre espèce si nécessaire. Même à cette altitude, on voit ici ou là des saguaros et, un peu plus loin, coupant la piste, l'un de leurs congénères couché, squelette à nu réduit à un fagot de côtes blanches de trois mètres de long. Dans le désert, la décomposition peut prendre toute une vie.

La piste-ruisseau se déverse trois kilomètres plus bas dans un arroyo desséché parallèle à celui qui se trouve en contrebas de la cabane. Je tourne à gauche, vers l'est. Puis, constatant au bout de cinq minutes que l'arroyo débouche sur une falaise de grès, je rebrousse chemin et me rends compte, six minutes plus tard, que j'ai dépassé l'endroit où j'ai quitté la piste. Je repars dans l'autre sens, mais au bout d'un temps encore plus long, je n'ai toujours pas trouvé la piste. Maintenant, ma priorité, c'est juste de rentrer à la cabane. Je ne suis pas complètement perdu, pas au point de devoir m'inquiéter – je devine que je pourrai plus tard repenser à cette aventure en toute sécurité, peut-être même la décrire –, mais la perplexité provoque en moi une montée d'adrénaline. Le début de la piste n'est pas loin, il s'agit simplement de le retrouver, de m'appuyer sur mes souvenirs sans laisser la panique les effacer. J'ai bien présent à l'esprit ce qui peut vous arriver de pire dans le désert : tourner en rond et retrouver vos propres empreintes. Je parcours l'arroyo dans les deux sens pendant dix minutes, lentement, jusqu'à ce que je tombe enfin sur l'endroit où la piste s'en approche – une vague incision où l'on peine à reconnaître une piste. Je me sens vaguement nauséeux. Avant de repartir, je ramasse trois cailloux noirs et les dispose en cairn au milieu de l'arroyo, face au début de la piste. Je note dans mon carnet le temps qu'il me faut pour aller d'un point à un autre ; je me retourne régulièrement pour prendre une photo – ici, à l'endroit où cinq saguaros poussent au bord de l'arroyo, c'est là que tu tournes, ou bien à l'endroit où on distingue l'ombre d'une cavité creusée tout en haut dans la falaise. Je m'équipe d'une branche de paloverde bien droite et enroule du sparadrap à une extrémité pour avoir une meilleure prise. Maintenant, chaque fois que je choisis une direction plutôt qu'une autre, j'utilise la canne pour dessiner une flèche dans la couche de gravier.

Au bout de quelques centaines de mètres, l'arroyo rejoint un grand carrefour de cours d'eau asséchés, sorte d'arène entourée de hautes murailles avec, sur le sol, des tresses laissées par le passage de dizaines de ruisseaux. L'eau y a sculpté des ravins, des îles et des terrasses. Çà et là, sédiments, pierres et débris végétaux se sont amoncelés – herbes sèches, fruits de mesquite, buissons morts et têtes de vieux saguaros évidées, comme autant de reptiles noyés. Pourtant, ce matin, de cette quantité d'eau qui peut atteindre par endroit une profondeur d'un mètre ne reste qu'une ombre sous la couche de poussière superficielle, et une végétation abondante. L'endroit résonne de chants d'oiseaux, rappelant que le désert de Sonora est une extension du biome de la Sierra Madre – c'est un désert tropical. J'avance lentement dans ces taillis, poussé par un instinct – celui de détecter les arroyos étroits et encombrés de rochers où il est plus facile de progresser et où il y a moins de risque de tomber nez à nez avec un serpent. Je prends la direction de l'est et m'engage dans le canyon de Hot Springs, plus large et plus profond, passant d'un arroyo à l'autre à la recherche d'un terrain rocheux. Je choisis un passage lisse et plat creusé par l'eau sur un mètre de profondeur. Je me faufile entre deux rangées de tamaris aussi soignées que les haies d'un pavillon de banlieue. Quelle étrange netteté. En lisière du sentier je remarque un motif en spirale cerclé de pierres. A-t-il été dessiné par un tourbillon éphémère ? Mais non : c'est le poste de guet d'un crotale. Cette marque qu'il a laissée a quelque chose d'intime, comme un lit vide.

De temps à autre, au détour d'un méandre de l'arroyo, le gravier fin laisse place à une portion de grosses pierres ou de rochers barrée par un petit arbre emporté par le courant, et je dois l'escalader ou bien passer par en dessous. J'arrive devant un énorme rocher jaune triangulaire aussi haut que moi et tombé de la falaise qui borde le canyon. Au bout d'un kilomètre à avancer dans ce dédale, je me retrouve bloqué par un amas de branchages enchevêtrés où une grosse araignée noire a tissé sa toile. Je retire mon sac de mes épaules, le fais passer sous les branches puis m'avance en rampant, après avoir vérifié qu'il n'y a pas de serpents. Je continue ainsi pendant quarante minutes, entre les murailles de plus en plus proches et élevées, et l'air se rafraîchit. Je vois s'agiter par terre l'ombre des libellules. Les lézards fuient à mon approche, aussi vifs et agiles que ces ombres de libellules. Pile au moment où je commence à me demander si la chaleur va me décourager avant que je ne trouve de l'eau, le sentier (c'est ce que l'arroyo est devenu pour moi) se met à luire devant moi et à se remplir d'eau, et j'entends aussi un clapotis réjouissant qui me fait hurler de joie. Comme dans un rêve, j'ai l'impression que le paysage constitue un royaume symbolique, une suite de messages à interpréter.

L'eau répond à mes cris – l'eau et autre chose, que je ne perçois pas tout de suite. À ma gauche, le ruisseau trace un ruban brillant au milieu d'un large couloir de sédiments gris ; à ma droite, elle est immobile, profonde – et bien sûr, c'est cette eau profonde qui m'attire. Encore tout excité par ma découverte, je fais un grand pas en avant et le vois soudain qui se dresse et m'avertit : un crotale, à dix mètres de moi, dans l'ombre d'un rocher. Je recule de trois pas. Il continue à jeter la tête en avant, à siffler et à faire son bruit de crécelle – ce crépitement atonal plus aigu et plus long que le chant inoffensif des cigales. Il ne se calme que lorsque je m'éloigne. Désormais, je passe le reste de la journée à faire attention où je mets les pieds, à inspecter le sol trois mètres devant moi. Après tout, que ferai-je si je me fais mordre, sans antivenin, à vingt kilomètres de l'habitation la plus proche – à supposer que je sache où la trouver ? Tout devient un serpent : une racine déposée par le courant, un S dessiné dans le sable, l'ombre de mon propre bâton… Je trace dans la poussière un signe pour me rappeler l'incident à mon retour :

S

Au bout d'une heure à avancer dans un état d'hypervigilance, balayant le sol de mon bâton comme un aveugle, j'arrive à ce qui était ma destination première, même si j'ignorais qu'elle se trouvait là. L'endroit est annoncé par un petit cyclone de papillons jaune cadmium et deux aigles décrivant des cercles dans le ciel. Il s'agit d'un peuplier vert dont les feuilles sont agitées par une brise constante, avec un ruisseau qui coule à son pied entre les herbes hautes et, au milieu, une dalle de calcaire presque carrée de deux mètres de large. C'est là, sur la dalle, que je passe le reste de la matinée à regarder les papillons, les libellules qui les attirent, et les deux aigles dans le ciel bleu au-dessus des falaises. Je ne suis pas pressé de partir. Je somnole pendant une heure à l'ombre du peuplier. Pourquoi, demandait l'anthropologue, vos chansons parlent-elles si souvent d'eau ?

De retour à la cabane, je découvre qu'il y a un livre d'or. La plupart des messages qui y ont été inscrits depuis les années 1990 citent la Bible ou les mystiques chrétiens. Tout finira bien, toutes choses quelles qu'elles soient finiront bien. C'est ici la journée que l'Éternel a faite. Qu'elle soit pour nous un sujet d'allégresse et de fête ! Nous devrions laisser la Bible sur nos étagères pendant vingt ans et écouter notre nature. La solitude est le creuset de la transformation. Mon joug est doux, et mon fardeau léger. Nous ne sommes pas des êtres humains vivant une expérience spirituelle mais des êtres spirituels vivant une expérience humaine. Le silence est la maison du mot. Moi, Solitude, suis ton être même ; Moi, Néant, suis toi tout entier ; Moi, Silence, suis ton Amen.

Des centaines de mots – Julienne de Norwich, Teilhard de Chardin, Thomas Merton, Henri Nouwen –, précis, pleins d'amour et mûrement réfléchis ; pourtant, quand je les lis après cette promenade ils perdent peu à peu leur substance. Comme si le langage était perdu pour moi, ou moi pour le langage. Les paroles de Merton offrent un repère solide : le silence comme un Amen, le néant comme tout. Le retour à la cabane m'a pris environ trois heures. J'ai bu en abondance, quatre ou cinq litres, et rempli mon CamelBak au ruisseau, mais avec une telle chaleur – je n'ai pas de thermomètre mais je dirais qu'il fait dans les quarante-cinq degrés – boire ne suffit pas pour réguler la température du corps. Je me sens tout chose depuis une heure, trop groggy pour dormir, étrangement, alors qu'en feuilletant le livre d'or je sentais le sommeil, un sommeil très profond, me gagner.

Je pose le livre et me redresse. Mon cou ne semble pas disposé à supporter le poids de ma tête. Je suis pris d'un sentiment nauséeux comme si deux gaz ennemis se rencontraient ; je ne sais pas trop si j'ai envie de vomir ou de pleurer. Ou de me faire dessus. La vie nous réserve bien des surprises…

Je me lève et, sentant que je vais m'effondrer, me rassois immédiatement. Un coup de vent vient frapper les murs de la cabane et pousse la porte qui s'ouvre, laissant entrer l'air brûlant de midi, puis se referme. Je pense à W. J. McGee décrivant les différents stades de la soif : « la sécheresse normale », « le dérangement fonctionnel », « la phase bouche cotonneuse », « la phase langue ratatinée » et « le stade dégénérescence structurelle ». Assis sur le lit avec la tête dans les mains, j'essaie de me souvenir encore une fois de la chanson – celle qu'Absalom m'a fait écouter avec son Samsung déglingué à l'entrée du Taklamakan l'année dernière. Je m'en souviens de mieux en mieux. Chaque jour me revient un vers de plus :

Un chevrier là-haut loin du monde,
Lay-ee-odl-lay-ee-odl-lay-ee-hoo,
Tout seul chantait de sa voix profonde,
Lay-ee-odl-lay-ee-odl-oo…

Je reste assis sur le lit à yodler, puis je m'évanouis, enfin je crois.

Le terme *apophase* vient du grec *phasis*, qui veut dire « image », et d'*apo*, « au-delà ». Il est utilisé pour décrire l'impossibilité de connaître Dieu et le caractère ineffable du divin. Dans l'Ancien Testament, Moïse arrivé en haut du mont Sinaï se rend compte que Dieu vit dans « d'épaisses ténèbres ». Dans le Nouveau Testament, Paul nous raconte qu'Il « réside dans une lumière impossible à approcher, que personne n'a vu ni ne peut voir ». Évagre le Pontique, un moine égyptien du IVe siècle, disait aux suppliants : « Efforcez-vous de rendre votre âme sourde et muette au moment de la prière, et vous pourrez prier. » Saint Pambo, un autre Père du désert, accueillit par un silence hostile le prélat qui venait chercher auprès de lui une direction spirituelle. « S'il n'est pas édifié par mon silence, il ne le sera certainement pas par mes paroles. » Dans le Wadi el Natroun, saint Agathon vivait avec un galet dans la bouche pour s'empêcher de parler.

Il fallut attendre le VIe siècle pour que l'apophase – qu'on appelle également la *via negativa* – soit théorisée par le Pseudo-Denys l'Aréopagite. « Quand nous nous trouvons face à Dieu, écrivit-il, nous nous retrouvons non pas simplement à court de mots mais muets et ignorants. » Moïse lui-même ne put que « contempler le lieu où Dieu réside ».

Ce qui m'a poussé à me lancer dans ce projet, c'est entre autres choses cette soirée à la Royal Geographical Society à Londres, avec ce conférencier qui décrivait son avancée triomphante dans les déserts d'Arabie. J'aspirais depuis longtemps à une retraite – le remède à la solitude étant, paraît-il, la solitude –, mais au milieu des boiseries de cette vaste salle de conférence j'avais eu toutes les peines du monde à me retenir de dire à ce conférencier de la fermer. Elle était là, la question : pourquoi sommes-nous tous incapables de la fermer ? Ne serait-ce que pendant une minute. La fermer, ou bien y mettre un galet, comme ce bon vieil Agathon. Allez, tout le monde avec son petit galet ! Au cours des longues journées passées dans mon appartement londonien, enfoui comme dans une tombe sous ma montagne de livres, j'avais senti que même eux – les livres – étaient une distraction, qu'ils ne pouvaient rien m'apprendre, que je ne pouvais rien apprendre d'eux en un an qui puisse être aussi édifiant qu'une minute de silence complet.

« Le jour viendra, prévient saint Antoine le Grand, où les hommes deviendront fous, et quand ils verront quelqu'un qui n'est pas fou, ils diront : "Tu es fou, tu n'es pas comme nous !" »

Il me semble que le doute permanent de Jim Corbett est une forme moderne de l'apophase. « La source de création est impossible à imaginer, a-t-il énoncé. C'est dans le désert libre du Sinaï que nous est révélée la voie vers *shalom* (« la communauté harmonieuse »), car elle est depuis toujours offerte à tous les peuples. » Corbett semble nous dire que la solitude, c'est la solidarité – chose que les Pères du désert avaient comprise. Le monachisme, l'existence vouée à la résistance par la prière, n'a jamais été un renoncement au monde, même si c'est un renoncement aux mots.

Je finis par me lever et marche en décrivant des cercles devant la cabane à l'ombre du grand saguaro, tandis que le soleil commence à se coucher. Il fait toujours plus chaud dehors que dedans, mais je me sens mieux – ma migraine s'est calmée, je vois plus clair, j'ai retrouvé l'équilibre.

Je prends un peu d'eau dans le bidon, place une chaise à l'ombre contre un mur de la cabane, et m'entoure la tête et le cou d'un foulard humide. Un lézard m'observe, perché au bout d'une poutre. Je me mets debout, portant pour seuls vêtements mes bottes et mon foulard, et lui chante la chanson du berger :

De la montagne partout à la ronde
Lay-ee-odl-lay-ee-odl-lay-ee-hoo,
On entendit cette voix qui gronde,
Lay-ee-odl-lay-ee-odl-oo…

C'est ce que je peux faire de mieux comme psalmodie. Le lézard s'enfuit, vif comme l'éclair. C'est merveilleux, ce retour à la conscience, au langage, à la voix. Daniel m'entend-il tout là-bas à Cascabel ? Rajeuni, l'esprit léger, je retourne à l'intérieur de la cabane, m'assois à table, et alors la nausée et le sentiment de tête lourde me reviennent d'un coup. Je cesse de chanter. Non, je ne suis pas victime d'une insolation, d'une fatigue due à la chaleur, de déshydratation ou de « dérangement fonctionnel ». Mes yeux tombent sur le réchaud de camping, posé entre la lampe-tempête et la bouteille de vin. Sa cartouche, insérée de biais, est légèrement ouverte. Depuis que je l'ai rentré ce matin après m'être préparé du café, le butane envahit silencieusement la pièce et m'intoxique. J'ouvre les fenêtres, cale la porte, et m'installe dehors pendant que l'air de la cabane se renouvelle.

7

La montagne intérieure

Le désert Arabique, Égypte

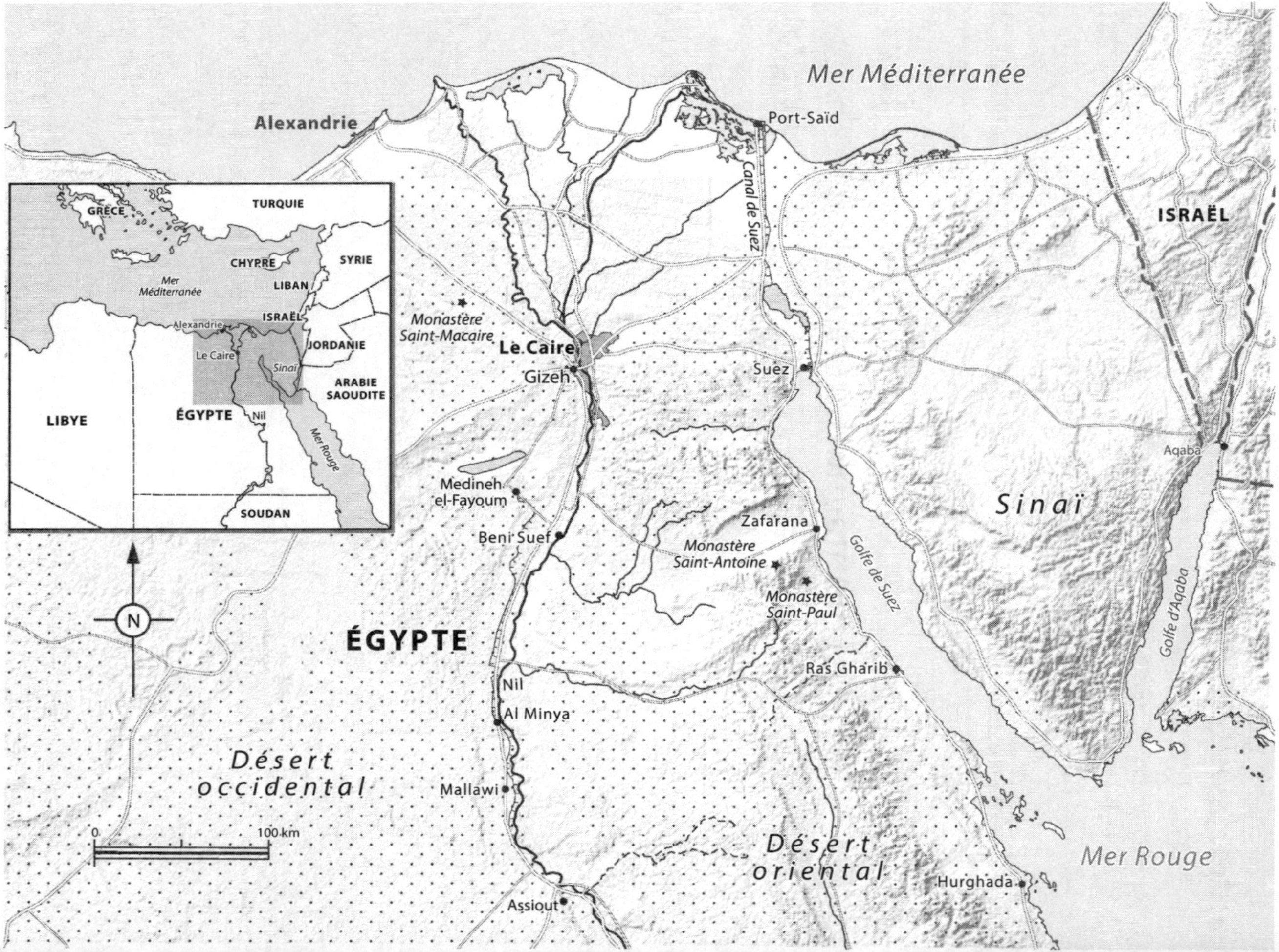
Mer Méditerranée
Alexandrie
Port-Saïd
Canal de Suez
ISRAËL
Monastère
Saint-Macaire
Le Caire
Gizeh
Suez
Aqaba
Sinaï
Medineh
el-Fayoum
Zafarana
Beni Suef
Monastère
Saint-Antoine
Monastère
Saint-Paul
Golfe de Suez
Golfe d'Aqaba
ÉGYPTE
Ras Gharib
Nil
Al Minya
Désert
occidental
Mallawi
0
100 km
Désert
oriental
Mer Rouge
Hurghada
Assiout
GRÈCE
TURQUIE
CHYPRE
SYRIE
Mer
Méditerranée
LIBAN
ISRAËL
Alexandrie
JORDANIE
Le Caire
Sinaï
ARABIE
SAOUDITE
LIBYE
ÉGYPTE
Nil
Mer Rouge
SOUDAN
N

Dans ma cellule du monastère près du Dartmoor, en Angleterre, où j'ai séjourné il y a trois ans, se trouvait un exemplaire de la règle de saint Benoît. Le livre commençait en distinguant quatre types de moines : les cénobites, qui vivent en communautés dirigées par des abbés, les sarabaïtes, qui n'ont pas été « éprouvés par une règle », les anachorètes, qui vivent seuls et sont « bien préparés au combat solitaire dans le désert », et enfin les gyrovagues, qui « passent toute leur vie à courir de province en province ».

Je me trouve maintenant à trois mille six cents kilomètres du Dartmoor, en Égypte, dans le désert Arabique, et plus précisément dans le réfectoire du monastère Saint-Antoine, assis devant une assiette de ragoût aux fèves. Aujourd'hui, pour le dessert, c'est mélasse. Peter, avec qui je prends la plupart de mes repas, est grand et a de larges épaules et un teint lumineux, ce qui n'est guère surprenant pour un jeune homme de vingt-huit ans qui pratique quotidiennement le taekwondo, passe ses soirées à lire les textes saints, se couche avec les poules et ne consomme rien qui puisse menacer le fonctionnement optimal de son corps.

Ses parents ont quitté l'Érythrée avant sa naissance pour s'installer en Allemagne, et même s'il n'y est allé qu'une fois, il considère l'Érythrée comme sa Mère-patrie, son pays spirituel. Son anglais hésitant se métamorphose lorsqu'il parle de sa foi, de Jésus-Christ, de l'Antéchrist et de l'éternité, ou encore des anachorètes érythréens et éthiopiens qu'il admire plus que tout. Il me montre une photo sur son téléphone, comme on montrerait une photo de sa femme ou de ses enfants : j'y découvre un moine éthiopien au sourire rayonnant, vêtu d'un habit jaune vif et perché telle une chouette sur une anfractuosité dans une paroi rocheuse.

L'un des chats de la cuisine pose la patte sur le genou de Peter pour quémander des restes : mon compagnon lui gratouille la tête et dit, en prenant une voix malicieuse censée être celle du matou : « *C'est la première fois que nous nous rencontrons, messieurs, si je ne m'abuse…* » Il est capable de ce genre de trait d'humour. Mais pour lui, le Diable est toujours présent, source constante d'angoisse, de tristesse et de commisération. Il parle souvent des instruments et des desseins du Malin : les dégâts commis par les multinationales en Afrique, l'illusoire démocratie américaine, le traitement raciste réservé par l'Europe aux réfugiés érythréens, la barbarie des actions d'Israël en Palestine. Ce qui le préoccupe néanmoins plus que tout, c'est l'islam. « Les musulmans vont créer beaucoup de problèmes en Europe », dit-il. Ou bien : « L'islam est incapable de compromis. » Que je ne me méprenne surtout pas – certains de ses meilleurs amis sont musulmans, des jeunes avec lesquels il a grandi à Munich : « Ce sont comme des frères pour moi » – mais, poursuit-il, c'est à peine s'ils ont lu le Coran. Ils ne connaissent que ce que leur imam leur raconte le vendredi et ce qu'ils voient sur YouTube. Alors forcément, ils ne perçoivent pas les mensonges de leur religion. D'ailleurs, ils n'ont même pas envie de savoir. « Jamais ils n'envisageraient de commettre un acte violent, mais le Coran leur apprend à admirer des hommes qui font la guerre au nom de l'islam. »

Le réfectoire est une salle tout en longueur au sein d'un vaste complexe, avec au sol du carrelage noir et blanc et des tables disposées le long des murs. Le mur du fond est entièrement occupé ou presque par un immense photomontage encadré représentant les tours de l'entrée du monastère dominées par l'image d'une icône : un saint Antoine géant avec son halo, son crucifix en bois et son bâton surmonté d'un tau. Dans l'entrée ainsi que dans les couloirs qui mènent aux chambres des hôtes, il y a des aquariums, huit en tout, dans lesquels ont été recréés des paysages avec des cornes d'ibex, des ammonites et des pierres des montagnes. Ces aquariums sont généreusement éclairés mais presque à sec, remplis seulement de quelques centimètres d'une eau laiteuse où se bousculent une dizaine de malheureux poissons jaunes.

Le réfectoire peut accueillir une centaine de personnes, mais en général Peter et moi sommes seuls, en dehors des deux serveurs maigrichons qu'on trouve invariablement affalés – le terme n'est pas trop fort – sur une table dans la cuisine à attendre d'éventuels convives. Leurs visages renfrognés semblent de prime abord impénétrables, mais dès que vous souriez et placez la main sur votre cœur, ils se réjouissent de vous voir. Parfois, tout contents, ils nous servent de la limonade fraîche qu'ils préparent avec les petits citrons à peau dure qui poussent dans les jardins du monastère. Nous devinons qu'il s'agit là d'une infraction mineure, ne serait-ce que sur le plan des convenances. Ils m'expliquent qu'ils ne sont pas des novices, simplement des coptes qui vivent dans le complexe résidentiel voisin du monastère. Ils admirent les tatouages de Peter, en particulier la complexe croix copte sur sa poitrine, qui dépasse de l'encolure de son tee-shirt. Il se l'est fait faire il y a deux ou trois ans, me dit-il. La croix copte plus sobre qu'il a tatouée à l'intérieur de son poignet droit date de plus longtemps.

Nous partageons l'appartement réservé aux hôtes et sommes les seuls visiteurs occidentaux. Peter a dix ans de moins que moi, mais j'ai souvent l'impression en sa compagnie d'être un novice. Il n'y a chez lui aucune véhémence, ni la moindre trace de cette arrogance qu'on voit chez les missionnaires, simplement une certitude fervente qui transparaît dans sa façon de s'exprimer. Le peu de colère qu'il peut ressentir, il la réserve au Malin. Pour l'humanité, il n'a que pitié. Après tout, nous sommes majoritairement destinés à souffrir jusqu'à la fin des temps. « Certains le savent – et pourtant, ils continuent à pécher ! »

Pour sa part, l'Esprit-Saint est enfin entré en lui il y a trois ans, le jour où il a renoncé à Facebook, au cinéma, à la télévision et à la musique. « Mes amis me trouvaient très bizarre, mais ma vie est meilleure. Plus pure. » Il envisage de devenir moine, ce qui explique sa présence ici – il veut voir si cela justifie de renoncer au monde, et si Dieu veut de lui. « Nous pouvons vivre cent ans, si telle est la volonté de Dieu, m'explique-t-il, mais le Diable, lui, vit depuis des millénaires et utilise contre nous l'expérience de toutes ces années. Il nous surveille. Impossible pour nous de le prendre par surprise ! Il sait comment nous allons nous comporter, quelle que soit la situation. C'est son boulot et il le fait très bien.

– Alors le Diable est de plus en plus fort ? je demande.

– Bien sûr », me répond Peter.

Il remue sa mélasse avec un bout de pain azyme, mais ne mange pas.

« Tous les jours. Partout. Même ici. Les gens croient que le monde est gouverné par Dieu, mais ce n'est pas Dieu qui commande. Ce n'est pas Lui qui a gagné ! »

C'est dans ce désert, il y a mille sept cents ans, que saint Antoine fut mis à l'épreuve. Les démons l'attaquèrent et il dut subir toutes ces tentations que représenteraient plus tard des centaines d'artistes. Depuis le réfectoire, nous pouvons apercevoir la vallée sèche du Wadi Araba, une vue qu'Antoine connaissait bien. Immense dépression peu profonde interrompue par de petites collines de calcaire noirci, la vallée traverse les déserts montagneux du Nil à la mer Rouge en se glissant entre deux chaînes de montagnes. Elle servait de route commerciale avant même l'occupation romaine. À son extrémité, à trente kilomètres du monastère, on distingue vaguement la montagne Galala al-Bahariya (versant nord) à travers la brume matinale. Au-delà, à cent soixante kilomètres au nord-ouest, on tombe sur Le Caire. La Galala al-Qibliya (versant sud), qui se dresse juste derrière nous, s'étend sur des centaines de kilomètres en direction de la frontière soudanaise, privant le désert Arabique des influences maritimes de la mer Rouge.

Ce fut sans doute le Wadi Araba que saint Antoine suivit après avoir quitté la vallée du Nil. Il vivait à Pispir depuis vingt ans lorsque, agacé par la présence des disciples qui l'avaient rejoint, il partit à la recherche d'un lieu plus isolé. Rejoignant une caravane de Sarrasins, il marcha jusqu'à la montagne Galala al-Qibliya, que saint Athanase appelle « mont Colzim » dans sa biographie. Peut-être se sentit-il alors chez lui, protégé par les sommets, avec une vue sur le désert et bien sûr une source au pied des montagnes. Le désert symbolise la mort, certes, mais la vie y étant rendue possible, saint Antoine s'y installa. Ainsi l'eau explique-t-elle l'existence du monastère.

Très rapidement, ses disciples le suivirent là-bas aussi, tant il est vrai que toute trace de vie dans le désert ne passe pas inaperçue. Lorsque Hilarion le Grand, fondateur du monachisme palestinien, vint lui rendre visite, le saint prit congé au bout de deux ou trois mois, incapable de supporter les foules. Telle est encore aujourd'hui la lutte que doit constamment mener le moine égyptien : en faisant figure d'exception, il attire les disciples. Les fidèles veulent lui baiser la main, recevoir sa bénédiction, sa *baraka*. Le simple fait de savoir qu'il existe ne suffit pas : il faut baigner dans la grâce de sa présence.

À ce stade, un retour au grec ancien peut s'avérer utile. *Monakhós* signifie « célibataire » ou « seul ». *Anachorein* veut dire « se retirer », et *Érēmos* se traduit par « désert » ou « espace sauvage ». Le premier de ces termes a donné naissance au mot « moine », le deuxième à « anachorète », et le troisième à « ermite ».

Dans les années qui suivirent la mort d'Antoine, la vie monacale égyptienne suivit un mouvement centripète : dans un premier temps, des hommes (ainsi que quelques femmes) se mirent à vivre dans des cellules isolées, loin les uns des autres, puis ces cellules finirent par être regroupées pour former des *laurae*, petites communautés dont les membres partageaient les moments de prière et de repas. Enfin ces *laurae* devinrent des monastères organisés, comprenant pour certains jusqu'à plusieurs centaines de moines. L'anachorète céda ainsi la place au cénobite, c'est-à-dire au moine vivant en communauté. Dans une région sèche soumise aux attaques des barbares, vivre en communauté présentait de sérieux avantages. Le cénobitisme est ainsi le fruit de la rudesse de l'environnement, une façon de négocier avec l'aridité des lieux. Certains persistèrent néanmoins à vivre en solitaire, dans des grottes ou des cabanes en terre à l'extérieur des murs protecteurs du monastère. Ce sont ceux-là que Peter admire le plus.

Pacôme le Grand, disciple d'Antoine et ancien soldat romain, est généralement considéré comme le véritable fondateur du monachisme cénobitique. Il en élabora les règles écrites et créa vers l'an 318 les premiers monastères organisés. Vers 380, soit quelque vingt-cinq ans après la mort de saint Antoine, un jeune moine venu de Scythie mineure (à cheval sur la Roumanie et la Bulgarie actuelles) visita les monastères installés le long du Wadi el Natroun. Il s'appelait Jean Cassien, dit « Jean l'Ascète » (le premier à décrire les symptômes de l'acédie). Par la suite, il retourna en Europe et fonda à Marseille l'abbaye Saint-Victor, qui servit de modèle à d'autres monastères en Europe. Les écrits de Cassien sur la vie des moines en Égypte, *Les Conférences* et *les Institutions cénobitiques*, eurent une influence capitale sur la pensée de Benoît de Nursie, qui vivait en ermite à Subiaco, en Italie. Ce même Benoît qui allait fonder plus tard douze monastères et dont la « règle », basée sur les écrits de Cassien, constituerait le texte clé du monachisme occidental.

La vie au monastère Saint-Antoine n'a guère changé depuis la venue en 1672 du théologien et voyageur allemand Johann Michael Wansleben : « La règle les oblige à renoncer au mariage, à tout désir charnel, et à toute relation avec leurs parents, écrit-il. Ils ne peuvent rien posséder, doivent vivre dans le désert, s'abstenir de consommer du vin ou de la viande [...] Ils sont obligés de réciter les

Heures canoniales, et avant de se retirer pour la nuit ils se prosternent cent cinquante fois. »

Le désert est la matrice dans laquelle le monachisme chrétien s'est formé. Ceux qui quittèrent les villes et s'y installèrent le firent pour des raisons diverses, mais pour ces moines, le désert fut tout sauf un refuge paisible. Y grouillait en effet une foule de satyres, centaures et démons, en plus de soldats du Diable par millions. On n'allait pas là-bas simplement pour trouver la liberté ou le silence propice à la méditation, mais aussi pour former une ligne de front. S'établir dans le désert, ce n'est pas commencer une nouvelle vie mais renoncer à la vie. Un moine d'un certain âge avec lequel je suis devenu ami m'emmène voir l'ossuaire en béton où sont conservées les dépouilles des plus éminents moines de Saint-Antoine. « Nous ne disons pas : "Il est mort", m'explique-t-il, mais : "Il s'est couché". Un moine est déjà mort. »

Dès que je crois bien connaître le monastère et savoir où mène tel passage ou tel escalier, ou bien quelle porte prendre pour passer de la nouvelle à la vieille église, je me retrouve dans un endroit inconnu et dois rebrousser chemin. Parfois, j'ai l'impression que ce dédale d'allées, de pièces et de couloirs cache un nombre infini de lieux nouveaux. Il est difficile de dater précisément la fondation du monastère, car il s'est développé petit à petit, s'agrandissant à la manière d'un bidonville autour d'une église centrale. La présence d'un monastère à cet endroit est mentionnée pour la première fois vers l'an 360, durant le règne de Julien l'Apostat, quelques années après la mort de saint Antoine. Ce dont on peut être sûr, c'est que les deux cœurs du monastère se trouvent, pour le premier, à l'endroit où la miraculeuse source d'eau jaillit de la montagne, et pour le second sous l’ancienne église, à l’emplacement où saint Antoine aurait été enterré. Lorsque, par la suite, une muraille fut construite, faisant de l’enclave une citadelle, le monachisme cénobitique prit enfin le pas sur le mode de vie des anachorètes. Aujourd’hui, le monastère a conservé ses allures de château fort, avec une architecture au caractère défensif évident. L’ancienne chambre des treuils surplombe toujours l’entrée. Dans les années 1930, il n’y avait toujours pas de portail, et la seule manièrc pour entrer était de grimper dans un panier et d’attendre que les moines vous hissent. Au centre du monastère, à l’intérieur de l’enceinte, se trouve le *qasr*, un donjon défensif où se réfugier si les murailles venaient à être percées, et auquel on accède par un pont-levis en bois. Et surtout le monastère est protégé par la muraille la plus sûre de toutes, la montagne, à côté de laquelle l’homme se sent tout petit.

Un soir après les vêpres, je m’assois sur un banc à côté de l’un des moines les plus âgés, le père Samwul, près du portique en face de sa cellule. Le banc est recouvert d’une couverture rouge complètement délavée par le soleil. Nous contemplons le monastère et les montagnes au-delà. Samwul vit ici depuis trente-huit ans. Il doit avoir plus de soixante-dix ans. À son arrivée, le monastère, dans un état de quasi-délabrement, n’était occupé que par cinq moines. Aujourd’hui, ils sont cent trente à vivre ici, dont des novices, mais il n’est pas optimiste – ce qui veut dire qu’il craint pour l’avenir du christianisme en Égypte. Je lui demande ce qu’il pense du président actuel, Abdel Fattah al-Sissi. Pour des chrétiens, il est quand même préférable aux Frères musulmans, non ? « Oui, bien sûr, en apparence, me répond-il. Mais dans les faits ? » Il se tourne de nouveau vers la muraille. « Laisse-moi te dire que vous autres, en Europe, vous êtes stupides ! » Lors d'un séjour en Grande-Bretagne il y a quelques années, il est passé par Rotherham. « J'ai vu deux églises côte à côte, et tu ne me croiras pas, mais ils autorisaient les musulmans à utiliser l'une de ces églises comme mosquée ! Tu te rends compte ? Il n'y a que nous, les coptes d'Égypte, qui savons ce qu'est vraiment l'islam. Peut-être que dans dix ans vous comprendrez. Quand Londres sera une ville musulmane. »

L'enceinte extérieure – qui englobe la muraille originelle – ne date que de dix ans. Elle fait environ six kilomètres de long et décrit comme un bras qui enlace la terre consacrée. Son but, m'explique-t-on, est d'assurer la « paix » du désert et d'empêcher les chameaux de rentrer (un groupe de cinq ou six bêtes, attirées par l'odeur de l'eau, traîne autour d'une décharge à l'extérieur de l'enceinte). Mais c'est également un dispositif sécuritaire, même s'il est plus symbolique qu'autre chose. Pendant que nous contemplons l'endroit où il a passé la majeure partie de sa vie d'adulte, le père Samwul me raconte qu'il y a dix ans, alors que lui et les autres moines de Saint-Antoine s'étaient rendus à Alexandrie pour assister à une conférence, les autorités envoyèrent l'armée détruire l'enceinte du monastère, affirmant que la terre (ce désert vide) appartenait à l'État. « "Vous n'avez pas acheté la terre !" ont-ils dit. *Acheté la terre…* ! Nous sommes ici depuis mille cinq cents ans ! » Les bulldozers durent partir avant d'avoir entamé leur besogne. « La loi stipule que tout terrain se trouvant à moins de cent cinquante mètres d'un site antique appartient à son propriétaire. Par conséquent, le désert nous appartient – il en a toujours été ainsi. »

Dans la boutique du monastère, au milieu d'éditions

bon marché de livres de prières, je déniche une brochure en arabe avec en couverture une image qui m'est familière. Le survêtement orange a encore un bel avenir devant lui : la photo montre une rangée de prisonniers ainsi accoutrés, escortés le long d'une plage par une deuxième rangée d'hommes, bien plus grands et vêtus de noir de la tête aux pieds. En 2015, vingt et un coptes égyptiens qui travaillaient en Libye ont été capturés par Daech et, comme on le voit dans la vidéo d'où est tirée la photo, décapités sur une plage. Du sang, du sable. La vidéo les présentait comme « le peuple de la croix, des fidèles de l'Église égyptienne ennemie ». Les victimes ont depuis été canonisées par l'Église copte.

Pour les coptes, la conquête de l'Égypte en 641 ne fut pas tant une source d'angoisse qu'une raison de se réjouir d'être libérés du joug de l'Église byzantine, qui avait limité leur liberté de culte presque aussi drastiquement que les Romains. Au cours de la cinquième croisade, les coptes combattirent contre les Francs aux côtés des musulmans. Mais au XIVᵉ siècle, à l'époque de la domination mamelouke, une répression terrible s'abattit sur eux, entraînant un fort déclin de la religion et l'abandon des monastères. Si la situation des coptes s'améliora au XVIᵉ siècle avec la conquête de l'Égypte par les Ottomans, il leur fallut attendre le début du XXᵉ siècle pour obtenir l'égalité des droits.

Malgré quelques périodes fastes, le christianisme fut régulièrement considéré comme une menace par la Rome païenne, et une longue série de persécutions précipitèrent la fuite des moines vers le désert. Les plus sanglantes eurent lieu sous les règnes des empereurs Dèce en 250, Dioclétien en 303, et Maximien en 311. Le règne de Dioclétien engendra un tel traumatisme chez les chrétiens d'Égypte que le calendrier copte commence le jour de son arrivée au pouvoir, le 29 août 284, « année des martyrs ». Au plus fort des persécutions maximiennes, Antoine vivait non loin du Nil, à Pispir (aujourd'hui Deir el-Mimoun), la « Montagne extérieure ». Loin de l'inciter à rester dans ce sanctuaire, le massacre de ses coreligionnaires le poussa à retourner temporairement dans le monde pour affronter le régime à Alexandrie. « Il désirait ardemment s'offrir en martyr », écrit Athanase. Son audace et son zèle ébranlèrent les Romains au point qu'ils « ordonnèrent qu'aucun moine ne soit traîné devant le tribunal » et mirent un terme aux persécutions. Les Romains avaient constaté le pouvoir radical de l'anachorète et perçu que le martyre ne ferait que le fortifier. Antoine regagna la Montagne extérieure avec une foi renforcée et la volonté de se soumettre à une discipline « bien plus sévère [...] Il jeûnait perpétuellement et portait un vêtement de crin à l'envers, avec les poils frottant sa peau [...] Il ne lavait jamais son corps à l'eau pour se libérer de la saleté, pas plus qu'il ne se lavait les pieds ». Deux ans plus tard, âgé d'une cinquantaine d'années, Antoine se rendit dans la Montagne intérieure, ce que l'on appelle aujourd'hui la Galala al-Qibliya. Si elle reste aujourd'hui le cœur spirituel de l'Église copte, la forme cénobitique du monachisme se développa ailleurs, à quinze jours de distance à dos de chameau, à la lisière du désert Arabique. Là, y fut élaboré un mode de vie qui allait devenir la matrice du monachisme copte et des traditions qui se répandirent ensuite partout dans le monde.

Avant mon séjour à Saint-Antoine, je me suis rendu dans le Wadi el Natroun, à environ cent kilomètres au nord-ouest du Caire. La région constitua à partir du

IVe siècle un véritable centre du monachisme, avec des milliers de moines inspirés par saint Antoine et Pacôme le Grand et vivant dans des dizaines de monastères et des centaines de cellules isolées à proximité de cette vallée stérile. En l'an 387, Palladius estimait leur nombre à cinq mille. Le wadi fait trente-cinq kilomètres de long et huit de large, et doit son nom au natron – du bicarbonate de sodium récolté dans les lacs asséchés, qu'on utilisait déjà à l'époque des pharaons pour la momification en raison de ses propriétés désséchantes et bactériologiques, et dont on se servit plus tard comme détergent puis dans l'industrie chimique. À quelques kilomètres plus au nord se trouve la montagne de Scété, occupée par des moines jusqu'au Ve siècle, et en s'enfonçant dans le désert Arabique on découvre Cellia, qui doit son nom aux cellules de moines qui s'y sont éparpillées. Cellia et Scété ne sont plus habitées depuis longtemps, et l'usine de traitement du natron fondée au XIXe siècle est aujourd'hui à l'abandon. En revanche, dans le Wadi el Natroun subsistent quatre monastères : Saint-Macaire, le monastère des Romans, Amba Bichoï et le monastère des Syriens. M'intéresse en particulier le premier de la liste, consacré au souvenir du fondateur du monachisme dans la région.

L'un des récits de voyage les plus passionnants est celui de Constantin von Tischendorf, *Reise in den Orient* (« Voyage en Orient »), paru en 1846 : « Un Arabe très fort me porta sur son épaule pour traverser le canal », écrivit-il pour raconter son entrée dans la vallée. Il faut dire que l'arrivée de l'Allemand au monastère ne passa sans doute pas inaperçue : « Deux paires de lunettes à quatre verres protecteurs bleus préservaient mes yeux des dangereux reflets du soleil sur le sable ; et ma tête était ornée d'un grand chapeau de paille auquel était accroché un voile vert retombant en larges plis. » Von Tischendorf décrivait aussi les huit lacs salés se succédant comme les maillons d'une chaîne au fond de la vallée, leurs « obscures eaux rouge-bleu », et les flamants roses s'envolant au-dessus des roseaux à l'approche de sa caravane. Hélas, le désert de ces pionniers a aujourd'hui disparu. Le long de la route qui mène à Alexandrie, après la prison où est détenu l'ancien président Morsi – « Un vilain personnage », déclare mon chauffeur de taxi –, je découvre des dizaines d'immeubles construits les uns sur les autres : c'est la « ville du Wadi el Natroun », fondée par al-Sissi. Une piste défoncée relie cette agglomération à des villages où les sacs d'engrais s'entassent devant les magasins. C'est à peine si les habitants lèvent les yeux à notre passage : ils sont habitués à voir de nouvelles têtes. La route pour accéder à Saint-Macaire passe entre des champs de luzerne et de betteraves, des plantations d'orangers et de grenadiers. Nous nous arrêtons pour remplir nos poches de dattes ramassées sur le bas-côté. Une impression d'abondance réconfortante. Des oiseaux qui chantent, des buissons ployant sous le poids des fleurs, des fleurs éclatantes au milieu de la poussière.

En réalité, le désert des monastères n'a jamais été une planète très distante, mais plutôt une lune décrivant son orbite non loin du monde des hommes, suffisamment proche pour être accessible aux visiteurs (par exemple ces Européens du XIXe siècle avec leurs lunettes à verres bleus), mais aussi et surtout suffisamment proche pour que le monde auquel les moines ont renoncé soit impossible à oublier. Dans le Wadi el Natroun, on perçoit toujours la présence à l'est du Nil et d'Alexandrie, centres de peuplement humain, tandis qu'à l'ouest le regard part vers le Sahara, la limite du monde, et l'infini plus loin. Ainsi, le désert devient une scène sur laquelle se trouve représentée devant le monde entier la vie éternelle du Paradis. Les moines sont des témoins, pas des acteurs. Voilà pourquoi les gens leur font confiance.

C'est la route Le Caire-Alexandrie qui a transformé le Wadi el Natroun, de même que les routes maritimes de la mer Rouge ont transformé Saint-Antoine. Ces voies ont fait des monastères des lieux de pèlerinage de masse, bouleversant à jamais la vie des religieux. Sur les photos prises avant la construction de la route en 1936, les monastères du Wadi el Natroun paraissent complètement isolés, postés comme des forteresses sur des terrasses de gravier et de roches incrustées de sel, tels les avant-postes d'une armée moderne. Malgré leur isolement et leur apparente impénétrabilité, ils furent mis à sac à plusieurs reprises par des tribus venues des oasis du désert Libyque. Aujourd'hui encore persiste parmi les moines le sentiment d'être assiégés, d'être des sources de foi menacées.

Je rencontre le père Mercurius au monastère de Saint-Macaire. Il a une petite quarantaine d'années, arbore l'habituelle barbe noire et broussailleuse des moines coptes, la robe et le bonnet noirs, et parle d'une voix basse – évidemment. Aujourd'hui n'est ni un jour saint ni un jour de jeûne, et pourtant une foule de pèlerins venus du Caire et d'Alexandrie se presse au monastère ; tandis que nous nous frayons un chemin, chacun tente de baiser la main du moine ou de recevoir sa bénédiction et il ne refuse jamais, ne tourne jamais le dos. « Ils pensent que nous sommes des saints », me dit-il.

Les enfants aiment tout particulièrement les moines : ils font la queue pour baiser la main de Mercurius, et à chaque fois celui-ci pose la main sur la tête du bambin, puis extrait des plis de son habit un bonbon ou une petite carte représentant une icône de saint Macaire qu'il lui offre. La chaleur des rapports, tangible, me rappelle celle d'une réunion familiale. Il y a une telle joie parmi les visiteurs, un tel bonheur de se retrouver en présence de ces hommes qu'ils aiment, et qui ont protégé la flamme de la chrétienté égyptienne contre ses ennemis.

Le père Mercurius demande à un novice de nous apporter des rafraîchissements, puis m'entraîne vers un banc à l'ombre d'une tonnelle où les pèlerins ne viendront pas nous déranger. On nous apporte des verres de thé sur un plateau, et pendant quelques minutes on n'entend plus que la brise agitant les feuilles de la vigne et le bruit que nous faisons en buvant. Le moine se penche en arrière et effleure amoureusement les petites pousses vert tendre d'un pied de vigne. « Je les adore ! Elles sont minuscules ! » Puis, caressant un arbrisseau couvert de fleurs : « Lui aussi, je l'adore. Mais ces petites feuilles, quand même… »

Je lui demande depuis combien de temps il vit ici : « Il faut bien que tu comprennes qu'un moine ne mesure pas sa vie en années, mais en comptant les trésors de son cœur. » En revêtant l'habit noir, il est entré dans l'éternité ; en principe, les années n'existent plus. Pourtant, il me répond en souriant : « Cinq ans. »

« J'ai remarqué, poursuit-il, à quel point notre vie ici en Égypte et celle des bouddhistes se ressemblent. Un jour, j'ai fait la connaissance d'un moine bouddhiste, un Tibétain venu nous rencontrer au monastère. Lui et moi étions comme des frères. Nous ne parlions pas la même langue, et pourtant nos vies étaient identiques : des vies de solitude, d'amour, de sacrifice, de travail, d'obéissance, de virginité. Oui, bien sûr, nous avions des religions différentes, mais nos journées, nos obligations…

« L'un de nos textes sacrés raconte une histoire, celle de deux moines qui vont à la rivière et y voient une jeune fille en train de se noyer. Comme tu le sais – comme tout le monde le sait –, un moine, qu'il soit copte, grec, russe ou bouddhiste, n'a pas le droit de toucher une jeune fille. Sauf que l'un des moines plonge immédiatement dans l'eau et la sauve. L'autre moine lui demande alors : “Comment t'y es-tu pris ? Comment as-tu fait pour tenir cette jeune fille dans tes bras ? Ça ne t'a pas brûlé ?” Et l'autre de répondre : “Moi, je ne l'ai tenue que dans mes bras, mais toi – là, le père Mercurius se tape la tête deux fois – tu l'as tenue là-dedans.” Et c'est ça qui est intéressant. J'ai lu récemment un texte bouddhiste qui racontait exactement la même histoire ! Ce n'est pas qu'elle ressemblait à la mienne : elle était en tous points identique. Alors je me suis demandé laquelle avait été écrite en premier, et comment elle avait fait pour parcourir toute cette distance. Est-il possible que des vies similaires inspirent toujours des histoires identiques ? »

Certains affirment que l'obsession des moines égyptiens pour l'abstinence, et donc pour le refus de toute procréation, était une façon de défier l'occupant romain. Pour d'autres, c'est l'expression d'une crise intime (pensons à Abraham et la circoncision). Le théologien Origène, natif d'Alexandrie, résolut la question en détachant violemment de son corps l'organe coupable. Saint Antoine « réprimait le corps et le maintenait dans un état de soumission », nous dit Athanase. Il ne fait aucun doute que la fuite en masse vers le désert aux IIIe et IVe siècles constituait une rupture avec l'ordre social – un des éléments répréhensibles aux yeux des critiques du monachisme. Mais les Pères du désert n'ont pas inventé l'abstinence au service de Dieu, loin de là. Saint Jean ne pensait-il pas que l'union entre un homme et une femme constituait un crime ? La chair, pécheresse, coupable, devait être soumise, et le désert rendait cette soumission possible.

Je repense à ces Nigel du début du XXIe siècle, ces explorateurs portant le chèche et buvant leur urine : le « chaste » Wilfred Thesiger, T.E. Lawrence et ses autoflagellations, ou encore les célibataires endurcies d'Asie centrale avec leurs petits chiens, découvrant de nouveaux territoires tout autant qu'ils fuyaient le leur, aimant le monde tout autant qu'ils le détestaient. Cherchant à faire disparaître leur corps pour ne faire qu'un avec l'infini. Mais je repense aussi à moi-même et à Amy mangeant, buvant et nageant gaiement en Californie.

Je demande au père Mercurius si je peux voir la bibliothèque. Il tire son iPhone de sa poche.

Le père Cyrille, le bibliothécaire, accepte d'ouvrir pour moi. Je découvre non pas un scriptorium poussiéreux comme je m'y attendais, mais une pièce fraîche et lumineuse meublée de fauteuils bas comme dans une salle d'attente. Les livres sont pour la plupart en français, en arabe et en copte, complétés par quelques titres en anglais. Une citation en copte a été encadrée et accrochée au mur (le copte ressemble au grec). Je demande au père Cyrille de me la traduire. Il éclate de rire. « Saint Épiphane a dit : "La lecture des Saintes Écritures protège du péché." » Il accepte de me laisser passer une heure dans la bibliothèque et je profite de ce moment pour me remémorer la vie du fondateur du monastère, saint Macaire. D'après *Les Sentences des Pères du désert**, il tra-

* Traduit par dom Jean Dion et dom Guy Oury, abbaye Saint-Pierre de Solesmes, 1966.

vaillait dans le négoce de natron, avait une réputation douteuse, et voyageait avec les caravanes qui faisaient la navette entre le Nil et le Wadi el Natroun. C'était un « amoureux du désert, qui avait exploré ses étendues les plus extrêmes et les plus inaccessibles ». Un jour, arrivant au Wadi el Natroun, inhabité à l'époque, il eut une vision dans laquelle un ange lui annonçait que ses disciples et lui vivraient un jour sur cette terre appauvrie. Comme Antoine un siècle plus tôt, Macaire donna ses biens aux pauvres et s'installa seul dans le désert. Pour ce qui est de son apparence physique, nous n'avons que ce que le chroniqueur Palladius en dit : « La seule pilosité de son visage se trouvait autour de sa bouche, avec très peu de poils au-dessus de sa lèvre supérieure, le régime austère auquel il s'était soumis ayant bloqué la croissance d'une barbe sur son menton. »

Ayant tué un moustique, il « décida de passer six mois nu et immobile quelque part au milieu d'un marécage situé dans un lieu affreusement désolé, infesté par des moustiques gros comme des guêpes et capables de transpercer avec leur dard jusqu'au cuir d'un sanglier sauvage. Il fit ainsi subir à son corps de telles épreuves qu'à son retour au monastère, tout le monde crut qu'il avait la lèpre ». Pour le lecteur moderne – sans parler du lecteur moderne et athée –, certaines de ces renonciations peuvent tourner à la compétition ridicule :

> Apprenant qu'un ermite ne mangeait qu'une livre de pain par jour, il coupa son pain en petits morceaux qu'il mit dans une jarre, et décida de ne manger que ce qu'il pourrait extraire avec ses doigts. Décision d'une extrême dureté puisque, ainsi qu'il nous l'expliqua, s'il pouvait

attraper beaucoup de morceaux, il lui était impossible de les sortir, le col de la jarre étant trop étroit.

Personnellement, les actes les plus extrêmes des Pères du désert m'inspirent souvent une répugnance instinctive, et je ne suis pas le seul à éprouver du mépris pour leurs pratiques de mortification. Le déni de soi a quelque chose de vulgaire. On dit que les anachorètes du Wadi el Natroun avaient fixé le nombre d'olives qu'ils pouvaient manger à sept. En manger huit aurait été de la gourmandise, mais n'en manger que six aurait été – pire encore – de l'orgueil. L'historien anglais Edward Gibbon, l'un des pourfendeurs les plus éloquents de ces premiers ascètes de la chrétienté, voyait dans leur fuite vers le désert un rejet de la société et de la connaissance – ce dont il s'agissait bel et bien : « Ils ne tardèrent pas à s'attirer le respect du monde, qu'ils méprisaient, écrit-il, et tous louèrent cette DIVINE PHILOSOPHIE qui, sans l'aide de la science ou de la raison, surpassait les laborieuses vertus des académies grecques. » En complément, voici comment William Lecky, auteur de *History of the Rise and Influence of the Spirit of Rationalism in Europe* (« Histoire du développement et de l'influence de l'esprit du rationalisme en Europe », 1865) exprime son dégoût :

> Il n'existe peut-être pas de moment dans l'histoire morale de l'humanité qui ne suscite un intérêt aussi profond et douloureux que cette épidémie d'ascétisme. Un fou au corps hideux, déformé et décharné, dépourvu de toute culture, de tout patriotisme, de tout sentiment naturel, qui passe sa vie à s'imposer des tortures inutiles et atroces, et qui tremble devant les horribles fantômes de son esprit malade : voilà ce qui constituait l'idéal de

nations ayant connu les œuvres de Platon et de Cicéron, et les vies de Socrate et de Caton.

Les descriptions les plus frappantes de la vie dans le Wadi el Natroun nous viennent pour beaucoup de Palladius, qui y vécut au début du ve siècle. À la lecture de sa description de Cellia, on n'est pas loin de comprendre pourquoi Lecky assimilait cette forme de monachisme à une épidémie. Palladius écrit que les cellules des moines sont « semblables à des terriers de hyènes, dans lesquels l'espace est si restreint qu'il est impossible ne serait-ce que d'étendre les jambes ». Certains moines choisissaient pour dormir des endroits encore moins accueillants. Le père Sisoès « avait l'habitude de passer la nuit debout au bord d'un précipice, si bien que le moindre moment de somnolence l'aurait précipité vers sa mort ». Un autre dormait la barbe clouée à une poutre, pour empêcher sa tête de se baisser. J'imagine Macaire et sa lèvre poilue, dans son trou, la main coincée dans une jarre – l'exemple même du « fou au corps déformé et décharné » ayant renoncé à toute dignité, avec à peine de quoi se nourrir.

Pourtant, pouvons-nous raisonnablement penser les connaître, ces hommes des IIIe et IVe siècles ? Dans le désert, il devait bien être possible de retrouver – que vous soyez un esclave en fuite ou un chrétien terrifié – le genre de dignité à laquelle on n'accède pas dans le « monde ». Jean Cassien, le moine auquel on attribue l'introduction du monachisme en Europe, résida à Scétis pendant sept ans au cours du IVe siècle. « Nous vivons ce dénuement dans la joie, préférant à tout autre plaisir l'effrayante immensité de ce lieu isolé, et les fruits de votre terre généreuse ne pèsent rien face à ces sables cruels. »

Le désert n'était pas simplement toléré, pas plus qu'il

n'était qu'un champ de bataille sacré. Prenons l'exemple du père Sisoès. Renonçant à contrecœur à la vie anachorète à cause de son grand âge, il s'installa dans un monastère. Quelqu'un lui demanda alors : « Mais que ferais-tu dans le désert, maintenant que tu es vieux ? » À quoi il répondit sombrement : « La liberté de mon âme ne me suffisait-elle pas dans le désert ? » Le Wadi el Natroun est également appelé le Wadi Habid, la « vallée bien-aimée ». Saint Antoine aimait lui aussi le désert – il l'aimait pour ce qu'il était et pas seulement pour ce qu'il n'était pas ; pour ce qu'il lui offrait, et pas seulement pour ce qu'il lui refusait. Vers la fin de sa vie, il partait tous les soirs faire une promenade. Imaginons-le, baigné par la lumière du crépuscule dans le désert Libyque, les mains jointes dans le dos, accompagné par deux corbeaux.

Avant que Shell ne construise en 1946 l'autoroute de la mer Rouge reliant Suez à Ras Gharib, il fallait, pour se rendre au monastère Saint-Antoine, traverser le désert Arabique pendant cent trente kilomètres. Rares étaient les pèlerins à l'époque. De nos jours, on en compte jusqu'à deux mille les jours de fêtes religieuses. Pour venir, il faut quitter la côte à Zafarana, puis suivre l'autoroute vers l'ouest sur soixante kilomètres. Les sommets de la montagne Galala al-Qibliya vous dominent, sans jamais sembler se rapprocher. Puis les deux tours du portail du monastère apparaissent et vous comprenez à quel point les montagnes sont hautes et le monastère finalement insignifiant. Au centre du complexe, à l'intérieur de l'enceinte, se trouve l'église Saint-Antoine, qui date du ve siècle et où « l'Étoile du désert » serait enterrée. Vue de l'extérieur, elle ne paye pas de mine au milieu de ce groupe de bâtiments beige clair serrés les uns contre les autres.

Un bâtiment religieux a besoin de grands arbres pour en imposer. Celui-ci a été construit avec des pierres calcaires recouvertes d'une épaisse couche de chaux et de gypse. À l'intérieur, la décoration est assurée par des panneaux sculptés en bois d'acacia et d'olivier. Cette richesse toute relative me rappelle les grottes des Mille Bouddhas. En dépit de l'austérité des principes monastiques, elle résonne comme un cri au milieu d'un désert sans couleurs, comme une enluminure dissimulée dans les pages vierges d'un manuscrit.

Jusqu'à la rénovation des fresques dans les années 1990, l'église était un lieu triste, où l'ombre de quelques visages se détachait des murs noircis par la fumée – de la fumée provenant des cierges, des lampes et de l'encens qui y avaient brûlé pendant des siècles, mais aussi des feux des Bédouins pendant la période où le monastère fut abandonné au XVe siècle. Maintenant que les taches de fumée ont été nettoyées, l'église est l'un des joyaux de l'Église copte. La plupart des fresques datent de 1232 environ et sont l'œuvre d'un certain Maître Théodore (« Don de Dieu »). Elles représentent l'histoire du monachisme copte : ici, dans la nef, un Macaire barbu est accompagné d'une créature qui ressemble à un hybride de chouette et de petit enfant, avec des ailes décorées d'yeux – l'ange qui demanda à Macaire d'abandonner sa vie de négociant. On découvre, également alignés sur les murs, les autres fondateurs des monastères du Wadi el Natroun : Maximin et Domitien de Mélitène, Moïse l'Éthiopien (Abba Moussé), Bichoï le Grand, Jean le Petit, ou encore Barsoum le Syrien. L'iconostase, qui sépare la nef du sanctuaire, représente Abraham, Isaac et Jacob au Paradis avec un charmant petit ajout, qui semble avoir été peint hors cadre tout à la fin, comme une sorte de commentaire ou de pensée de dernière minute : un homme minuscule au corps dévoré par les flammes, qui tend la main dans un geste de douleur ou de supplication. Une légende en arabe l'identifie : il s'agit de l'homme riche de la parabole du pauvre Lazare. « Il supplie Abraham de lui donner une goutte d'eau », m'explique gaiement l'un des novices.

Le tableau qui me touche le plus – difficile pour moi de dire pourquoi je le trouve si émouvant – est une sorte de double portrait de deux vieillards, avec à gauche saint Antoine, les mains levées à hauteur des épaules, paumes tournées vers nous, et à côté de lui son ami saint Paul. Antoine porte une robe noire, Paul une robe rouge foncé (mais peut-être les pigments ont-ils changé au fil des siècles). Dans la convention iconographique copte, tous les saints ont des petites lèvres en bouton de rose (symbolisant le silence) et d'immenses yeux grands ouverts (pour la vigilance). Saint Paul occupait une grotte de l'autre côté des montagnes, à quinze kilomètres de la mer Rouge. Un monastère y fut construit, à cinquante kilomètres à vol d'oiseau de son frère saint Antoine. C'est saint Jérôme qui écrivit la version la plus lue de l'histoire de Paul, l'une des sources d'inspiration de Felix Fabri pour son ouvrage en vingt parties sur le désert (*Les Errances de frère Félix en Terre sainte, 1480-1483*). Il y raconte qu'Antoine eut un soir une vision : « Il lui fut révélé qu'il y avait au cœur du désert un autre frère bien meilleur que lui, et qu'il devait en toute hâte aller lui rendre visite. » Paul avait alors cent treize ans, Antoine, quatre-vingt-quatorze. « Sitôt le jour levé, le vénérable vieillard se mit en route, s'aidant d'une canne pour soutenir ses membres faibles, sans savoir où il allait. » Une série de guides lui indiquèrent le chemin

– un « Hippocentaure », un faune, et enfin une louve, qui le mena à la grotte de saint Paul.

Comme on l'a dit, les deux saints sont rarement représentés l'un sans l'autre. Ils partagent un même symbole, qui plane au-dessus de leurs têtes. « Un corbeau s'était installé sur une branche de l'arbre. Puis, se laissant délicatement tomber au sol, il déposa un pain devant les deux saints, médusés. » Paul expliqua à son visiteur que depuis soixante ans, cet oiseau lui livrait chaque jour la moitié d'un pain. « Mais comme tu es venu, le Christ a doublé la ration de Ses soldats. » Le corbeau apparaît sur tous les tableaux et icônes représentant les deux saints. Ici, son image est simple comme un dessin d'enfant : un contour rempli de noir, avec juste le détail d'une tache pâle figurant l'œil. Il tient dans son bec un disque blanc sur lequel est dessinée une croix, comme une hostie.

La tendresse que ce corbeau m'inspire me rend perplexe. Est-ce parce que ces oiseaux restent fidèles leur vie entière ? Le corbeau est suspendu entre les deux saints tel un mobile dans une chambre d'enfant. Je me souviens que Bertram Thomas avait baptisé celui qu'il avait apprivoisé Suwaiyid, « le petit noir ». L'oiseau dessiné sur le mur de l'église n'est pas simplement celui qui apporte à manger ou un symbole de l'incarnation de Dieu, mais aussi, ne puis-je m'empêcher de penser, un intermédiaire, l'esprit de communion entre ces deux âmes tellement éloignées l'une de l'autre dans l'intensité de leur incarnation.

Jouxtant l'église Saint-Antoine se trouve l'église des Apôtres, qui date du XVIIIe siècle. On la repère aux dizaines de chaussures alignées près de la porte et au pied des murs. Trois fois par semaine se célèbre ici la Divine Liturgie. C'est également ici que j'assiste aux Heures canoniales – laudes à quatre heures, et vêpres à dix-sept heures. L'église est grande, basse et coiffée d'un dôme. Le fait qu'elle soit ouverte et qu'on laisse ses chaussures à l'extérieur me fait penser à une mosquée. À vingt-trois heures, l'électricité est coupée dans tout le monastère, et jusqu'à ce qu'elle soit rétablie, à sept heures le lendemain, il ne reste pour toute lumière que le projecteur près du portail et les lampes à l'intérieur de l'église. Un matin, alors que je me rends aux laudes, *tasbiha*, et que le portail constitue, avec son projecteur perçant l'obscurité au loin, la seule partie visible du monastère, je vois la muraille s'éclairer brusquement elle aussi, et mon ombre tituber devant moi – c'est Peter qui me rattrape en éclairant son chemin avec une lampe torche. Je l'attends, même si je sais que lorsque nous entrerons dans l'église ce sera en étrangers. Au moment où nous passons le portail, le vent se lève et les chats du monastère se mettent à miauler.

Le service dure deux heures, qu'on passe entièrement debout. Cela fait partie du travail du moine, de rester debout parfois jusqu'à huit heures dans la journée. Les prières sont en arabe, avec un peu de copte. J'essaie de suivre, mais souvent je ne sais pas où on en est. Pour celui qui ne comprend rien, la mélopée des versets et des répons, chantés, prend un caractère hypnotique. Le narthex, où se tiennent les moines, est divisé en deux, avec à gauche les novices en blanc, et à droite les moines en noir, même si la division n'est pas si stricte que cela puisque certains moines se mêlent aux novices. Quand débutent les chants, les novices chantent un vers, que les moines répètent ensuite en écho. De la psalmodie antiphonale. Qu'est-ce qui différencie leurs voix ? Je ferme les yeux. Le chant des novices est moins assuré, plus timide ; quand vient leur tour, les voix des moines sont plus sonores, et plus basses. Entre les deux, il y a la même différence qu'entre un geyser et une chute d'eau. J'ouvre les yeux. Les novices, qui ont dans leur immense majorité entre vingt et trente ans, remplissent leurs habits blancs de leurs corps épanouis et massifs, tandis que les moines, vêtus de noir, sont diminués – diminués par la vie, minces sans être frêles, légèrement voûtés, plus lents dans leurs mouvements. Il y a en eux quelque chose de desséché. La vie de moine vous fait ressembler à un moine.

Desséché, peut-être, mais pas triste pour autant. Ce qui me frappe le plus en fait, c'est l'amour : chacun touche la main de celui qu'il rencontre, pour le bénir ou se faire bénir par lui. Les sourires sont nombreux, chaleureux, accompagnés d'une main sur l'épaule ou dans le dos tandis qu'on échange quelques mots. *Agape* (« amour », en grec ancien) est le terme utilisé par les coptes pour désigner la célébration partagée des mystères chrétiens.

On commence par la prière du Seigneur : « *Abana aladhi fi as-samaawaat…* » Puis vient la litanie des malades (je suis la version anglaise grâce à une application sur mon portable) : « Ceux qui sont affligés par un esprit impur, libère-les tous. Ceux qui sont en prison ou dans un cachot, ceux qui sont en exil ou en captivité, ou ceux qui sont soumis au joug de l'esclavage, libère-les tous et aie pitié d'eux. » Suivie de celle des voyageurs : « Facilite leur chemin, que ce soit par la mer, les rivières, les lacs, les routes, l'air ou tout autre moyen, pour que le Christ notre Seigneur les ramène dans leurs foyers en paix… »

Les chants sont accompagnés du son bref et rythmé des cymbales à main et du tintement fluet d'un triangle. Je pense au plain-chant des cisterciens dans cette abbaye glaciale du Dartmoor, à ces harmonies délicates et cette pureté gracile de la voix. Ici c'est différent. Il n'y a rien de musical. Les efforts des moines, dont certains ont chanté les mêmes versets sur la même mélodie des dizaines de milliers de fois, sont tangibles : on perçoit les moments de fatigue, puis de sursaut, le caractère laborieux de ces chants. Il ne s'agit pas de recréer les voix mélodieuses des anges, mais plutôt d'exprimer son admiration à travers un effort physique. Le résultat n'est pas vraiment beau, mais quand les cymbales et le triangle partent en crescendo et que les voix des religieux expriment à plein volume leur passion, le tout vous émeut et vous inspire bien plus que ne le ferait la musique chorale européenne la plus raffinée. Parfois, un verset résonne avec une vigueur renouvelée, comme pour se faire pardonner un relâchement momentané.

Au bout d'une demi-heure, j'ai mal au dos ; au bout de deux heures, il m'est difficile de penser à autre chose qu'à cette douleur. Ça reste toujours aussi difficile, me confie un novice. Toujours la douleur. Je voudrais m'asseoir sur le tapis. Je ne sais pas trop pourquoi je n'en fais rien. Nous chantons ensemble le *Kyrie eleison* – « Dieu, aie pitié de nous » – répété vingt-cinq fois, la dernière pendant vingt secondes sans reprendre son souffle, comme un disque qui tournerait au ralenti, avec l'estomac qui se contracte jusqu'à ce que nos poumons soient vidés.

Le père Lucas a une trentaine d'années, je pense. Mince, la barbe noire, un air de doux savant. Il a fait des études pour devenir dentiste avant de prononcer ses vœux. « Il y a très peu de moines-dentistes », me dit-il. Son cabinet, installé dans un bâtiment du monastère qui date du XVe siècle, est rempli de la technologie dernier cri – appareil de radiographie, autoclave rutilant, nouvelle fraiseuse supersonique pour thérapie endodontique.

Le père Lucas traite non seulement ses camarades moines, mais également des éleveurs de chameaux, des soldats et des Bédouins qui viennent de partout dans le désert Arabique. La prière n'est pas la seule obligation d'un moine. C'est le père Lucas qui me parle de la célèbre marche vers saint Paul, celle que saint Antoine entreprit pour rendre visite à l'ermite mourant. Il y a deux itinéraires, m'explique-t-il tandis que nous nous installons dans la salle d'attente devant deux verres de thé : le premier vous fait passer par les montagnes derrière le monastère, tandis que le second, bien plus long, est celui que le vieil Antoine a sans doute emprunté. Il contourne les sommets les plus élevés, suit un réseau de wadis avant de vous faire escalader la montagne qui domine le monastère Saint-Paul, distant de trente kilomètres. Le père Lucas ne recommande pas le premier itinéraire à cette période-ci de l'année – trop de vent là-haut, et on se perd facilement.

Il nous propose, à Peter et moi, d'assister à la messe de minuit dans la grotte de saint Antoine le Grand, l'endroit même où le plus célèbre des Pères du désert est censé avoir vécu au IIIe siècle, sur le flanc de la montagne au-dessus du monastère. À vingt-deux heures, nous entendons un coup de klaxon sous les fenêtres de nos chambres : c'est le père Lucas qui nous attend dans sa camionnette. Nous roulons jusqu'au pied de la montagne, puis gravissons les mille marches de l'escalier, le moine en tête. Cette montée, je la connais bien maintenant. Je me rends souvent dans la grotte après les laudes, quand il fait encore frais, pour admirer le lever du soleil. Il a fallu que je fasse l'ascension plusieurs fois avant de me rendre compte que les parois calcaires des montagnes à travers lesquelles passe le sentier sont loin d'être aussi dénudées que je le croyais. Je repense alors à ces dessins de Rorschach où un ensemble de taches apparemment désordonnées finit par former un motif. Plus on regarde les collines, plus on distingue de croix – des croix constituées de pierres posées à plat sur la pente. Une fois qu'on en repère une première, on en voit une deuxième, et une troisième – des dizaines, des centaines, créées par des générations de pèlerins. À mi-parcours se trouve la minuscule église moderne de Saint-Paul (un autre saint Paul), aux murs recouverts de graffitis en arabe, avec tout autour d'elle des briques grises – ce qu'il est resté après sa construction – empilées de façon à former elles aussi des croix, debout celles-ci. Sous la terrasse devant la grotte, on passe au milieu de branches de palmier et d'acacia nouées ensemble et plantées dans le sol ou coincées dans une anfractuosité naturelle. On a l'impression de traverser une immense foule ou forêt de croix, des croix innombrables en réalité – le bras gauche de l'une constituant aussi le bras droit d'une autre.

À cause de l'obscurité, je ne peux que deviner l'immensité de l'espace dans lequel nous nous trouvons. J'ai l'impression d'emprunter un escalier qui traverse le vide. Mais l'obscurité n'est jamais complète, pas plus que le silence. Je perçois un bruit lointain, à un kilomètre peut-être, un murmure humain, celui d'un moine faisant ses dévotions. Ce son a quelque chose de terrifiant, d'épouvantable, tellement il est solitaire. Même si ce moine n'a sans doute pas le sentiment d'être solitaire. Le père Lucas préfère marcher sans lampe torche, si bien que je ne vois que la masse sombre et mouvante de son corps qui me précède, plus noire encore que le noir de la montagne. Le bruit de notre respiration, le glissement de nos mains sur la rambarde en acier. Au moment où nous nous arrêtons à mi-chemin, le père Lucas prononce une phrase, une seule : « Dis-moi, est-ce l'homme qui rend le lieu saint, ou le lieu qui fait de l'homme un saint ? » Notre silence n'est pas pour lui déplaire.

Nous arrivons devant l'entrée de la grotte, où attendent d'autres personnes, de jeunes hommes. Ils s'éclairent avec leurs portables. Ils ont également sur leurs téléphones les trois liturgies coptes de saint Basile, saint Grégoire et saint Cyrille, la psalmodie dans son intégralité et l'Agpeya, le cycle des Heures canoniales. Ils sont heureux de voir le père Lucas. Ce dernier les bénit et leur demande d'éteindre les lumières de leurs portables – il n'aime pas ce qui éblouit.

Jean Coppin, lieutenant de cavalerie et consul des Français à Damiette au XVIIe siècle, raconte ainsi son arrivée à la grotte après avoir gravi l'escalier depuis le monastère : « L'entrée ne fait pas plus de soixante-dix centimètres de large et un mètre trente de haut. Elle s'enfonce pendant quelques mètres dans la roche sans s'élargir, si bien que deux hommes ne peuvent y avancer côte à côte. » Trois siècles plus tard, le couloir d'entrée est toujours aussi étroit. Tête baissée, le père Lucas se signe et y pénètre en marchant de côté façon crabe, suivi d'un novice qui éclaire pour lui le chemin avec son portable. Au bout d'un long moment le passage débouche sur la grotte principale. Y règne une odeur d'encens – une odeur vieille de plusieurs années, de plusieurs générations, qui fait plutôt penser à celle d'un fourneau en sommeil, avec des tonalités de métal, de terre et d'herbe. La roche elle-même est imprégnée de cette odeur ; elle apparaît sous la forme d'un vernis résineux couvrant les parois, qui s'enlève avec l'ongle. La roche est brunie partout où elle est accessible, avec les traces de millions de caresses, y compris sur le plafond quand il n'est pas trop haut. Et dans chaque fissure ou petit trou, des messages ont été insérés – si l'on ne peut pas louer un saint, on peut lui demander une faveur.

Pour les coptes, le simple fait de se trouver dans cette grotte est une forme de bénédiction ; le caractère sacré croît avec le temps, et la suie de l'encens et des bougies brûlés forme la substance du temps et des louanges à Dieu. Notre petit groupe de douze descend une volée de marches menant à une salle voûtée grande comme un abri de jardin. Pour ceux qui se trouvent le long des murs, là où le plafond est le plus bas, il est impossible de se tenir debout. À une extrémité de la salle se dresse un autel en pierre décoré d'icônes modernes représentant saint Antoine. C'est dans ce petit espace sans lumière que le père du monachisme chrétien passa les quarante dernières années de sa vie – du moins c'est ce que croient les moines. Le père Lucas et ses deux assistants allument six cierges qu'ils installent, fixés dans leur propre cire fondue, dans des niches naturelles ou au bord de l'une des marches en pierre. D'un placard aménagé sous l'autel, ils sortent la chasuble et le calice puis versent le vin, et tous trois enfilent rapidement des habits liturgiques blancs.

J'éprouve un sentiment de perplexité que je commence à bien connaître. On me donne un cierge fin comme un stylo, que je tiens entre deux doigts comme un fumeur sa cigarette, ce qui me permet d'avoir les mains plus ou moins libres. J'ouvre la liturgie de saint Grégoire sur mon portable mais perds vite le fil, si bien que je me contente de rester là tête baissée à écouter le père Lucas et les novices psalmodier tour à tour. Les chants gagnent en intensité, la chaleur monte. Je réprime mon sentiment de claustrophobie. Au bout d'une heure, l'air commence à manquer, saturé qu'il est de fumée d'encens. Juste au moment où la flamme du cierge me lèche les doigts, les prières ralentissent et se terminent sans vraie conclusion. Le père Lucas se tourne, plonge la main dans un bol et nous asperge d'eau, une fois, deux fois, trois fois. En regardant autour de moi je vois que tout le monde a le sourire aux lèvres. Un sourire de soulagement intense. Les dernières paroles du père Lucas sont tels les derniers oiseaux du crépuscule.

Nous soufflons les cierges, puis remontons les escaliers et débouchons lentement en file indienne dans la fraîcheur de la nuit. Deux heures ont passé. Je ne suis pas loin d'être ébahi. Chaque nuit, ces jeunes gens passionnés grimpent quatre cents mètres pour s'agglutiner dans une petite cavité plusieurs heures d'affilée. Et ils le font dans la joie. Absolument rien ne les distingue de leurs prédécesseurs des quinze siècles passés, en dehors de leurs portables et de leurs baskets, et c'est précisément ce qui constitue le cœur de leur plaisir.

Nous nous asseyons, épuisés, devant l'entrée de la grotte et contemplons le désert plongé dans le noir tout en bas – on ne distingue que les phares d'un véhicule traversant le Wadi Araba trente kilomètres plus loin – et le ciel nocturne. Les jeunes gens, qui ne sont pas des novices mais de simples coptes de la région, ont apporté de l'eau dans une gourde en plastique de trois litres. Ils me la tendent. Elle est glacée. Quand je bois au goulot, je sens les glaçons s'entrechoquer sur mes lèvres. Peter s'installe à côté de moi, ça me fait plaisir de le voir. Il refuse la gourde. « Bois », lui dis-je. Il me répond qu'il n'a pas soif. « Allez, fais-moi plaisir. » Il cède. Loin d'être épuisé, il est galvanisé, prolixe ; si je ne le connaissais pas je penserais qu'il vient de finir un bon repas, ou de faire l'amour, ou d'assister à la victoire de son équipe de foot favorite. L'avancée rocheuse qui coiffe l'entrée de la grotte encadre le ciel, l'absence d'étoiles révélant sa forme. « C'est tellement incroyable ! s'exclame Peter en s'allongeant. La splendeur de la création divine. Une splendeur inimaginable. » Je lui demande si le ciel nocturne est comme ça en Érythrée. « Oui ! Oui, exactement pareil. Magnifique. Dans les étoiles, on voit le souffle pur de Dieu. »

Demain sera ma dernière journée ici avant que je ne me rende à pied au monastère Saint-Paul. Ce matin, le ciel qui apparaît derrière les fenêtres de l'église est bleu pâle. Bientôt, le soleil viendra frôler le sommet des montagnes, cinquante kilomètres plus loin de l'autre côté du Wadi Araba, mais sa lumière ne tombera sur le monastère que dans une heure, voire plus. C'est l'heure que je préfère, ici comme dans l'Arizona, ces trente minutes de lumière passive, quand la nuit cède la place au jour avant que le soleil ne vienne frapper le sol. Aujourd'hui est un jour férié. Je m'attendais à trouver comme d'habitude le parking désert en sortant du monastère, mais déjà une vingtaine de cars y sont garés, moteur allumé, et d'autres sont en train d'arriver avec leur cargaison de pèlerins venus du Caire, d'Alexandrie et de toute la vallée du Nil pour grimper jusqu'à la grotte avant le lever du soleil.

Cette forme de pèlerinage informel, le *rihla*, est un phénomène moderne rendu possible par les autoroutes du désert. Pour les gens, c'est une sortie, du tourisme tout autant qu'un pèlerinage. Mais les coptes visitent également les monastères pour recevoir la grâce, la *baraka*, des moines et du lieu saint lui-même, pour prier devant les autels et faire leurs dévotions aux reliques. Dans nos chambres la paix s'est envolée : les cris et éclats de rire nous parviennent du dehors, ainsi que le bruit des cars qui reculent ou rétrogradent. On cogne à notre porte. Quand j'ouvre, deux petits garçons se sauvent en hurlant de rire. Le monde. Je suis heureux de voir tout ça – les femmes, les enfants surtout – mais pour Peter, c'est trop. Il enfile ses chaussures. Je remplis ma gourde, prends mon sac à dos, et nous sortons ensemble affronter la fumée et les bruits de klaxon.

La piste qui mène à la grotte de saint Antoine, visible à un kilomètre et demi de distance, grouille de monde ; une file pratiquement ininterrompue gravit les marches. Nous nous frayons un chemin entre les cars et la foule – avec maintenant probablement cinq cents personnes ici, qui prennent le petit-déjeuner, jouent au foot, s'interpellent – et, longeant l'enceinte du monastère, arrivons au bout, là où commence la pente de la montagne. Personne ici, juste la muraille pâle derrière nous et les sombres parois devant. Mais on entend encore les klaxons. Au pied de la montagne, la piste qui passe derrière le monastère vient d'être bitumée. Quand nous la traversons, nos pieds collent à la surface noire luisante. Je note la présence de traces – difficile de dire si ce sont celles d'un humain ou d'un animal – qui montent le long d'un cône alluvial. Le chemin est difficile, physiquement exigeant, mais fréquemment utilisé, et pas que par des bouquetins ou des renards. Près du sommet, environ quatre cents mètres plus haut, là où la paroi devient verticale, quelques marches ont été taillées dans la pierre, avec une rambarde en tubes d'échafaudage. Je remarque la présence de câbles électriques noirs qui partent du monastère. Aurions-nous pénétré un territoire interdit ? Nous comptons pourtant bien continuer à grimper jusqu'au bout, ne serait-ce que pour la vue. Une fois là-haut, nous constatons qu'en réalité nous n'avons pas atteint le sommet mais le bord d'une terrasse parsemée de monticules de cailloux calcaires, traversée par une piste, et que les montagnes se dressent huit cents mètres plus haut que ce plateau. « Le Diable est tel un serpent ou un scorpion, déclare soudain Peter. Il nous suffit de prononcer le nom du Christ et c'est comme si nous l'écrasions sous nos pieds. » Il essaie de se donner du courage : ce n'est pas le Malin qui le préoccupe, mais les serpents et scorpions bien réels qu'il imagine. Je ne sais pas trop si son malaise est celui du citadin trop habitué à la ville ou bien s'il voit dans ces montagnes le prolongement du désert de l'Ancien Testament. Il a lu Athanase et sait que la Montagne intérieure n'a jamais été pour saint Antoine un lieu de tranquillité. De même que le Diable n'est jamais vaincu que temporairement.

Lorsqu'ils venaient lui rendre visite, les disciples d'Antoine « voyaient la montagne se peupler de bêtes sauvages, et lui qui se battait comme contre des êtres invisibles [...] Pratiquement toutes les hyènes de ce désert sortaient de leurs tanières et l'entouraient ». Nous avançons en suivant les câbles noirs et constatons que la bataille n'est pas terminée. Blottie contre un escarpement étroit, nous découvrons une première petite cabane en bois, puis une seconde de l'autre côté du sentier. C'est à elles que les câbles fournissent l'électricité. Elles sont comme des sentinelles qui gardent le passage entre les collines. Les portes sont fermées, les volets clos. Devant l'une des cabanes se trouve un banc en bois, mais un moine peut prier dans sa cellule des heures durant, voire des jours (qui sait quelles sont ses dévotions ?), si bien qu'il nous est impossible de savoir si les cellules sont occupées ou pas, et donc nous n'osons pas nous en approcher de peur de déranger quelqu'un qui serait plongé dans ses prières. Nous poursuivons notre chemin dans ce dédale pierreux.

J'explique à Peter que le calcaire est un produit de la mer, les restes pétrifiés de créatures minuscules tombées au fond des océans et recouvertes pendant des millions d'années de couches successives de sédiments. Mais c'est comme si mon compagnon, d'ordinaire si attentif, ne m'écoutait pas. Il s'arrête et lève les yeux vers les sommets devant nous, la ligne de crête qui se détache sur le bleu du ciel. Puis il reprend sa marche. Posées non loin du chemin, nous trouvons une pioche et une pelle. Visiblement, quelqu'un a voulu creuser dans la roche, y établir un endroit pour dormir ou peut-être une nouvelle cellule. Aux endroits où les strates minérales sont exposées, on voit des dizaines de fossiles. J'en détache un que je montre à Peter. Il fronce les sourcils, ébahi. « Vraiment ? Tout ça, sous les océans ? » Je détache d'autres fossiles et les dépose dans sa paume ouverte.

« Comment tu sais tout ça ? »

Je lui réponds que c'est juste un fait – on oublie où on a appris certaines choses.

« Tu vas te moquer de moi…, commence-t-il.

– Seulement si tu dis quelque chose de drôle.

– Eh bien… peut-être est-ce le Déluge ? Noé… le Déluge… »

Oui, en effet, peut-être le Déluge, même si ces montagnes sont vieilles de plusieurs millions d'années.

Peter s'efforce de réconcilier le temps biblique et le temps géologique, puis semble chasser tout cela de son esprit au moment où nous reprenons notre marche. Je me souviens de ce qu'il m'a dit l'autre soir, alors qu'il regardait les étoiles devant l'entrée de la grotte de saint Antoine, réfléchissant peut-être à ce qu'il pourrait faire de sa vie : « La splendeur de la création divine, une splendeur inimaginable… »

Difficile d'imaginer que la tradition monastique ait pu être inventée dans une contrée fertile, un pays où retentissent le chant des oiseaux, le rire des enfants. Seul le cadre du désert offre une austérité qui fait écho à l'austérité de l'existence ; seul ce paysage minéral peut parler au dénuement auquel se voue un moine. Nous marchons pendant toute la matinée et découvrons çà et là, cachées dans des crevasses, d'autres cellules, ainsi que des couvertures et des lampes à huile abandonnées sous des abris rocheux. Cette montagne a des allures de dortoir. Peu de gens vivent ici en permanence. Plus haut, nous suivons une série de petites croix rouges peintes sur des rochers : des balises.

Même à proximité d'un abri ou d'un point d'eau, on en vient souvent à redouter le soleil, sa chaleur, mais aussi sa lumière. À peine s'est-il levé que j'ai hâte de le voir se coucher. Dans l'après-midi, je me réfugie dans l'église du monastère. Les pèlerins sont partis, et les lieux ont retrouvé leur calme. Peter a été appelé pour donner un coup de main aux moines. Dans un angle, je vois assis par terre le frère Joachim, le novice qui fait office de sacristain. C'est un homme affable, quelque peu suffisant, avec une moustache bien plus épaisse que sa barbe. Il se lève, heureux de me voir ; je place la main sur mon cœur, il fait de même, puis d'un geste m'invite à m'asseoir avec lui. Il a envie de parler (comme souvent les novices). Il n'est ici que depuis seize mois, me dit-il. J'utilise le mot « incroyable » pour décrire les fresques – mon but est de le mettre à l'aise, mais le terme est un peu niais. Pourtant, c'est celui qu'il reprend à plusieurs reprises pour évoquer sa vie ici au monastère, même si j'ai l'impression que c'est davantage le fait pour lui de se trouver ici, d'y mener ce genre de vie, qu'il trouve incroyable, plutôt que l'endroit ou le mode de vie en lui-même. Il ne sera pas le premier à être surpris par la réalité de sa propre existence. « Incroyable… Mais c'est très dur. On lit beaucoup de choses sur la vie monastique, mais c'est impossible à comprendre tant qu'on ne l'a pas vécue. Quitter sa famille, ses amis… »

Il est jeune, n'a pas encore prononcé ses vœux. Il se demande s'il ne s'est pas trompé – ce doute nourrit la vie d'un moine. Et puis il y a tous ces visiteurs, ces milliers de pèlerins qui sont l'élément vital du monastère en même temps que son fardeau. « Dieu sait si je vous aime, dit le père Arsène (Abba Arsenius) à ses disciples au IVe siècle, mais je ne peux pas être avec Dieu et avec les hommes. »

« Les gens pensent que nous sommes parfaits. Ils viennent nous voir parce qu'ils ne font plus confiance aux prêtres, poursuit Joachim. C'est ce qu'ils nous disent. Ils se confessent même auprès des moines. La mission du clergé est retombée sur leurs épaules. Mais un homme ne peut vivre qu'une vie à la fois : celle du monastère, ou bien celle du monde. »

Il me dresse la liste des devoirs éternels du moine : chasteté, pauvreté, soumission. « Quand il y a beaucoup de gens ici, ils amènent le Diable avec eux. Le Diable sait bien comment nous tenter. Par exemple, tu vois une belle voiture, une BMW. Tu te dis : "Suis-je en train de gâcher ma vie ? Tout ça pour rien ?" C'est ainsi que procède le Malin. »

Il ne mentionne pas les femmes, ces Cairotes aux cheveux soyeux qu'on voit descendre des cars, ou les bandes de jeunes gens en lunettes de soleil Aviator, qui se baladent en entourant du bras les épaules de leurs camarades. Il ne mentionne pas non plus le silence qui retombe après le départ du dernier car.

Il aime les romans, me dit-il – Orhan Pamuk et Elif Shafak, notamment –, et, dans son ancienne vie, quand il avait une vingtaine d'années, la lecture occupait une grande partie de son temps. Certes, ici il est libre de lire ce qu'il veut, ce qu'il estime approprié. « Mais on nous dit que nous ne sommes pas ici pour apprendre à connaître le monde. Nous ne sommes pas ici pour nous instruire. La connaissance, la lecture, l'étude : tout ça nous distrait de la prière. Certains des moines les plus admirables, les plus âgés, ils ne savent du monde que ce qu'en disent les textes sacrés. »

Malgré la présence de bibliothèques et de scriptoriums dans les monastères (ici, la bibliothèque est interdite aux visiteurs), la lecture – le mot – fait depuis toujours l'objet d'une grande méfiance chez les moines du désert. Athanase nous dit que même enfant, saint Antoine le Grand « ne supportait pas d'apprendre son alphabet ». Et si l'affirmation selon laquelle il aurait été illettré ne tient pas au regard des lettres qui lui sont attribuées, il n'était pas, tant s'en faut, un rat de bibliothèque. « Mon livre à moi, dit-il, c'est la nature des choses créées ; chaque fois que je veux lire la parole de Dieu, elle est là, elle me précède. » Joachim poursuit : « Notre père Antoine disait : "Chez la personne dont l'esprit est sain, il n'est nul besoin de livres." » Dieu – Moïse le savait bien – est « au-delà des images » et donc des mots. Le désert n'est pas une page blanche, c'est une bibliothèque vide depuis toujours.

Je me lève. Joachim me demande de rester. « Tu as un rendez-vous ? Une réunion importante ? Reste. Reste encore un instant. Regarde. » Il se met debout et se penche pour soulever un coin du tapis rouge recouvrant le sol de l'église. Dessous, un panneau de verre armé poussiéreux recouvre la crypte antique. « Il y a ici beaucoup de lieux secrets, vois-tu, et beaucoup de secrets. » Mais il se refuse à aller plus loin, se contentant de sourire en soutenant mon regard comme si nous comprenions tous les deux. Je pense qu'il veut dire que la vie qu'observe le visiteur n'est pas la vraie vie, qu'il y a dans la figure publique du moine un peu de l'acteur.

Difficile d'imaginer que ce jeune homme qui aime les livres d'Ohran Pamuk et les disques de Susan Boyle, qui est assoiffé de nouvelles du monde, puisse un jour se plier aux principes de chasteté, de pauvreté et de soumission. Mais il est vrai que ce n'est pas une vie qu'on est censé accepter. Incroyable, en effet.

La journée a été particulièrement chaude. Cet après-midi, l'un des novices est venu dans notre chambre dire à Peter qu'il y avait du travail pour lui. Ce dernier a passé la semaine à supplier qu'on lui donne quelque chose à faire. Les prières et le jeûne ne lui suffisent pas. Si une partie de l'eau du monastère provient toujours de la source qui a attiré saint Antoine ici, le reste est acheminé par une canalisation. Quelque part dans la plaine du Wadi Araba, cette canalisation s'est percée, et comme Peter a très envie de connaître tous les aspects de la vie d'un moine, il va se joindre au groupe chargé de réparer la fuite.

Quand je reviens de l'église, il est assis au bord de son lit, la tête entre les mains. Il lève les yeux vers moi, puis reprend sa position. « Peter ? » dis-je. Il me regarde, épuisé. Je remplis une tasse d'eau et y mélange un sachet de poudre vitaminée. « Bois. » Je passe mon temps à lui dire de boire. Il obtempère. Il vient de passer quatre heures en plein soleil, sans chapeau, à creuser le sol dur.

« Ils m'ont dit que je pouvais partir, mais moi, je ne voulais pas. » Il a les traits tirés, le regard ailleurs, et peine à parler distinctement. Les petites cymbales qu'il utilise pour accompagner ses prières sont posées sur sa table de chevet, à côté d'un petit bout de chandelle.

Les moines ont réussi à dégager la conduite, à réparer la fuite et à combler le trou. Quant à Peter, il est déshydraté et je crains qu'il n'ait pris un coup de chaleur. Je lui dis de dormir, mais il veut parler.

« Les moines n'ont rien fait, dit-il, en dehors de crier des instructions. Ce n'est pas ce que j'attendais !

– Bois.

– Je n'ai pas soif. »

Je remplis de nouveau sa tasse. Quand nous nous rendons au réfectoire pour dîner, il va mieux. Ses paupières ne sont plus collées, l'eau est en train de le revigorer. Mais il a perdu cette ferveur qui l'habitait il y a une semaine. Pendant que les novices et lui creusaient sans relâche, dit-il, les moines restaient là autour du trou à boire du Pepsi et à rigoler. Ils l'ont appelé « L'Allemand » : « Allez, creuse, l'Allemand ! »

« Certains des moines sont bons, poursuit-il, d'autres mauvais. On le voit : ils sont parfois très peu nombreux à assister aux offices du matin. » Peut-être prient-ils dans leur cellule, dis-je, ou bien dans une des chapelles du monastère. « Je ne les juge pas, s'empresse-t-il de répondre. Mais moi, est-ce que je ferais comme eux si je venais vivre ici ? Je ne les juge pas… » Pourtant, il reprend : « Si tu veux vivre comme en ville, boire du café » – et du Pepsi – « et faire des rencontres, pourquoi alors ne pas faire l'œuvre de Dieu en ville ? »

Il est encore épuisé, mais son regard vibre d'énergie.

« Si nous vivons comme Jésus le souhaitait, alors nous

détesterons le monde. Dieu hait le monde, parce que le monde est mauvais. Oui, il y a de bonnes personnes, mais la plupart des gens ne vivent pas de bonnes existences. Le mal est là, sous nos yeux. Dans le désert du Sinaï, les Bédouins kidnappent les réfugiés érythréens, et si les familles refusent de payer vingt mille, trente mille dollars, ils les tuent. Ensuite ils extraient le cœur et le foie et les vendent…

– Tu as quel âge ?

– Tu sais quel âge j'ai. Vingt-huit ans. À dix-neuf ans je détestais grandir : "Oh non, j'ai vingt ans ! Oh non, j'ai vingt et un ans !" Depuis que Jésus est venu à moi, j'ai hâte de vieillir. D'avoir cinquante, soixante ans, d'être près de la fin – du Paradis. Tu comprends ? Quand nous serons au Paradis, la douleur de ce monde sera… comme la piqûre d'un moustique… ou comme un accident que nous aurons eu enfants. Dieu déteste le monde, ça ne fait aucun doute. Dieu n'a pas gagné. »

J'en ai assez du Malin. Douter de l'existence de Dieu est une chose, sans doute, mais douter de la réalité de Satan ? Le mal est là, sous nos yeux. Il suffit d'aller sur YouTube et de voir ces captifs en survêtement orange sur une plage libyenne. De chercher sur Google le prix d'un cœur d'Érythréen.

Le lendemain matin, je quitterai le monastère pour de bon afin de me rendre au monastère Saint-Paul, de l'autre côté des montagnes. Le vol de Peter n'est que dans une semaine, mais il a pris sa décision. Toutes ces heures à creuser dans le désert, les moines vêtus de noir qui boivent du Pepsi en criant « Creuse, l'Allemand ! » : ça a été un tournant pour lui. Peut-être le moment qu'il attendait, le déclic. Il va rentrer dans le pays de ses parents, l'Érythrée (que toute une génération rêve de fuir), où la vie monastique est plus fidèle à celle que saint Macaire et ses disciples menèrent – derrière des murs sans portail, dans des « trous de hyènes », des grottes au plus profond du désert, *paneremos*, « le désert absolu », anonymes à jamais. Ce sont eux qui l'inspirent, eux dont personne ne saura jamais rien.

En rentrant dans nos quartiers, nous nous arrêtons dans le couloir pour regarder les poissons dans leur aquarium. Ce dernier n'a pas été rempli depuis la veille. L'eau s'évapore vite avec cet air sec, et celle qui reste devient de plus en plus trouble. Encore un jour ou deux et ses occupants vont mourir. On les voit à peine à travers l'eau sale. Peter va dans la cuisine et en revient avec une grande marmite serrée contre sa poitrine. Nous la soulevons ensemble et versons l'eau dans l'aquarium. « Buvez ! » lance Peter aux poissons.

Il n'existe pas de bonnes cartes de la montagne Galala – la meilleure que j'ai trouvée fut tracée en 1891 par des géomètres de l'armée britannique. S'y fier, c'est prendre un risque. Il y a quelques années de cela, un expatrié américain a décidé de rejoindre les monastères en solitaire et à pied. On l'a retrouvé mais trop tard : il s'était perdu et n'avait plus d'eau. Seuls les Bédouins du Ma'aza, le désert du Nord-Est, connaissent cette région montagneuse, et il est prudent, quand on est un étranger, d'obtenir au minimum leur consentement avant de s'y aventurer. Un ami m'a recommandé Moussa, un guide copte anglophone. Il a contacté Mussalem, un membre de la tribu des Ma'aza, et Khaled, le cousin de ce dernier. Ils faisaient partie du groupe qui a retrouvé l'Américain. Il nous faudra deux jours pour nous rendre sur les lieux. Khaled, chargé de transporter notre dîner et notre eau pour le deuxième jour, doit nous retrouver ce soir avec son camion.

Avant notre départ, j'assiste aux laudes pour la dernière fois. En grec il existe un mot, *apatheia*, qui signifie quelque chose comme « l'immobilisation des passions ». De toutes les aspirations des moines, c'est sans doute la plus précieuse. Rares sont ceux qui y parviennent. Un état de tranquillité sainte qui s'apparente au désintéressement, à l'indifférence, au détachement. Pas un désintérêt pour le devoir, mais pour les aspirations sociales, une indifférence à l'opinion des autres, un détachement des lois du monde des hommes : c'est tout cela, l'*apatheia*. Elle est liée à l'*apophasis*, car il vous faut d'abord reconnaître la valeur incommensurable du silence. Comme le disait Évagre le Pontique, « l'*apatheia* du désert a une fille dont le nom est amour. » C'est cela – l'amour, ou *agape* – que je décèle pendant l'office dans le comportement des moines les plus âgés : la révérence qu'ils portent à l'Église, à la liturgie, à leurs prédécesseurs, leurs marques de tendresse à l'égard de leurs frères et des novices. Malgré sa dureté, le désert est le prolongement extérieur de cette indifférence nécessaire à l'amour.

Moussa, que nous retrouvons à la sortie du monastère, est jovial et serviable. Il y a chez lui cet air timidement libéré qu'on voit chez les jeunes pères hors du foyer conjugal (sa femme vient d'accoucher de leur troisième enfant). Sa compagnie est agréable, même quand nous cheminons en silence. Je suis son premier client depuis plusieurs mois, m'explique-t-il. En Égypte, l'industrie du tourisme s'est effondrée depuis la guerre chez le voisin libyen et l'attentat ciblant un avion de ligne russe parti de Charm el-Cheikh. Moussa était guide dans le désert du Sinaï, mais il a dû se reconvertir dans l'enseignement. Pour lui, en tant que copte, notre voyage a tout d'un pèlerinage. Mussalem, qui fait trente centimètres de moins que lui, marche devant sans dire un mot ou presque – toujours à plusieurs mètres de nous, trouvant son chemin au milieu de gravier et de rochers comme s'il planait au-dessus du sol. Il est vêtu d'une dishdasha d'un blanc éclatant et d'un keffieh également blanc. Il porte en bandoulière sa sacoche en toile ainsi qu'une gourde – en fait une bouteille d'eau en plastique avec une ficelle de couleur enroulée tout autour. Il passera la journée avec sur l'épaule un sac plastique contenant du pain plat et du halva, cette pâte de sésame mélangée à du miel.

Après une matinée à marcher entre les blocs de rochers du Wadi Araba, nous retrouvons Khaled à l'heure du déjeuner sous un acacia, seule forme de végétation dépassant la hauteur de la cheville depuis que nous avons quitté le monastère Saint-Antoine. Une fois le repas terminé, Moussa et moi nous reposons une heure à l'ombre tandis que Mussalem et Khaled s'allongent sous le camion. Une mouche qui me tourne autour vient me rappeler ces odeurs que nous produisons. À quoi s'intéresse-t-elle ? Aux narines, aux trous d'oreille, aux coins des yeux, aux lèvres – n'importe où pourvu qu'il y ait des fluides.

Une colonne de fourmis avance le long d'une branche de l'acacia. Khaled a suspendu un sac plastique à une autre branche. J'observe le sang qui coule depuis l'un des coins du sac et forme de petites flaques dans la poussière à côté de mes pieds. Et en effet, quand il sèche, il n'est plus rouge mais gris.

Khaled nous laisse. Nous tournons à droite et suivons un wadi qui s'enfonce dans les montagnes. J'ai l'impression d'un confinement après la traversée de cette plaine ouverte à l'infini – une sorte de confinement avec enfin de l'ombre. Deux chardonnerets se disputant dans un figuier solitaire constituent le seul signe de vie animale. La vallée se referme, avec de chaque côté des parois de dix mètres de haut que l'eau a creusées de lignes verticales. Le soleil est en train de se coucher. Nous avons marché environ trente kilomètres. De l'autre côté du wadi, un Toyota Hilux avance parallèlement à nous : Khaled.

Après avoir allumé un feu, Mussalem approche la flamme d'un briquet d'une bouteille en plastique et en déchire la moitié supérieure. Il enfonce l'une des bougies du monastère dans le sable et la coiffe de la moitié de bouteille pour la protéger du vent, puis l'allume. Il répète le geste avec les bouteilles d'eau qu'il nous reste, si bien que notre campement se retrouve entouré de cônes de plastique transparents et clignotants. Après le dîner, je me déniche un coin à l'abri du vent et déroule mon tapis de sol.

Trois heures plus tard, je suis réveillé en sursaut par un bruit. J'ouvre les yeux : les parois de la vallée sont illuminées par une lumière jaune et mouvante. Un véhicule. Moussa, Mussalem et Khaled se redressent sous les phares éblouissants d'un camion Toyota rouillé qui s'arrête en dérapant à quelques mètres de nous. Suivent quelques secondes de silence, puis une portière claque.

Moussa est agenouillé dans son sac de couchage, une main en visière au-dessus des yeux. Mussalem, debout, s'adresse aux inconnus en criant. Quelqu'un éteint les phares. Je ne vois plus rien. « Qui êtes-vous ? » demande Mussalem. « Et vous, qu'est-ce que vous faites sur nos terres ? » répliquent les inconnus. Une autre portière claque. L'échange prend une tournure plus pacifique. Les deux hommes sont des Ma'aza d'un autre clan, qui visiblement cherchent un troupeau de chameaux qui se sont sauvés – c'est exactement ce que nous avaient dit les hommes qui avaient débarqué dans notre campement à Oman il y a deux ans. Peut-être est-ce l'histoire qu'on sert toujours aux inconnus après coup. Les deux Bédouins prennent le thé avec nous puis regagnent leur camion.

Le rugissement du moteur s'éloigne et la nuit replonge dans le silence. Je perçois un son qui m'est désormais familier, le son qui constitue ce que l'on appelle le silence, celui de nos mystérieuses canalisations internes : le sang qui circule, les cellules qui se régénèrent, la régulation discrète de l'oreille interne.

Hier, alors que nous nous rendions aux laudes, Peter s'est arrêté et m'a dit : « Là-bas. Là-bas, c'est l'endroit idéal pour être moine. » Il regardait la lune. Ce soir, on ne la voit pas, mais sa lumière caresse les sommets.

« N'avons-nous pas la preuve avec notre propre Lune que les mondes périssent ? Et pourquoi est-elle morte ? s'interroge John C. Van Dyke dans *Le Désert*. Peut-être s'est-elle éteinte pendant des milliers d'années avec la lente évaporation de l'humidité et le développement progressif du désert. » Ce qui l'amène tout naturellement à se demander : « Cette vaste étendue de sable et de roches est-elle le début de la fin ? Est-ce ainsi que notre planète va périr ? » Sauf que l'analogie avec la Lune, qui ne connaît ni le vent ni l'eau, est impropre. En 1911, un astronome américain, remarquant les lignes sombres qui zèbrent la surface de Mars, émit l'hypothèse qu'il s'agissait de canaux d'irrigation creusés par les Martiens pour rendre fertile leur planète déserte. Quand on lui expliqua que ces rubans noirs faisaient plusieurs dizaines de kilomètres de large, il répondit que cela n'avait rien d'étonnant : ce que l'on voyait, ce n'étaient pas les canaux eux-mêmes, mais les terres irriguées qui les bordaient. Et en toute logique d'après lui, aux endroits où ces canaux se croisaient, d'immenses cités se dressaient. Depuis les explorations de la surface de Mars par Viking I et II dans les années 1970 et 1980, quatre autres modules ont atterri sur la planète Rouge, dont deux unités d'exploration mobiles. Leurs images montrent des éléments de relief que les Bédouins reconnaîtraient : cônes alluviaux, plaines rocailleuses et playas. Les tourbillons de poussière s'élèvent jusqu'à huit kilomètres du sol, et les tempêtes saisonnières sont ravageuses. Quant aux immenses plaines du nord, ce sont de monstrueuses mers de sable dont les formations dunaires – rectilignes, longitudinales, transverses, en croissant – ressemblent à s'y méprendre à celles qu'on voit sur terre.

Je me réveille avec le murmure de la prière : Mussalem est agenouillé sur son tapis de sol, tandis que la lumière orangée du soleil ourle les sommets. Il y a des nuages jaune-gris dans le ciel, les premiers que je vois depuis mon arrivée en Égypte. Nous disons adieu à Khaled, dont le véhicule ne peut aller plus loin. Après le petit-déjeuner, nous grimpons les plateformes de calcaire dominant ce qui, en période d'inondation, serait un immense escalier de chutes d'eau successives. La dernière grosse crue a eu lieu il y a deux ans, m'indique Mussalem. Çà et là, des îlots d'acacias et de tamaris indiquent l'endroit où l'eau s'accumule. Je ramasse une figue pas plus grosse qu'une cerise, douce comme du velours, vert pâle et amère. Dans quelques heures, je retrouverai dans ma poche de petits fragments bruns – la feuille de figuier souple et luisante que j'ai ramassée plus tôt.

Aux alentours de midi, l'impression d'espace que je perçois dans la lumière me dit que nous approchons d'un précipice ou d'un sommet. Moussa se tourne vers moi, tout sourire, pour me crier quelque chose, mais ses mots sont inaudibles. Je fais un pas et le vent me frappe, fait voler mon chapeau et l'envoie tel un frisbee se perdre dans la vallée derrière nous.

Tout en bas, de l'autre côté, se trouvent la plaine côtière de la mer Rouge et, quinze kilomètres plus loin, la fine ligne bleue du golfe de Suez avec, au-delà, à peine visibles, les hauteurs du Sinaï. Et là, niché tout au pied des montagnes, une série de bâtiments blanchis à la chaux derrière un mur défensif.

Le garde en poste devant l'entrée du monastère s'étonne de voir descendre de la montagne des personnes qui ne sont pas des moines. Lorsque Moussa lui explique d'où nous venons, il part dans un grand éclat de rire, nous laisse entrer et va chercher l'un des moines anglophones. Un homme d'une trentaine d'années au visage creux et cramoisi, dont la barbe noire souligne la blancheur des lèvres desséchées par le soleil, arrive vingt minutes plus tard. Un Allen Ginsberg amaigri et brûlé par le soleil, qui forcément s'adresse à nous avec un accent américain de la côte Est – il préfère ne pas nous dire d'où il vient, pas plus que je ne saurai comment il s'appelle. Un précepteur réticent, mais pas hostile. On l'appellera le père Allen.

Il me montre, dans la petite église construite au-dessus de la grotte de saint Paul, une fresque qui ressemble à celle que j'ai vue au monastère Saint-Antoine : les deux saints avec leurs grands yeux et leurs petites bouches, comme le veut la tradition copte. Planant entre eux deux, le corbeau porte dans son bec un pain rond, celui qu'il a apporté à saint Paul et à saint Antoine lors de sa visite. Les corbeaux sont une vraie plaie, me dit le père Allen – ils volent les fruits des dattiers du verger et interrompent les liturgies avec leurs croassements. Autrefois, les moines leur tiraient dessus, en dépit des services rendus à saint Paul par l'ancêtre de ces oiseaux.

Assis à l'ombre, nous conversons. « Mon opinion personnelle, dit-il, c'est que parler aux gens est la raison d'être du clergé. Ceci – et par là il entend l'accueil des visiteurs – ne fait pas partie du travail d'un moine. Le travail d'un moine, c'est d'être caché. »

Je pense alors à Peter et aux moines éthiopiens vivant heureux dans leurs trous au milieu du désert. Le père Allen préfère que je ne le prenne pas en photo. Il préfère ne pas me dire depuis combien de temps il est ici. Avant de retourner dans sa cellule, il me montre l'endroit où jaillit la source, dans un étroit canal creusé dans la roche. Il y a là une chaise en plastique sur laquelle est posée une tasse métallique. Je m'accroupis, remplis la tasse et la passe à Moussa. Il boit, puis me rend la tasse. L'eau est douce, moins minérale que celle du monastère Saint-Antoine. Je remplis à nouveau la tasse et bois à mon tour. Puis je la remplis encore – et je bois.

Dans quelques heures, je serai de retour au Caire, avec ses deux millions de véhicules et ses deux millions de klaxons. Nous trouvons un taxi qui nous amène vers l'autoroute et dépose Mussalem à une sortie d'où il pourra rentrer dans son village en auto-stop. À deux ou trois kilomètres de Zafarana, près de l'immense parc d'éoliennes qui occupe toute la largeur du Wadi Araba le long de la mer Rouge, je demande au chauffeur de s'arrêter devant un restaurant désert qui jouxte l'un des complexes hôteliers appartenant à des Russes. Moussa et lui vont prendre un café tandis que je traverse la frange de sable brun compact me séparant de la mer. La plage n'est pas touristique, il y plane même une odeur d'huile de moteur, mais l'eau a l'air plutôt propre. Je me déshabille à l'ombre d'une cabane de pêcheur et avance lentement en direction de l'eau.

Remerciements

Les personnes et les organisations envers lesquelles je suis le plus redevable sont mentionnées dans le livre, même si je n'ai pas toujours utilisé leurs vrais noms.

Toute ma reconnaissance va à l'équipe de mon éditeur, Faber & Faber, et à tous ceux là-bas qui ont contribué à la publication de cet ouvrage : Lee Brackstone, Ella Griffiths, Lizzie Bishop, Samantha Matthews, Lauren Nicoll, Ruth O'Loughlin, Dan Papps, Donna Payne et Kate Ward. Gerald Howard, de Doubleday USA, a été d'une aide précieuse, ainsi que Michael Goldsmith. Je voudrais également remercier Doug Pepper et Louise Dennys, de Signal/Knopf Canada. Merci à Alan Horsfield pour les cartes, et à Lucy Ridout pour sa relecture.

Un immense merci également à Patrick Walsh, mon ami et mon agent, ainsi qu'à mes autres amis, alliés et sources d'inspiration : Stuart Evers et Lisa Baker, Stephanie Cross, Lucy Abraham et Neil Cameron, Betsy et Thomas Cameron, Guy et Alanna Griffiths, Ellen Blythe, Judith Adams et Simon Warner, John Ash, Simon Baker et Hilda Breakspear, James Cowan, Catherine Eccles et Joe Gannon, William L. Fox, Andrew Goudie, Nick Holdstock, Brad Holland, Grefory McNamee, Daniel Pinchbeck, Owen et Catherine Sheers, Michael Welland et Carol Welland, Susan Whitfield, la famille

Yates (surtout Charlie et Evie), Chris et Angus Patterson, ainsi que Chloe, Katherine, Keith et Gill Atkins.

Toute ma gratitude au Arts Council England pour la bourse qu'ils m'ont accordée, à la Gladstone's Library de Hawarden, qui m'a permis d'y passer un moment en résidence, et surtout à Philip Davies et à l'Eccles Centre for American Studies, qui m'ont fait l'honneur de me décerner un prix.

Illustrations

p. 21 : *Saint Antoine abbé et saint Paul premier ermite*, lithographie de F. Blanchard d'après J. de Madrazo, d'après Velázquez, © Creative Commons Attribution, licence CC BY 4.0, Wellcome Library.

p. 35 : *La Tentation de saint Antoine*, élève de Jérôme Bosch, domaine public *via* Wikimedia Commons.

p. 77 : Bertram Thomas et son escorte © Royal Geographic Society (avec IBG).

p. 132 : Test atomique de Marcoo © Newspix.

p. 163 : Extrait de Mildred Cable, *The Gobi Desert.*

p. 173 : Le père Wang (photo d'Aurel Stein) © Bridgeman Images.

p. 213 : Extrait de Sven Hedin, *Trois ans de lutte dans les déserts d'Asie.*

p. 256 : Taras Chevtchenko, *Burning Steppe* (La Steppe qui brûle), reproduit avec la permission du musée Taras Chevtchenko (Canada).

p. 269 : Taras Chevtchenko, sans titre, reproduit avec la permission du musée Taras Chevtchenko (Canada).

p. 276 : Taras Chevtchenko, sans titre, reproduit avec la permission du musée Taras Chevtchenko (Canada).

p. 290 : *Harper's Magazine*, mai 1957.

p. 372 : J. Goldsborough Bruff, *The Rabbit-hole Springs* © Huntingdon Library.

p. 453 : « High Dune », Mars, photo prise par le robot de la NASA « Curiosity ». Cette dune fait partie du champ de dunes Bagnold sur le flanc nord-ouest du mont Sharp © NASA/JPL-Caltech/MSSS.

Bibliographie

Générale

Adolph, E. F., *Physiology of Man in the Desert*, New York, Interscience Publishers, 1947

Auden, W. H., *The Enchafèd Flood; or the Romantic Iconography of the Sea*, New York, Random House, 1950

Bagnold, R. A., *Libyan Sands: Travel in a Dead World*, Londres, Hodder & Stoughton, 1935

—, *The Physics of Blown Sand and Desert Dunes*, Londres, Methuen, 1941

Baudrillard, Jean, *Amérique*, Paris, Grasset, 1986

Cooke, Ron, Warren, Andrew, et Goudie, Andrew (dir.), *Desert Geomorphology*, Londres, UCL Press, 1993

Eberhardt, Isabelle, et Barrucand, Victor, *Dans l'ombre chaude de l'islam*, Paris, Éditions Fasquelle, 1926 (rééd. Actes Sud, 1996)

George, Uwe, *In the Deserts of this Earth*, traduit de l'allemand par Richard et Clara Winston, New York, Harcourt Brace Jovanovich, 1977

Goudie, Andrew S., *Arid and Semi-Arid Geomorphology*, Cambridge, Cambridge University Press, 2013

Haynes, Roslynn D., *Desert: Nature and Culture*, Londres, Reaktion, 2013

IMESON, Anton, *Desertification, Land Degradation and Sustainability*, Oxford, Wiley-Blackwell, 2012

IRWIN, Robert, *Camel*, Londres, Reaktion, 2010

JABÈS, Edmond, *Poésies complètes*, Paris, Gallimard, 1975

—, *Du désert au livre. Entretiens avec Marcel Cohen*, Paris, Belfond, 1980

LINDQVIST, Sven, *Le Voyage saharien*, traduit du suédois par Hélène Hervieu et Alain Gnaedig, Paris, Éditions Les Arènes, 2018

LOTI, Pierre, *Le Désert*, Paris, Calmann-Lévy, 1895

MCNAMEE, Gregory (dir.), *The Desert Reader: A Literary Companion*, Albuquerque, University of New Mexico Press, 2003

SAINT-EXUPÉRY, Antoine de, *Terre des hommes*, Paris, N.R.F., 1939

—, *Citadelle*, Paris, Gallimard, 1948

SEARS, Paul Bigelow, *Deserts on the March*, Norman, University of Oklahoma Press, 1935

SHEPARD, Paul, *Nature and Madness*, San Francisco, Sierra Book Club, 1981

THOMAS, David S. G. (dir.), *Arid Zone Geomorphology*, Chichester, Wiley, 2011

THOMAS, David S. G. et MIDDLETON, Nicholas J., *Desertification: Exploding the Myth*, Chichester, Wiley, 1994

TUAN, Yi-Fu, *Topophilia: A Study of Environmental Perception*, Englewood Cliffs, Prentice-Hall, 1974

—, *Landscapes of Fear*, Oxford, Blackwell, 1980

—, *Romantic Geography*, Madison, University of Wisconsin Press, 2013

WELLAND, Michael, *The Desert: Lands of Lost Borders*, London, Reaktion, 2015

WILD, Peter, *The Opal Desert: Explorations of Fantasy and Reality in the American Southwest*, Austin, University of Texas Press, 1999

1. La bibliothèque du désert : Le Quart Vide, Oman

ARKLESS, David C., *The Secret War: Dhofar 1971*, Londres, Kimber, 1988

BEASANT, John, *Oman: The True-Life Drama and Intrigue of an Arab State*, Édimbourg, Mainstream, 2002

BRENT, Peter, *Far Arabia: Explorers of the Myth*, Londres, Weidenfeld & Nicolson, 1977

BROYLES, Bill, *et al.* « W.J. McGee's "Desert Thirst as Disease" », *Journal of the Southwest*, vol. 30, n° 2, 1988, p. 222-227

CONTES DES MILLE ET UNE NUITS, traduit de l'arabe (version Boulaq) par André Miquel et Jamel Eddine Bencheikh, Paris, La Pléiade, 1991

COCKER, Mark, *Loneliness and Time: British Travel Writing in the Twentieth Century*, Londres, Secker & Warburg, 1992

DOUGHTY, Charles Montague, *Arabia Deserta*, traduit de l'anglais par Jacques Marty, Paris, Payot, 2017

FABRI, Félix, *Les Errances de frère Félix, pèlerin en Terre sainte*, traduit du latin par Jean Meyers et Michel Tarayre, Paris, Classiques Garnier, 2014

GLENNIE, K.W., *Oman's Geological Heritage*, Mascate, Petroleum Development Oman, 2006

LAWRENCE, T.E., *Les Sept Piliers de la sagesse,* traduit de l'anglais par Éric Chédaille, préface de Jeremy Wilson, Paris, Phébus, 2009

MANGIN, Arthur, *Le Désert et le Monde sauvage*, Tours, Alfred Mame et Fils, 1866 (réed. Hachette Livre et la BNF, Paris, 2014)

MCGEE, W. J., « Desert Thirst as Disease », *Interstate Medical Journal*, vol. 12, 1906, p. 1-23

MORRIS, James, *Sultan in Oman*, Londres, Faber & Faber, 1957

NORTON, William Harman, « The Influence of the Desert on Early Islam », *The Journal of Religion*, vol. 4, n° 4, juillet 1924, p. 383-396

PHILBY, Harry St John, *The Empty Quarter*, Londres, Constable, 1933

TAYLOR, Andrew, *Travelling the Sands: Sagas of Exploration in the Arabian Peninsula*, Dubaï, Motivate Publishing, 1995

THESIGER, Wilfred, *Le Désert des déserts*, traduit de l'anglais par Michèle Bouchet-Fornez, Paris, Plon, coll. « Terre Humaine Poche », 1978

—, *The Life of My Choice*, Londres, HarperCollins, 2000

THOMAS, Bertram, *Alarms and Excursions in Arabia*, Londres, Allen & Unwin, 1931

—, *Arabia Felix*, Londres, Jonathan Cape, 1932 (rééd. Hesperides Press, 2008)

WATSUJI, Tetsuro, *Fûdo, le Milieu humain*, traduit du japonais par Augustin Berque, Paris, CNRS Éditions, 2011

2. Le champ du tonnerre : Le Grand Désert de Victoria, Australie

ARNOLD, Lorna, *Britain, Australia and the Bomb: The Nuclear Tests and their Aftermath*, Basingstoke, Palgrave, 2006

BATES, Daisy, *The Passing of the Aborigines*, Londres, John Murray, 1938

BEADELL, Len, *Blast the Bush*, Londres, Angus and Robertson, 1967

—, *Beating about the Bush*, Adélaïde, Rigby, 1976

BLACKBURN, Julia, *Daisy Bates in the Desert*, Londres, Secker & Warburg, 1994

BLAINEY, Geoffrey, *The Tyranny of Distance: How Distance Shaped Australia's History*, Melbourne, Macmillan, 1975

CARTER, Paul, *The Road to Botany Bay*, Londres, Faber & Faber, 1987

Commission Royale sur les essais nucléaires britanniques en Australie, *The Report of the Royal Commission into British Nuclear Tests in Australia*, 3 vols, Canberra, Australian Government Publishing Services, 1985

DAY, David, *Claiming a Continent: A New History of Australia*, Sydney, Harper-Perennial, 2005

DUGUID, Charles, *Doctor and the Aborigines*, Adélaïde, Rigby, 1972

EYRE, Edward John, *Journals of Expedition of Discovery into Central Australia*, Londres, T. and W. Boone, 1845

GREENWAY, John, *The Last Frontier*, Londres, David-Poynter, 1973

HAYNES, Roslynn D., *Seeking the Center: The Australia Desert in Literature, Art and Film*, Cambridge, Cambridge University Press, 1998

HUGHES, Michael, *Spectre of Maralinga*, Londres, W. H. Allen, 1985

LINDQVIST, Sven, *Terra nullius*, traduit du suédois par Hélène Hervieu, Paris, Éditions Les Arènes, 2006

MATTINGLEY, Christobel et HAMPTON, Ken, (dir.), *Survival in Our Own Land: « Aboriginal » Experiences in « South Australia » since 1836*, Adélaïde, Wakefield Press, 1988

MILLIKEN, Robert, *No Conceivable Injury: The Story of Britain and Australia's Atomic Cover-Up*, Londres, Penguin, 1985

MORTON SZASZ, Ferenc, *The Day the Sun Rose Twice: The Story of the Trinity Site Nuclear Explosion, July 16, 1945*, Albuquerque, University of New Mexico Press, 1984

OOSTERZEE, Penny Van, *The Centre: The Natural History of Australia's Desert Regions*, Chatswood, Reed, 1991

PALMER, Kingsley et BRADY, Maggie, *Diet and Dust in the Desert: An Aboriginal Community, Maralinga Lands, South Australia*, Canberra, Aboriginal Studies Press, 1991

PILGER, John, *A Secret Country*, Londres, Jonathan Cape, 1989

TAME, Adrian et ROBOTHAM, F. P. J., *Maralinga: British A-Bomb Australian Legacy*, Melbourne, Fontana, 1982

TIETKENS, W. H., *Journal of the Central Australian Exploring Expedition, 1889*, Adélaïde, C. E. Bristow, 1891

WALKER, Frank, *Maralinga*, Sydney, Hachette Australia, 2014

WATSON, Don, *The Bush*, Melbourne, Penguin, 2014

WILLIAMS, Michael, *The Making of the South Australian Landscape*, Londres, Academic Press, 1974

YALATA (habitants de Yalata et d'Oak Valley), avec Christobel Mattingley, *Maralinga: The Anangu Story*, Sydney, Allen & Unwin, 2009

3. Mauvais sujets : Les déserts de Gobi et du Taklamakan, Chine

AGNEW, Neville (dir.), *Conservation of Ancient Sites on the Silk Road*, Los Angeles, Getty Conservation Institute, 1997

AI, Chen Wu, *Turkistan Tumult*, Londres, Methuen & Co, 1940

BENSON, Linda K., *Across China's Gobi: The Lives of Evangeline French, Mildred Cable and Francesca French of the China Inland Mission*, Norwalk, Eastbridge, 2008

BLACKMORE, Charles, *The Worst Desert on Earth: Crossing the Taklamakan*, Londres, John Murray, 1995

BOVINGDON, Gardner, *The Uyghurs*, New York, Columbia University Press, 2010

BRANIGAN, Tania, « China Charges Uighur Scholar Ilham Tohti with Separatism », *The Guardian*, 30 juillet 2014

BUCKLEY, Chris, « Xinhua Details Charges in Case Against Ilhan Tohti », *The New York Times*, 25 septembre 2014

CABLE, Mildred et FRENCH, Francesca, *The Gobi Desert*, Londres, Hodder & Stoughton, 1942 (rééd. Virago Press, 1984)

—, *Par la porte de Jade. Odyssée de trois femmes missionnaires dans le Kansou, le Turkistan et le désert de Gobi*, traduit de l'anglais par Marguerite Faguer, Paris, Plon, 1935

—, et Evangeline French, *A Desert Journal: Letters from Central Asia*, Londres, Constable, 1934

—, *Something Happened*, Londres, Hodder & Stoughton, 1933

Denyer, Simon, « Bullet Trains Tighten China's Embrace of Restive Xinjiang », *The Washington Post*, 10 septembre 2014

Dillon, Michael, *Xinjiang: China's Muslim Far Northwest*, Londres, Routledge-Curzon, 2004

Ding, Xiao Lun (dir.), *Entering Xinjiang*, Urumqi, Xinjiang Art & Photography, 2006

Eimer, David, *The Emperor Far Away: Travels at the Edge of China*, Londres, Bloomsbury, 2014

Fleming, Peter, *Courrier de Tartarie*, traduit de l'anglais par S. et P. Bourgeois, Paris, Phébus Poche, 2001

Hedin, Sven, *Trois ans de lutte dans les déserts d'Asie (1894-1897)*, traduction abrégée du suédois par Charles Rabot, Paris, Hachette, 1899 (rééd. Pygmalion, 1991)

Holdstock, Nick, *China's Forgotten People: Xinjiang, Terror and the China State*, Londres, I. B. Taurus, 2015

Hopkirk, Peter, *Bouddhas et rôdeurs sur la route de la Soie*, traduit de l'anglais par Carisse Busquet, Paris, Picquier, 1998

Huntington, Ellsworth, *The Pulse of Asia: A Journey in Central Asia*, New York, Houghton, Mifflin & Co, 1907

Jacobs, Justin, « Confronting Indiana Jones: Chinese Nationalism, Historical Imperialism, and the Criminalization of Aurel Stein and the Raiders of Dunhuang, 1899-1944 », in *China on the Margins*, Sherman Cochran et Paul G. Pickowicz (dir.), Ithaca, Cornell East Asia Program, 2010

Johns, W. E., *Biggles in the Gobi*, Londres, Hodder & Stoughton, 1953

Jun Ma, *China's Water Crisis*, Norwalk, Eastbridge, 2004

Kaiman, Jonathan, « Chinesse Media Reports Fifty Killed in Xinjiang in Revision of Death Toll », *The Guardian*, 26 septembre 2014

Lattimore, Owen, *Mongolie, nomades et commissaires*, Paris, Le Seuil, 1966

—, *The Desert Road to Turkestan*, New York, Little Brown, 1929

MA, Jian, *Chemins de poussière rouge*, traduit du chinois par Jean-Jacques Bretou, La Tour d'Aigues (Vaucluse), Éditions de l'Aube, 2006

MAILLART, Ella, *Des monts Célestes aux sables Rouges*, Paris, Grasset, 1934

MAO, Tsé-Tung, *Œuvres choisies*, traduit par Roger Lévy, Paris, Éditions sociales, 1955, 2 tomes

MILLWARD, James E., *Eurasian Crossroads: A History of Xinjiang*, Londres, Hurst, 2007

PLATT, William James, *Three Women: Mildred Cable, Francesca French, Evangeline French*, Londres, Hodder & Stoughton, 1964

SAWYER, Eva May, *Mildred Cable*, Londres, Pickering & Inglis, 1962

SETH, Vikram, *Le Lac du ciel : Voyage du Sin-K'iang au Tibet*, traduit de l'anglais par Alexandre Kalda, Paris, Grasset, 1983

SHAPIRO, Judith, *Mao's War Against Nature: Politics and the Environment in Revolutionary China*, Cambridge, Cambridge University Press, 2001

STEIN, Aurel, *Ruins of Desert Cathay: Personal Narrative of Exploration in Central Asia and Westernmost China*, Londres, Macmillan, 1912 (rééd. Cambridge University Press, 2016)

—, *Sand-Buried Ruins of Khotan: Personal Narrative of a Journey of Archeological and Geographical Exploration in Chinese Turkestan*, Londres, T. Fisher Unwin, 1903 (rééd. Ulan Press, 2012)

THOMPSON, Phyllis, *Desert Pilgrim: The Story of Mildred Cable's Venture for God in Central Asia*, Londres, China Inland Mission, 1957

THUBRON, Colin, *L'Ombre de la route de la Soie*, traduit de l'anglais par Katia Holme, Gallimard, coll. « Étonnants Voyageurs », 2008

THUM, Rian, *The Sacred Routes of Uyghur History*, Cambridge (Mass.), Harvard University Press, 2014

TREDINNICK, Jeremy, *Xinjiang: China's Central Asia*, Hong Kong, Odyssey, 2012
TYLER, Christian, *Wild West China: The Taming of Xinjiang*, Londres, John Murray, 2003
TUAN, Yi-Fu, *China*, Harlow, Longmans, 1970
WALEY-COHEN, Joanna, *Exile in Mid-Qing China*, New Haven, Yale University Press, 1991
WATTS, Jonathan, *When a Billion Chinese Jump*, Londres, Faber & Faber, 2010
WHITFIELD Roderick, WHITFIELD, Susan et AGNEW, Neville, *Cave Temples of Dunhuang: Art and History on the Silk Road*, Londres, British Library, 2000
WHITFIELD, Susan, *Life Along the Silk Road*, Berkeley, University of California Press, 1999
WRIGGINS, Sally Hovey, *The Silk Road Journey With Xuanzang*, Boulder, Westview, 2004
XUNCHENG, Xia, *Desertification and Control of Blown Sand Disasters in Xinjiang*, Pékin, Science Press, 1993
XUANZANG, *Buddhist Records of the Western World*, traduit du chinois par S. Beal, Londres, Truebner's Oriental Series, 1884

4. La mer sans eau : L'Aralkum, Kazakhstan

AITMATOV, Chingiz, *Une journée plus longue qu'un siècle*, traduit du russe par Frédéric Longueville, Paris, Temps actuels, 1982
BISSELL, Tom, *Chasing the Sea*, New York, Pantheon Books, 2003
BREJNEV, Léonid (publié sous le nom de), *Les Terres vierges*, traducteur non mentionné, Paris, Éditions du Progrès, 1978
BUTAKOV, Alexey Ivanovich, « Survey of the Aral sea », *Journal of the Royal Geographical Society*, vol. 23, Londres, 1823, p. 93-101

FERGUSON, Rob, *The Devil and the Disappearing Sea: A True Story about the Aral Sea Catastrophe*, Vancouver, Raincoast Books, 2003

GLANTZ, Michael H. (dir.), *Creeping Environmental Problem and Sustainable Development in the Aral Sea Basin*, Cambridge, Cambridge University Press, 1999

HOPKIRK, Peter, *Bouddhas et rôdeurs sur la route de la Soie*, *op. cit.*

LUCKYJ, George, *Shevchenko's Unforgotten Journey*, Toronto, Canadian Scholar's Press, 1996

MARNHAM, Patrick, *Snake Dance: Journeys Beneath a Nuclear Sky*, Londres, Chatto & Windus, 2013

MICKLIN, Philip *et al.* (dir.), *The Aral Sea*, Berlin, Springer, 2014

MOON, David, *The Plough that Broke the Steppes: Agriculture and Environment On Russia's Grasslands, 1700-1914*, Oxford, Oxford University Press, 2013

REZNICHENKO, G. I., *The Aral Sea Tragedy*, Moscou, Novosti, 1992

SHAHGEDANOVA, Maria (dir.), *The Physical Geography of Northern Eurasia*, Oxford, Oxford University Press, 2002

STEVENSON, Struan, *Stalin's Legacy: The Soviet War on Nature*, Édimbourg, Birlinn, 2012

VALIKHANOV, Chokan Chingisovich, *The Russians in Central Asia*, traduit du russe par John et Robert Mitchell, Londres, Edward Stanford, 1856

ZAITSEV, Pavlo, *Taras Shevchenko*, Toronto, University of Toronto Press, 1988

ZAVIALOV, Peter, *Physical Oceanography of the Dying Aral Sea*, New York, Springer, 2005

ZONN, Igor S. *et al.* (dir.), *The Aral Sea Encyclopaedia*, Berlin, Springer, 2009

5. Entre deux feux : Le désert de Sonora, États-Unis

Abbey, Edward, *Desert Solitaire: A Season in the Wilderness*, New York, McGraw-Hill, 1968

—, *Confessions of a Barbarian: Selections from the Journals of Edward Abbey*, Londres, Little Brown, 1994

—, *The Best of Edward Abbey*, San Francisco, Sierra Club Books, 2005

Alcock, John, *Sonoran Desert Summer*, Tucson, University of Arizona Press, 1990

Annerino, John, *Dead in their Tracks: Crossing America's Desert Borderlands*, New York, Four Walls Eight Windows, 1999

Austin, Mary, *The Land of Little Rain*, New York, Houghton, Mifflin, 1903

—, *Stories from the Country of Lost Borders*, New Brunswick, Rutgers University Press, 1987

Banham, Reyner, *Scenes in America Deserta*, Salt Lake City, Gibbs M. Smith, 1982

Betancourt, Julio L., et Webb, Robert H., *Requiem for the Santa Cruz: An Environmental History of an Arizona River*, Tucson, University of Arizona Press, 2014

Bowden, Charles, *Blue Desert*, Tucson, University of Arizona Press, 1986

—, *Red Line*, New York, W. W. Norton & Co, 1989

—, *Desierto: Memories of the Future*, New York, W.W. Norton & Co, 1991

—, *The Sonoran Desert*, New York, H.N. Abrams, 1997

—, *Trinity*, Austin, University of Texas Press, 2009

Corbett, Jim, *The Sanctuary Church*, Wallingford, Pendle Hill Publications, 1986

—, *Goatwalking*, New York, Viking Penguin, 1991

Davidson, Miriam, *Convictions of the Heart: Jim Corbett and the Sanctuary Movement*, Tucson, University of Arizona Press, 1988

ETTINGER, Patrick W., *Imaginary Lines: Border Enforcement and the Origins of Undocumented Immigration, 1882-1930*, Austin, University of Texas Press, 2009

GREGONIS, Linda M., *The Hohokam Indians of the Tucson Basin*, Tucson, University of Arizona Press, 1979

HOLLON, W. Eugene, *The Great American Desert*, New York, Oxford University Press, 1966

HORNADAY, William Temple, *Camp-fires on Desert and Lava*, Londres, T. Werner Laurie, 1908

JAEGER, Edmund Carroll, *The California Deserts*, Stanford, Stanford University Press, 1955

LEÓN, Jason de, *The Land of Open Graves: Living and Dying on the Migrant Trail*, Oakland, University of California Press, 2015

LEOPOLD, Aldo, *Almanach d'un comté des Sables*, traduit de l'anglais par Anna Gibson, Paris, Aubier, 1995

LOGAN, Michael F., *The Lessening Stream: An Environmental History of the Santa Cruz River*, Tucson, University of Arizona Press, 2002

—, *Desert Cities: The Environmental History of Phoenix and Tucson*, Pittsburgh, University of Pittsburgh Press, 2006

LOPEZ, Barry, « Reflets dans un œil de corbeau », in *Le Chant de la rivière*, traduit de l'anglais par Adrien Le Bihan et Isabelle Chapman, Paris, Hoëbeke, 1992

LOREY, David E., *The US-Mexico Border in the Twentieth Century*, Wilmington, Scholarly Resources, 1999

LUMHOLTZ, Carl, *New Trails in Mexico: An Account of One Year's Exploration in North-Western Sonora, Mexico, and South-Western Arizona, 1909-1910*, Londres, T. Fisher Unwin, 1912

MACEOIN (dir.), *Sanctuary: A Resource Guide for Understanding and Participating in the Central American Refugee Struggle*, San Francisco, Harper & Row, 1985

McNamee, Gregory, *Blue Mountains Far Away: Journeys into the American Wilderness*, New York, The Lyons Press, 2000

McPhee, John, *Basin and Range*, New York, Farrar, Strauss and Giroud, 1981

Martin, William E. *et al.*, *Saving Water in a Desert City*, Washington, Resources for the Future, 1984

Nevins, Joseph, *Operation Gatekeeper*, Londres, Routledge, 2002

—, *Operation Gatekeeper and Beyond*, Londres, Routledge, 2010

Pavlik, Bruce M., *The California Deserts*, Berkeley, University of California Press, 2008

Philips, Stenve J. et Wentworth, Patricia (dir.), *A Natural History of the Sonoran Desert*, Tucson, Arizona-Sonora Desert Museum Press, 2000

Powell, John Wesley, *Report on the Lands of the Arid Region of the United States with a More Detailed Account of the Lands of Utah*, Washington, Department of the Interior, 1878

Reisner, Marc, *Cadillac Desert*, Londres, Pimlico, 2001

Rose, Amanda, *Showdown in the Sonoran Desert: Religion, Law and the Immigrant Controversy*, New York, Oxford University Press, 2012

St John, Rachel, *Line in the Sand*, Princeton, Princeton University Press, 2011

Solnit, Rebecca, *Savage Dreams: A Journey Into the Hidden Wars of the American West*, Berkeley and Los Angeles, University of California Press, 2014

Spilken, Aron, *Escape!*, New York, Signet, 1983

6. La ville éphémère : Le désert de Black Rock, États-Unis

Delano, Alonzo, *Life On the Plains and Among the Diggings*, New York, Miller, Orton & Co, 1857

Doherty, Brian, *This is Burning Man*, New York, Little, Brown, 2014

FOX, William L., photographies de Mark Klett, *The Black Rock Desert*, Tucson, University of Arizona Press, 2002
—, *Playa Works: The Myth of the Empty*, Reno, University of Nevada Press, 2002
FRÉMONT, John Charles, *Narrative of the Exploring Expedition to the Rocky Mountains*, New York, Appleton, 1846
GOIN, Peter, *Black Rock*, Reno, University of Nevada Press, 2005
HOUK, Rose, *Sonoran Desert*, Tucson, Southwest Parks and Monuments Association, 2000
KRUKOWSKI, Samantha (dir.), *Playa Dust: Collecting Stories from Burning Man*, Londres, Black Dog, 2014
MERTON, Thomas, *La Sagesse du désert. Aphorismes des Pères du désert*, traduit de l'anglais par Marie Tadié, Paris, Albin Michel, 2006
NEVINS, Allan, *Frémont, Pathmaker of the Wes*t, Lincoln, University of Nebraska Press, 1992
PINCHBECK, Daniel, *Breaking Open the Head: A Chemical Adventure*, Londres, Flamingo, 2004
SLOVIC, Scott (dir.), *Getting Over the Colour Green*, Tucson, University of Arizona Press, 2001
TEAGUE, David W. et WILD, Peter (dir.), *The Secret Life of John C. Van Dyke: Selected Letters*, Reno, University of Nevada Press, 1997
TEAGUE, David W., *The Southwest in American Literature and Art: The Rise of a Desert Aesthetic*, Tucson, University of Arizona Press, 1997
TRAUB, Barbara, *Desert to Dream*, San Francisco, Immedium, 2011
TRIMBLE, Stephen, *The Sagebrush Ocean : A Natural History of the Great Basin*, Nevada, University of Nevada Press, 1989
VAN DYKE, John C., *The Autobiography of John C. Van Dyke*, Salt Lake City, University of Utah Press, 1993
—, *Le Désert*, traduit de l'anglais par Nicole Mallet, Marseille, Le Mot et le Reste, 2010.

WEBBER, Bert, *Over the Applegate Trail to Oregon in 1846*, Medford, Webb Research Group, 1996

WHEELER, Sessions S., *The Black Rock Desert*, Caldwell, The Caxton Printers, 1978

7. La montagne intérieure : Le désert Arabique, Égypte

ATHANASE D'ALEXANDRIE, *Vie d'Antoine*, présenté par Gérard J. M. Bartelink, Paris, Éditions du Cerf, 1994

SAINT ATHANASE, « La Lettre de saint Athanase d'Alexandrie à Marcellin sur les psaumes », introduction et traduction de Pascale-Dominique Nau, in *Prier avec le psautier*, édité à compte d'auteur, février 2019

—, *The Paradise or Garden of the Holy Fathers*, Londres, Chatto & Windus, 1907

ABDEL-HAKIM, Sahar, MANLEY, Deborah *et al.*, *Travelling Through the Deserts of Egypt: From 450 BC to the Twentieth Century*, Le Caire, American University in Cairo Press, 2009

BALME, M. R. *et al.*, *Martian Geomorphology*, Londres, Geological Society, 2011

BOLMAN, Elizabeth S. *et al.*, *Monastic Visions: Wall Paintings in the Monastery of St Antony at the Red Sea*, New Haven, Yale University Press, 2002

BRAKKE, David, *Athanasius and the Politics of Asceticism*, Oxford, Clarendon Press, 1995

BROWN, Peter, *Le Renoncement à la chair. Virginité, célibat et continence dans le christianisme primitif*, traduit de l'anglais par Pierre-Emmanuel Dauzat et Christian Jacob, Paris, Gallimard, 1995

BUXTON, Edward North, *On Either Side of the Red Sea*, Londres, Edward Stanford, 1895

CANNUYER, Christian, *L'Égypte copte. Les chrétiens du Nil*, Paris, Gallimard, 2000

CHRISTIE, Douglas E., *The Blue Sapphire of the Mind: Notes for a Contemplative Ecology*, New York, Oxford University Press, 2013

COLGATE, Isabel, *A Pelican in the Wilderness: Hermits, Solitaries and Recluses*, Londres, HarperCollins, 2002

COWAN, James, *Desert Father: A Journey in the Wilderness with Saint Antony*, Boston, New Seed Books, 2006

CURZON, Robert, *Visits to Monasteries in the Levant*, Londres, John Newnes, 1897

DALRYMPLE, William, *Dans l'ombre de Byzance*, traduit de l'anglais par Hélène Collon, Paris, Phébus, 2011

DUMREICHER, André von, *Trackers and Smugglers in the Deserts of Egypt*, Londres, Methuen & Co, 1931

GABRA, Gawdat, *Coptic Monasteries: Egypt's Monastic Art and Architecture*, Le Caire, American University in Cairo Press, 2002

GLUECK, Nelson, *Rivers in the Desert: The Exploration of the Negev*, Londres, Weidenfeld & Nicolson, 1959

GRUBER, Mark, *Sacrifice in the Desert*, Lanham, University Press of America, 2003

HENSE, Martin et SIDEBOTHMAN, Steven E., *The Red Land: The Illustrated Archaeology of Egypt's Eastern Desert*, Le Caire, American University in Cairo Press, 2008

IBRAHIM, Vivian, *The Copts of Egypt*, New York, I. B. Tauris, 2013

JASPER, David, *The Sacred Desert: Religion, Literature, Art and Culture*, Oxford, Blackwell, 2004

KAMIL, Jill, *Christianity in the Land of the Pharaohs: The Coptic Orthodox Church*, Londres, Routledge, 2002

KHS-BURMESTER, Oswald Hugh Ewart, *A Guide to the Monasteries of the Wadi'n-Natroun*, Le Caire, Société d'archéologie copte, 1954

LACARRIÈRE, Jacques, *Les Hommes ivres de Dieu*, Grenoble, Arthaud, 1961 (nouvelle édition mise à jour, Paris, Fayard, 1975)

LANE, Belden C., *The Solace of Fierce Landscape: Exploring Desert and Mountain Spirituality*, New York, Oxford University Press, 1998

LOWELL, Percival, *Mars et ses canaux*, traduit de l'anglais par Marcel Moye, Paris, Mercure de France, 1909

MCCLELLAN, Michael W., *Monasticism in Egypt*, Le Caire, American University in Cairo Press, 1998

MAITLAND, Sara, *A Book of Silence*, Londres, Granta, 2008

MATTA EL-MASKINE, PÈRE, *Saint Antoine ascète selon l'Évangile. Les vingt lettres de saint Antoine selon la tradition arabe*, traduit de l'arabe par le père Wadid, Abbaye de Bellefontaine, 1993

MEINARDUS, Otto F. A., *Monks and Monasteries of the Egyptian Deserts*, Le Caire, American University in Cairo Press, 2003

MORTON, Henry Vollam, *Through Lands of the Bible*, Londres, Methuen & Co, 1938

NOUWEN, Henri, *The Way of the Heart*, New York, Daybreak, 1990

PALLADIUS, *The Lausiac History of Palladius*, New York, Macmillan, 1918

RUBENSON, Samuel, *The Letters of St Antony: Origenist Theology, Monastic Tradition and the Making of a Saint*, Lund, Lund University Press, 1990

RUSSELL, Dorothea Evelyn, *Medieval Cairo and the Monasteries of the Wadi Natroun*, Londres, Weidenfeld & Nicolson, 1962

SYRIANI, Samuel al, *Guide to Ancient Coptic Churches and Monasteries in Upper Egypt*, Le Caire, Institut des études coptes, 1990

TAWADROS, Edward, *Geology of Egypt and Libya*, Rotterdam, A. A. Balkema, 2001

THOMAS, Martyn, (dir.), *Copts in Egypt*, Zurich, G2W-Verlag, 2006

TISCHENDORF, Constantin von, *Travels in the East*, Londres, Longman, 1847 (rééd. Cambridge University Press, 2011)

TREGENZA, Leon Arthur, *The Red Sea Mountains of Egypt*, Londres, Oxford University Press, 1955

WADDELL, Helen, *The Desert Fathers*, Londres, Constable, 1936

WANSLEBEN, Johann Michael, *The Present Sate of Egypt ; Or A New Relation of a Late Votage Into That Kingdom, Performed in the Years 1672, and 1673, Wherein You Have an Exact and True Account of Many Rare and Wonderful Particulars of That Ancient Kingdom*, Londres, John Starkey, 1678 (consultable en ligne sur Gallica.bnf.fr)

WELLARD, James, *Desert Pilgrimage: A Journey into Christian Egypt*, Londres, Hutchinson & Co, 1970

Composition Nord Compo
Impression Normandie roto s.a.s. en août 2021
Éditions Albin Michel
22, rue Huyghens, 75014 Paris
www.albin.michel.fr
ISBN : 978-2-226-44549-0
N° d'impression : 2103466
N° d'édition : 23696/01
Dépôt légal : septembre 2021
Imprimé en France